내한선교사 킨슬러 가족의
한국에서의 삶

내한선교사 킨슬러 가족의 한국에서의 삶

마은지 저

보고사
BOGOSA

저서로 이뤄진다. 〈메타모포시스 번역총서〉는 아젠다와 관련하여 자료적 가치를 지닌 외국어 문헌이나 이론서들을 번역하여 소개한다. 〈메타모포시스 자료총서〉는 숭실대 한국기독교박물관에 소장된 한국 근대 관련 귀중 자료들을 영인하고, 해제나 현대어 번역을 덧붙여 출간한다. 〈메타모포시스 교양문고〉는 아젠다 연구 성과의 대중적 확산을 위해 기획한 것으로 대중 독자들을 위한 인문학 교양서이다.

이 책 『내한선교사 킨슬러 가족의 한국에서의 삶』은 근대전환공간에서 내한선교사로 활동했던 프랜시스 킨슬러(Francis Kinsler, 권세열, 1904.1.13.~1992.1.9.)와 그의 가족이 생전에 수집하여 남긴 자료들을 바탕으로 킨슬러 가문의 한국에서의 삶을 조명한 것이다. 킨슬러 가족과 그의 친척들은 내한선교사로 20세기 초반부터 한국 땅에 들어왔고 친인척을 통틀어 모두 14명의 내한선교사를 배출한 가문이다. 이 가문은 거의 한 세기가 넘는 시간 동안 한반도의 남북과 태평양을 횡단하며, 미국-북한-남한의 공간적 이주를 확장하면서 삶을 살았다.

본 사업단의 마은지 교수는 프랜시스 킨슬러가 내한하여 활동을 시작했던 1928년부터 킨슬러 2세인 아서 킨슬러(Arthur Woodruff Kinsler) 선교사가 은퇴한 2011년까지 프랜시스, 도로시, 아서, 수 킨슬러의 한국에서의 삶을 수년 간 고찰하였고, 그 결과를 이 책으로 출간하게 되었다.

〈메타모포시스 인문학총서〉 18권으로 기획된 이 책은 본 사업단의 연구 주제를 심화 확산시킨 점에서 의미가 크다. 본 저서가 근대 전환 공간을 읽는 한 사례로 학계에 기여하기를 기대한다. 열여덟 번째 인문학총서 간행에 애써 주신 마은지 교수님과 연구 자료를 제공해 주신 킨슬러 가족께 감사드린다.

동양과 서양, 전통과 근대, 아카데미즘 안팎의 장벽을 횡단하는 다채로운 자료와 연구 성과를 집약한 메타모포시스 총서가 인문학의 지평을 넓히고 사유의 폭을 확장하는데 기여할 수 있기를 기대한다.

2025년 2월

숭실대학교 한국기독교문화연구원 HK+사업단장

장경남

머리말

　19세기 후반 동아시아 국가들은 서양 제국주의의 강제적인 개항에 맞닥뜨리며 근대화의 과정을 거치게 된다. 서양과 동아시아의 조우에 서양 선교사들은 일역을 담당하였고, 그들이 가져온 서양의 종교와 문화는 토착민들과의 갈등과 충돌을 낳았다. 동아시아 국가들에 전래된 크리스트교라는 외래 종교는 초창기에 수많은 탄압과 박해를 겪으면서 침잠하거나 쇠퇴의 길을 걷게 된다. 중국과 일본이 박해로 인해 침잠과 쇠퇴를 겪었다면 극동의 은둔의 나라 한국에서는 초기의 박해와 탄압을 이겨내고 수용되며 발전하게 된다.

　한국에서 크리스트교 개신교의 선교가 성공할 수 있었던 요인은 다양하다. 우선 19세기 말 자생적이며 주체적인 기독교 공동체의 형성을 들 수 있다. 1884년 의료선교사 알렌(Horace N. Allen)을 필두로 1885년 4월 5일 아펜젤러(Henry Z. Apenzeller)와 언더우드(Horace G. Underwood)와 같은 내한선교사들이 입국하기 전에 이미 한국인의 주체적인 움직임과 활동을 찾아볼 수 있다. 1874년경 평양과 만주를 오가며 상업활동을 하던 서상륜과 서경조 형제가 기독교를 받아들였고, 특히 서상륜은 스코틀랜드 선교사였던 존 로스(John Ross)의 한글성경 번역에 일조하였다. 그들은 1883년부터 봉천, 소래 등지에서 전도활동을 하였고, 한국인 서상륜에 의해 황해도 송천에 자생적 기독교 공동체인 소래교회가 설립되었다. 내한선교사들이 본격적으로 입국하여 활동하면서 장로교 선교 정책으로 채택된 네비우스 방식은 한국개신교의 주체적인 자생력을 한층 더 강화시키는 역할을 하면서 초기 한국개신교의 성장에 초석을 놓았다.

두 번째 성공 요인은 서양 선교사들이 가져온 서양문물의 선진성과 서양의 종교문화에 내재된 근대성 및 개혁성 같은 요소들을 들 수 있다. 선교사들은 전도, 의료, 교육, 문서, 사회복지, 여성, 아동, 그리고 빈민층과 연관된 여러 선교사업을 통해 한국인들과의 접촉과 만남을 꾀하였다. 토착민들의 눈에 비친 일찍이 본적 없는 기이한 낯선 서양문물은 처음엔 배척과 거부로 나타났지만, 시간이 지날수록 선진 문명국에서 배워야 할 모방의 대상이었다. 더욱이 선교사들이 전하는 복음의 메시지 외에도 신분 질서와 젠더적 관점에서 사회적 평등주의를 함의하는 서양의 종교문화의 의례들은 낯선 경험이었고 토착 조선인들의 의식을 각성시켜 주었다. 이런 근대적이고 문명적인 요소들은 일본이나 중국 같은 나라들에서도 동일하게 인식되었을 것이다.

그럼에도 불구하고 유독 한말 조선에서 개신교의 수용에 적극적이었던 까닭은 한반도를 에워싼 두 제국 사이에 낀 조선의 식민지로의 전락이 결정적 요인으로 작용하였다. 일제강점의 식민화에 맞설 대안으로서 서양 제국주의 종교라는 이점이 부상했고, 실제로 그 위력을 발휘하였다.

이와 같이 근대전환기에 외래 종교인 서양의 개신교는 개인구원, 문명개화, 독립자강, 기독교 민족주의라는 당대의 시대적 전망들이 상호 혼용되어 한국적 개신교의 독특성을 확립하였다.

그러므로 서양 종교의 전래자이자 서양과의 만남을 주선했던 서양 선교사는 서양 종교의 복음전도라는 본질적인 사명을 수행하는 과정에서 직간접적으로 개입하게 되고 한국 사회와 문화의 변용에 상당한 영향을 끼쳤음은 주지의 사실이다. 그들이 한국 사회와 어느 접점에서 어떻게 관여하고 그 결과로 한국사회의 변화에 어떤 영향을 끼쳤는지는 중요한 연구주제이다.

이 책은 근대전환공간에서 내한선교사로 활동했던 선교사들 중에 한 사람인 프랜시스 킨슬러(Francis Kinsler, 권세열, 1904.1.13.~1992.1.9.)와 그의 가족이 생전에 수집하여 남긴 자료들을 바탕으로 킨슬러 가족의 한국에서의 삶을 조명하였다. 다른 내한선교사와 비교하여 킨슬러 선교사 가족은 몇 가지 차별적인 요소를 가지고 있다. 먼저 미국선교사 킨슬러 가족과 그의 친척들은 내한선교사로 20세기 초반부터 한국 땅에 들어왔고 친인척을 통틀어 모두 14명의 내한선교사를 배출한 가문이다. 이 가문의 선교사들의 활동 지역은 한반도의 남북을 횡단하며 넓게 분포하고 있다. 킨슬러의 직계가족뿐만 아니라, 방계 가족들의 활동은 한국교회와 한국사회를 이해할 수 있는 많은 연구 재료들을 제공해준다.

또 다른 특징은 이 가문이 시공간적으로 거의 한 세기 넘는 시간 동안 한반도의 남북과 태평양을 횡단하며, 미국 - 북한 - 남한의 공간적 이주를 확장하면서 삶을 살았던 서양인이라는 점이다. 킨슬러 가문은 한 세기 넘는 시간을 한국인과 함께 해왔다. 격동의 한반도에서 일제 식민지 시기와 해방 후 남북의 분단을 몸소 경험했고, 한국전쟁의 참혹한 상황에서 원산과 함흥까지 방문하여 북한의 피난민들의 철수를 도왔으며, 남한에서 전재민들을 위한 다양한 활동을 펼쳤다. 전후에 한국 사회의 재건기, 산업화와 민주화의 시기, 1980~1990년대를 관통하며 지금도 한국 땅에서 살며 활동을 이어가고 있다.

요컨대, 킨슬러 1세와 그 후손들은 한반도에서 한국인들과 깊이 융화된 삶을 영위해왔다. 이들은 근대 전환기의 한국 사회변동을 푸른 눈을 지닌 서양인의 시각에서 통시적으로 증언할 수 있는 몇몇 가문 중 하나로서 역사적 의미를 지닌다.

그럼에도 불구하고, 킨슬러 가문은 초기에 입국한 내한선교사 가문들에 비해 상대적으로 낮은 인지도를 보인다. 이는 아마도 학문적 연구의 축적 정도에서 비롯된 차이인 것으로 판단된다.

본 저서를 출간한 배경은 킨슬러 가족들이 오랫동안 보관해 온 수집자료들을 숭실대 한국기독교문화연구원에 기증해 주었고 이 자료들을 토대로 연구를 시작하여 연구논문들을 한 권의 책으로 묶게 되었다. 처음 이 자료들을 접했을 때 파편적으로 흩어져 있던 자료들을 하나하나 분류하고 정리하고 체계화하는 작업은 마치 퍼즐맞추기와 구슬꿰기 같은 역사 정리 작업이었다. 100년의 역사를 간직하고 있는 빛바랜 사진들, 손글씨와 펜글씨로 쓴 자료들, 타이프라이트와 팩스로 작성되어 이제는 희미해져 글씨 자국만을 간신히 알아볼 수 있는 문서들은 들여다보면 볼수록 자료의 가치와 역사성을 재발견하게 해 주었다.

본서는 킨슬러 가족이 간직하고 있었던 미공개 자료들을 중점적으로 연구자료로 삼았다. 그들의 선교자료들은 그들의 활동을 집약적으로 웅변해준다. 물론 미국 북장로교 한국선교회 관련 문서보관소들의 자료들도 참고하였다. 그리고 연구범위와 연구대상을 킨슬러가 내한하여 활동을 시작한 1928년부터 킨슬러 2세인 아서 킨슬러(Arthur Woodruff Kinsler) 선교사가 은퇴한 2011년까지 프랜시스, 도로시, 아서, 수 킨슬러의 한국에서의 삶을 고찰하였다. 물론 그들의 활동에서 누락된 부분도 분명 존재할 것이다.

이 책에서 다루는 책의 구성과 내용은 아래에서 소개하고자 한다.

• 책의 구성 및 내용

본서는 크게 두 개의 내용으로 구성하였다. 제1부에서는 킨슬러 가족의 한국에서의 삶을 조명하였다. 킨슬러 가족의 수집자료의 사료로서의 가치와 의미를 발견하고 그 자료들을 활용하여 그들의 생애와 활동을 구성하였다. 제1부는 크게 4개의 장으로 구성하여 제1장 서론에서는 킨슬러 가족의 수집자료 편을 다루었다. 「내한선교사 선교자료 아카이브」는 내한선교사들이 수집 보관해 온 선교자료의 역사적 기록물로서의 가치와 의미를 찾아보았다. 동시에 내한선교사 자료들을 소장하고 있는 국내·국외의 문서보관소의 현황과 실태를 검토했다. 그리고 선교자료 문서보관소들이 안고 있는 문제점을 인식하고 그 대안으로서 기독교 디지털 아카이브 구축의 필요성에 대해 논의했다. 또 한편의 글 「킨슬러(Francis Kinsler), 평양을 담다─평양 선교 기록(1928~1941)」은 킨슬러의 수집자료 중에 1920~1930년대 문헌자료와 사진자료들을 선별하여 면밀히 살펴보았다.

제2장은 프랜시스 킨슬러의 생애와 주요 활동을 조명했다. 「한국전쟁 전후 성경구락부 운동」 편에서는 한국전쟁 기간에 프랜시스 킨슬러의 활동을 전체적으로 짚어보면서 그 가운데 한국전쟁을 전후로 한 성경구락부 운동의 양상과 의의를 밝혀보았다. 그리고 「한국의 성경구락부 형성과정에서 권세열의 역할」에서는 평양에서 시작되었던 성경구락부가 남한으로 이전하여 1960~1970년대를 거치며 어떻게 변화 발전하게 되는지 그 변모 과정을 추적해 보았다. 한국의 성경구

락부의 창설자인 프랜시스 킨슬러는 성경구락부 운동을 통해서 '무산
어린이의 아버지', '불우청소년의 아버지', '한국 청소년의 횃불'이라
는 호칭을 얻었다. 성경구락부의 형성과정에서 중심축이었던 킨슬러
는 성경구락부를 통해 한국의 기독교교육은 물론 한국사회의 시민교
육의 본보기를 제시해 준다.

제3장은 도로시 킨슬러(Dorothy Kinsler, 권도희)의 생애와 활동을 조
명했다. 「냉전과 태평양 횡단 기독교 네트워크—전후 전쟁고아와 미
국선교사」는 도로시의 활동에서 가장 많은 자료들을 소장하고 있는
전쟁고아들에 관한 연구이다. 그리고 「기독교 부녀구원상의소와 권
도희」는 권도희의 활동 가운데 요보호여성을 대상으로 한 사회복지
사업과 관련된 〈기독교 부녀구원상의소〉에 대해 살펴보았다. 1963년
권도희에 의해 설립된 〈부녀구원상의소〉는 여성으로서 동등한 대우
를 받지 못하는 불우한 여성의 인권 문제에 대해 국가와 사회의 관심
을 환기시켰으며, 이들에 대한 보호 정책을 수립하는데 기여한다.

제4장은 킨슬러 2세인 아서-수 킨슬러의 생애와 활동을 중심으로
구성하였다. 킨슬러 2세인 아서(Arthur W. Kinsler)와 그의 부인 수 킨슬
러(Sue Kinsler) 선교사의 수집자료 외에도 수 킨슬러와의 직접적인 구
술 인터뷰를 통해 아서-수 선교사 부부의 삶을 정리해 보았다. 그들
의 자료는 한국의 1970~1990년대와 2000년대의 한국사회의 이야기
를 고스란히 담고 있다.

역사 연구는 궁극적으로 인간과 사회에 대한 이해에 그 목적이 있
다. 이 책에서 다루고 있는 한 세기, 두 세대, 네 명의 인물과 그의
주변 사람들에 대한 연구는 결국 인간의 삶을 이해하기 위한 고민의
여정이었다. 한국사회에서 내한선교사의 삶이란 무엇인가라는 물음

속에 저자가 감히 이런 무모한 연구를 시도할 수 있었던 것은 전적으로 킨슬러 가족 덕분이었다. 킨슬러 가족이 오랫동안 소중히 간직해 온 자료들을 필자가 접할 수 있는 기회를 제공해 주었고 긴 시간 기다려주었다. 방대하고 소중한 자료를 접하게 해주신 아서 킨슬러(Arthur Kinsler, 아츠, 권오덕)와 수 킨슬러(Sue Kinsler, 신영순) 선교사님 부부, 그리고 권요한(John Francis Kinsler) 교수님께 깊은 감사를 드린다. 그리고 저자가 아츠 선교사에 대해 발표를 하던 동시간대에 미국에서 소천하신 아서 선교사님을 깊이 추모하는 바이다. 이 땅에 남겨진 수 킨슬러와 권요한 교수가 가문의 한국 선교의 유산을 이어가며 지금도 통일 한국을 위한 준비에 매진하고 있다.

차례

제1부

킨슬러 가족의 한국에서의 삶

제1장

킨슬러 가족의 수집자료

- 내한선교사 선교자료 아카이브
- 킨슬러(Francis Kinsler), 평양을 담다 – 평양 선교 기록(1928~1941)

내한선교사 선교자료 아카이브*

내한선교사와 기록물

기록물은 한 시대의 자화상이다. 그것은 한 시대의 역사와 사회를 파악할 수 있는 소중한 근거가 되기 때문이다. 인류는 어느 시대를 막론하고 어떤 형태로든 기록물을 남기려고 했고 이 소중한 자산을 보존하기 위해 분투했다. 기록 형태가 필사이든 인쇄이든 아니면 오늘날의 디지털 방식이든 그 시대의 기술의 진화에 따라 다양하지만 무엇인가를 기록하여 남기려고 했다는 점에서 인류는 기록물의 중요성을 일찍 인식했던 것이다. 오랜 장기지속적인 역사를 누적하고 있는 기독교 또한 전통과 유산을 기록문화를 통해 보관하고 후대에 전수했다.

내한선교사들은 서신이나 선교보고서 같은 매체를 통해 본국의 지인들이나 해외선교본부와 소통하며 연락을 주고받았다. 그들은 아직 교통과 통신 시설이 원활하지 않은 낯선 이국땅에서 자신들의 생활과

---

* 이 글은 마은지, 「킨슬러(Francis Kinsler), 평양을 담다 – 평양 선교 기록(1928-1941): 프랜시스 킨슬러 가족 컬렉션의 선정과 구축」, 『한국기독교문화연구 17, 2022을 대폭 수정·보완하였다.

활동 소식을 서신으로 전해왔고, 공인 선교사로서 본국의 선교본부에 공식 보고서들을 보내왔다. 그들의 서신이나 선교보고서들은 외국인 선교사의 눈에 비친 한국을 이해하는데 많은 도움이 된다. 종교적 목적을 달성하기 위해 강구했던 선교방식들은 한국사회의 실상들을 생생하게 보여주며 외국인 선교사들이 한국에서 관계를 맺었던 다양한 인적 네트워크도 발견할 수 있다. 한마디로 그들의 선교자료는 한국사회와 문화에 대한 기록물이다.

이처럼 선교사들이 남긴 기록물의 가치는 비단 교회사뿐만 아니라 한국 근현대사의 역사적 사건들을 동시에 수록하고 있다는 점에 있다. 선교 현장에서 만난 한국인들의 처지와 사건들은 선교사들의 활동과 떼려야 뗄 수 없는 관계를 맺고 있었다. 더욱이 선교사들은 시시각각으로 변동하는 격동의 한반도의 상황을 선교본부에 보고해야 하는 임무를 안고 있었기 때문에 그들의 기록물에서 국제정세와 국제관계도 읽을 수 있다. 선교문서들은 당시 한국에서 벌어지고 있던 사건들에 대해 객관성과 엄정성을 유지하면서 한국의 상황에 관한 최고의 정보를 보고하도록 강제되었다. 이런 정보들을 담고 있는 기록물들은 공식적인 선교보고서, 편지, 뉴스레터, 사진, 일기, 리플렛, 소식지, 저널, 기도수첩, 메모장, 상담일지, 카드나 엽서 같은 여러 유형으로 구성되어 있다.

내한선교사 연구

한국의 개신교 기독교사에서 선교사 관련 주제를 연구 주제에 포함시키고 연구 성과가 나오기 시작한 것은 그리 오래되지 않았다. 한국기독교사에 관한 첫 연구는 한국에 파송된 내한선교사들에 의해 이루어졌다. 그도 그럴 것이 그들은 한국선교에 종사하면서 그들에게 낯선 한국문화와 한국의 종교에 대한 관심이 집중되었고, 초기 한국기독교에 대한 관심으로 이어졌다.

비단 종교 영역 뿐만 아니라, 한국을 연구한 초기 내한선교사들은 한국에 관한 저술들을 남겼다. 주로 한국어 사전, 한국어 소개서, 한국의 역사, 한국의 풍물과 일화에 관한 저서들이 많았다. 그리고 한국을 둘러싼 서구 열강들의 국제관계와 청나라 - 일본 - 러시아의 패권 다툼, 만주제국과 조선의 외교, 교회에 관한 저서를 남겼다. 요컨대 서양인들 가운데 선교사들은 초기 한국학에 관한 초석을 놓았다.

이러한 내한선교사들에 관한 학술 연구는 아직 많이 미흡한 상태이다. 한국기독교사의 대표적 연구자인 이만열은 한국을 다녀간 선교사들이 2,300여명이나 되는데 그들에 대한 연구가 거의 이뤄지지 않고 있다고 지적했다.[1] 그런 지적에 힘입어 내한선교사들에 대한 연구가 국내에서 본격적으로 시작된 것은 1980~1990년대에 들어서였다. 선교사의 전기는 물론, 선교사 연구의 기초자료집이 출간되었고, 선교사의 저서가 복산되기 시작했으며, 특히 미국 북장로교 선교부의 소장자료들을 마이크로필름화하여 연구자들이 공람할 수 있게 되었다.[2]

한걸음 더 나아가 오늘날 인터넷의 발전으로 세계 어디서나 내한선교사에 관한 주요 문서보관소들에 접근할 수 있게 되었다. 미국장로교역사학회(Presbyterian Historical Society)의 미국장로교 아카이브는 미국 북장

---

1 이만열, 「한국기독교사 연구의 어제와 오늘」, 『한국기독교와 역사』 12, 2000, 384쪽.
2 같은 글, 380~381쪽.

로교 선교사들과 관련된 대표적인 문서보관소라 할 수 있다.[3] 연합장로교 한국선교부(1940~1982), 연합장로교 선교위원회(1903~1972), 남장로교 한국선교부(1896~1986)에서도 선교사 관련 자료들을 찾을 수 있다. 또한 미국 하와이 대학교 한국학센터(Center for Korean Studies at University of Hawai'i at Mānoa)에 매큔 컬렉션(Shannon McCune Collection)도 내한선교사 연구에 필요한 자료들을 소장하고 있다.[4]

그런데 내한선교사 자료들은 파송한 선교회, 신학대학, 정부기관, 박물관, 연구소, 선교사 가족 등 국내외에 흩어져 보존되고 있고, 미처

---

3 미국장로교 역사학회 디지털 아카이브에서 한국선교(Korea Mission) 컬렉션https:// digital.history.pcusa.org/islandora/search/Korea%20Mission?type=edismax&cp=islandora%3Amissions. 미국장로교 역사학회 기록관이 소장하고 있는 북장로교 내한선교사들의 자료들이 소장된 컬렉션 "United Presbyterian Church in the USA. (Commission on Ecumenical Mission and Relations Secretaries' Files: Korean Mission, 1903~1972" 에는 수천 개의 선교사 편지가 소장되어 있다. 개인 혹은 선교사들의 가족과 가문의 컬렉션은 총 31개로 파악되고 있다. 한미경·장윤금, 「개신교 교육 선교사들의 편지(1885~1942)-북미 기록관 소장 현황-」, 『인문과학』 111, 2017, 47~48쪽.

4 Presbyterian Historical Society (PCUSA, Philadelphia, PA) / Historical Foundation (PCUS, Montreat, NC) / Methodist Archives (Drew Univ., NJ) / United Church Archives (Victoria Iniv. in Toronto, Canada) / McRae Collection (Nova Scotia, Canada) / A. J. Brown Collection (Yale Div. School Lib.) / H. N. Allen Papers (New York Public Lib.) / Lib. of Union Th. Seminary in New York (Appenzeller Paper 등) / National Archives of USA (Washington D. C.) / Lib. of Congress (esp. Manuscrip) (Div. W. D. C.) / Ohlinger Paper (Fremond, OH) / G. S. McCune Paper (Univ. of Hawaii) / S. P. G. (London) / BFBS archives (Lib. of Cambridge Univ.) / NBSS Archives (Edinburgh) / British Museum (London) / 靑丘文庫(神戸) 등; 이만열, 「한국기독교사 연구의 어제와 오늘」, 383쪽 각주 107) 재인용; 교단에 의해 소장된 선교사 자료 컬렉션을 가지고 있는 대표적인 기관은 다음의 3개 기관으로 볼 수 있다. 첫째, 미국 장로교를 대표하는 '장로교역사협회'(Presbyterian Historical Society), 둘째, 미국 감리교를 대표하는 '연합감리교 아카이브와 역사센터'(United Methodist Archives and History Center), 셋째, '캐나다연합교회 아카이브'(United Church of Canada Archives)가 있다. 한미경·장윤금, 「개신교 교육 선교사들의 편지(1885~1942)-북미 기록관 소장 현황-」, 44~45쪽.

발굴되지 않은 채 사장되고 있는 실태이다. 이만열은 일찍이 한국기독교사 관련 자료수집과 보존, 그리고 연구에 있어서 문제점을 제기하면서 문서소장 기관들 사이에 자료 공개 및 공람, 희귀자료의 복사본 제작과 자료의 교환이 절실히 요청되고 있다고 언급했다. 그리고 외국에 한국기독교사 관련 자료의 소재처에 대한 정보와 자료의 반입은 시급히 해결해야 할 과제로 지적했다. 한마디로 이러한 산재되어 있는 한국의 선교자료들을 보존 관리하기 위해서는 효율적인 통합관리 표준안과 시스템을 마련해야 하고, 인터넷 온라인상에서 선교자료를 체계적으로 목록화하는 작업과 디지털 아카이브를 구축해야 할 필요성이 제기되고 있다.[5]

내한선교사 수집자료 디지털 아카이브

우리 시대의 기록보관 방식의 한 유형인 디지털 아카이브는 그 개념이 초기에는 좁은 의미로 '디지털 자원의 수집, 저장, 아날로그 자원의 디지털화'를 의미했다. 근래에는 더 확장된 개념으로 '가치 있는 디지털 자원을 선별하어 그 내용 및 기능을 보존 관리하고 장기간 접근할 수 있는 전반적인 활동'을 포괄하는 광의의 개념으로 정의하고 있다.[6] 일반적인 디지털 아카이브의 개념과 범주를 확장시키고 세분하면 기독교 디지털 아카이브의 개념과 범주가 파생된다. 즉 기독

---

5 구성모, 「한국 기독교 선교 사료 목록화와 디지털 아카이브 구축」, 『ACTS 신학저널』 43, 2020.
6 장윤금, 「역사자료의 디지털 아카이빙 방안 연구」, 『한국비블리아학회지』 21(4), 2010, 201~202쪽.

교 디지털 아카이브는 '기독교 관련 자료들을 디지털화하여 보존 관리하고 이에 접근할 수 있는 전반적인 활동'으로 개념정의할 수 있다.

최근 기독교 기록문화 유산의 한 유형인 디지털 아카이브에 관한 연구들이 조금씩 부상하고 있지만 아직도 양적으로 그리 많지 않다. 개신교 내한선교사 자료의 디지털 아카이브를 다룬 대표적인 연구는 한미경의 '내한선교사 편지의 디지털 아카이브 구축'을 들 수 있다.[7] 한미경은 그의 논문에서 내한선교사들의 수많은 자료들을 일차적으로 선별하고 유형화하는 방법을 제시하고 있고, 이런 기록물을 보존하는 방법으로 자료들을 어떻게 디지털 아카이브로 구축할 것인지 그 방법론을 제시하고 있다. 그는 2009~2018년을 기간으로 설정하여 미국과 유럽의 기관들을 찾아서 디지털 아카이브 구축의 선례들을 토대로 하여 북미 지역에 125개 컬렉션에 보관하고 있는 약 2만여 통의 내한선교사 편지들을 통합 연계할 수 있는 아카이브 구축 방안을 설명하였다.

최근 인문학에서 부상하는 '인문학 디지털 아카이브'의 전망과 과제를 다루고 있는 이남희의 연구는 기존에 구축된 인문학 자료의 DB화에서 발전하여 인문학 디지털 아카이브의 활용과 효용성을 극대화할 수 있는 방안을 다루었다. 즉 전자문서와 멀티미디어 자료 편찬 과정의 표준화와 상호 유관한 내용의 자료들이 서로 연결된 하이퍼텍스트와 하이퍼미디어의 활용을 통해 상호운용성을 극대화할 수 있다

---

7 한미경, 「[나의 박사 논문을 말한다] 흩어져 있던 선교사 편지, 데이터베이스를 구축하는 길」, 『基督敎 思想』 748, 2021; 한미경, 『내한선교사 편지(1884~1942)와 디지털 아카이브』, 보고사, 2020.

고 주장하고 있다. 그리고 기존의 공공 인프라 성과물을 참조해서 활용할 것을 권유하고 있다. 이와 같은 아카이브의 인터페이스(interface) 구축을 통해 디지털 인문학의 자료들이 다각도로 활용될 수 있을 것이라 주장하고 있다.[8]

구성모는 내한선교사들이 한국선교를 하면서 남긴 선교 사료들의 현재의 실태를 검토하였다. 한국선교 사료들이 국내외에 흩어져 있고 방치되어 있어 한국선교 사료들의 보존과 관리의 필요성을 제기하고 있다. 이를 위해 효율적인 통합관리 표준안을 마련해야 하고, 인터넷 온라인상에서 선교사료를 체계적으로 목록화하는 작업과 디지털 아카이빙을 구축해야할 필요성을 강조하고 있다.[9]

장윤금은 초기 선교사들의 자료의 역사적 가치를 인정함에도 불구하고 초기선교사 자료를 소장하고 있는 기관들은 이들을 파송한 선교회, 신학대학, 정부기관, 박물관, 연구소, 선교사 가족 등에 흩어져 보존되어 있는 실정을 지적했다. 그는 선교사 자료의 접근의 어려움으로 인해 연구자들이 초기선교자료를 수집할 때, 개별적으로 해외에 직접 방문하여 자료를 열람하여 수집하거나 또는 국내 소장기관의 자료를 주로 이용하고 있음을 밝히고 있으며, 초기 외국인 선교사 자료의 디지털 아카이브 구축의 필요성을 역설하고 그에 필요한 기초자료를 제공하고자 시도했다.[10]

---

8 이남희, 「'인문학 디지털아카이브' 전망과 과제구축과 활용 방안을 중심으로」, 『원불교 사상과종교문화 56, 2013.
9 구성모, 「한국 기독교 선교 사료 목록화와 디지털 아카이브 구축」 참조.
10 장윤금, 「우리나라 초기 외국인 선교사 자료의 디지털 아카이브 구축 필요성 연구 (1800~1910)」, 『정보관리학회지 30(4), 2013.

장윤금의 또 다른 연구논문은 해외 국가도서관들의 사례 조사와 연구를 통해 역사자료의 디지털 아카이빙 프로젝트 사례를 정보 생명 주기 및 디지털 큐레이션 관점에서 분석하였다. 이것은 역사자료를 수집, 보존, 접근 및 활용에 근거하여 디지털 아카이브를 구축하고 활용하는 방식을 일컫는다. 그는 역사자료를 디지털 아카이빙으로 구축하기 위해서 국가 차원의 정책 수립과 지원 방안을 강구할 것을 촉구하고 있다. 이는 지속가능한 서비스를 제공할 수 있는 보존 시스템 구축, 그리고 장기 보존 전략, 표준화 및 경비 지원 등을 고려할 때 기관과 국가 간 협력과 업무 분담에 대한 체제를 마련할 것을 주장하고 있다.[11]

이와 같은 연구논문을 검토하면서 필자는 한국기독교 관련 기록물들을 소장하고 있는 국내의 대표적인 몇몇 아카이브 기관들을 살펴보면서 국내 기독교 디지털 아카이브의 현황을 파악할 수 있었다.

우선 《한국기독교사연구소》의 아카이브는 시기적으로 1900년 이전부터 1960년대 이후 현대사까지 한국교회사 관련 기록물들을 소장하고 있는 기관이다. 이 아카이브의 콘텐츠는 초기 내한선교사들의 전체 명단과 자료 및 사진을 소장하고 있고 선교사들에 관한 정보를 연표와 사진들을 소개하고 있다. 아카이브의 매뉴는 크게 〈소장자료목록〉, 〈한글성경목록〉, 〈한국교회사 사진〉, 〈기증자료〉로 구성되어 있다. 이 아카이브의 한 특징은 많은 양은 아니지만 초창기 '평양' 기독교 및 북한 기독교에 관한 자료들을 담고 있다는 점이다. 하지만 《한국기독교사연구소》의 아카이브는 내한선교사들의 일부 문서나 사진들의

---

11 장윤금, 「역사자료의 디지털 아카이빙 방안 연구」 참조.

원출처가 미국장로교 《역사학회(Presbyterian Historical Socity)》의 디지털 아카이브 내 〈한국선교(Korea Mission)〉 편에서 소장하고 있는 자료들[12]이거나 미국 프린스턴 신학교의 〈Moffet Korea Collection〉[13]과 같은 해외 아카이브의 웹사이트를 링크시켜 소개하는 정도에 머무르고 있다. 그럼에도 불구하고 이 기관의 아카이브는 국내 및 해외 기관들 사이에 국제적인 협력 속에 상호 연동되도록 구축하여 자료 접근과 활용을 이용자들에게 용이하게 해주었다는 점에서 의미가 있다.

킨슬러 가족의 수집자료 문서보관소

컬렉션(Collection)은 "어떤 기록관이 소장하고 있는 기록이나 자료 전체"로서 "동일 출처를 갖는 생산장의 업무 활동을 반영한 질서를 갖춘 기록 집합체"이거나 "다양한 출처로부터 수집한 인위적인 집합물"일 수 있다.[14] 개신교 교육선교사들의 선교편지들을 소장하고 있는 북미기록관을 연구한 한미경·장윤금은 선교사 편지 문서 컬렉션을 교단 문서 유형, 선교사 가족 기증 유형, 후원자 기증 유형, 기록관 구입 유형으로 크게 구분했다.[15] 그 가운데 선교사 가족 기증 유형은

---

12 http://www.1907revival.com/news/articleView.html?idxno=10687 "평양장로회신학교 명예학장 마포삼열(1929년 3월)," [2022년 5월 30일 접속]

13 https://commons.ptsem.edu/id/oldkoreaimagesmi02unse_27%5C?keywords=Whittemore 미국 Princeton 신학교의 Moffet Korea Collection, "1898년 봄 초기 북한지역에서 활동하던 북장로회 선교사들(맨우측 위대모)." [검색일: 2022.5.30.]

14 한국기록학회, 『기록학 용어 사전』, 역사비평사, 2008, 172쪽; 한미경·장윤금, 「개신교 교육 선교사들의 편지(1885~1942)-북미 기록관 소장 현황-」, 37쪽.

15 한미경·장윤금, 「개신교 교육 선교사들의 편지(1885~1942)-북미 기록관 소장 현황-」, 43~56쪽.

본 연구에서도 본보기로 삼을 수 있다. 이 두 번째 유형의 컬렉션은 그 자료들이 가족들이 개인적으로 모아놓았거나 가문의 컬렉션에 포함되어 보관된 자료들을 기증하는 형식을 통해 현재의 기록관 안에 하나의 컬렉션으로 소장되어 있다. 또한 교단이 공식적으로 만든 컬렉션에 비해 그 규모가 작지만, 실제 연구자들에게 잘 알려지지 않은 기록물들을 소장하고 있다. '언더우드 문서(Underwood Papers, New Brunswick Theological Seminary)', '아처 버틀러 헐버트 문서(Archer Butler Hulbert Papers, Colorado College)', '매큔－베커 컬렉션(MuCune-Becker Collection, University of Hawaii)' 이 세 컬렉션은 이들 내한선교사들이 당시 한국에서 일어나고 있었던 다양한 사회문제에 관여하였고, 무엇보다 당시 한국의 지도자들을 양성하는 대학에서 한국인 학생들을 양성하며 큰 영향을 끼친 미국선교사들이라는 특징을 갖고 있다.[16]

필자는 몇몇 문서보관소 아카이브들을 검토하면서 킨슬러 선교사 부부와 관련된 기록물들의 국내외 소장처[17]를 탐색했다. '킨슬러 가족의 수집자료 문서'의 경우도 전형적인 '선교사 가족 기증 유형'에 속하는데 검토 과정에서 선교사들의 기록물이 대부분 국외에서 일부 몇몇 기관에 의해 디지털 아카이브화 되었고, 킨슬러 선교사의 기록물을 소장하고 있는 기관의 경우도 그 문서의 양이 많지 않다는 것을 알 수 있었다. 킨슬러 선교사 관련 자료들을 소장하고 있는 기록관들

---

16 같은 글, 46~52쪽.

17 한국기독교역사연구소 소장자료에 킨슬러 선교사 부부에 관해 소개하고 있다. http://www.1907revival.com/news/articleView.html?idxno=10673
킨슬러 자료의 해외소장 기관 소개는 마은지, 「미국선교사 수집 자료 분류 및 분석-킨슬러(Francis Kinsler) 가족을 중심으로(1900-1990년대)-」, 『숭실사학』 47, 2021, 272~274쪽.

을 검색할 때 다음과 같은 경로를 취했다.

첫째, 미국 온라인 컴퓨터 도서관 센터(OCLC, Online Computer Library Center)에서 제공하는 아카이브 종합 목록 데이터베이스인 아카이브그리드(ArchiveGrid)를 통해서 파악된 자료에서 Korea Mission, Francis & Dorothy Kinsler라는 키워드로 검색한 자료들을 중심으로 파악했다. 또 아카이브그리드에 참여하지 않은 기관들은 별도로 검색했다.[18]

둘째, 미국장로교 역사학회 디지털 아카이브, 한국선교(Korea Mission) 컬렉션을 참고했다.

셋째, 그 외에 킨슬러 관련 자료들을 소장하고 있는 여러 아카이브를 웹상으로 검색하여 참고하였다.[19]

---

18 한미경·장윤금, 「개신교 교육 선교사들의 편지(1885~1942)-북미 기록관 소장 현황-」, 37~38쪽. 아카이브그리드는 천 개가 넘는 미국, 캐나다, 등의 지역 도서관, 역사협회, 박물관들의 기록보관소가 소장하는 400만여 개의 역사기록물의 정보에 접근하게 하는 웹사이트이다.

19 https://www.fpceh.org/rev-kinsler(FIRST PRESBYTERIAN CHURCH OF EAST HAMPTON, NY). 뉴욕주 이스트햄튼 도서관 제공 뉴스레터에 킨슬러 선교사에 관한 기사들 찾아볼 수 있다. 관련 기사늘은 다음과 같다.
"Installation of Rev Kinsler at East Hampton Presbyterian Church, East Hampton Star, Front page, December 17, 1942; Kinsler Family Vacation on Dayton's Island, East Hampton, Front Page of the Daily News, August 1953; Hope for Korea, Report of Rev Francis Kinsler during a sermon in East Hampton, August 27, 1953, East Hampton Star, p.3, Article on the Rev. and Mrs. Kinsler life in Korea prior to WWII, East Hampton Star, May 7, 1942, pp.1~2; Francis Kinsler, *The East Hampton Star.,* December 17, 1942, p.1; Francis Kinsler, "HOPE FOR KOREA", *The East Hampton Star.,* August 27, 1953, p.3.
(https://nyshistoricnewspapers.org/lccn/sn83030960/1953-08-27/ed-1/seq-3/)
미국 프린스턴 마펫-한국 컬렉션(https://library.ptsem.edu/moffett-korea-collection/ https://archive.org/details/newslettersnewsp119unse_6/mode/2up?view=theater)/THE REV. FRANCIS KINSLER, Presbyterian Mission, Box 1125, I.P.O., Seoul, Korea,

검색 결과 한국선교사와 관련하여 가장 방대한 자료를 소장하고 있는 북미 지역 기관에 소장된 킨슬러 관련 문서보관소 현황은 다음과 같다.[20]

〈표 1〉 북미 지역 기관에 소장된 킨슬러 관련 문서 현황

소장기관	컬렉션 이름	문서 저자 (활동기관/지역)	문서 종류	작성 시기	문서 수량
Presbyrerian Historical Society	Francis Kinsler Correspendence	Kinsler / 숭실대학교	편지	1938	2
Princeton Theological Seminary	Moffet Korea Collection	Kinsler	보고서 브로셔 이력서 사진	1930년대 1940년대 1950년대 1991	문서 8 사진 1(결혼사진) + 옥호열 선교사와 기념사진 1

국내에서는 킨슬러 개인보고서나 연례보고서는 한국기독교역사연구소가 미국 필라델피아 역사관에 보관된 미국 북장로교 관련 마이크로필름을 출력하여 편집한 *The Annual Report of the Foreign Mission of the PCUSA*(총 91권)을 참고할 수 있다.[21]

June 24, 1970.

20 한미경, 『내한선교사 편지(1884~1942)와 디지털 아카이브』, 45쪽.

21 국내는 한국기독교역사연구소에서 미국 북장로교 해외선교부 한국선교 보고서를 마이크로필름으로 소장하고 있다. 킨슬러 선교사 가족 프랜시스(Francis), 도로시(Dorothy), 아서(Arthur) 킨슬러의 선교보고서 Annual Report와 Personal Report를 공람할 수 있다. *Korea Mission Materials of the PCUSA-Report, Field Correspondence and Board Circular Letters(1911~1954)*, The Institute for Korean Church History, 1995; 한국기독교역사연구소 엮음, 『미국 북장로교 해외선교부 한국선교 보고서(1911~1954) 목록집』, 한국기독교역사연구소, 2017; 그 외에 프랜과 도로시 킨슬러 관련 자료들은 『코리아리포지토리(*Korea Repository*)』, 『코리아 미션 필드(*Korea Mission Field*)』에도 일부 수록되어 있다.

이와 같은 사전 이해를 바탕으로 필자는 킨슬러 가족으로부터 직접 기증받은 수집자료들을 정리 분류하여 이 자료들의 사료적 가치들을 발굴하고자 하였다. 기증받은 자료들은 기존 아카이브를 통해 일부 공개되기도 했지만, 대부분 미공개 자료들이 많았다. 킨슬러 가족의 수집자료의 연구를 통해 향후에 이 자료들을 어떻게 보관하고 처리할 것인지, 더 나아가 그에 따른 한국기독교 자료의 디지털 아카이브 구축의 필요성을 논의하고자 한다.[22]

〈프랜시스 킨슬러 가족 컬렉션〉 아카이브 구축의 의미

본 연구자는 킨슬러 선교사와 그의 가족들이 수집한 기록물들을 분류·정리하는 작업을 수행하여 그 기록물의 양적 규모와 종류, 개략적인 내용과 특징을 파악했다. 그리하여 일차적인 주제별 분류 이후에 더 세분화하여 네 개의 컬렉션으로 분류했다. 프랜시스 킨슬러 컬렉션(Francis Papers), 도로시 컬렉션(Dorothy Papers), 아서 & 수 컬렉션(Arthur & Sue Papers), 그리고 평양(Pyeongyang)과 한국전쟁(Korea War) 자료 등으로 크게 구분해 보있다.

킨슬러 가족이 한 세기에 가까운 긴 시간에 걸쳐 수집하여 누적한 자료들을 분석한 결과 기록물의 종류는 선교보고서, 사진, 문서, 편지, 엽서, 카드, 수첩, 메모장, 소식지, 기념품 등 여러 아이템들이 포함되어 있었다.[23]

---

22 마은지, 「미국선교사 수집 자료 분류 및 분석 - 킨슬러(Francis Kinsler) 가족을 중심으로(1900-1990년대)-」, 『숭실사학』 47, 2021.

프랜시스 킨슬러는 1928년부터 1941년까지 평양지역에서 활동하면서 평양에 관한 사진, 서신, 선교지부의 문서 등을 생산하고 수집했다. 미국북장로회 한국선교회 평양선교지부의 캐롤라인 A. 래드 병원, 1936년 장로교 평양선교지부(Pyengyang Station, Presbyterian Church)에서 발행한 수첩 모양의 소책자 형태인 『한국의 평양선교지부 안내서 및 기도달력』(*Handbook and Monthly Prayer Calendar of the Pyengyang Station Korea*), 성경구락부 관련 선교보고서, 사진 등을 수집 보관하였다. 또한 해방 후 남한에서 활동하면서 도로시 선교사와 함께 한국전쟁, 고아원과 모자원, 남한의 성경구락부 운동, 기독교 부녀구원상의 소에 관한 자료들을 생산하거나 수집 보관하였다. 킨슬러 2세인 아서 킨슬러 선교사는 1972년부터 2011년까지 내한선교사로 활동하면서 1970~1990년대의 한국 사회에 관한 자료들을 남겼다. 연례보고서, 선교편지, 뉴스레터, 산업선교, 코리아콜링(*Korea Calling*), 사진과 같은 다양한 자료들을 남겼다.

필자는 킨슬러 가족의 수집자료 기록물들을 토대로 하여 한국기독교문화연구원 디지털 아카이브인 《한국근대와 메타모포시스 아카이브》[24]에 〈프랜시스 킨슬러 가족 컬렉션〉을 구축하였다. 〈프랜시스 킨

---

23 문서 총계는 대략 약 684건 정도이다.

24 이 아카이브는 특정 기관의 목적과 특성에 맞추어 디자인되었다. 숭실대학교의 부설기관이자 동시에 인문한국(HK+) 사업단의 의제에 맞추어 근대전환공간의 변화 과정을 정의하고 재해석하며 발견하는 '문화의 메타모타모포시스'라는 의제를 수행하는 학술 연구기관의 아카이브로서 기능과 역할을 다하고 있다. 또한 이 아카이브는 한국기독교박물관이 소장하고 있는 한국 근대 전환기의 자료들과 기독교 자료들을 기반으로 무료 오픈아카이브로 구축되었다. 여기에 더하여 최근에 기증된 내한선교사 프랜시스 킨슬러의 자료들 가운데에 일부를 DB로 아카이빙하여 업데이트 되어 2021년 〈프랜시스 킨슬러 가족 컬렉션〉 무료 서비스가 개시되었다.

슬러 가족 컬렉션〉은 한국과 관련된 한 세기 동안의 가문의 대를 이어 두 세대에 걸쳐 수집된 기록물이다. 그리고 1900년대부터 1990년대까지 긴 시간에 걸쳐 누적된 자료들을 킨슬러 선교사의 3세인 권요한(John Francis Kinsler) 교수가 소장하고 있다가 숭실대학교에 기증하여 구축된 선교사 컬렉션이라는 점에서 상당한 의미가 깊다. 무엇보다 킨슬러 가족이 대를 이어 유품으로 간직해온 선교자료들은 한 세기에 가까운 역사적 시간성과 공간성을 담고 있어 역사적 사료로서 충분한 가치를 지닌다. 그러므로 킨슬러 가족 컬렉션의 아카이브 구축에서 몇 가지 의미를 추출할 수 있다.

첫째, 킨슬러 가족 컬렉션 아카이브는 지금까지 어느 기관에서도 소장하지 못한 미공개 자료들을 처음 공개하고 디지털로 아카이브화했다는 점에서 각별한 의미와 중요성을 지닌다. 내한선교사 킨슬러 가족 컬렉션의 디지털 작업화로 전 세계 모든 이용자들이 온라인으로 접근할 수 있게 되었다. 더욱이 킨슬러 선교사 자료의 원문제공 무료 서비스는 교회사적으로나 일반 역사 연구자들에게 환영할만한 일이며, 특히 평양을 중심으로 북한 기독교의 역사 연구에 생생한 정보들을 제공할 것이다.

둘째, 킨슬러 가족의 수집자료의 디지털 아카이브는 선교사 자료의 보관과 활용을 어떻게 할 것인지 본보기를 제시하려는 시도였다. 분산된 자료로 인해 그 소재가 불분명하여 그 필요성에도 불구하고 자료 접근에 있어서 불편과 어려움이 많았던 연구자들에게 보다 편리한 접근과 활용을 지속가능하게 해줄 것이다.

셋째, 킨슬러 가족 자료의 디지털 아카이브는 한국기독교 역사자료들의 세계적인 네트워크 기반을 마련했다고 볼 수 있다. 프랜시스 킨슬러 가족 컬렉션은 앞으로 한국기독교의 역사 자료를 소장하고 있는 전 세계의 여러 기관들과의 네트워크를 통해 한국기독교와 내한선교사 자료를 소장한 대표적인 아카이브로서 그 기능과 역할을 다할 것으로 기대할 수 있다.

끝으로, 킨슬러 가족 자료의 아카이브는 내한선교사 자료가 사적이면서 동시에 공적인 성격을 갖는 아카이브 구축의 사례라고 할 수 있다. 내한선교사가 선교단체나 해당 기관에 보낸 공식 선교보고서의 경우 공공 소장기관에 아카이브로 구축되어 있다. 하지만 선교사들이 가족이나 지인들에게 보낸 사적인 자료들의 경우 선교사 가문의 개인 소장자료로 제한되어 묻혀있거나 사장되어 버리기 일쑤였다. 그런데 디지털 아카이브화를 통해 선교자료의 활용의 공공성을 드높였다.

이런 의미 부여에도 불구하고 킨슬러 가족 컬렉션 구축은 연관 기관들과의 접속시스템을 연동되도록 폭넓게 구축하여 접속자에게 편의를 제공해야 할 과제가 남아있다. 이를 위해 연계 기관들과의 협조 방안을 모색할 필요가 있다. 또한 향후에도 다른 내한선교사들의 수많은 자료들을 선별하여 업데이트하여 아카이브의 내실화를 기하고 충실화를 도모해야 하는 과제가 남아있다. 나아가 선교자료들을 효율적으로 통합 관리할 수 있는 표준안의 마련과 연관 기관들의 디지털 아카이브가 네트워크상으로 연계성을 확보할 수 있는 시스템 구축이 절실히 필요하다.

참고문헌

[1차 자료]

─ 문헌자료

THE CAROLINE A. LADD HOSPITAL, PYENGYANG, KOREA.

Kinsler, Francis, *CHILDRENS BIBLE CLUBS AT PYEONGYANG*, KOREA.

Kinsler, Francis, *CHILDREN AT WORK FOR CHRIST IN PYENGYANG*, KOREA.

Pyengyang Station, Presbyterian Church, *HANDBOOK AND MONTHLY PRAYER CALENDAR OF THE PYENGYANG STATION, KOREA*, 紀新社, 1936.

Kinsler, Francis, *KURAHKBOO*.

Kinsler, Francis, *CHILDRENS BIBLE CLUBS AT PYEONGYANG*, KOREA.

McCune, George S., *DEAR FRIENDS:* ─.

KOREA CALLING

─ 사진자료

〈Fran, his teacher and an academy student〉

〈Party with Marian and [Korean] language teachers〉

〈Kinsler with his sisters〉

〈평양숭실성경구락부 지도자들〉

〈Bible Club Children〉

〈평양창광산소년성경학교〉

〈웃어라한숨이물러간다〉

〈崇信男聖經學校學友會一同〉

〈소년소녀성경구락부대八회졸업긔렴〉

〈The Kinsler Family〉

[2차 자료]

강성호, 「미국 남장로회의 호남선교 ─ 연구동향을 중심으로」, 『한국기독교와 역사』 49, 2018, 75~100쪽.

구성모, 「한국 기독교 선교 사료 목록화와 디지털 아카이브 구축」, 『ACTS 신학저널 43, 2020, 205~236쪽.

김희숙·장우권, 「디지털 인물 아카이브 구축 방안-기독교 동광원 수도회 김금남 원장을 중심으로」, 『한국도서관정보학회지』 50(4), 2019, 469~491쪽.

마은지, 「미국선교사 수집 자료 분류 및 분석-킨슬러(Francis Kinsler) 가족을 중심으로(1900~1990년대)-」, 『숭실사학』 47, 2021, 267~295쪽.

장윤금, 「우리나라 초기 외국인 선교사 자료의 디지털 아카이브 구축 필요성 연구(1800~1910)」, 『정보관리학회지』 30(4), 2013, 265~281쪽.

______, 「역사자료의 디지털 아카이빙 방안 연구」, 『한국비블리아학회지』 21(4), 2010, 193~203쪽.

한미경, 「[나의 박사 논문을 말한다] 흩어져 있던 선교사 편지, 데이터베이스를 구축하는 길」, 『基督敎 思想 748, 2021, 186~194쪽.

해리 로즈 지음, 『미국 북장로교 한국 선교회사1 (1884~1934)』, 최재건 옮김, 연세대학교 출판부, 2009.

숭실대학교 한국기독교문화연구원, 『인문한국플러스(HK+)지원사업』 2단계 1차년도 연차보고서, 2022.

킨슬러재단 한국위원회 준비위, 『프란시스 킨슬러가(家) 자료집』, 2020.

[기관]

국사편찬위원회 한국역사정보통합시스템 http://www.koreanhistory.or.kr/

명지대학교 도서관 한국관련 서양고서 DB

미국북장로회 아카이브(Presbyterian Historical Society) http://history.pcusa.org/

숭실대학교 한국기독교박물관 https://museum.ssu.ac.kr/

양화진문화원 http://www.yanghwajin.re.kr/

연세대학교 학술정보원/ 연세대디지털컬렉션 기독교고문헌 DB

프린스턴 신학교 도서관 아카이브(Princeton Theological Seminary Library) http://ptsem.edu/library/

한국기독교역사박물관 http://www.kchmuseum.org/

한국기독교역사연구소http://www.ikch.org/site/

한국기독교사연구소/평양대부흥 http://www.1907revival.com/news/articleList.html?sc_section_code=S1N7&vi

ew_type=tm
한국기독교역사문화 DB
한국사데이터베이스한국사데이터베이스http://db.history.go.kr/
UCLA 온라인 아카이브 http://koreanchristianity.humnet.ucla.edu/

킨슬러(Francis Kinsler), 평양을 담다

– 평양 선교 기록(1928~1941) –

미국북장로회 한국선교회는 한국선교에 있어서 전략적 요충지에 선교기지를 개설하였다. 평양선교지부는 마펫 선교사가 1893년 10월 평양으로 이주하여 본격적인 선교기지 개설을 위한 준비 작업에 착수하였다. 1897년에는 평양 남도에만 20개 이상의 예배 처소가 생겨났다. 평양선교지부가 관할하는 지역은 평양 남북도와 황해도의 54개 지역이었다. 그중에 단 한 곳을 제외하고 거의 모든 지역에 복음이 전해졌다. 그리하여 1898년에는 당시 평양선교지부가 관할하는 구역 안에 126개의 집단, 69개의 건물, 1,050명의 세례교인, 3,440명의 학습교인이 있었다.

평양 선교 현장은 네 명의 선교사들이 관할 하도록 나뉘어졌다. 평양북도는 휘트모어(Norman Clark Whittemore, 위대모) 선교사, 황해도는 리(Graham Lee, 이길함), 평양의 남도와 북도는 마펫(Samul Moffet, 마포삼열) 선교사, 그리고 평양의 동부와 서부 지역은 베어드(William Baird, 배위량) 선교사가 관할하도록 할당되었다. 1900년대에도 평양선교지가 계속 성장하자 선천과 재량에도 선교기지가 개설되었다. 초기 선교사들 가운데 중심 역할을 담당했던 베어드, 매큔, 마펫, 번하이슬(Charles F. Bernheisel) 선교사의 활동을 돕기 위해 여러 선교사들이 평양으로 파송되었다. 프랜시스 킨슬러는 1928년 9월 내한하여 평양에서 활동을 시작했다.[25] 평양에서 그의 주요 활동을 살펴보면 현지교회들을 순회 방문하며 관리 감독하였고, 평양 숭실대학과 평양 장로회 신학교에서 학생들을 가르쳤고, 1929년 성경구락부를 창시했다.

킨슬러는 1928년부터 1941년까지 평양지역에서 활동하면서 평양에 관한 사진과 문서를 수집하고 생산했다. 평양시절의 사진자료는 『씨를 뿌리러 나왔더니』, 『권세열: 조선의 풍경』, 그리고 『킨슬러의 사진자료집－성경구락부 활동』[26] 같은 책에서 부분적으로 소개되었다. 『권세열: 조선의 풍경』에 수록된 46장의 사진들은 평양과 주변지역의 풍경사진들이다. 그리고 『킨슬러의 사진자료집－성경구락부 활동』은 남북한에서 이루어진 성경구락부 활동사진을 수록하였다.

「킨슬러(Francis Kinsler), 평양을 담다－평양 선교 기록(1928~1941)」 편에서는 프랜시스 킨슬러가 평양시절에 남긴 자료들 가운데 선별하여 디지털 아카이빙을 했던 문헌자료와 사진자료를 소개하고자 한다.[27] 문헌자료의 경우 원문을 직접 읽어보면 1920~1930년대의 평양선교지부의 현황늘과 동시대 평양 사람들의 삶을 얼마긴 이해할 수 있다.

---

25 해리 로즈 지음, 『미국 북장로교 한국 선교회사1(1884~1934)』, 최재건 옮김, 연세대학교 출판부, 2009, 155쪽.

26 마은지 편저, 『킨슬러의 사진자료집－성경구락부 활동』, 한국기독교문화연구원, 2024에서 소개하였다.

27 아래에 문헌자료들의 해제는 한국기독교문화연구원 디지털 아카이브와 마은지 편저, 『킨슬러 선교사의 사진 자료집－성경구락부 활동』, 한국기독교문화연구원, 2024에 소개된 것을 재인용하였다.

1. 문헌자료 목록

- HANDBOOK AND MONTHLY PRAYER CALENDAR OF THE PYENGYANG STATION KOREA
- THE CAROLINE A. LADD HOSPITAL, PYENGYANG, KOREA
- KURAHKBOO
- CHILDREN AT WORK FOR CHRIST IN PYENGYANG, KOREA. BY Rev. Francis Kinsler
- CHILDRENS BIBLE CLUBS AT PYEONGYANG, KOREA. BY Rev. Francis Kinsler
- DEAR FRIENDS:-

■ 『한국의 평양선교지부 안내서 및 기도달력』

HANDBOOK AND MONTHLY PRAYER CALENDAR OF THE PYENGYANG STATION KOREA, 기신사, 1936.

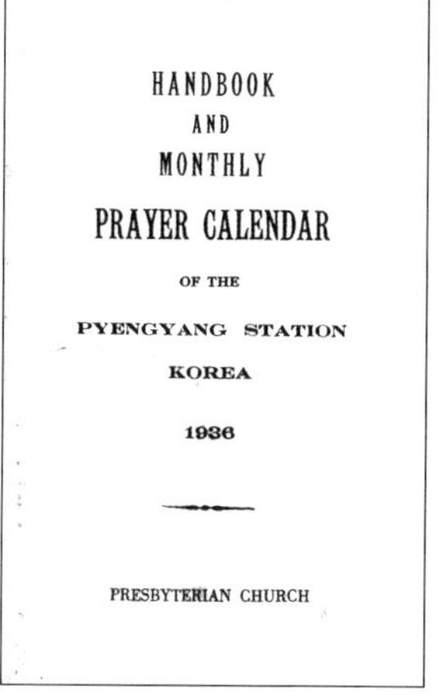

해제

이 자료는 프랜시스 킨슬러(Francis Kinsler) 선교사 가족이 기증한 자료들에서 평양 관련 자료들에 들이있다. 『한국의 평양선교지부 안내서 및 기도달력』(*Handbook and Monthly Prayer Calendar of the Pyengyang Station Korea*, 이하 『평양선교지부 기도달력』)은 1936년 장로교 평양선교지부(Pyengyang Station, Presbyterian Church)에서 발행한 수첩 모양의 소책자이다. 자료의 형태는 9cm×15cm, 총 50면이고 영어로 쓰어 있다. 인쇄인(印刷人)은 김병룡(金秉龍), 인쇄소(印刷所)는 평양의 기신사(紀新社)이다.

『평양선교지부 기도달력』의 발행 목적은 교단을 총망라하여 한국 평양에 주재하며 활동하는 선교사들에 대한 소개와 선교사역을 위한 기도를 위해 제작되었다. 서두에 평양에서 활동했거나 현역으로 활동하고 있는 선교사들의 총계와 회원명단이 수록되어 있고, 매월 실시되는 특별활동들이 기록되어 있다. 매달 1일부터 31일까지 매일 한 팀이나 한 명의 선교사와 그 사역에 관한 기도 제목이 자세히 수록되어 있다. 기도대상 선교사들의 얼굴사진, 평양의 주요 장소에 관한 경관 사진, 평양 주민의 생활사진, 평양사경회와 성경구락부 활동사진, 평양선교지부 복합단지 약도가 중간에 수록되어 있다. 평양에서 활동하다가 은퇴한 미국 북장로회 소속 명예 은퇴 선교사는 모두 3명이고, 평양에서 활동하는 현역 선교사는 27명, 미국에서 명예 은퇴한 선교사는 3명이다. 그리고 미국 남장로회 소속 선교사는 3명, 호주장로회 소속 선교사는 2명이고, 외국인학교 교사는 8명, 자비량 선교사는 1명이다. 이 자료는 19세기 말부터 1930년대까지 평양에서 활동했던 내한선교사들에 관한 정보와 현황을 파악할 수 있고, 평양선교지부에 조성된 복합단지 약도, 평양 숭실대학 캠퍼스, 선교사들이 거주하는 집, 그 외에 평양의 주요 명소나 평양에 관한 다양한 정보들을 담고 있는 귀중한 자료이다. 이해를 높이기 위해 기도달력의 전문을 번역 소개하고자 한다.

평양선교지부 선교사 회원 명단

선교지에서 은퇴한 명예은퇴선교사 명단

스왈른 부부(Swallen, Rev. Dr. and Mrs. W. L).
마펫(Moffett, Rev. Dr. S. A.)

마펫 부인(Moffett, Mrs. S. A.)

현지 활동 선교사

로즈 베어드(Baird, Mrs. Rose F.) – 1918

안나 버그만(Bergman, Miss Anna L.) – 1921

번하이슬(Bernheisel, Rev. Dr. C. F.) – 1900

번하이슬 부인(Bernheisel, Mrs. C. F.) – 1903

베스트(Best, Miss Margaret,) – 1897

비거(Bigger, Dr. J. D.) – 1911

비거 부인(Bigger, Mrs. J. D.) – 1912

블레어 부부(Blair, Rev. Dr. and Mrs. W. N.) – 1901

버츠(Butts, Miss Alice M.) – 1907

클라크 부부(Clark, Rev. Dr. and Mrs. C. A.) – 1902

도리스(Doriss, Miss Anna S.) – 1908

해밀턴 부부(Hamilton, Rev. and Mrs. F. E.) – 1919

헤이즈(Hayes, Miss Louis B.) – 1922

힐 부부(Hill, Rev. and Mrs. H. J.) – 1917

킨슬러(Kinsler, Rev. Francis) – 1928

킨슬러 부인(Kinsler, Mrs. Francis) – 1930

루츠 부부(Lutz, Mr. and Mrs. D. N.) – 1921

말스베리 부부(Malsbary, Mr. and Mrs. D. R.) (affiliated) – 1930

매큔, 캐서린(McCune, Miss Catherine A.) – 1908

매큔 부부(McCune, Rev. Dr. and Mrs. G. S.) – 1905

모의리 부부(Mowry, Rev, Dr. and Mrs. E. M.) – 1909

마이어(Myers, Miss Edith, R. N.) – 1932

필립스(Phillips, Rev. C. L.) – 1910

필립스 부인(Phillips, Mrs. C. L.) – 1909

라이너 부부(Reiner, Mr. and Mrs.) – 1908

로버츠 부부(Roberts, Rev. Dr. and Mrs. S. L.) - 1907

스미스 부부Smith, Dr. and Mrs. R. K.) - 1911

스누키스(Snookies, Miss V. L.) - 1900

스왈른, 올리베트(Swallen, Miss. Olivette R.) - 1922

미국에서 은퇴한 명예 은퇴선교사 명단

에드만(Erdman, Rev. Dr. W. C.)

에드만 부인(Erdman, Mrs. W. C.)

맥머트리(McMurtrie, Mr. Robert) - 1907~1933

미국남장로회 소속 선교사 명단

레이놀즈 부부(Reynolds, Rev. Dr. and Mrs. W. D.) - 1892

파커(Parker, Dr. W. P.) - 1912

파커 부인(Parker, Mrs. W. P.) - 1911

호주장로회 소속 선교사 명단

엥겔(Engel, Rev. Dr. G.) - 1900

엥겔 부인(Engel, Mrs. G.) - 1895

외국인학교 교사 명단

아담스, 도로시(Adams, Miss Dorothy D.) - 1926

액스워시(Axworthy, Miss Marbel) - 1932

블레어(Blair, Miss Lois) - 1931

크라우더(Crowder, Mr. Robert) - 1934

밀러(Miller, Rev. Dr. Donald D.) - 1935

로스(Ross, Mr. Albert) - 1934

토마스(Thomas, Miss Mary K.) - 1931

예츠(Yeths, Miss Helen) - 1935

자비량 사역자

켓참(KetCham, Miss)

메모

이어지는 다음 면에서 사진 바로 밑에 남편 선교사의 임무는 언급되어 있지만, 공간 부족으로 아내인 부인 선교사의 임무는 빠져 있습니다. 모든 부인 선교사들은 남편 선교사의 사역와 연관되어 있고, 대학, 중학교, 성경학교, 성경학원과 성경반에서 가르치며, 학교 기계창, 주일학교와 유치원에서 관련 사역을 수행하는데 전임선교사의 임무를 다하고 있다는 점을 이해해야 합니다.

특별 행사

1월 시골지역 사경회 선교지부 성경학원

2월 한국의 신년 지방사경회

3월 평양신학교부터 유치원까지 각 학교 개학, 전국여성대사경회
　　　평양집회, 참석인원 2,000~2,500명 참석

4월 새해 모든 교육기관 개강

5월 병원의 12개의 큰 달 중 하나

6월 선교부 연례회의

7월 중등학교 학기 종강, 방학성경학교

8월 청년수련회

9월 총회. 여성사역자 실무강습회

10월 여자성경학원. 도시와 시골에서 전도집회

11월 연례행사인 한국의 추수감사절

12월 지방의 모든 교회에서 부흥회의 시작과 확산. 남자 지방사경회

1일

마펫 박사 부부(Dr. and Mrs. Samuel A. Moffett)의 사진

마펫 박사[28]는 한국에 있는 모든 선교부의 선임 사역자입니다.

쉬지 말고 기도하라. [데살로니가전서 5:17]

평양선교지부 관할 구역에 있는 한국 장로교회들을 위해 기도해 주십시오

---

28 마펫 박사(Samuel A. Moffett, 1864~1934, 마포삼열), 미국북장로회 선교사, 목사, 하노
    버대학 학사, 맥코믹 신학교 졸업, 1887년 학생자원운동에 가입하고 선교사로 지원,
    1888년 5월 맥코믹 신학교 동기 베어드와 함께 목사 안수를 받고, 1889년 9월 북장로
    회 한국선교사로 임명받고, 1890년 1월 25일 26세 나이에 서울 도착, 1890년 6월 북장
    로회 한국선교회 연례회의서 회장으로 선임되어 네비어스 선교방법 공식 채택, 1891년
    2월 게일과 함께 만주 전도여행에서 심양의 로스 목사로부터 네비어스–로스 방법을
    배워 평양을 동아시아에서 가장 토착적인 선교부로 만들었고, 1893년 평양선교지부
    설립, 1893년 평양에 한석진 조사로 하여금 학습반을 조직케 하여 주일예배 시작, 1894
    년 1월 7일 평양 최초의 세례식과 성찬식 거행, 장대현교회 전신인 널다리 교회 설립하
    고 담임, 1894년 5월 평양기독교인박해사건으로 한석진 등이 투옥되자 매켄지와 함께
    평양에 가서 교인들을 돌보았다. 1898년 의료선교사 앨리스 피쉬(Mary Alice Fish)와
    결혼하였으나 사별 후 루시아 피쉬(Lucia Fish)와 재혼, 1918~1928년 평양숭시대학
    학장, 1919년 장로회 총회 총회장, 1934년 1월 25일(70세)에 은퇴.

한국장로교는 26개의 노회로 구성되어 있고, 488명의 서임된 목사와 2,423명의 장로가 2,729개의 교회를 감독하고 있습니다. **평양선교지부** 구역에는 "평양", "평서", "안주" 이렇게 3개의 노회가 있습니다. 목사 116명, 장로 665명, 전도사와 전도부인이 모두 1,038명이 있습니다. 조직교회 352개와 비조직 교회 141개, 세례교인이 약 18,000명, 교리교육을 받고 있는 학습교인이 7,000명이 있고, 아직 정회원이 아닌 새신자가 25,000명이 있습니다. 아이들을 포함해 모두를 합치면 약 58,000명의 교인이 있습니다. 이는 이 지역의 인구 1,261,000명 중 4%를 조금 넘는 숫자입니다.

평양의 면적은 5,765 평방마일인데, 뉴저지(New Jersey)의 대략 1/3, 펜실베니아(Pennsylvania)의 1/8 정도의 크기입니다. 평양시 인구는 158,000명으로 이 나라에서 세 번째로 큰 도시입니다. 사역은 센터인 평양에서부터 농촌과 시골 지역으로 뻗어나갑니다.

2일

로버츠 박사 부부(Dr. and Mrs. Stacy L. Roberts)
클라크 박사(Dr. Charles Allen Clark)의 사진
로버츠 박사는 평양신학교 교장입니다.
찰스 A. 클라크 박사(Dr. Charles Allen Clark)는 평양신학교
실천신학 교수입니다.

너는 진리의 말씀을 옳게 분별하며 부끄러울 것이 없는 일꾼으로 인정된 자로 자신을 하나님 앞에 드리기를 힘쓰라. [디모데후서 2:15]

평양신학교를 위해 기도해 주십시오

한국 전체에서 (미북장로회, 미남장로회, 호주장로회, 캐나다 연합교회를 통틀어)장로교의 목사 안수를 받는 목사들의 95% 이상이 이 연합기관 (평양신학교)에서 훈련을 받습니다.

매 학기 약 110명의 남학생이 재학중이고, 교수진은 5명의 선교사와 한국인 전임교수 3명으로 구성되어 있습니다. 또한 교육과정의 일부를 이수하고 교회를 섬기고 있는 이들을 위해서도 기도해 주십시오.

교육과정은 다음과 같습니다.

- 정규 3년제 학부과정.

- 총 6개월 과정의 대학원 과정.

- 매년 한 달 과정의 목회자를 위한 봄 신학교.

격월로 발행되는 『신학지남』(*Theological Review*)은 전국의 약 1,100명의 기독교 지도자들에게 배포됩니다.

3일

교장 로즈 베어드(Mrs. Rose M. Baird)
명예교사 마가렛 베스트(Miss Margaret Best L.L.D)
캐서린 매큔(Miss Catherine McCune)

하나님께 밤낮으로 부르짖는 그의 택하신 자들 [누가복음 18:7]

고등성경학교를 위해 기도해 주십시오

고등성경학교는 한국의 각지에서 온 여성들을 철저히 훈련시키는 선교 기관입니다. 이 기관은 잘 훈련된 여성에 대한 수요를 충족시키기 위해 13년 전(1923)에 설립되었고, 이미 97명의 졸업생이 4개 장로회의 교회들, 기독학교, 성경학원 등에서 일하고 있습니다. 올해 재학생은 80명으로 한국인 5명(그중에 3명은 목사안수를 받음)과 3명의 여선교사로 구성된 교수진이 가르치고 있습니다. 학습 과정은 3년이며 교과 내용은 다음과 같습니다.

1. 교회사, 지리 등과 같은 관련 주제와 함께 성경 전체를 공부합니다.
2. 도심의 주일학교에서 실제적인 경험과 함께 주일학교 방법론과 사역
3. 교회 음악, 노래 및 기악
4. 개인 사역 방법론과 실제 연구

개인 사역 부서 아래에서 이 학교의 학생은 각각 공장에서 일하는 여성들, 병원의 환자들, 거리 예배당이나 정부의 여자 고등학교에서 수행해야 할 과제를 일주일에 세 가지 받습니다.

이 사역을 위해 기도하면서 이 학교에 아직 기숙사가 없고 기숙사가 절실히 필요하다는 사실을 기억해주십시오. 하나님께서 우리의 필요를 채워줄 사람들을 일으키시도록 기도해 주십시오.

<u>4일</u>

매큔 박사 부부(Dr. and Mrs. Geo. S. McCune)
매큔 박사는 숭실전문학교의 교장이다.

기타 교수진들
모의리(Dr. E. M. Mowry), 라이너(Mr. R. O. Reiner), 킨슬러(Mr. F. Kinsler),
해밀톤(Mr. F. E. Hamilton), 루츠(Mr. D. N. Lutz), 말스베리(Mr. D. Malsbary)

쉬지말고 기도하가. [골로새서 4:2]

숭실대학을 위해 기도해 주십시오

이 대학은 4개의 장로교 선교부와 캐나다 연합교회의 도움을 받아 모든 장로교 지역의 청년들을 돌보고 있습니다. 문과와 농과에는 180명의 학생이 있습니다. 그 소년들은 기독교인이고, 성경반을 가르치고, 전도활동을 하고, 합창단에서 노래하고, 젊은 사람들의 사역에 선두역할을 하고, 대학가 예배당의 사역을 도우면서 이 도시의 교회들의 사역에 적극 참여하고 있습니다. 밴드, 오케스트라 그리고 학생합창단에 특별한 관심을 기울이고 있습니다. 그들은 또한 훌륭한 운동선수로 전원이 한국의 축구선수들입니다. 교수 및 강사는 28명인데, 외국인 9명, 한국인 17명, 일본인 2명이 있습니다. 졸업생들은 교직, 복음사역, 농사, 사업, 그리고 상급학교에 진학하여 공부하고 있습니다.

농과 학생들은 교과 과정에서 제공되는 책 지식 외에도 가금류 사육과 동물 농장, 그리고, 농산물 관리에 대한 실습교육을 받습니다.

<u>5일</u>

루츠 부부(Mr. and Mrs. D. N. Lutz)

모든 기도와 간구로 무시로 기도하며, [에베소서 6:18]

농촌 사업의 확장을 위해 기도해 주십시오

우리 선교지부의 농촌 사업은 꽤 먼 곳까지 미치고 있습니다. 토양 테스트를 요청하는 모든 사람을 위해 우리 대학 실험실에서 수행되고 있습니다. 우리 대학의 교수들이 전국의 수 천 명의 농민들에게 다가가는 강습회가 전국의 많은 곳에서 열리고 있습니다. 씨앗을 준비하여 판매합니다. 몇 가지 농장 프로젝트가 수행되고 있습니다.

『농민생활』(*Farmers' Life*), 한국장로교총회가 인가한 잡지인 『농민생활』은 우리대학의 교수진과 학생들이 편찬하여 매년 120,000권, 월 평균 10,000권이 한국의 농민들에게 배포되고 있습니다.

인나데이비스 물품제작소, 이것은 근로자들에게 산입 교육을 시켜주고 많은 학생들을 보살피고 있습니다. 재정적 도움이 절실히 필요한 30명의 소년들에게 1년 동안 일을 하게 하여 더 공부할 수 있는 수업료를 지급하고 공부하는 동안 생계를 꾸릴 수 있도록 해줍니다. 우리 최고의 학생들 중 일부는 이 경험을 거쳐왔습니다. 목공, 철공, 배관, 석재작업, 가구는 그 가운데 일부입니다.

<u>6일</u>

말스베리 부부(Mr. and Mrs. D. Marlsbary)[29]
숭실중학(Academy), 숭실전문학교(college) 및
평양외국인학교에서 음악대와 피아노 노방전도

무엇이든지 구하는 바를 그에게 받나니 이는 우리가 그의 계명들을 지키고
그 앞에서 기뻐하시는 것을 행함이라. [요한일서 3:22]

남자중등학교(숭실중학)을 위해 기도해 주십시오

이 학교에 520명의 학생과 31명의 교직원이 있습니다. 기숙사 생
활은 현재 신학교에서 공부하는 숭실전문학교 졸업생들이 세심하게
감독합니다. 중학교는 대학과 연결되어 있어 체육관과 운동장을 공동
으로 사용합니다. 학교는 정부의 승인을 받았습니다. 소년들은 모두
기독교인이며 여러 주일학교를 교회 그룹으로 발전시켰습니다. 그들
은 지방 교회에서 돕고 있고 설교와 가르치는 일에 방학 시간을 자유

---

29 말스베리(D. Malsbary, 마두원, 1899~1977), 미국북장로회·성경장로회 선교사, 목사,
신학자, 음악가, 한국선교사 클라크(C. A. Clark)을 만나 1929년 9월 1일 내한, 평양외국
인학교 음악교사로 활동, 1930년부터 평양 숭실전문학교에서 음악을 가르치고 음악대
지도, 김동진·박태준·조두남·안익태·강신명·계정식·김홍전, 한인화·정비다·채리
숙 등을 지도, 1934년 2월 *The Korea Mission Field*에 "한국인과 종교음악(Koreans
and Sacred Music)"이란 논문 발표, 1934년 9월 평양 서문밖교회에서 조선예수교장로
회 희년대회 겸 기독교청년면려회 10주년 기념대회 때 음악연주회 준비하여 2천여
명 참석자들을 감동시켰고 방학 때 숭실음악대를 인솔하여 전국순회 공연과 전도대회
개최, 일본 패전 후 1948년 성경장로교단 파송 선교사로 내한, 한국전쟁 당시 월남
피난민과 전쟁고아 구호사업, 1948년 국제기독교연합회(ICCC) 한국지부장, 1950~
1960년대 한국장로교회의 분열 과정에서 근본주의, 보수주의 신학노선 목회자와 신학
자들의 교단 및 신학교 설립 적극 지원, 1961년 예수교성경장로회 창립.

롭게 바칩니다.

학생들은 신중하게 선발되며 매년 많은 학생들이 탈락합니다. 82명은 목사와 전도사의 자제들입니다. 1,072명이 졸업했습니다. 많은 졸업생들이 전문학교와 대학에서 공부하고 있습니다. 학생들은 항상 목표의 힘, 명확한 마음, 의무에 대한 헌신이 필요합니다. 그들을 위해 기도해주십시오.

7일

스왈른 교장(Miss Olivette Swallen, Principal)
스눅(Miss Velma Snook) 버그만(Miss Ann Bergman)[30]

---

30 스왈른(Olivette R. Swallen, 소안엽, 1893~1975), 미국북장로회 선교사, 교육가, 윌리엄 스왈른(William I. Swallen)과 사라 윌리슨(Sarah Willson) 사이의 1남 3녀 중 맏딸로 원산에서 출생, 원산과 평양에서 자랐고 평양외국인학교에서 초등·중등 교육을 받고, 미국에서 대학 졸업, 평양 숭의여학교 교사, 1922년 10월 정식 선교사로 내한하여 선천 선교지부에 파송 받아 보성여학교 교사로 사역, 1929년 평양선교지부로 임지를 옮겨 숭의여학교 교사(여동생 거트루드는 보켈과 결혼하여 1929년 내한선교사로 파송), 올리벳은 1931년 안식년 휴가를 떠난 스눅(V. L. Snook)을 대신해 숭의여학교 교장직 수행, 1935년부터 조선총독부와 평남 경찰당국의 신사참배 강요에 스눅 교장은 완강한 태도를 보였고, 1938년 3월 숭실학교, 숭덕학교와 함께 숭의여학교는 폐교되었고, 폐교 이후 올리벳은 평양여자성경학교와 평양선교부 여성사역, 재령여자성경학교 사역, 1940년 11월 미국정부가 보내온 수성선을 타고 본국으로 귀국, 1947년 한국으로 복귀하여 서울 연지동 선교부에 거주하며 정신여학교 복구 작업 참여, 1954년 정신여학교 사역에 복귀, 주한미국장병을 위한 '기독교 휴양관(Christian Hospitality Center)' 사역에 참여하고 은퇴.
스눅(Velma Snook, 선우리, 1866~1960), 미국북장로회 선교사, 교육가, 1900년 10월 18일 선교사로 내한, 처음 서울선교부에 배치되어 어학 공부 후에 1901년 9월부터 평양선교지부로 옮겨 평양 외성 지역 순회전도사역, 평양부인중학교(Advanced School for Girls and Women)에서 교사로 참여하다가 1905년부터 교장, 1906년 중등과정의

명예교사

아무 것도 염려하지 말고 오직 모든 일에 기도와 간구로,
너희 구할 것을 감사함으로 하나님께 아뢰라. [빌립보서 4:6]

평양여학교를 위해 기도해주십시오

이 학교는 설립된 지 30년이 넘었습니다. 중학교 졸업생은 421명
이 넘고, 유치원 교육과정 졸업생은 111명으로 대부분 그리스도와 교
회에 유능하고 신실한 일꾼입니다. 상당수가 탁월한 기독교 지도자입
니다. 현재 등록 학생은 380명으로 중학교 340명, 유치원 40명입니다.
학생들의 평균 연령은 15세입니다. 교수진에는 한국인 16명, 일본인
3명, 선교사 3명이 있으며, 시간제 교사는 4명입니다.

학생들과 교사들은 주일학교(S. School)와 방학 성경학교에서 활동
을 하고 있습니다. C.E.는 자유롭게 한국의 외국인 선교사역, 방학 성
경학교 사역, 나병환자와 기타 구제 사역, 전도부인을 지원합니다. 20
명의 소녀들은 자조사업부(Self-Help Dept.)에서 자수 작업으로 학비

연합중학교인 평양여자중학교(Seminary of Women) 초대 교장, 1909년 숭의여학교
교장, 신사참배 거부로 교장직에서 파면 당하여 '숭의사역 33년'을 마감하고 1936년
귀국, 『조선중앙일보』는 이 때의 사건을 "여자교육계의 은인, 선우리양을 파면"이라는
제목으로 보도함.
버그만(Ann Bergman, 박우만, 1886~1971), 미국북장로회 선교사, 교육가, 1915년 8월
30일 내한, 대구선교지부 배치, 1916년부터 대구 남산교회 주일학교, 여자사경회, 지방
순회전도사역, 전도부인 양성을 위한 대구 여자성경학교 교장, 1940년 선교사들이 대
부분 강제 귀국했을 때, 대구에 마지막까지 남은 선교사들(브루엔 부부와 핸더슨 부부,
아담스, 폴라드, 버그만) 중 한명, 1941년 7월 미국과 일본의 관계가 악화되자 필리핀으
로 가서 잔류하다가 일본군의 포로 수용소에 수감되어 1945년 2월에 석방됨, 1952년
1월 대구에서 피난민 구호사역, 1952년 6월 은퇴.

의 일부를 후하게 벌고 있습니다. 가정과 음악은 훈련의 중요한 부분으로 강조됩니다.

학급 및 기숙사 건물에 긴급히 방들이 추가될 필요가 있습니다. 기독교 가정과 기독교 리더십을 위해 한국의 기독교 여학생 교육은 이 학교의 가장 큰 목적입니다. 이 학교가 그리스도를 증거하는 일에 충실할 수 있도록 기도해 주세요.

8일

안나 도리스(Miss Anna S. Doriss) 원장

나는 여호와요 모든 육체의 하나님이라
내게 능치 못한 일이 있겠느냐 [예레미야 32:27[31]]

룰라 웰스 학원(LULA WELLS INSTITUTE)를 위해 기도해 주십시오

룰라 웰스 학원은 일반 저학년 과정을 가르치면서도 다른 학교와 달리 노숙자, 버려지고 소외된 소녀들과 젊은 여성을 위한 은신처이기도 한데, 이들 중 일부는 자조사업부에서 파트 타임으로 일하면서 학업을 하며 지원을 받고 있습니다. 이곳은 성경공부에 특별히 중점을 두면서 5년 과정입니다.

학생 수는 약 150명이며, 교수진은 한 명의 선교사와 6명의 한국인

---

31 원문에는 Jer. 3:27로 쓰여있는데, Jer. 32:27이 올바른 표기이다.

교사가 가르칩니다. 이 훌륭한 사역은 아직 선교부로부터 재정적 지원을 받지 않고 있지만, 친구들의 선물, 그리고 선교사들과 지역의 한국인들 사이에서 조직된 후원회로부터 후원받고 있습니다.

9일

킨슬러 목사 부부(Rev. and Mrs. F. Kinsler), 성경구락부

킨슬러는 숭실대학 교수이기도 하다.

추수하는 주인에게 청하여 추수할 일꾼을 보내주소서. [마태복음 9:38]

남자성경학원와 힐 교장(H. J. Hill)을 위해 기도해주십시오

남자성경학원은 매년 겨울에 3개월 동안 진행됩니다. 이 학원은 6학기 과정이고, 매 학기 6주 기간을 수료하면 졸업할 수 있습니다. 매년 1~2학기를 수강할 수 있습니다. 오직 교회 직분자와 주일학교 교사들만 참석할 수 있습니다. 교수진은 선교사 4명과 한국인 목사 4명으로 구성되어 있으며, 출석 인원은 약 260명입니다.

사경회. 다른 페이지에서 언급된 여자사경회 마찬가지로[32] 남자사경회의 경우 모든 교회에서 1주일에서 10일간 1년에 한 번 이상 열리며, 크리스마스 기간에 열리는 중앙사경회에는 종종 1,500명이 등록합니다.

---

32 앞에 "3일차 (평양)여자고등성경학교"를 가리킨다.

Rev. and Mrs. F. Kinsler, Bible Clubs
Mr. Kinsler is also Professor in the College.

Pray ye the Lord of the harvest that He send forth laborers into His harvest. Mt. 9:38

Ninth Day.

Pray for the MEN'S BIBLE INSTITUTE?
H. J. HILL, PRINCIPAL.

This is in session for three months each winter. It has a course of six terms, each six weeks long to graduation. One or two terms may be taken each year. Only Church Officers and Sunday School teachers are eligible to attend. The faculty consists of four missionaries and four Korean pastors, and the attendance averages about 260 men.

Bible Classes. For men, as well as those for women noted on another page, are held in every church one or more times every year for periods of a week to ten days, and the central Classes at the Christmas season often enrol 1500.

Pray for the Children's Bible Clubs.

The work of Bible Clubs for children began in 1930 with one Club of 12 little boys gathered from the streets of the city; and now there are 15 such Clubs with an enrolment of over 1000 children in the city of Pyengyang; and over a score of Bible Clubs have also been organized in other parts of the country. The courses center in the Bible. The children meet for three hours a day every day in the week for worship, Bible study, play, and various activities for training children for Christ and the Church. The leaders of the Bible Clubs are mainly students of the Union Christian College, of the Seminary, Higher Bible School for Women and of the Boys' Academy.

아동성경구락부를 위해 기도해 주십시오

아동성경구락부 사역은 1930년 평양의 길거리에서 모인 12명의 어린 소년들로 이루어진 한 구락부에서 시작되었습니다. 현재 평양시에는 1,000명 이상의 어린이가 등록한 15개의 성경구락부가 있고, 수십 개가 넘는 성경구락부가 이 나라의 다른 지역에서도 조직되었습니다. 교육과정은 성경 중심입니다. 아이들은 주중에 매일 3시간씩 모여 예배와 성경공부, 놀이, 그리고 그리스도와 교회를 위한 어린이 훈련을 위한 다양한 활동을 하고 있습니다. 성경구락부의 지도자들은 주로 숭실전문학교, 평양신학교, 평양 여자고등성경학교, 평양 숭실중학 학생들입니다.

<u>10일</u>

나는 너희를 위하여 기도하기를 쉬는 죄를
여호와 앞에 결단코 범치 아니하고. [사무엘상 12:23]

다른 나라 사람들을 위한 사역을 위해 기도해 주십시오

일본인 여자성경반. 이 성경반은 일주일에 한 번 만나 두 명의 여자 선교사가 가르칩니다. 참석자는 12~15명이고, 그 중 3~4명만이 기독교인입니다. 이 작은 모임이 성경공부를 통해 그리스도의 진정한 비전을 받을 수 있도록 기도해 주십시오.

중국어 사역. 1931년 7월 반중 폭동 동안, 건물이 파괴되고 회중이 흩어지면서 이 사역은 거의 무너졌습니다. 신임 목사는 약 40여명의 성도들을 모았고, 그들은 가난을 회복하기 위해 수백 엔을 썼습니다. 중국인들은 천천히 평양으로 돌아오고 있으며 이 사역에 대한 전망이 향상되었습니다. 중국인의 문맹은 그들의 전도에 큰 장벽입니다. 장로교와 감리교 선교지부의 회원들로 구성된 위원회가 자문 역할을 하며, 이 사역을 위해 여러분의 간절한 기도를 요청합니다.

<u>11일</u>

존 비거 박사 부부(Dr and Mrs John Bigger)
마이어스(Miss Edith Myers R. N.)
스미스 박사 부부(Dr and Mrs R. K. Smith)

예수께서 그들에게 이르시되, 하나님을 믿으라. [마가복음 11:22[33]]

평양연합기독병원을 위해 기도해주십시오

이 사역에 세 선교부가 협력하고 있습니다. **감리교 이사회**, 감리교 해외여선교회, 그리고 우리 장로교 이사회. 직원은 한국인 의사 6명, 인턴 4명, 미국 의사 4명, 한국인 학생 간호사 40명, 졸업생 간호사 21명, 그리고 4명의 미국 간호사들로 구성되어 있습니다. 연간 내원 환자는 약 2,123명이며, 진료소에서 진료를 받는 환자는 약 77,000명이다. 이 일은 현재 네 개의 소박한 벽돌 건물을 쓰고 있지만, 새 건물이 절실히 필요합니다.

이와 연계된 간호사양성학교에서는 40명의 젊은 여성을 교육시키며 병원 간호사를 공급하고 있습니다.

병원 전도사들과 직원들은 병원이나 진료소에 오는 모든 사람에게 전도하려고 노력하며 그 결과 매년 600명에서 700명이 개종합니다.

공공보건 및 아동복지부에서는 유아용 집유소(集乳所)를 운영하고 있으며, 연간 약 15,000병의 우유를 공급하고 있습니다. 건강한 아기 클리닉; 도시 교회에서 공중 보건에 대한 강의; 클리닉, 사경회와 성경학교를 방문하고 일주일에 두 번 교회 유치원에 방문 간호사를 보냅니다.

---

33 원문에는 Mk.11:23로 표기되어 있는데, 이 성경구절은 마가복음 11:22이 올바른 표기이다.

12일

라이너 박사 부부(Mr and Mrs R. O. Reiner)

라이너[34]는 평양외국인학교 교장이고 숭실전문학교 교수이다.

내가 비옵는 것은 저희를 세상에서 데려가시기를 위함이 아니요
오직 악에 빠지지 않게 보전하시기를 위함이니이다. [요한복음 17:15]

평양외국인학교를 위해 기도해 주십시오

이 학교는 기숙학교이자 통학 학교로 미국과 영국 어린이들을 위한
학교인데, 초등 과정에 약 50명, 고등학교 과정에 70명이 등록되어
있고, 그중 약 60명이 학교 기숙사에서 생활하고 있습니다. 학생들은
한국의 전역에서, 만주, 중국의 여러 지역에서, 일본 각지에서 왔는데,
대부분이 선교사 자녀들입니다. 교수진은 기숙사 사감을 포함하여 8명
의 전임 교사와 7명의 시간제 교사로 구성되어 있습니다. 음악, 성악
및 기악, 모든 형태의 운동을 강조하고 대학 입학시험도 실시됩니다.

1900년에 학교가 설립된 이래로 425명의 학생들이 이 학교에서
공부했고, 고등학교 졸업생은 100명에 달합니다. 25명의 학생과 10명

---

34 라이너(R. O. Reiner, 나도래, 1882~1967), 미국북장로회·정통장로교·성경상로회 선
    교사, 목사, 교육가, 미국 북장로회 선교사 샤록스(A, M. Sharrocks)로부터 선천에서
    교육사업 권고로 1908년 10월 8일 내한, 처음에는 서울선교지부에 배정, 경신학교,
    대구 계성학교 등에서 활동, 1915년 평양선교지부에 배정되어 1916~1918년까지 숭실
    대학 2대 학장을 엮임, 3·1운동 당시 일제의 탄압에 대한 자료조사를 하여 해외선교부
    에 보고, 1926년 평양외국인학교 교장, 1941년 태평양 전쟁이 발발하자 일제의 헌병대
    에 구속 수감되어 고문을 받았고, 1942년 6월 1일 한국에 남아있던 선교사들과 함께
    부산항을 통해 강제 송환되었고, 1947년 은퇴했다.

의 교사가 선교사가 되거나 기타 종교 관련 직업을 선택하였습니다. 또한 현재 미국 대학에서 공부하고 있는 네 명의 졸업생을 위해 기도해 주십시오.

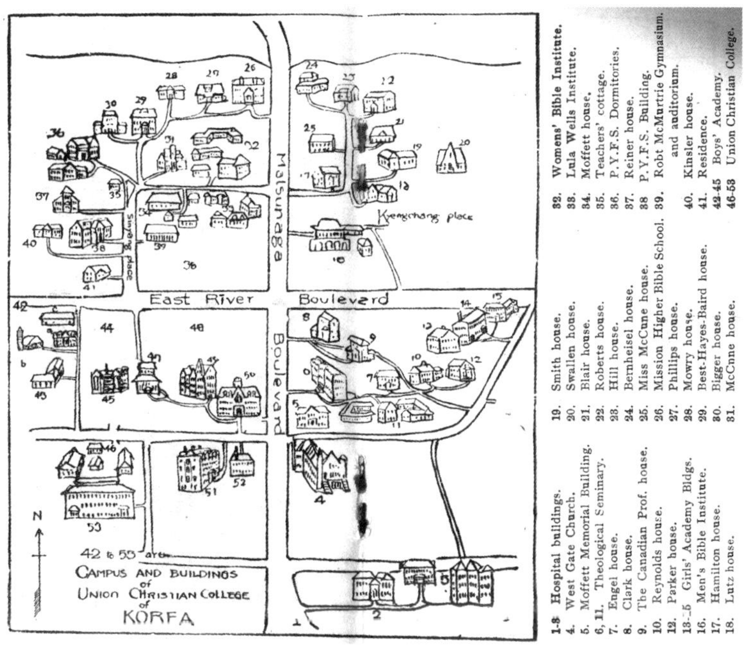

13일

너는 내게 부르짖으라 내가 네게 응답하겠고
크고 비밀한 일을 네게 보이리라. [예레미아 33:3]

여성사경회을 위해 기도해주십시오

시골지역 사경회. 겨울 일주일 동안 이 지역의 235개 교회에서 사경회와 여성 전도집회가 열리며 약 12,000명의 여성과 소녀들이 참석합니다. 교사는 전도부인과 엄선된 자원봉사자로, 이 중 125명이 매년 9월 2주간 열리는 사역자반에 참석해 준비합니다. 매년 약 35,000개의 인쇄된 성경공부 개요가 배부됩니다.

도시 여성들을 위한 일반 사경회. 성경학원 건물에서 일주일간 진행됩니다. 여기에는 시내의 모든 교회 여성들이 참여하고 출석 인원은 700~800명에 달합니다. 이는 각 교회에서 진행되는 개별 사경회와는 별도로 운영됩니다.

3월에 열리는 두 차례의 지방 여성들을 위한 일반 사경회에는 약 1,500명의 여성과 소녀들이 지방 교회에서 참여하여 일주일 동안 성경 공부와 영적 집회에 참석합니다. 이로 인해 기숙사 시설에 큰 부담이 되어, 결국 노회별로 반을 나누어 진행할 필요가 있게 되었습니다.

14일

네 마음의 소원을 들어주시고
너의 모든 계획을 이루어 주시기를 바라노라. [시편 20:4]

교회학교와 유치원을 위해 기도해 주십시오

현재 이 지역에는 약 493개의 교회와 집단 중 **52개의 교회학교**만 남아 있고, 기독교인 부모는 자녀가 기독교의 영향 아래 교육 받기를 바라고 있지만, 가난으로 인해 많은 교회에서 교회학교를 운영하기가 불가능해졌습니다. 이 52개 교회학교가 계속되고 다른 기독교 학교들을 기독교인들이 설립할 수 있도록 기도해 주십시오. 올해 몇몇 학교에서 기부금을 모금했습니다.

도시에 있는 14개의 교회 유치원에는 21명의 교사와 보조원들이 있어 약 1000명의 어린이를 돌보고 있습니다. 선교사 위원회는 조언과 재정적인 도움을 주고, 병원의 아동복지과의 협력으로 아이들의 건강을 감독합니다. 또한 많은 시골 교회에서 운영되는 유치원을 위해 기도해 주십시오.

방학성경학교는 매우 인기가 높습니다. 지난 여름, 우리 평양 기관에서만 1,301명의 학생들이 197개 장소에서 성경학교를 열었고, 27,257명의 아이들이 출석했는데, 그중 3분의 1은 비기독교 가정 출신이었습니다. 3,000명 이상의 어린이가 기독교인이 되기로 결의했습니다.

15일

앨리스 버츠(Miss Alice Butts), 여자성경학원 교장
루이즈 헤이즈(Miss Louise Hayes), 교사, 여자성경학원 교장

항상 기도하고 낙심하지 말 것을 끝까지 비유로 말씀하시니라.
[누가복음 18:1]

여자성경학원[35]은 5학기 과정으로 각 학기는 10주입니다. 매년 두 학기를 수업합니다. 목적은 선발된 여성들을 지역 여성들 가운데 성경교사, 지도자, 그리고 전도자로 훈련시키는 것입니다. 출석인원은 매년 한 달 동안 참석하러 오는 15~20명의 졸업생을 포함해 약 200명에 달합니다. 목회자가 없는 많은 교회에서 이들 사역자들은 말할 수 수 없이 귀중한 존재입니다.

소녀성경학원은 저학년을 마치고 결혼하기 전(14~19세의 연령) 사이의 유휴 기간에 있는 소녀들에게 성경공부의 기회를 제공합니다. 이것은 매년 가을 한달동안 실시되는 집중 성경공부반으로 3년 과정입니다. 학생 수는 100명이며 선교사 1명과 한국인 교사 3명이 가르칩니다.

35　버츠 선교사는 1910년경 전도부인 양성을 위한 여자성경학원(Woman's Bible Institute)를 시작했는데, 이것이 후에 평양 여자고등성경학교로 발전하였다.

<u>16일</u>

해밀턴 목사 부부(Rev. and Mrs. F. E. Hamilton)—거리 예배당
해밀턴[36]은 숭실대학의 교수이기도 합니다.

여호와여, 내가 진심으로 기도합니다. [시편 119:145]

거리 예배당: 이 사역을 통해, 교회에 나오지 않으려는 많은 사람들에게 다가갑니다. 현재 시내에는 3개의 예배당이 운영되고 있습니다. 신학교, 고등성경학교, 대학과 중학교 학생들은 거리에서 그리고 예배당에서 이 일을 돕고 있습니다. 그중 한 예배당에서는 4개월 동안 1,500명의 관심 있는 문의자들을 등록하고, 이들을 후속 관리를 위해 가까운 목회자들에게 소개하였습니다.

120개 기도조: 특별기도를 위해 모인 신자들의 기도조입니다. 한 기도조는 노인들로 구성되어 있는데, 전도여행을 갈 필요 없이 자신들의 집회소에 모여 매일 기도하고 있습니다. 이 기도조는 대동강을 오르내리며 복음을 널리 전파하도록 복음선을 제공해 주었습니다. 청년들은 이른 아침에 기도하는 기도조가 있습니다.

전도 캠페인: 특별 전도 캠페인이 자주 진행됩니다. 1935년 10월,

---

36 해밀턴(F. E. Hamilton, 함일돈, 1890~1969), 미국북장로회 목사, 교육가, 1920년 1월 4일 내한하여 평양선교지부에 배속, 1921년 봄부터 평양 숭실대학에서 강의, 1926년부터 1936년까지 평양숭실 대학 교수 엮임, 1936년 10월 13일 북장로회 한국선교부를 탈퇴하고 미국장로교(PCA, 정통장로교회 전신) 소속 독립선교부로 이적, 황해노회 소속 순회전도여행, 1948년 5월 18일 미국 성경장로교(BPC)의 선교사로 내한하여 고려신학교 교수 및 고려고등성경학교 강사, 한국전쟁 기간 미공군 고급 통영심문관, 전쟁포로 선교활동.

1400명이 넘는 사람들이 도시 부흥회에 모였습니다. 그것은 40일간의 기도로 시작되었고, 그 후 사역자들을 위한 3일간의 "수련회," 그 다음엔 큰 체육관에서 4,000명이 모인 일주일간 대규모 집회가 열렸고, 그런 후에 모든 교회에서 개별 집회를 가졌습니다. 이러한 부흥의 후속 사역을 위해 기도해 주십시오.

17일

스왈른 박사 부부(Dr. and Mrs. Swallen)[37]
은퇴, 번역 사역 수행

약속하신 분은 신실하십니다. [히브리서 10:23]

문맹퇴치 사역을 위해 기도해 주십시오

---

37 스왈른(William Leander Swallen, 1859~1954, 소안론), 미국 오하이오주 출생, 1889년 우스터대학 졸업, 1892년 매코믹신학교 졸업, 신학교 시절 언더우드의 강연을 듣고 한국 선교 결심, 1892년 11월 15년 서울 도착, 1893년 관서지방 개척선교사로 임명받아 평양지방 선교사업 개시, 평양주재선교사로 위임, 1893년 마포삼열, 이길함, 서상륜, 한석진과 함께 평양행, 1894년 원산 선교부 파송받아 순회전도 및 교육활동, 1894년 7월 청일전쟁 발발로 일본으로 건너와 네덜란드개혁교회 선교부 학교 사역 동참, 1895년 봄 원산으로 복귀하여 명석동에서 교회 시작, 1896년 이기풍에게 세례줌. 1899년 캐나다장로회와 선교지 분할문제로 이기풍 조사와 함께 평양선교부로 이주, 숭실학당 관리책임자로 봉직, 1901년 조선예수교장로회공의회 초대회장, 김익두에게 세례를 주고 안약지역 순회선교, 1903년 평양장로회신학교 설립, 평양 산정현교회 담임, 남문밖교회 분립 초대 담임목사, 1905년 선교구역분할협정 북장로회 대표, 1906년 재령선교부 설치, 1912년 3월 105인 사건 배후로 지목, 1917년 성경통신과정 개설, 1922년 평양장로회신학교, 평양남자성경학원, 숭실대학 강의, 사경회 인도, 번역과 집필에 전념하여 수많은 저서 및 번역서를 발간, 1932년 3월 은퇴(40년 선교), 1954년 미국 플로리다주에서 소천.

우리 선교지부 회원들은 매년 영어와 한국어로 된 수많은 책을 집필하고 출판합니다. 다른 책들은 한국어로 번역되어 있고, 많은 소책자가 준비되어 배포됩니다.

4명의 권서인은 당나귀에 실은 책들을 가지고, 계속 여행하며, 성경, 찬송가, 그리고 기타 종교 서적과 소책자를 판매합니다. 믿지 않는 사람들 사이에서 일하는 세 명의 성서공회 권서인들은 매년 복음서 30,000권을 판매합니다.

절제 사역: 강연, 에세이, 콘테스트, 포스터 등을 통해서 음주를 점검하고 젊은이들에게 음주의 위험성을 가르치는 노력을 위해 기도해 주십시오. 새로 조직된 한국기독교 도덕개혁 협회와 사무총장, 송상석 목사를 위해 기도해 주십시오.

18일

나는 그들 모두가 하나가 되어 세상이 아버지께서 나를 보내신 것을 믿게 되기를 기도합니다. [요한복음 17:21.]

한국 목회자들과 전도부인을 위해 기도해 주십시오

평양시와 교외의 목회자회는 매월 1회 10일에 가장 가까운 월요일에 한 선교사의 집에서 하나가 된 기도와 계획과 문제들에 대한 토론과 사회적 교류를 위해 모입니다. 참석자는 한국인과 선교사로 약 30명 정도이며, 다양한 지도자들 사이에 상호 도움이 되는 접촉을 하게 해줍니다.

한국 여성 지도자들과 도시 교회들에서 사역하는 여성 선교사들을 위한 유사한 월례 모임이 매달 넷째 화요일에 열립니다. 이 모임에는 35~40명의 여성이 참석하며 토론, 기도, 친교는 모두에게 도움이 됩니다.

이 모임들이 지역 교회의 짐을 지고 많은 어려운 문제를 안고 있는 우리의 한국 동역자들의 손을 강화하는 데 도움이 되도록 기도해 주십시오.

19일

파수꾼, 그들은 밤낮 잠잠하지 않을 것이다. [이사야 62:6]

중앙교회, 서문밖교회, 남문교회, 산정재교회, 사창골교회, 연화동교회, 이향리교회를 위해 기도해 주십시오

이 교회들은 이 도시의 오래되고 더 잘 확립된 지역에 위치해 있습니다. 모두 한국인 목사님이 시무하고 있습니다. 중앙교회[38]는 우리의 "모교회"로, 과거에는 현재 50개 회중이 자리 잡고 있는 지역을 담당했으며, 최근 이향리에 새롭게 세워진 교회도 포함됩니다.

서문교회는 2,000명을 수용할수 있는 최대 규모의 좌석을 갖춘 교회입니다. **남문교회**는 점점 더 사업 지역으로 둘러싸이며 붐비고 있

38　평양 장대현 교회를 가리킨다.

습니다. **산정재교회**[39]는 보수적인 "가정교회"입니다. **사창골교회**는 가장 현대적인 시설을 갖추고 있습니다. **연화동교회**는 7개의 성공적인 부서를 갖춘 최고 등급의 주일학교가 있습니다.

이 모든 교회에서는 주일 오전을 주일학교에 할애하며, 남자, 여자, 어린이가 각각 따로 모입니다. 이들 교회의 주일학교 출석 인원은 총 7,000명에 달합니다. 우리 학교의 교사와 학생들도 참여할 수 있지만, 대부분의 교사는 교회의 정규 교인들 중에서 선발됩니다. 또한, 우리 지역 여성들도 이 사역을 돕고 있습니다.

모든 교회에는 선교 조직이 있어 도 내 다른 지역뿐만 아니라 한국 및 중국으로 복음 전도자들을 파송하는 위대한 사역을 감당하고 있습니다. 또한, 도시 내에서 많은 구제 활동이 이루어지며, 재정이 어려운 교회들을 위한 건축 지원과 성장 촉진을 위한 다양한 도움도 제공됩니다.

20일

나는 기도에 전념합니다. [시편 109:4]

신암리, 서성리, 기림리, 동평양, 명촌, 강촌, 창광산 교회들을 위해 기도해 주십시오

이 교회들 중 가장 오래된 교회는 12년이 된 교회입니다. 이들 교

---

39 평양 장대현교회에서 분립하여 1906년 1월 26일 번하이슬(C.F.Bernheisel, 편하설) 선
   교사에 의해 평양 산정재에 설립된 산정현교회를 가리킨다.

회들은 새로운 지역에 있는 교회들이고 아직 발전 단계에 있으며, 몇몇 교회는 더 큰 건물이 필요하고 몇몇 교회는 이제 막 건축을 완료했습니다. 이 교회들의 회중 수는 300명에서 1,000명에 달합니다. 모두 한국인 목사가 시무하고 있고, 일부 교회에는 선교사 목회자들이 함께 사역하고 있습니다. 이들 교회에서의 사역은 성도들이 가난하여 어렵지만, 5개 교회는 새 건물을 짓고 있습니다.

몇몇 교회는 주로 공장 노동자들로 구성되어 있고, (비트 설탕, 실, 고무 신발, 스타킹 공장 등) 모두 빠르게 성장하고 있으며 성장하는 지역에 위치해 있습니다.

이들 교회의 주일학교 사역은 매우 중요하고, 많은 교사들이 우리 학교의 학생들입니다. 각 교회에는 여자 주일학교를 담당하는 외국인 여자 선교사가 있습니다. 남자, 여자, 아동 주일학교의 참석자는 모두 3,600명에 달합니다. 평양신학교 남학생들이 강단 설교 사역을 지속적으로 돕고 있고, 이 교회들이 많은 구호 사업을 수행하고 있습니다. 몇몇 교회의 어린이 성경학교에서 인근의 가난한 아동들을 돌보고 있습니다.

이 교회들과 더 큰 교회들의 사역에 참여하는 모든 사역자들을 위해 간절히 기도해 주세요. 아직 복음을 전해야 할 이들이 너무 많습니다.

21일

하나님을 가까이하십시오.
그러면 하나님도 여러분을 가까이하실 것입니다. [야고보서 4:8]

능라도, 고청, 경상리, 인흥리, 동대원, 북신리, 저(低)선교리 교회들, 시각장애인 교회, 노인교회를 위해 기도해 주십시오

앞서 이틀간 소개된 교회들 외에도 우리의 도시 사역과 관련된 작은 교회들이 많이 있습니다. 몇몇 교회들은 한국인 목사가 있고, 몇몇 교회는 외국인과 한국인 신학교 교수들이 돌보고 있습니다. 이 교회들은 모두 작은 교회이고 교인 수는 50~300명 정도로 운영됩니다. 몇몇 교회는 작은 지역사회에 안에 있어 계속 작은 상태로 유지될 것 같고, 다른 일부는 성장하는 곳에 있어 나중에 우리의 큰 교회들 중 하나가 될 가능성이 있습니다.

이들 교회 중 많은 곳에서 주일학교 사역이 학생들과 다른 자원봉사자들에 의해 이뤄지고 있습니다. 많은 교회들이 이런 식으로 계속 운영된 주일학교를 통해 성장하였습니다. 현재 도시와 교외 지역에 주일학교가 진행되고 있는 몇 군데가 있는데 나중에 우리의 조직된 교회 목록에 추가될 것입니다.

우리가 사역을 시작해야 할 전략적 지점이 있고 이를 통해 집집마다 여기저기에 소그룹이 형성되고 있고, 이들이 실질적인 주일학교로 발전할 것입니다.

138,000명의 한국인과 20,000명의 일본인이 살고 있는 이 대도시를 위해 기도해 주십시오. 우리의 교회들은 크지만, 이렇게 많은 사람들 중에서 그것이 무엇일까요!

<u>22일</u>

나아갑시다. [히브리서 4:16]

동부순회와 평양노회 마펫 박사를 위해 기도해 주십시오

시골지역 사역: 우리 선교지부의 이 사역은 각 구역으로 나뉘어져 있고, 각 구역은 임명된 선교사들 중 한 명이 감독하거나 자문을 제공합니다. 조직된 교회에는 정기적으로 열리는 당회가 있습니다. 그룹들과 비조직 교회들은 아직 이 정도까지는 발전하지 못했지만, 선교사의 지도를 받는 한국 목회자들과 비임명된 조사들이 감독하고 있습니다.

동부순회는 22개 조직교회, 12개 비조직교회 등 34개 교회로 구성되어 있습니다. 대동강 둑 유역에 위치해 있습니다. 선교사와 함께 사역하는 9명의 목사와 4명의 조사가 있습니다.

이 지역에는 10,000명이 넘는 사람들이 살고 있는 도시가 하나 있는데, 이곳의 대형 시멘트 공장이 많은 사람들에게 일자리를 제공합니다. 그 도시에는 교회가 2개 있습니다. 나머지 사역은 마을들에 집중되어 있습니다. 이 지역의 생활은 주로 농업에 종사하거나 강에서 이루어지는 활동과 관련되어 있습니다. 최근 몇 년 동안 이 지역의 석탄 광산들이 노동자들을 끌어들였고, 그 중 한 교회는 이들 노동자들 사이에 위치하고 있습니다. 이 지역은 오래된 곳으로 인구가 다소 이동이 잦습니다. 이 분야는 오래되었고 인구는 다소 변화하고 있습니다. 옛 교회와 새 교회의 일꾼들을 위해 기도해 주십시오.

<u>23일</u>

번하이슬 박사 부부(Dr and Mrs C. F. Bernhelsel)

이와 같이 성령도 우리 연약함을 도우시나니 우리가 마땅히
빌바를 알지 못하나 오직 성령이 말할 수 없는 탄식으로 우리를 위하여
친히 간구하시느니라. [로마서 8:26]

평양노회, 황주와 수안 순회를 위해 기도해 주십시오

황주순회: 이 지역은 21개의 조직 교회와 23개의 비조직 교회로 구성되어 있는데, 과일 재배가 잘 이루어지는 지역에 위치해 있습니다. 사과는 상자에 포장되어 차로 출하됩니다. 이곳은 한국에서 가장 좋은 과수원 지구로 알려져 있습니다.

큰 마을들은 잘 조직되어 있습니다. 이 지역은 오래되었지만, 아직도 복음이 들어가야할 곳이 많습니다. 8명의 목사와 5명의 조사, 몇 명의 전도부인이 교회에 고용되어 있고, 또한 전도사들은 전진 사역에 쓰임 받고 있습니다.

수안순회: 이 순회 지역에는 목사 2명, 조사 8명, 전도부인이 10개의 조직교회와 20개의 비조직교회에서 일하고 있습니다.

이 구역 내에 두 개의 금광이 있어 광부들을 위한 사역도 포함됩니다. 이 지역에서 생활하려면 많은 노력이 필요합니다.

<u>24일</u>

모의리 박사 부부(Dr and Mrs E. M. Mowry)
모의리 박사[40]는 숭실전문학교의 교수이기도 합니다.

내게 구하라 내가 열방을 유업으로 주리니
네 소유가 땅끝까지 이르리로다. [시편 2:8]

남대동강 및 서중화 순회: 이 순회 지역은 도시 남쪽의 강을 따라 자리잡고 있고 몇몇 섬 교회들을 포함하고 있습니다. 이 지역은 잘 개발되어 있습니다. 평양신학교와 숭실대학생들이 일요일마다 파견되어 사역이 잘 진행되고 있습니다. **조직교회 17개, 비조직교회 5개, 선교사와 함께 사역하는 목사 5명, 조사 5명**이 있습니다. 새로운 교회와 전진 사역을 위해 기도가 필요하며, 바쁜 학교 생활을 하면서 주일마다 사역지로 떠나는 일꾼들을 위해 기억해 주십시오.

이 지역에는 최초의 개신교 순교자의 무덤이 있습니다. 영국인 매서인 토마스 목사가 평양에 들어가 복음을 전하려고 시도하던 중, 외국인의 입국을 막기 위해 한국인들에 의해 그가 타고 있던 '제너럴

---

40 모의리(E. M. Mowry, 1878~1971), 미국북장로회 선교사, 목사, 베어드의 권고로 1905년 10월 2일 내한, 평양선교지부 중심으로 활동, 숭실대학에서 일반생물학·유전학·세포학·지질학·일반 농학을 강의, 평양 숭인학교와 숭덕학교 등의 교장, 장대현 교회에 출석하여 한국 최초의 성가대를 조직하였고, 1913년 숭실대학에 합창단과 음악대 조직하여 서양음악을 보급하였고, 3·1운동 때 학생들을 숨겨주어 독립만세시위의 배후로 의심 받고 마펫과 함께 구속되어 징역 6개월 선고받음. 매큔 후임으로 숭실전문학교 교장, 신사참배 거부로 인한 숭실 폐교를 둘러싼 논쟁에서 유지파 입장, 평양숭실의 마지막 교장. 폐교 이후에도 평양에 남아 선교활동, 1940년 귀국, 해방 후 내한하여 활동, 1949년 1월 은퇴, 1950년 3월 건국훈장 독립장 수여.

셔먼'호가 파괴되고 탑승자 전원이 살해되었습니다. 최근에 그가 묻힌 섬 근처 본토에 아름다운 작은 교회가 세워졌고, 그를 기념하는 기념비가 세워졌습니다.

25일

클라크 박사 부부(Dr and Mrs Chas. Allen Clark)
클라크 박사는 평양신학교 교수이기도 합니다.

형제들아 내 마음에 원하는 바와 하나님께 구하는 바는 이스라엘을 위함이니 곧 저희로 구원을 얻게 함이라. [로마서 10:1]

평양노회 중화순회를 위해 기도해 주십시오

중화순회: 이 지역은 19개의 조직된 교회와 25개의 비조직 교회로 구성되어 있습니다. 목사 5명, 조사 7명, 그리고 전도부인이 몇명 있습니나. 3명의 전도사는 사람의 손길이 닿지 않은 곳에서 새로운 교회를 개척하며 살고 있습니다. 이곳은 재산이 별로 없는 농업지역이지만, 사람들은 교회를 부양하고 교회 건축에 열심입니다. 최근에 여러 개의 새로운 교회가 세워졌습니다.

이 지역에서는 너무 많은 교회가 발전하여, 이제는 어떤 교회에서든 2마일 이내에 다른 교회가 위치해 있습니다. 규모가 작은 교회들은 교인수를 늘리기 위해 배가 운동을 진행하고 있습니다. 50,000명의 인구 중 3,000명이 현재 기독교인입니다. 더 많은 사람들을 얻기 위한 이러한 노력을 위해 기도해 주십시오.

<u>26일</u>

힐 목사 부부(Rev. and Mrs H. J. Hill)
남자성경학원의 교장이기도 합니다.

이 때에 예수께서 기도하시러 산으로 가사 밤이 맞도록
하나님께 기도하시고 [누가복음 6:12]

평양노회 곡산순회와 성강순회를 위해 기도해 주십시오

곡산순회: 이 순회 지역은 평양과 동해안 중간 지점에 있는 아름다운 산과 계곡으로 둘러싸인 약 2,000 평방마일의 면적으로, 25개의 예배처가 있으며, 세례교인 수는 400명에 불과합니다. 전체 출석 인원은 약 1,000명입니다. 1명의 한국인 목사와 2명의 비임명 조사가 있는데, 조사 중 한 명은 11개 집단을 돌보고 있습니다. 한 전도부인은 월급으로 1년에 100엔의 월급을 받으면서, 위로와 격려의 메시지를 들고 험준한 산길을 넘어 도보로 수백 마일을 걸으면서 교회들을 돌보고 있습니다. 유급 사역자를 거의 볼 수 없는 작은 모임들에 적절한 지도자가 세워지도록, 그리고 이 작은 교회들 가운데 더 큰 믿음과 더 큰 열심이 있도록 기도해 주십시오.

성강순회: 두 개의 군(郡) 중 한 지역은 산이 매우 많은 산악지대입니다.

35개 교회들과 집단들 중 약 절반이 한국 목사들의 돌봄을 받고 있습니다. 여행은 힘들고 공동체들은 흩어져 있습니다. 외부 세계와의 접촉은 제한되어 있습니다. 그들은 충만한 믿음과 하나님께서 주신 능력이 있어야 합니다.

27일

블레어 박사 부부(Dr and Mrs W. N. Blair)

너희가 내 안에 거하고 내 말이 너희 안에 거하면
무엇이든지 원하는대로 구하라. 그리하면 이루리라. [요한복음 15:7]

안주노회 안주순회를 위해 기도해 주십시오

안주순회: 이 순회 지역은 우리 지역에서 가장 번창하는 구역 중 하나입니다. 이곳에는 가장 큰 도시가 몇개 있으며 교회 사역은 수년 동안 잘 개척해왔습니다. 교회들은 계곡과 산, 안주강 평야에 위치해 있습니다. 52개의 교회와 집단들에 목사 14명, 조사 6명의 돌봄을 받고 있고, 3명의 은퇴목사도 이곳에 있습니다.

교회 건물이 건축 중이지만 다른 건물들도 절실히 필요합니다. 미전도 지역을 위한 기도가 응답 받고있는 중이고, 전도사들이 사역하고 있고, 그리고 새로운 모임들이 형성되고 있습니다. 앞으로의 사역과 더 큰 센터들의 부흥운동을 위해, 그리고 오래된 교회들이 그들의 사역에 믿음, 열정과 조화를 가질 수 있도록 기도해 주십시오.

<u>28일</u>

필립스 목사 부부(Rev and Mrs C. L. Phillips)

하나님을 믿으십시오. [마가복음 11:23.]

안주노회의 순천, 덕천, 영원, 맹산 순회를 위해 기도해 주십시오

순천순회: 이곳은 21개의 교회가 있으며, 세례교인 수는 799명입니다. **목사 4명**, 전도사 1명에 **조사 5명**, 전도부인 3명이 있습니다. 이 사역 중 일부는 오랫동안 지속되어 왔고, 또한 인근 사람들에 대한 책임감을 새롭게 할 필요가 있습니다.

이 지역 안에는 "**장애인의 집**(Shining Light Lee Home for Cripples)"[41]이 있습니다. 이 집은 자신과 같은 장애인을 위해 장소를 제공하여 언젠가 문을 열 수 있기를 오랫동안 희망하고 기도했던 한 사람이 최근에 설립하고 관리하는 집입니다. 그는 하나님께서 장애인 집을 가능하게 하는 선물들을 보내주심으로써 놀라운 방법으로 응답하셨다고 느낍니다.

덕천, 영원, 맹산: 이곳은 3개 산간지역에 19개 교회가 있습니다. 목사 1명, 조사 5명, 여전도사 1명이 600명의 세례교인을 돌보고 있고, 미전도 지역에서 전방 사역을 하고 있습니다. 산속에 위치한 이

---

41 the Shining Light Lee Home for Cripples에 대해서는 다음의 사이트 참조. https://digital.history.pcusa.org/islandora/object/islandora%3A6872?solr_nav%5Bid%5D=3f32b5557160d1d482dd&solr_nav%5Bpage%5D=0&solr_nav%5Boffset%5D=4

전도지역에는 큰 마을이 거의 없습니다. 인적이 드문 계곡에 도달하는 것은 항상 어렵습니다. 오래된 교회는 사역을 잘 하고 있습니다. 다른 곳에도 복음을 전파하려는 열정이 대단히 필요합니다.

29일

너희가 내 이름으로 무엇을 구하든지
내가 행하리니 [요한복음 14:13]

평서 서부노회 대평순회를 위해 기도해 주십시오

대평 지역은 서부 노회에서 가장 큰 지역이며, 평양의 북서쪽과 서해안까지 뻗어 있는 넓은 지역을 포괄합니다. 이곳은 읍내에 여러 개의 큰 시장이 열리는 농촌지역입니다. 그곳은 선교지부에서 가장 오래된 교회 사역 중 일부를 가지고 있고, 오늘날 만족스러운 발전을 이루고 있습니다.

그 지역은 26개의 조직교회와 1개의 비조직교회가 있습니다. 그곳에는 12명의 위임목사 12명과 젊은 조사 2명이 있습니다. 교회들은 50명부터 500명 이상까지 교인 수가 다양하고, 또한 모든 마을은 교회에서 도보로 갈 수 있는 거리 이내에 있습니다. 지난 몇 년 동안 많은 새로운 교회 건물이 세워질 만큼 충분히 번창했고, 또한 수많은 교회가 학교를 지원하고, 전도부인이 있고, 또한 지역의 청년사경회를 열고 있습니다. 또한 매년 한두 차례 각 교회에서 사경회를 진행하고 있습니다.

교회의 규모는 성장하고 있지만, 교인들을 위한 영적 생활의 심화, 하나님의 말씀에 대한 세심한 교육이 절실히 필요합니다. 그리고 교회들이 나가서 여전히 매우 많은 비그리스도인 인구에 다가가는 것은 큰 도전입니다.

30일

그를 향하여 우리의 가진바 담대한 것이 이것이니
그의 뜻대로 무엇을 구하면 들으심이라. [요한일서 5:14]

농강과 강서 순회,
평서 서부노회 매큔 박사(Dr. McCune)와
킨슬러(Mr. Kinsler)를 위해 기도해 주십시오

농강순회: 이 순회 지역은 남쪽과 서쪽의 철도 노선에 위치해 있습니다. 황해가 그 경계를 이룹니다. 교통은 바다로 흘러드는 강의 주요 지류들의 흐름에 달려 있습니다. 과수원들이 많이 있습니다. 해안가 사람들은 매우 가난하고, 생활이 다소 불안정합니다. 산악 지역의 교회들은 더 크고, 평양의 항구인 진암포도 이 지역에 포함됩니다. 24개의 교회가 있고, 그 중 13개가 조직교회입니다. 6명의 목사와 5명의 조사가 몇몇 성경 여성과 함께 사역하고 있습니다.

강서순회: 이 순회 지역은 서부 노회의 세 번째 지역입니다. 이곳에는 16개의 교회가 있고, 4명의 목사와 3명의조사가 있습니다. 이 지역은 농업 공동체로, 강을 따라 비옥한 땅이 있습니다. 사과와 복숭아,

농작물은 이 교인들의 싱계 수단입니다. 대학생들도 일요일마다 이 선교지역으로 가서 예배와 주일학교를 돕고 있습니다.

31일

너희 여호와로 기억하시게 하는 자들아
너희는 쉬지 말며 [이사야 62:6]

평양선교지부에 있는 모든 선교사들을 위해 기도해 주십시오

하루하루 기도는 사역과 사역자들을 위한 기도였습니다. 오늘은 평양 지역에 있는 외국인 사역자들을 위한 특별한 기도를 추가해 주십시오. 북장로교 선교회 소속의 45명 외에도, 신학교와 대학 사역에 우리와 연합한 다른 선교회 단체 출신의 외국인 사역자들이 있습니다. 우리 선교단지에 외국인학교의 교사들이 있습니다.

그 이외에도, 근처에 감리교 선교단지 또힌 있습니다. 우리는 벙원에서 의료 사역을 함께 진행하고 있습니다. 농촌 지역들은 명확하게 구분되어 있고, 도시는 어느 정도 구역화되어 있어 중복된 사역이 없도록 하고 있습니다.

우리는 기도하기를 원합니다. 우리가 사역을 바람직한 방식으로 할 수 있도록, 다른 이들을 섬기면서 기도와 성경 공부를 소홀히 하지 않도록, 우리의 힘의 원천인 기도와 성경 공부를 잊지 않도록, "주 안에서 강하고, 그의 능력의 힘으로 강하게 되기를" 기도해 주십시오.

■ 『한국의 캐롤라인 래드 병원』

THE CAROLINE A. LADD HOSPITAL, PYENGYANG, KOREA

해제

이 자료는 권세열(Francis Kinsler) 선교사 가족이 기증한 자료들 중에서 평양 관련 자료들에 들어있다. 미국 북장로회 평양 캐롤라인 래드 병원의 1907년 5월부터 1908년 5월까지의 연례보고서이다. 이 자료의 형태는 15cm×10cm, 12면이고 영어로 쓴 보고서 형식을 갖추고 있다. 전체 내용은 평양 캐롤라인 래드 병원의 현황과 운영 실태를 보고하고 있다. 맨 앞면 겉표지에는 이 병원의 전경 사진이 들어있다. 1면에는 이 병원에 근무하는 의학박사 제임스 웰스(James Hunter Wells) 박사를 비롯해 한국인 직원들의 명단이 수록되어 있다. 제1조사와 제2조사, 전도부인, 세탁부, 잡역부 2명. 이 병원에 내왕하여 진료를 받은 진료 환자는 총 13,094명이었다. 신규 환자는 8,444명이다. 외과수술 건수는 525건이다. 한국인 조사 조익선의 사례를 소개하고 있다. 의학생들과 전도사업, 콜레라, 의학서적, 병원 운영비용 및 회계를 보고하고 있다. 평양에서 운영된 근대적인 병원의 양태와 현황들을 파악할 수 있는 자료이다.

1907년 5월~1908년 5월 보고서

병원 내원 현황

이 병원의 내원객 수는 13,094명이었습니다. 이 중 신규 환자는 8,444명으로, 남자 4,569명, 여자 2,010명, 아동 1,865명으로 이루어졌습니다. 등록된 재방문 환자는 4,269명이었고, 등록되지 않은 많은 인원이 더 있었습니다. 이들 외에도 환자와 함께 온 친구나 친척이 대략 2,925명이 있었으며, 이들을 포함하면 총 내원객 수는 16,019명입니다.

입원환자

입원환자는 444명이었습니다, 대부분 선교사들에게는 100마일 떨어진 신천까지 여덟 차례 방문을 포함하여, 모두 381회의 외래진료가 있었습니다.

외과수술

총 525건의 수술이 이루어졌으며, 여기에는 수많은 농양 절개, 경미한 치료, 발치, 수백 건의 예방 접종 등은 포함되지 않으며, 이러한 항목들은 단순히 "진료" 항목으로만 기록되었습니다. 525건의 수술 중 웰스 박사(Dr. Wells)가 242회를 집도했는데, 여기에는 웰스 박사가 외래 외과의사들을 도와 집도한 몇 건의 수술은 포함되었지만, 포웰 박사(Dr. Follwell)를 도와 집도한 수술 건은 포함되지 않았습니다. 이 중 152건은 마취 수술이었고, 90건은 골절 등을 포함하여 마취 없는 수술이었습니다. 이 중 13건은 종양 암과 다른 내부 문제로 인한 개복 수술이었습니다. 손가락에서 대퇴부까지의 절단 수술이 14건, 충수염 수술 2건, 복부 종양을 제외한 다양한 종류의 종양 제거 수술 32건, 탈장 또는 장기 이탈의 근치적 치료 수술 8건, 백내장 제거 수술 14건과 시력을 회복하기 위한 9건의 홍채 절제술, 그 외에도 다양한 수술이 진행되었으며, 자세한 내용은 보고서 말미의 요약에서 확인할 수 있습니다. 보조원 조익선 씨가 집도한 283건의 수술에는 절단술, 종양 제거 등이 포함되어 있습니다. 이 중 52건은 마취 수술이었고, 231건은 마취 없이 이루어졌습니다.

E. D. 폴웰 박사

지난 해 많은 가치 있는 도움과 지원을 해주신 폴웰 박사(Dr. Follwell)님과 감리교 선교부에 감사의 마음을 표합니다. 그는 동료이자 조언자로서 매우 친절했습니다. 특히 세균학과 외과수술에서 우리가 함께한 사역을 언급하고 싶습니다.

방문의사들

9월, 연례회의 기간 동안, 그리고 몇 차례에 걸쳐, 의료인과 비전문가 방문자들이 많았습니다. 의사는 오하이오 클리블랜드 출신인 러들로(Ludlow) 박사, 다니엘(Daniel), 어빈(Irvin), 에비슨(Avison), 존슨(Johnson), 위어(Wier), 커렐(Currell), 그리어슨(Grierson), 맥밀란(McMillan), 홀(Hall), 커틀러(Cutler), 화이팅(Whiting), 샤록스(Sharrocks) 그리고 퍼비언스(Purviance)이 그들입니다. 평양의 홀(Hall) 박사는 우리를 도왔으며, 한국인과 선교사들에게 심각한 질병에 대한 몇 차례에 걸친 지원에 대해 감리교 간호사인 홀만(Hallman) 양에게 감사의 마음을 표합니다.

조익선

최근 몇 년 동안 병원의 조사로 일해온 온 조익선 씨는 건강 이상으로 그만두게 되어 그의 자리를 대신 채우기가 어려웠습니다. 그는 의사로서 매우 유능했고, 인격과 신앙심 모두 온전히 신뢰할 수 있는 분이었습니다. 우리는 그의 자리에 중앙교회 직분자인 신상호 씨를 선임했으며, 그는 경험이 1~2년 정도밖에 되지 않았지만, 매우 잘하고 있으며 귀중한 인재가 될 것으로 보입니다. 조 씨는 이 병원에서 "졸업한" 네 번째 사람으로, 나는 그에게 의학의 기본 사항에서의 능숙함을 인증하는 자격증을 수여한 바 있습니다. 모두가 좋은 일을 하고 있습니다. 그러나 그들이 매우 유능해졌을 때 그 서비스를 잃어야 한다는 것은 나에게는 힘든 일입니다. 나는 한 사람에게 월 50달러를 제안하여 원래 감독자로 돌아오도록 했지만, 그는 그보다 더 많은 돈을 벌고 있었고, 나는 불가능한 액수의 돈을 제공할 수 없었습니다. 저는 우리가 도움을 받아야 할 분야에서 진료소와 병원에서 '직접 뛰어들어' 일해야 합니다. 여기에서 보고한 것처럼 그와 같은 큰 사역을 수행하면서 단 한 명의 외국인만이 책임을 져야 한다는 것은 잘못된 것입니다. 개발된 사역을 기준으로 볼 때, 우리 선교부에서 가장 필요로 하는 의료 요구는 평양에 훈련된 간호사를 배치하는 것입니다.

의학생들

이전에 나의 대규모 의학 수업을 들은 학생들 거의 대부분 나의 조언에 따라 정부의 의과 대학에서 계속 공부하고 있습니다. 그들은 가끔 저를 찾아와 임상 실습과 일반적인 조언을 얻고 갑니다. 나는 최근에 학년 말 행사에 참석했고, 많은 기독교인들이 있는 것을 확인하고 기뻤습니다. 우리는 이 학생들이 필요한 정부 의학 교육을 받는 동시에 도덕적, 종교적 목적을 위해 그들을 붙들어 두려고 노력하고 있습니다.

전도 활동

전도 활동은 기독교 직원들에 의해 잘 유지되고 있습니다. BFBS(영국 및 외국 성서공회)의 박씨 부인은 유일하게 전도사역을 전담하고 있습니다. 우리 나머지는 모든 방면에서 할 수 있는 사역을 하고 있지만, 한 사람이 대규모 큰 진료소와 병원 사역에서 혼자서 가르치기, 전도하기, 치료하기를 동시에 하기란 어렵습니다. "내가 하는 것은 오직 이것 하나"라는 바울의 원칙을 따르는 것이 더 좋을 것 같습니다. 많은 환자들이 병원에서 개종을 고백했지만 그러한 일에 대한 명확한 기록은 남아 있지 않습니다. 많은 사람들은 우리가 그들을 치료해 주기만 한다면 믿을 것이라고 약속했습니다! 작년에 개종한 한 남자는 자신의 마을에서 다른 사람들과 함께 와서 자비로 공부한 겨울강습회에서 가장 기뻐하고 두드러진 사람 가운데 한 명이었습니다. 수천 명이 자신의 집으로 돌아가서 병원에서 듣고 느낀 종교, 그리스도, 그리고 사랑의 원리에 대해 증언했습니다. 아직도 환자의 절반 이상이 기독교인이 아니기 때문에, 병원이 얼마나 큰 영향을 끼칠지 알 수 있습니다.

웰스 부인

웰스 여사(Mrs. Wells)는 여전히 여성을 위한 학교를 운영해 왔습니다. 그녀는 거의 매일 병원에 있는 여성들을 방문하여 여러가지 방법으로 도움을 주었습니다. 그녀는 선교사 자녀들을 위한 학교에서 일주일에 두 번 수업을 합니다. 그녀는 가난하고 불쌍한 한국 여성들이 알고 있는 유일한 외국 여성이고, 그들에게 위로와 온정을 베푸는 데 많은 노력을 기울이고 있습니다. 다른 몇몇 선교사들도 가끔 환자들을 방문하였고 일부 한국 기독교인, 남성과 여성도 병원을 정기적으로 방문하고 있습니다.

교육 수업

신학교

맹인학교

주일학교

병원은 여전히 여러 수업과 관심사들을 위한 임시 강의실을 제공해왔습니다. 교육 수업, 신학교, 맹인학교, 그리고 정규 주일학교는 거의 일년 내내 강의실을 제공받았습니다.

입원 환자

444명의 입원 환자들 속에서 특별한 사례를 고르기는 어렵습니다. 왜냐하면 모든 환자가 특별하기 때문입니다! 어느 한 여자 노인은 한국인 조사가 아니라 외국인 의사와 상담하기 위해 약 100마일을 걸어왔습니다. 만성 소화불량 때문이었는데, 그로 인해 나는 의사들이 우리가 하는 것처럼 모든 환자를 돌보아야 하고, 모든 환자가 중요하다는 것을 느꼈고, 또한 대부분의 의사들이 하는 큰 수술에 너무 많은 중점을 두지 말아야 한다고 생각했습니다. 그것은 단순히 신체적인 문제만이 아니라, 개개인의 삶을 다루는 일이기 때문입니다.

한 남성은 3월에 병원으로 실려 왔습니다. 그는 완전히 실명 상태였고, 또한 완전히 파산한 상태였습니다. 홍채절제술 수술을 하여 그에게 새로운 동공이 생겼습니다. 고양이처럼 길쭉한 모양이었지만, 시력을 되찾아 그는 행복해했습니다. 그는 병원을 떠날 때 전에는 안내를 받고 들어왔던 곳을 자신의 눈으로 보고 나가며 "그치지 않는 미소"를 지었습니다.

배꼽에서 장으로 들어가는 부비강 때문에 서서히 죽어가는 한 어린 소녀가 있었습니다. 두 번 수술을 받았고 다행히 치료가 되었습니다. 그녀의 어머니는 감사의 표시로 우리에게 3엔의 돈을 지불하고 또 여자들이 끼는 큰 은반지 두 개를 주었습니다. 한국인 환자들로부터 상당한 치료비를 받은 경우도 있었는데, 어떤 이는 70엔을 지불하기도 했습니다. 그러나 이 은반지와 3엔은 과부의 헌금과도 같은 의미였기에 더욱 소중하게 느껴졌습니다.

선교 회장 등

나는 선교 회장으로 선입되는 영예를 안게 되었습니다. 이런 찬사에 진심으로 감사하며, 나의 외과적 성향을 살려 예정된 일정에서 4~5일을 단축하는 결정을 내렸습니다. 이 조치는 아마도 신중하게 발언하는 몇몇 사람들에게는 다소 고통스러웠을 것입니다. 그 밖의 일반적인 임무로는 선교회의 재무 비서, 회보 담당자, 다양한 위원회 활동 등이 있었습니다. 저는 9월부터 4월까지 선천을 여덟 번 방문하여 의료 물자를 제공했고 선교사들 사이에서 발생한 몇 가지 심각한 질병 치료에도 도움을 주었습니다.

콜레라

콜레라에 걸린 것보다 더 소름끼치고 우울한 경험은 없을 것입니다. "흑암에 행하는 전염병과 대낮에 황폐하게 하는 멸망"에 대해 쓴 다윗은 콜레라를 염두에 두고 있었을 것입니다. 9월에 발생한 발병은 제가 한국에 온 이후로 네 번째로 겪었고 겪었던 일입니다. 내가 보기에 일본의 강력한 조치와 발병이 지연되어 그렇게 유행히지는 않았지만 매우 심각한 유형이었습니다. 엄격한 규칙에 따라 모든 환자는 전염병 치료소로 이송되어야 했습니다. 이것이 기독교인들을 겁내게 만들었고, 그들은 위원회를 통해 내게 다가와 최소한 기독교인들을 돌봐달라고 간청했습니다. 나는 그러한 조치를 취하게 되었고, 당국은 나의 고립 병동을 콜레라 병원으로 사용하는데 동의하여 패닉이 가라앉았습니다. 나는 그곳에서 27건만 치료했지만, 그 중 10명이 사망했습니다. 일부 환자는 이미 임종이 가까운 상태에서 왔으며, 일부는 충분한 시간을 두고 도착했지만, 우리의 노력은 헛수고였습니다. 이 사망률은 높지만 평소와 크게 다르지 않아 이 병이 최상의 환경에서 조차도 얼마나 치명적인지를 보여줍니다.

의학서적

『서양 의학 핸드북』(*A Handbook Western Medicine*) - 의학과 수술 그리고 의약품과 용도의 이름이 있는 조제실에서 사용되는 질병 및 기타 용어의 용어집으로 웰스 박사(Drs. Wells)와 샤록스 박사(Dr. Sharrocks)가 제공한 덩어리에서 빈튼 박사(Dr. Vinton)가 편집하여, 5월에 조선성교서회(Tract Society)에서 출판되었습니다. 이 책은 한국에서 최초의 원어민 정기 의학 간행물이며, 이 책이 다루는 분야의 데이터가 필요한 한국인, 외국인 그 누구에게나 큰 도움이 될 것입니다.

웰스 박사의(Dr. Wells)의 『위생학 입문』(*The Introduction to Hygiene*)은 제2판으로 출간되었고, 제1판처럼, 조선성교서회에서 인쇄한 가장 인기 있는 책 중 하나임을 입증하고 있습니다.

이 간단한 보고서에서 보여지듯이, 이 사역은 한 의사를 계속해서 바쁘게 만들었습니다. 그는 5월에 며칠 동안 결석한 것 외에는 올해 내내 그의 자리를 지켰으며, 한여름에 강가에서 열흘 가량 보냈고, 10월에는 가족과 함께 미국 광산을 방문하여 며칠 동안 매우 즐거운 시간을 보냈습니다.

이 책자의 끝에 나오는 재무 보고서는 래드 부인(Mrs. Ladd)의 친절한 선물이 없었다면 우리는 심각한 적자에 처했을 것임을 잘 보여주고 있습니다. 지출의 2/3이상이 한국인에게서 나온 병원비와 의약품 판매로 충당되었습니다.

이 보고서는 그 기관의 건의 사항을 다방면으로 인식하여 잘 제시하고 있고, 이러한 건의 사항들은 다가오는 새해에는 충족되고 개선될 것이라는 희망으로 우리는 나아갑니다.

선교사들에 대한 서비스는 지속적이고 획기적이었습니다. 전반적인 건강 상태는 좋았으며 주님이 우리 모두를 축복해 주셨습니다.

지출

의약품 및 일반 용품	1,030.23달러	2,060.45엔
조명 및 연료	226.79	453.57
급여	434.85	869.70
병원 및 조제실 용품	250.32	500.64
인쇄, 우편, 정기간행물	51.94	103.88
기구 등	140.92	281.84
수리비	29.29	58.58
자선비	25.80	51.60
부대비용	90.19	180.37
합계	2,280.33	4,560.63

수입

한국인 병원비 및 약값	1,688.81달러	3,377.61엔
외국인 병원비 및 약값	54.20	108.40
이사회, 조사의 수입	311.26	622.43
기타 수입	66.00	132.01
외국인 선물	2.50	5.00
래드 부인(Mrs. Ladd)의 선물 $500.00	217.12	434.31
(장비구입 입금액 282.88)		
합계	2,339.89	4,679.76

웰스(Wells) 박사의 외과 수술은 다음과 같습니다. 탐색개복술 6, 난소 종양 제거 6; 자궁 적출술-자궁 및 일부 제거, 1; 모두 균일하게

성공적-; 절단: 팔 1, 다리 3, 손 1, 발 4, 허벅지 2, 발가락 1, 손가락 ; 맹장염 2; 가래톳 3, : 백내장 추출 14, 시력을 위한 홍채 절제술 9; 포경수술 8 ; 암 제거 – 혀 2, 자궁경부 3 기타 5 ; 종창 2 ; 수종 수술 3 ; 총상, 눈, 등, 팔, 각각 1개 ; 기타 2, 골절: 경골, 턱, 팔, 각각 1개; 음낭수종 3 ; 치질 2; 사타구니 탈장 ; 구순열 6; 항문열 14 ; 폴립 8 ; 흉막염 3 ; 산부인과 수술 4 ; 종양 제거: 허벅지 1, 눈 6, 무릎 10, 입술 3, 사타구니 1, 등 2, 가슴 2 및 기타.

한국인 조사가 집도한 몇 건의 소규모 절단 수술, 수십 건의 치루 수술, 다수의 작은 종양 제거 수술, 그리고 익상편 및 기타 안과 질환을 위한 수술이 포함되었다. 그는 또한 거의 모든 발치와 예방접종을 담당했다. 그의 도움은 매우 귀중했으며, 기술적으로도 상당히 뛰어났다. 그는 우리가 지금까지 함께한 사람 중 최고의 마취 전문가였다.

■ 『구락부』

KURAHKBOO (Vernacular for Club) Yes, They're Going Fine. These Childrens Bible Clubs AT PYEONGYAG, KOREA

해제

권세열(Francis Kinsler) 선교사 가족이 기증한 자료들에서 평양 관련 자료들에 들어있다. 한국의 평양선교지부 선교사로 활동했던 프랜시스 킨슬러 선교사가 1934년 6월경에 작성한 선교보고서이다. 1929년 시작된 평양의 초창기 성경구락부의 현황을 보여준다 이 자료의 형태는 9cm×15cm, 총 6면으로 구성되어 있으며 영어로 쓰여져 있다. 발행년도는 1934년이다.

자료의 내용은 아동성경구락부가 시작된 이래 4년 동안 꾸준히 성장해 왔고 1934년에 등록 인원이 증가하자 새로운 구락부들이 결성되었고, 구락부의 지도자들은 숭실전문학교와 숭실중학의 학생들이다. 이 보고서는 성경구락부의 프로그램이 안착되어 어떻게 운영되는지 보고하고 있다. 매주 1회 정규적으로 실시하는 예배시간과 예배순서, 훗날 성경구락부의 표어가 되는 성경구절 누가복음 2장 52절 "예수는 지혜와 키가 자라가며 하나님과 사람에게 더욱 사랑스러워 가시더라”에 대한 소개와 구락부의 노래, 성경구락부의 학습 커리큘럼을 밝히고 있다. 이 보고서는 1934년의 특별한 행사들을 언급하고 있다. 1934년 2월 런던에서 온 구세군의 마프(Mapp) 부장이 평양을 방문했을 때, 숭실대학 강당에서 열린 평양시 전체 성경구락부의 합동행사, 1934년 3월 성경구락부의 제3회 졸업식, 추수감사절 행사와 중국 산동에서의 한국의 해외선교 사업에 성경구락부가 바친 헌금 등에 대해 밝히고 있다. 또 평양시에 조직된 14개의 성경구락부에 등록생이 1,500명이고, 1934년에 평양시 인근 시골 교회에 10개가 조직되었다. 그 외에도 전라도, 서울, 안동, 곽산, 선천, 강계에 성경구락부가 조직되었다. 원산, 마산, 진남포, 재령 등 많은 곳에서 성경구락부 조직의 요청을 받고 있다.

이 자료는 1934년을 기점으로 비약적으로 발전한 성경구락부의 성장 및 규모, 성경구락부의 프로그램과 커리큘럼, 평양시와 전국에 새로 조직되는 성경구락부의 동향 등을 알 수 있는 평양시절 초기 성경구락부에 관한 자료이다.

본문

구락부(구락부는 Club의 음역)

그렇습니다. 한국의 **평양**지역에서 아동성경구락부는 프랜시스 킨슬러 목사(Rev. Francis Kinsler)에 의해서 잘 진행되고 있습니다.

(숭실전문학교 교장인 매큔 박사(Dr. G. S. McCune)는 킨슬러와 함께하며

이 사역을 열성적으로 지원하고 있습니다.)

또 한 해가 지났습니다. 1934년 6월입니다. 아동성경구락부는 우리가 시작한 이래 4년 동안 꾸준한 성장을 이루었습니다. 올해는 등록 수가 증가했습니다. 새로운 구락부들이 형성되었고, 실제로 대부분 숭실전문학교와 숭실중학의 학생들인 지도자들이 아이들에 대한 지도력과 성경구락부 정신에 대한 충성심에서 발전했습니다. 성경구락부 프로그램은 현재 완전히 발전한 예배 의식을 중심으로 하고 있는데, 이 의식은 매주 한 번 각각의 성경구락부에서 진행됩니다. 의식이 진행되는 동안, 아이들은 정사각형 대열을 형성하며 줄을 맞춰 앉고, 프로그램은 완전히 자체적으로 진행됩니다. 프로그램에는 조목기도와 성경 구절 암송이 포함되어 있습니다. 나는 20~30명의 아이들이 기도를 이끌고, 50명 정도의 아이들이 일어나서 성경 구절을 암송하는 것을 보았습니다. 그러고 나서 구락부 전체가 일어나 그중 한 명이 누가복음 2장 52절, "예수는 지혜와 키가 자라가며 하나님과 사람에게 더욱 사랑스러워 가시더라"라고 말하면 일제히 따라합니다. 이어서 아이들의 기독교적인 삶과 구락부의 정신을 표현하는 구락부의 노래를 부릅니다. 구락부의 지도자들이 이 노래의 가사를 쓰고 작곡했습니다.

성경구락부의 교육과정은 교과서를 인쇄함으로써 크게 향상되었습니다. 한국어와 일본어로 된 교재들은 성경 이야기의 전반적인 개요를 제공하도록 구성되었으며, 4년 과정으로 진행됩니다. 이 과정에는 그리스도의 생애, 구약 역사, 선지자들의 생애, 일부 교회사가 포함되어 있습니다. 이 수업은 성경의 의미를 흥미롭고 생동감 있게 제시하려고 노력하지만, 아이들의 읽기와 사고 능력에 따라 차등화되어 구성되었습니다. 첫 번째 교재는 4월에 인쇄되었고 이미 약 2,000부가 배포되었습니다. 앞으로 다가올 학년의 2학기와 3학기에는 인쇄 및 배포되는 책의 수는 지금까지의 수량과 같거나 그 이상이 될 것으로 예상됩니다.

올해 성경구락부에서는 몇 가지 특별한 활동이 있었습니다. 2월에는 평양의 모든 성경 구락부들이 런던에서 온 구세군 마프(H.C. Mapp) 부장의 방문을 기념하여, 숭실전문학교 대강당에서 연합 집회를 열었습니다. 수천 명의 성경구락부 어린이들이 한국의 새해 색동 한복을 입고 모여서 예배 의식, 음악 공연, 체조 시범, 그리고 어린이들이 직접 진행하는 연극으로 이루어진 프로그램을 진행했습니다. 저는 프로그램의 수준에 대해 평가를 내리는 것은 겸양쩍지만, 마프 총재께서는 직접 다가와 자신이 어린 시절부터 여러 나라를 여행하며 많은 어린이 프로그램을 보았지만, 성경구락부의 어린이 프로그램이 그가 본 것 중에 최고라고 말씀하셨습니다.

성경구락부의 제3회 졸업식이 3월에 열렸는데, 17명의 남자아이와 12명의 여자아이들이 졸업했습니다. 프로그램의 제1부에는 졸업생들이 직접 진행하는 구락부의 예배 의식이 포함되었고, 구락부의 구호 누가복음 2장 52절을 낭송하는 동안, 그들은 눈에 띄게 감동을 받았습니다. 많은 졸업생들이 초등학교 상급반에 입학함으로써 지식 추구를 계속할 수 있는 방법과 수단을 발견하였고 또 두 명은 우리 숭실중학에 입학하였습니다.

구락부 아이들은 지도자와 함께 도시 빈민가에서 자선 활동을 이어가고 있습니다. 추수감사절 때, 이 구락부 아이들 모두가 자신들도 매우 가난하지만, 쌀, 수수, 콩, 옥수수, 렌틸콩, 보리, 감자, 밀, 그리고 사과를 포함한 약 25부셸의 곡물을 기부했습니다. 이에 더해, 그들은 중국 산둥으로 한국의 해외선교 사업을 위해 13엔 39전을 기부했습니다. 이들 구락부의 사역자들을 통해 연간 약 60부셸의 곡물, 200여 벌의 의류와 함께 연료와 생활필수품 등이 가난한 이들에게 전달되었습니다.

다른 활동들에 대해서는 시간이 부족하여 모두 언급할 수 없지만, 몇 가지를 소개하자면, 크리스마스 프로그램이 있습니다. 이 프로그램에서는 진짜 산타클로스가 어린이들에게 전도지를 붙인 크리스마스 카드를 나누어주고, 어린이들이 그 카드를 이웃의 믿지 않는 가정에 전달하는 활동을 했습니다. 또한, 약 2,000개의 전도지가 배포된 일도 있습니다. 옷, 얼굴, 손, 교과서, 교실, 심지어 내면의 양심까지 포함하여 아이들과 관련된 모든 것이 청결한지 검사하는 구락부의 검사 프로그램에 대한 이야기도 있습니다. 또한 육상 경기와 격렬한 줄다리기 대회에 대한 이야기와 봄과 가을 하이킹 때 하늘 아래에서 예배를 드리고 노래를 부를 때, 특히 "예수는 나의 모든 세상"이라는 제목의 구락부 찬송가를 부르며 행진하는 방식에 대해 할 얘기가 너무 많습니다.

현재 평양시에는 14개의 성경구락부가 있으며 등록 아동은 1,500명이 넘습니다. 한 해 동안 비슷한 성경구락부들이 인근 시골 교회에 조직되어 현재까지 10개에 이르렀습니다. 이 사역은 한국의 다른 지역에서도 이루어졌습니다. 전라도, 안동, 서울, 곽산, 선천, 강계에서도 성경구락부들이 활동하고 있습니다. 원산, 마산, 진남포, 재령 등 여러 곳에서 이 사역을 시작해 달라는 요청이 있었습니다.

우리는 작년에도 말했듯이, 앞으로 나아갈 수 있도록 기도를 부탁 드립니다. 한국의 소외된 대중들 사이에는 이 사업이 절실히 필요합 니다. 단순하지만 완전한 프로그램을 갖춘 이 성경구락부는 그 필요 를 충족시키고 있으며, 성경 말씀 자체를 통해 온전한 네 가지 그리스 도인의 삶을 가르치는 이 사역은 현재의 기회이며 무한한 미래의 가 능성을 지닌 일입니다.

인쇄,
기신 인쇄소
한국 평양, 한국 기독교 대학 근처

■ 『한국의 평양에서 그리스도를 위한 일에 헌신하는 아이들』

CHILDREN AT WORK FOR CHRIST IN PYENGYANG, KOREA

CHILDRENS BIBLE CLUBS AT PYENG YANG, KOREA.

BY

Rev. Francis Kinsler

(*Dr. G. S. McCune, President of Union Christian College joins heartily with Mr. Kinsler in this wonderful work*)

There are now thirteen Childrens Bible Clubs in Pyengyang City with an enrollment of about fifteen hundred children, and there are half a dozen such schools in country places also, bringing the total number of children to above two thousand. These Pioneer Clubs because of the name were at first a cause for suspicion by police officials. We changed the name to Bible Clubs. The Bible is the basis of all curricular studies excepting arithmetic. We have now received the full sanction of the officials for this work.

The leaders of these Bible Clubs are Students of The Union Christian College of Korea. Thirty of them direct Clubs daily and teach in the afternoons and evenings. However, a few Clubs are led by the students of the Boys' Academy, Theological Seminary, and Women's Higher Bible School. Some local church young people assist also.

The program consists of three hours of study five days in the week in Korean and Japanese language. The Bible itself is the text book for Bible study.

해제

권세열(Francis Kinsler) 선교사 가족이 기증한 자료들에서 평양 관련 자료들에 들어있다. 1929년 평양에서 성경구락부가 처음 어떻게 시작되게 되었는지 성경구락부의 탄생과 초기의 역사를 담고 있다. 성경구락부의 이념과 목적, 그리고 활동, 교육 프로그램, 성경구락부의 확산 지역들을 자세히 기록하고 있다. 이 자료의 형태는 9cm× 15cm이고, 총 5면으로 구성되어 있으며 영어로 쓰여져 있다. 발행년도는 불분명하다. 성경구락부의 설립 취지는 평양에서 활동하는 선교사들은 굶주리고 추위에 얼어 죽는 걸인을 위해 뭔가를 해야만 했고, 기금을 모아 아동성경구락부가 시작되었다. 아동 성경구락부는 가난한 사람들이 가난한 사람들을 위해 이 자선사업을 시작했다. 아동구락부 지도자들은 거리에서 불우 아동들을 데리고 왔고, 아동구락부의 방들이 그들의 쉼터로 사용되었다. 이 자료의 첫 머리에서 평양 숭실 대학 교장인 윤산온 박사(Dr. G. S. McCune)가 성경구락부 사업에 뜻을 같이하여 동참하고 있다고 밝히고 있다.

본문

한국의 평양에서 그리스도를 위한 일에 헌신하는 아이들

프랜시스 킨슬러 목사

(숭실대학 교장인 매큔 박사(Dr. G. S. McCune)는 킨슬러와 함께하며 이 아름다운 사역을 열성적으로 지원하고 있습니다.)

평양의 선교사들은 도시 안팎에서 거지들이 굶고 추위에 떨고 있다는 사실을 알고 뭔가를 해야 할 필요성을 느꼈습니다. 얼마간의 자금이 모금되었고 아동성경구락부들은 이 자선활동을 시작했습니다— **가난한 자들이 더 가난한 자들을 위한 사역.** 한겨울 가장 추운 날에는 거지 소년들을 밤새 보호하는데 우리 아동구락부 방들을 사용하자고 제안이 있었습니다. 그래서 우리는 **구락부 지도자들**과 어린이들에게 이 불우한 사람들을 길에서 찾아 모으도록 하였고 저녁까지 그런 소년 일곱 명과 혼자 버려져 얼어 죽을 뻔한 술 취한 노인 한 명, 거의 아사 직전의 노인 할머니까지 구했습니다. 그렇게 이틀 밤을 지나고 나서, 조사 결과 평양시에는 집이 없는 아이들이 많다는 것을 알게되었습니다. 어느 한 곳에서는 몇 달 동안 어쩔 수 없이 구걸을 할 수

밖에 없었던 한 청년을 발견했는데, 그는 세 명의 거지 소년들과 함께 방 한칸의 오두막에서 살고 있었습니다. **그에게는 성경책과 찬송가가 있었습니다.** 우리는 일곱 명의 거지 소년들을 그의 곁에 두기로 했습니다. 그들은 이 기독교인 거지가 책임지고 있는 이 집에서 겨울을 보냈습니다. 매일 몇 명은 나무를 구하러 가고, 다른 몇 명은 음식을 구걸하러 나갔습니다. 얻은 모든 수익은 나누어졌고 모두가 같은 그릇에서 함께 식사하고 같은 방에서 잤습니다. 일요일에는 우리가 그들에게 식사를 제공했고 그들은 다 함께 교회에 참석했으며, 다른 날에는 그들의 방에서 기도와 노래, 얼굴과 손을 엄격하게 씻었습니다. 유일하게 문제가 생긴 것은 가장 큰 아이에게 옴이 나면서, 그때부터 관계가 어색해졌습니다.

이 사역은 **가난한 소년들과** 함께 시작되었지만 곧 다양한 부류와 조건에 있는 사람들에게 확대되었습니다. **어느 추운날 밤** 구락부 지도자인 김희선은 한 오두막을 발견했습니다. 그 안에는 한 남자, 그의 아내, 그리고 작은 아이가 어둠 속에서 몸을 웅크리고 거의 얼어붙은 채로 모여 있었습니다. 남자와 여자는 서로 마주보고 함께 기대어 아이를 감싸고 따뜻하게 하려고 했습니다. 우리는 이 가족을 도와주었고, 딸을 우리 구락부 중 한 군데로 보냈고, 아버지가 아프게 되면서 약을 제공했습니다.

어느 허물어져 가는 본채에 붙여지은 곳에서, 우리는 식량도 난방 없이 참혹한 환경에서 살고 있는 85세의 기독교인 남성과 그의 아내를 발견했습니다. **구락부 소년들이** 물어보자, 처음에는 식량이 있다고 말했지만, 진실이 드러나자 도움을 제안했지만 받아들이기를 꺼렸습니다. 그러나 우리가 수수를 가져가자, 그들은 5엔 50전(1.80 달러)

로 몇 달을 버텼다는 것을 알게 되었습니다. 그 젊은 남자가 그들을 방문하여 음식, 땔감 연료, 그리고 밤에 덮을 이불을 가져가자, 그들은 그저 울음을 터뜨렸습니다. 그들은 교회에 갈 힘을 얻고 **예수에 대해 더 많이 배웠고** 더 나은 땅에 대해 **배웠습니다.** 봄이 찾아오자-겨울 동안 돌봐준 후에- 노인은 세상을 떠났고 그의 노부인은 노인 요양원에 입소하게 되었습니다. 노인 여자들의 집에 입소했습니다.

우리는 또 다른 가엾은 남편과 아내의 사연을 발견했습니다. 남편은 불구였고 그들이 살고 있는 땅굴에서 나갈 수 없었습니다. 아내는 실명하여 음식을 구하기 위해 나갈 수 없었습니다. **그녀는 눈이 멀어** 음식을 구걸하러 나갈 수 없었습니다. 어느 날 우리의 **성경구락부 지도자**는 마을 우물로 물을 얻으러 더듬거리며 가는 그녀를 발견했습니다. 우물은 얼음으로 미끄러워 미끄러워 물을 길 수 없었습니다. 그는 그녀를 위해 물을 길어줬고, 그녀는 이에 굉장히 감사했습니다. 그러나 그가 그녀와 함께 집에 들어갔을 때, 그는 늙은 남자가 그녀가 실명되었다고 비난하며 더 이상 음식을 구할 수 없다고 몹시 꾸짖고 있다는 사실을 알게 되었습니다. 김씨는 현명하게 그들에게 서로 사랑하고 어려움 속에서 서로 도와주라고 조언했습니다. 그는 가끔 그들을 방문하며 **우리의 구세주 예수에 대해 가르쳤습니다.** 그들은 죄를 자백하고 행복해졌습니다. 어느 추운 날 그가 그곳에 갔을 때, 그들은 낡은 이불 아래에서 함께 몸을 웅크리고 따뜻함을 유지하고 있었습니다.

낡은 오두막에서 극도의 가난과 더러움 속에서 딸과 작은 아기와 함께 살고 있는 한 **거친 여성**이 있었습니다. 이 여자는 매우 냉혹했고, 가능한 한 자선을 받으려고 기회를 찾고 있었습니다. **성경구락부 소**

년들은 한두 번은 그녀를 내버려 두었고, 그녀의 이웃들을 도왔습니다. 어느 날 지도자는 세 명의 어린 소녀들과 함께 다시 찾아가 그녀의 오두막에 들어가 음식을 주었습니다. 소녀들은 작은 여자 아이를 위해 만든 옷를 가져왔고, 그녀의 머리를 빗어주고, 옷을 갈아입히고, 목욕을 시켰습니다. 그녀는 작은 미인이 되었습니다. 그 엄마는 **감동하여 울음을 터뜨렸습니다.** 다음 방문에서는 그녀가 이전보다 엉망이었던 머리가 깔끔하게 정리되어 있었고, 옷과 몸도 깨끗해졌습니다. 이제 매주 일요일에는 수성리 교회에 참석하고 있고 그녀의 작은 딸은 **성경구락부**에 다니게 되었습니다.

다른 지역에서는 아사 직전 상태에 있는 강해 보이는 젊은 남자와 그의 아내, 그리고 세 명의 어린아이들을 발견했습니다. 그 남자는 너무 젊어 구걸하지도 못한다고 말했습니다. **그는 구걸하느니 차라리 굶어 죽을 것이라고 했습니다.** 그가 일자리를 얻을 수만 있다면 좋을 것입니다. 그는 선교사 집으로 인도되어 일을 하게 되었습니다. 어느 날 그는 나무 한 줄을 통째로 베었습니다. 그는 열심히 오랫동안 일했고 밤에 집에 가라는 지시가 있기 전까지 집에 절대 가지 않았습니다.

어느 한 곳에서 우리는 다 쓰러져 가는 집에서 어머니와 딸과 함께 살고 있는 **한 과부를 발견했습니다.** 그녀는 집세가 만기가 되어 쫓겨날 위협을 받고 있었는데, 그 곳에서 먹을 수 있는 유일한 음식은 일본군 막사에서 한 캔에 1센트에 사온 쓰레기 뿐이었습니다. 그들은 일자리를 얻을 때까지 견딜 수 있는 음식과 나무, 집에 필요한 몇 가지 도움을 받았습니다.

또 다른 곳에서 한 남자와 그의 아내가 굶고 있었습니다. **아기가 막 태어나려고 했습니다.** 지불 기한이 지난 1엔의 집세가 없어서 집주인은 그들을 쫓아내겠다고 위협했습니다. 우리는 약간의 음식과 집세를 도와주었고, 결국엔 그 남자를 위한 지속적인 일자리를 확보하여 이제 그들은 가족생활에서 행복해했고, 또한 그들의 작은 아이로 인해 더욱 행복해졌습니다. 그들은 교회에 속해 있으며, **그들을 예수 그리스도께로 이끄신 하나님을 찬양합니다.**

많은 이야기들이 나올 수 있을 것입니다. 새로 갓 태어난 아기와 죽은 어머니가 있는 황망한 집 이야기, 굶고 있는 작은 아이들의 이야기, 성경구락부로 안내된 어린이들의 이야기, 한국기독교 고아원에 들어간 이전에 거지였던 3명의 거지소년들 이야기, 현재 우리의 메시지를 통해 교회에 참석하고 있는 많은 사람들의 이야기 등이 있습니다. 많은 가정들이 겨울철에 굶지 않을 정도로 도움을 받아서 겨우 버티고 있습니다. 이 모든 일을 가능케 하기 위해 평양선교지부 선교사들은 140엔(35달러)을 기부했는데, 선교사들은 예수 그리스도의 이름과 사랑이 가난한 이들에게 알려지게 하는 이런 희생에 대해 보답받았다고 느끼지 않을 수 없습니다. **"너희가 여기 지극히 작은 자 하나에게 한 것이 곧 내게 한 것이니라"**라고 그리스도께서 말씀하셨습니다. 사용된 돈의 액수는 적었습니다. **그 도움이 예수의 이름으로 주어졌기** 때문에 지불할 수 있었습니다.

■ 『한국의 평양 아동성경구락부』

CHILDRENS BIBLE CLUBS AT PYENGYANG, KOREA

CHILDRENS BIBLE CLUBS AT PYENG YANG, KOREA.

BY

Rev. Francis Kinsler

(*Dr. G. S. McCune, President of Union Christian College joins heartily with Mr. Kinsler in this wonderful work*)

There are now thirteen Childrens Bible Clubs in Pyengyang City with an enrollment of about fifteen hundred children, and there are half a dozen such schools in country places also, bringing the total number of children to above two thousand. These Pioneer Clubs because of the name were at first a cause for suspicion by police officials. We changed the name to Bible Clubs. The Bible is the basis of all curricular studies excepting arithmetic. We have now received the full sanction of the officials for this work.

The leaders of these Bible Clubs are Students of The Union Christian College of Korea. Thirty of them direct Clubs daily and teach in the afternoons and evenings. However, a few Clubs are led by the students of the Boys' Academy, Theological Seminary, and Women's Higher Bible School. Some local church young people assist also.

The program consists of three hours of study five days in the week in Korean and Japanese language. The Bible itself is the text book for Bible study.

해제

권세열(Francis Kinsler) 선교사 가족이 기증한 자료들에서 평양 관련 자료들에 들어있다. 1929년 시작된 평양의 초창기 성경구락부의 현황을 보여준다. 이 자료의 형태는 9cm×15cm, 총 4면으로 구성되어 있으며 영어로 쓰여져 있다. 발행 년도는 불분명하다.

처음엔 '개척구락부(Pioneer Clubs)'라고 불렀던 명칭이 경찰 당국의 의심을 사서 '성경구락부(Bible Clubs)'로 이름을 변경하게 된 이유를 설명하고 있다. 또 평양시에 13개의 아동 성경구락부(Children Bible Clubs)가 있고, 이곳에 약 1,500명의 아동들이 등록하고 있다. 시골에도 그런 학교가 여섯 군데 있어 총 어린이 수가 2,000명이 넘는다.

성경구락부의 지도자들은 한국의 숭실전문학교 학생들이 주로 맡고 있다. 그중 13명은 매일 밤낮으로 가르치고 있다. 성경구락부의 운영시간과 교육 프로그램을 상세히 설명하고 있다.

이 자료의 첫머리에 평양 숭실전문학교 교장인 윤산온 박사(Dr. G. S. McCune)가 성경구락부 사업에 뜻을 같이하여 동참하고 있다고 밝히고 있다.

본문

한국의 평양 아동 성경구락부

프랜시스 킨슬러 목사

(숭실대학 교장인 매큔 박사(Dr. G. S. McCune)는 킨슬러와 함께 이 훌륭한 사역에 열성적으로 참여하고 있습니다.)

평양시에는 현재 아동성경구락부가 13개 있고 약 1,500명의 아동이 등록하고 있으며, 시골에도 그 절반쯤 이런 학교가 있어 총 아동수는 2,000명이 넘습니다. 개척구락부는 그 이름 때문에 처음에는 경찰당국에 의해 의심을 받았습니다. 우리는 성경구락부로 이름을 변경했습니다. 성경은 산수를 제외한 모든 교과과정의 기초입니다. 우리는 이제 이 사역에 대해 당국의 완전한 승인을 받았습니다.

이들 성경구락부 지도자들은 숭실대학 학생들입니다. 그들 중에 30명은 매일 구락부들을 지도하고 오후와 저녁에 가르칩니다. 그러나, 몇몇 구락부는 숭실중학, 평양신학교, 여자고등성경학교 학생들이 이끌고 있습니다. 일부 지역교회 청년들도 돕고 있습니다.

이 프로그램은 한국어와 일본어로 일주일에 5일 동안 3시간씩 공부하는 것으로 구성되어 있습니다. 성경 자체가 성경 공부의 교재입니다. 역사, 지리, 언어, 그리고 암기활동 교재는 모두 성경에서 가져옵니다. 산수, 자연 공부, 응급처치는 부가 과목들입니다. 매일 기도 시간이 있고, 지도자들은 차례로 영적 주제에 관해 이야기를 합니다. 매일 한 시간 동안 체육 운동이 따로 마련되어 있으며, 게임을 하고 체육 시간을 보냅니다. 지도자들과 학생들이 사용할 수 있도록 우리는 모든 과목들에 등사판 교재를 만들고 있습니다. 우리의 4년 학습 과정은 매년 3학기로 나누어져 있습니다. 4개의 별도 학년을 위해 6~7개 과목에서 약 2,000권의 책이 등사되었습니다. 우리는 상황에 맞게 변경을 하고 있고 자금이 확보되면 영구적으로 사용할 수 있는 교과서를 인쇄할 수 있기를 희망하고 있습니다.

매주 한 번, 보통 수요일에는 "구락부의 날"이라고 불리는 특별한 날이 있습니다. 프로그램은 예배 시간, 음악, 체육 그리고 주간에 따라 다양한 특별 프로그램으로 구성됩니다. 이러한 프로그램을 위해 우리는 어린이들에게 자신의 지도자를 선출하도록 하고, 자기들만의 모임을 개최하고, 기도와 노래로 그룹을 이끌며, 교사의 입회하에서 전체 프로그램을 진행하도록 합니다. 우리는 토론, 이야기 대회, 청소의 날, 개인 점검의 날, 게임과 놀이 프로그램 등 다양한 활동을 진행합니다. 이 성경구락부에서 아이들의 모든 활동은 누가복음의 말씀을 중심으로 이루어집니다. "예수는 지혜와 키가 자라가며 하나님과 사람에게 더 사랑스러워 가시더라." 기독교인의 네 가지 측면인 지적, 영적, 그리고 사회적 또는 봉사적인 생활은 모든 학생들에게 모델이 됩니다.

매 학기에는 학업의 진척에 따라 성적이 부여됩니다. 모든 아이는 매주 일요일 교회와 주일학교에 참석하고, 집에서 기도하며, 기독교 봉사의 행동으로 구락부에 대한 감사를 표현해야 합니다.

나는 당신이 언젠가 대학 체육관에서 프로그램을 위해 모인 8개의 구락부를 볼 수 있기를 바랍니다. 800명이 넘는 어린이들이 모든 프로그램에서 자신들이 스스로 인도하고, 합심하여 찬송가를 부르고, 마치 한 사람이 이끄는 것처럼 기도하는 것을 보는 것은 멋진 광경이었습니다. 그들은 솔로, 합창, 그리고 전체 그룹에 의해 노래를 합니다. 성경 이야기와 체조는 박수를 받았습니다. 연설과 이야기가 낭독되었습니다. 참석한 선교사들은 그것이 한국에서 본 것 중 가장 짜릿한 전시라고 표명했습니다. 사진을 찍으러 왔던 사진사는 너무 감동받아 자비를 들여 두 번째 사진을 찍어 구락부에 선물했습니다.

지난 봄에 우리는 두 번째 졸업식을 가졌습니다. 12명의 소년과 12명의 소녀들이 학습과 활동의 모든 내용을 완수하고 졸업 증명서를 받았습니다. 그들은 어떤 학교에서든 졸업할 때 기대할 수 있는 것처럼 깨끗하고 밝고 행복한 기독교 어린이들이었습니다.

우리의 연례행사인 노래와 이야기 경연대회가 개최될 때, 각 구락부의 대표들이 많은 친구들 앞에서 경쟁했습니다. 이 행사에 심사위원 중 한 명은 한국 전역을 여행했고 이야기에 관한한 한국의 권위자입니다. 그는 심사평을 하는 것을 잊고 이런 기술과 정신으로 수행하는 아이들을 본 적이 없다며 5분 이상 감회를 말했습니다. 이 아이들이 몇 년 전에는 학교에 가거나 이렇게 공부할 기회가 전혀 없었다는 것을 깨닫게 된다면 우리가 얼마나 기쁜 마음인지 알게 됩니다. 하나님의 말씀은 암송되어 그들의 삶의 일부가 됩니다.

　　이 사역 소식은 멀리 퍼져 그 광고 효과는 현재 약간 당혹스럽습니다. 먼 시골에서 편지가 왔는데 거기서 12명의 젊은 소년들이 우리 구락부에 대해 듣고서 우리와 연락하려고 합니다. 동북쪽 먼 곳인 함경도에서 한 소년이 성경구락부에서의 숙식 비용을 알고 싶다는 편지를 보냈습니다. 우리의 순회 선교사들 중에 한 선교사의 지역에서 두 명의 소년이 나타나서 즉시 공부를 시작하고 싶다고 했습니다. 서울 지역과 북평안 노회에서도 구락부를 시작하길 원하는 요청이 있었습니다. 북쪽의 선천에서 한 목사는 그의 교회에서 어린이 성경구락부를 열 수 있도록 지침서와 교과서가 필요하다고 간절히 원했습니다. 한국의 소외된 대중들 사이에는 이 사역이 크게 필요합니다. 이러한 성경구락부는 간단하면서도 완벽한 프로그램으로 그 필요를 충족하고 있으며, 성경 자체의 말씀을 통해 완전한 네 가지 기독교적 삶을 가르치는 이 작업은 현재가 기회이며 무한한 가능성을 지니고 있습니다.

■ 『친애하는 벗들에게』

DEAR FRIENDS:—

DEAR FRIENDS :—

Two Union Christian College boys have jumped into this envelope to take a greeting from me to you. They're all dressed up, you see. They have their summer hats on. Winter or summer, hats are much the same out here. These show that the pictures were taken in summer.

These two boys on their return from a trip through Manchuria and away out into the heart of Mongolia told some thrilling tales of real adventure. Koreans they are—of this centuries-old buffer nation. Besides speaking their own language, these boys speak Japanese fluently, English quite well, and Chinese almost as well as their own language. They go to tell you of a number of Korean youth who are looking forward to go as the disciples of old, "without scrip for your journey" to preach the gospel throughout China. We have a volunteer group who are definitely planning to give their lives for service in a foreign land for God. These two preached to Japanese, talked to English-speaking people in Mukden and Harbin, witnessed for Christ among the Korean emigrants in Manchuria and Mongolia, and preached Christ to the Chinese.

The name of the one with the satchel is Moon. He was born in Manchuria, up next to Siberia, had

해제

이 자료는 1905년 9월 미국 북장로회 선교사로 평양에 내한하여 숭실대학 교장을 역임했던 윤산온(尹山溫, George Shannon McCune) 박사가 재임시절 그의 벗들에게 보낸 영어 서신이다. 수신처는 분명하지 않다. 이 자료의 형태는 9cm×15cm, 총 5면으로 구성되어 있으며 영어로 쓰여져 있다. 발행년도는 불분명하다. 윤산온 교장은 한 장의 사진을 동봉하여 두 명의 평양 숭실대학 남학생을 소개하고 있다. 두 남학생은 만주를 거쳐 몽골의 심장부로 여행을 마치고 돌아왔는데, 이 두 소년이 체험한 스릴 넘치는 실제 모험담을 전해 듣고 나서, 이 두 남학생이 수백 년 된 완충 국가의 한국인이라고 소개하고 있다. 이 두 남학생은 일본어와 영어, 중국어까지 유창하게 말할 수 있다.

이 두 남학생은 중국 전역에 복음전도 여행을 나서고자 하는 수많은 한국 청년들의 소망을 대변하고 있고, 한국에는 타국에서 복음전도를 지망하는 자원자들이 많이 있다고 소개하고 있다. 이 두 사람은 만주 선양과 하얼빈에서 영어로 설교하고, 일본인과 중국인에게 설교했다. 사진 속에 두 남학생 이름은 문(Moon)과 김(Kim)이다. 이런 유능한 학생들이 향후에 만주와 중국 같은 타국에서 복음사역을 할 수 있는 훌륭한 인재들이며, 숭실대학 학생들이 현재 152개 교회에서 일하고 있다. 이들이 참여하는 일일 성경학교는 118개 교회에서 운영되고 있고, 총 3,300일을 가르쳤다. 이 활동에 자원봉사하는 학생들과 보조자들은 모두 797명이다. 이 학생들은 자체적으로 돈을 모아 성경반을 운영하고 있다. 이 성경반에 등록한 학생수는 14,491명이다.

본문

친애하는 벗들에게

숭실대학의 두 남학생이 이 편지봉투에 뛰어 들어와 여러분에게 인사를 전합니다. 보시다시피, 그들은 다들 옷을 차려입었습니다. 그들은 여름 모자를 쓰고 있습니다. 겨울이건 여름이건 모자는 이곳에서 아주 똑같습니다. 이는 그 사진이 여름에 촬영되었음을 보여줍니다.

이 두 청년은 만주를 거쳐 몽골의 중심부로 여행을 마치고 돌아오는 길에 실제 모험한 짜릿한 이야기를 들려주었습니다. 한국인들인 그들은-금세기의- 오랜 완충 역할을 하는 민족입니다. 이 청년들은 모국어를 구사하는 것 외에도 일본어를 유창하게 말하고, 영어는 꽤 잘하고, 중국어도 자국어와 거의 비슷하게 구사합니다. 그들은 여러 분들에게 중국 전역에서 복음을 전파하기 위해 고대의 그리스도의 제자들처럼, "돈 없이 전도 여행"을 가기를 고대하고 있는 많은 한국 젊은이들에 대해 알려줍니다. 우리에게는 외국에서 하나님을 섬기는 데 헌신할 수 있는 자원자 그룹이 있습니다. 이 두 청년은 일본인에게 전하고, 목단(심양)과 하얼빈(Harbin)에서 영어를 하는 사람들과 이야기하고, 만주와 몽골에 한인 이민자들 속에 그리스도를 증거하고, 중국인들에게 그리스도를 전했습니다.

가방을 든 사람의 이름은 **문**입니다. 그는 시베리아 옆, 만주에서 태어나 여기 대학에 올 때까지 한국을 본 적이 없습니다. 다른 한 사람은 김이라고 하며, 내가 1921년에 귀국하기 전에 센센학원(Sensen Academy)에서 상당히 동경했던 모범 청년입니다. 그는 일본 대학에서 수학했고 숭실전문학교로 돌아와서 졸업했습니다. 그는 깊은 헌신, 훌륭한 학문, 놀랍도록 따뜻한 영혼을 지닌 청년입니다.

이런 청년들은 우리를 얼마나 사로잡는지 모릅니다! 그들에게는 어마어마한 가능성이 내포되어 있습니다! 그렇습니다, 중국에 희망이 있고, 일본에도 희망이 있으며, 세계에도 희망이 있습니다! 오늘의 청년들은 심각하게 내일을 생각하고 계획하고, 인내하며 준비하고 하나님의 시간을 기다리며, 끊임없이 하나님을 신뢰하며 하나님으로부터 분명한 일을 기대하고 있습니다.

숭실전문학교와 숭실중학 학생 172명은 여름의 전부 또는 일부의 시간을 그리스도를 위한 분명한 사역에 보냈습니다. 즉 전도 활동, 여러 교회에서 1주일 동안 열리는 사경회, 일일 방학 성경학교, 그리고 저녁 모임 등에서입니다. 대학 청년들 단독으로 다양한 모임에서

25,900명 이상의 사람들과 접촉했습니다. 중학생들은 그들의 사역에서 15,000명 이상 접촉했습니다. 그들은 152개 다른 교회에서 활동했고, 그 모임에서 2,700명 이상이 그리스도를 받아들였습니다. 일일 방학 성경학교는 118개 교회에서 진행되었으며, 총 3,300일 동안 가르치는데 보냈습니다. 이러한 학교들을 가르치고 지도한 학생과 보조자의 총 수는 797명이었습니다. 등록된 학생 수는 총 14,491명이었습니다! 그들은 자금을 조성하여 이러한 학교를 운영했고, 총 지출액은 1,648.85엔이었습니다. 이는 미국에서 동일한 사역을 수행하는 데 몇 천 달러에 달하는 가치를 가졌습니다.

학생들이 뜨거운 여름 동안 그리스도를 위해 무료로 봉사했던 여러 곳으로부터 편지가 왔습니다. 그들의 사역 결과가 이런 보고서들을 채우고 있습니다. 전라도 출신의 한 남장로교 선교사는 이렇게 쓰고 있습니다. "나는 일요일에 운한림 교회에 있었고, 대학 청년들이 여기 있었을 때 예수 그리스도를 믿기로 결심한 많은 사람들 가운데 여전히 믿음을 지키고 있는 사람들이 많다는 것을 발견했습니다. 그 중 5명이 학습교인이 되었습니다. 당신들의 소년들은 꾸밈없이 순수한 복음을 전했습니다. 우리는 그들이 내년 여름에 다시 오기를 바랍니다."라고.

남만주의 한 목사로부터 온 편지에 따르면, "담배 대상인 오씨가 당신들 대학생 중 한 명의 개인적인 항소로 유죄 판결을 받았습니다. 그는 처음에 화를 냈습니다. 그의 말에 따르면, "나는 그날 밤 잠을 자지 못했습니다. 마치 하나님이 친히 나를 꾸짖는 듯했습니다." 오씨는 사업을 매각하고 그리스도를 믿고 나서 곡물 거래상과 동업자가 되어 이제 두 가족이 교회에 합류하여 기독교인 수가 27명이나 늘어났습니다.”

나는 예수 그리스도를 전파하러 나간 이 팀들에 대해 조금 더 이야기하고 싶습니다. 이 전도단의 계획에 대해 제가 여러분들에게 쓴 것이 기억날 것입니다. 한 명은 만주로, 다른 한 명은 북평안도, 아주 먼 산악지대로 갔고, 또 다른 한명은 전라도의 아주 먼 남쪽으로 이동하였고, 네 번째 청년은 경상도 남쪽으로 이동했습니다. 이 모든 팀은 대부분 미전도 지역에서 사역했습니다. 이 지역들은 일반적인 여행 및 전도 노력에서 상당히 동떨어져 있습니다. 한 그룹의 절정은 가족 단위인 20여 명의 사람들이 모두 이교예배 기물들과 우상과 제사를 섬기는 사원을 불태웠을 때였습니다. 학생들은 이 중 일부를 가져왔습니다. 다른 그룹에서는 그들의 설교로 인해 그리스도를 믿는 것뿐만 아니라 더 깨끗한 생활을 선택한 경우가 있었는데, 한 마을이 해당 지역에서 모든 술을 버리기로 결정했을 때였습니다. 금주모임이 조직되었고, 이전에 음주에 지출하던 금액이 지역 사회의 개선을 위해 사용되는 조치가 취해졌습니다.

만주로 간 팀 중에서 여러 놀라운 경험 중 하나는 한 사람의 회개 이야기입니다. 이 사람은 이전에 한국에서 기독교인이었지만, 만주로 가서 기독교를 전도하다가 완전히 이탈하여, 중국인에게 아편을 팔아 돈을 벌었던 사람이었습니다. 이 사람의 회개가 다른 많은 사람들을 불러들였습니다. 그의 가족 전체가 교회로 들어왔고 그 청년들이 거기 있었던 이후 교인 수가 세 배로 증가했고, 그 마을이 정화되었습니다.

남쪽으로 내려가서 소년들이 복음을 전하고 있을 때, 일본 학교에 다니던 두 청년이 그 연설자를 방해하기 시작했습니다. 이와 같은 경험이 그 본질에 대해 내가 들어본 유일한 경험인데 놀랍게도 경찰이 그들을 도와주러 왔고, 질서를 회복하며 그들의 영향력을 복음 전파 쪽으로 돌렸습니다. 그날 밤 32명이 그리스도인이 되기로 결정했습니다. 이 일을 전하는 청년은 "이 모든 것을 하나님의 영광을 위해 이야기하고 싶습니다. 우리는 너무나 무력합니다. 하나님이 그분의 능력을 보여주셨습니다. 경찰관 자신도 그리스도를 믿기로 했습니다"라고 말합니다.

내가 들은 다른 흥미로운 경험들을 계속해서 이야기할 수 있지만 이것으로 마무리해야 할 것 같습니다. 우리가 모두 더 나은 땅에서 만나게 되면, 우리는 여기에서 인생의 순간, 시간, 날짜, 그리고 햇수를 가치 있게 만든 경험들을 나누며 큰 기쁨을 느낄 것입니다. 다음 편지에서는 대학 생활의 단조로움에서 오는 짜릿한 것들 중 몇 가지를 알려드리겠습니다. 우리를 매일 기억해 주세요. 우리도 당신을 생각합니다.

당신들의 진실한 벗
숭실전문학교 교장
조지 S. 매큔

2. 평양시기 사진자료

이 시기 사진자료 컬렉션은 킨슬러의 가족사진들, 한국에서 교분을 쌓았던 한국인 지인들, 만주와 몽골 방문사진, 평양 성경구락부 활동사진, 평양 사경회, 평양 남자성경학교, 평양의 교회 예배당과 산상예배, 평양예수교장로회신학교 사진들을 담고 있다. 그 가운데 주로 한국 지인들, 평양 성경구락부 사진들을 중심으로 선별하였다. 무엇보다 한국 근대교육과 관련하여 사료로서 중요성 갖고 있는 자료들이다. 평양의 성경구락부 사진들은 이런 사실을 확인시켜주는 역사적 자료이다. 킨슬러에 의해 시작된 평양 성경구락부는 1930년대 초 숭실전문학교와 평양신학교 학생들이 교사로 활동하며 전국적으로 확산되었다. 평양의 성경구락부 운동은 동아시아의 예루살렘이자 근대교육의 요람었던 평양에서 일어난 교육 운동이었다. 김득렬은 성경구락부 운동을 "문맹퇴치운동과 영맹퇴치운동으로서 선구적이고 개척적이며 혁신적인 민족갱생 교육운동이고, 복음의 생활화 운동"으로 역사적 의의를 높이 평가했다.

〈표 1〉 프랜시스 킨슬러 가족 컬렉션 - 평양 사진자료 아카이브 목록

사진제목	생산년도	해제
Fran, his teacher and an academy student	July 2, 1929	"권세열 선교사의 한국어 교사와 함께" 권세열의 한국어 교사 길진경이다.
Party with Marian, [Korean] language teachers	불명	누나 마리안(Marian), 한국어 어학 선생님들과의 어학 수료 파티, 뒷면에는 "You can tell Fran(권세열) is never in Korea, he has his feet up…that's not allowed."라고 적혀있다.
Kinsler with his Mother and sister	불명	어머니 버사와 누나 권수라(權水羅; Marian Kinsler) 선교사와 함께 찍은 사진
Trips to Manchuria + Mongolia, 1928~1930	1930	외지 선교사가 꿈이었던 권세열이 1928~1930년 사이에 만주와 몽골지역 선교지를 방문
팔턴성경학교 학생일동긔렴, 1931.1.20	1931	1931년 1월 20일 평양의 팔천(八千)성경학교 학생일동 기념 단체사진이다. 팔천에는 연화동 교회가 있었다.
강서군반석면반一리 긔념레배당사진	1932	평남 강서군 반석면 반1리 예배당 앞에서 교우 일동 이 함께 찍은 단체사진이다. 사진 뒷면에 一九三二 년 九월 二十일이라는 날짜가 명시되어 있다.
평양숭실성경구락부 지도자들	불명	초기성경구락부 지도자들
Bible Club Children	불명	초기아동성경구락부의 아동들
평양창광산소년성경학교	1932.10.1.	아동성경구락부 아동들과 2명의 교사 단체사진
朝鮮예수敎 長老會 南新里 禮拜堂 1934	1934	1934년에 조선예수교장로회 남신리 예배딩에 설립 된 성경구락부 기념 단체사진으로 가장 뒷줄 왼쪽에 권세열 선교사와 성경구락부 지도자들 및 구락부 아 동들이 있다.
웃어라한숨이물러간다	1937.3.10.	초기성경구락부 단체사진
崇信男聖經學校學友會一同	1939.2.17.	숭신남성경학교학우회일동 단체사진
소년소녀성경구락부대八회 졸업긔렴	1939.3.	초기성경구락부 단체사진
The Kinsler Family	1936	권세열 선교사 가족사진

제2장

프랜시스 킨슬러의 생애와 활동

- 프랜시스 킨슬러의 생애
- 한국전쟁과 성경구락부 활동
- 한국의 성경구락부 형성과정에서 권세열의 역할

프랜시스 킨슬러의 생애*

프랜시스 킨슬러(Francis Kinsler, 1904~1992, 권세열)는 미국 북장로회 소속 내한선교사로 1928년 한국에 입국하여 1970년까지 활동하였다. 그는 한국의 정치적·사회적 격변기를 온몸으로 경험하며 그 속에서 선교활동을 펼쳤으며, 한국인과 깊이 동화된 삶을 살았던 대표적인 미국 선교사로 평가된다.

킨슬러의 생애는 크게 네 시기로 구분할 수 있다. 첫 번째 시기는 그의 출생과 성장 과정, 두 번째 시기는 내한 선교사로서 평양에서의 활동기, 세 번째 시기는 해방 이후 남한에서의 활동기, 마지막 네 번째 시기는 은퇴 이후의 삶에 해당한다.

우선, 킨슬러의 출생과 성장기를 살펴보면, 그는 1904년 1월 13일

---

* 이 글은 마은지, 『킨슬러 선교사 사집자료집－성경구락부 운동』, 한국기독교문화연구원, 2024에서 발표했던 '킨슬러의 생애와 활동' 편을 부분 재인용하면서 새로운 내용을 추가하여 가필하였다. 킨슬러의 생애에 관한 기존 연구 성과들은 킨슬러/숭실대학교 뿌리찾기위원회 편, 『권세열 그리고 조선의 풍경』, 숭실대학교 지식정보처 중앙도서관 학술정보출판팀, 2017; 권오덕, 「프랜시스 킨슬러와 숭실대학」, 『한국기독교문화연구』 10, 2018, 165~204쪽; 정병준, 「권세열 선교사의 생애와 한국교회에 남긴 공헌」, 『한국기독교와 역사』 55, 2021, 147~181쪽; 내한선교사사전 편찬위원회 편, 『내한선교사사전』, 한국기독교역사연구소, 2022; 마은지, 「한국의 성경구락부 형성과정에서 권세열의 역할」, 『기독교와 문화』 19, 2023 등이 있다.

미국 펜실베이니아주 필라델피아의 저먼타운에서 2남 2녀 중 막내로 태어났다. 그의 부친 아서 루터 킨슬러(Arthur R. Kinsler Sr.)는 독일계를 배경으로 하였고, 모친 버사 캠벨(Bertha Campbell)은 스코틀랜드계 배경을 지닌 인물이었다. 킨슬러 가족은 1910년 뉴저지주 해던필드로 이주하였다. 청교도적 신앙과 전통을 간직한 해던필드 제일장로교회의 장로로 섬겼으며, 모친은 교회학교 교사로서 성경 교육을 담당하였다. 이러한 신앙적 환경 속에서 성장한 킨슬러의 가정은 매일 밤 가정예배를 드리며, 주일 오전과 저녁 예배를 빠짐없이 참석하는 독실한 기독교 신앙을 실천하는 집안의 분위기였다.[1]

킨슬러는 청소년기까지 지역 교회와 학교를 오가며 신앙과 학문을 병행하며 성장하였다. 1921년 해던필드 고등학교를 졸업한 후, 메리빌대학(Maryville College)에 진학하여 1925년 졸업하였다. 메리빌대학은 미국 장로교 전통과 신학적 뿌리를 지닌 교육기관으로, 킨슬러의 신앙적 정체성 형성에 영향을 끼쳤다. 이후 1925년부터 1928년까지 프린스턴 신학교(Princeton Theological Seminary)에서 신학을 공부하였으며, 1935년 동 신학교에서 연구 과정을 마치고 신학석사 학위를 취득하였다. 20년이 지나서 1954년에는 메리빌대학에서 명예 신학박사 학위를 수여받았다.

프랜시스 킨슬러는 1925년부터 1928년까지 프린스턴 신학교에서 신학을 공부하던 중, 당시 평양 숭실전문학교 교장이었던 매큔 박사(William M. McCune)의 선교 특강을 접하게 되었다. 특히, 만주와 몽골 지역의 선교부 설립 계획에 대한 강의를 들은 그는 깊은 감명을 받아

---

1   권오덕, 「프랜시스 킨슬러와 숭실대학」, 167쪽.

한국 선교사로 자원하게 되었다. 1928년 신학교 과정을 마친 후, 그는 공식적으로 내한 선교사로 임명되어 평양선교지부에 배속되었으며, 본격적인 선교활동을 시작하였다.

킨슬러의 생애에서 두 번째 시기인 '평양 시기'(1928~1941)는 일제강점기 동안 평양선교지부를 거점으로 평양을 비롯하여 강계, 선천 등에서 활동한 기록이 확인된다. 근대 전환기 평양은 '동양의 예루살렘'이라 불릴 정도로 한국개신교의 중심지로 기틀을 잡아가고 있었다.

그러나 그가 한국에 입국했던 시대는 조선 땅에서 일제의 식민 통치가 가장 강압적으로 이루어지던 시기였다. 주권을 상실한 나라 없는 한국인들에게 미국 선교사들은 단순한 종교 지도자를 넘어 정신적·사회적 의지처로 인식되기도 하였다. 이러한 일제의 식민 통치는 한국인들만의 문제가 아니었다. 선교사들의 활동에도 영향을 미쳤다. 대표적인 사례로 1941년 발생한 '만국부인회 사건'과 관련하여, 한국명 '권세열'로 불렸던 킨슬러 선교사의 일화가 전해지고 있다.[2]

이와 같이 외국인 선교사의 입장에서 그들의 복음전도의 대상인 한국인들에게 가해지는 일본의 입제는 신교사들의 복음 진도 활동에도 심각한 장애를 초래하였다. 특히, 선교사들과 긴밀한 관계를 맺고 있던 한국인 신자들에게 강요된 신사참배 문제는 선교사들에게도 깊

---

2 "외국인 선교사의 만국부인기도회순서라는 제목의 불온인쇄물 반포사건에 관한 건"으로 "富愛乙은 전술한 바와 같이 만국부인기도회에 관한 인쇄물(별지 제二호)을 발행 배포하기 전에 조선 안 각파 장로(南 및 아메리카 양파는 모두 귀국하여 없음으로 생략함) 및 감리파 선교사 앞으로 그 소요 부수를 一월 一八일까지 회답해 주기 바란다는 안내문을 보냈는데, 북장로파 '평양 權世烈(킨슬러) 三〇부'라는 위와 같은 회답이 있었으므로 전술한 바와 같이 (별지 제二호 인쇄물) 一만 五천장을 인쇄했다." 국사편찬위원회, 『韓民族獨立運動史資料集』 65권, 萬國婦人祈禱會事件 V.

은 우려와 고민을 안겨주었다[3] 신사참배 문제를 둘러싼 논의는 개신교 각 교단과 선교회 내부에서도 이견을 초래하였으며, 선교지부마다 상이한 대응 방식을 보였다. 이러한 갈등은 결국 선교사업 전반에 거대한 변화를 불러일으키는 계기가 되었다.

이러한 시대적 배경에서 식민지의 땅 조선에서 선교사의 삶을 시작한 프랜시스 킨슬러는 평서노회 소속 선교사로서 약 50개의 교회를 돌보며 목회 지원활동을 수행하였다. 또한, 기독청년면려회, 전도부인 사경회, 여자선교대회와 같은 신앙운동을 이끌었고, 만주 신빈선교부의 남자성경학교 강습을 비롯하여 숭실학교, 남자성경학교, 여자고등성경학교에서 교육활동을 펼쳤다.[4] 1929년부터 1936년까지 평양 숭실대학(당시 숭실전문학교)에서 강의하였으며, 1931년부터는 평양 장로회신학교에서 영문학과 성경을 가르쳤다.

평양 시기 동안 프랜시스 킨슬러의 가장 두드러진 활동 중 하나는 성경구락부(Bible Clubs)의 창설이었다. 그는 1929년 2월 평양 광문서림 2층에서 여섯 명의 걸인 아동을 돌보며 개척구락부를 시작하였고, 이후 성경구락부의 성장과 발전에 중요한 역할을 수행하였다.

그 와중에 킨슬러는 평양선교지부와 외국인 선교사들에게 강요된 신사참배에 대해 반대입장을 분명히 하였으며, 이러한 입장은 결국 일제의 탄압을 초래하였다. 그 결과, 숭실전문학교, 평양장로회신학교, 숭의여학교, 성경구락부 등 여러 교육기관이 폐쇄되는 사태에 이

---

3   김용진 옮김, 「1938-1939년 로즈 베어드 개인보고서」, 『윌리엄 베어드 가족 선교 자료』, 숭실대학교 한국기독교박물관, 2021, 210쪽.
4   같은 책, 212쪽.

르렀다.

1941년 태평양전쟁이 발발하면서 미국 북장로회 선교본부의 지시에 따라 그는 모든 선교활동을 중단하고 4월 미국으로 철수하였다. 이로 인해 그의 한국에서의 선교활동은 약 10년간 공백기를 맞이하였다. 미국으로 돌아간 그는 1942년 3월부터 뉴욕 롱아일랜드의 이스트햄튼 제일장로교회에서 목회 활동을 시작하였으며, 1946년에는 롱아일랜드 노회 노회장을 역임하였다.

제3기는 한국이 일제의 식민 통치로부터 해방된 이후, 프랜시스 킨슬러가 남한에서 선교활동을 펼친 시기이다. 한국의 광복 이후 그는 1948년 9월 다시 내한하였다.[5] 이 시기를 기점으로 그의 활동 무대는 평양에서 남한으로 이동하게 된다. 1948년 6월, 한국 장로회신학교가 남한에서 개교하자 그는 교수로 복귀하였고, 1952년부터 1959년까지 장로회신학교 학감으로 봉직하였다. 또한, 1951년에는 미국 연합장로교회 한국선교회 실행위원장, 1959년에는 미국 연합장로교회 산국선교회 회장을 역임하며 선교 행정에도 적극적으로 참여하였다.

1948년부터 1970년까지 그는 서울과 대구를 중심으로 남한 전역을 오가며 활발한 활동을 펼쳤는데, 이 22년간의 기간은 그의 사역에서 전성기로 기록된다. 한국전쟁이 발발하자 그는 남북을 오가며 함흥의 피난민 철수작전과 구호 활동에 헌신하였고, 전쟁으로 인해 고아와 미망인이 급증하자 이들을 위한 고아원과 모자원 설립에도 많은 기여를 하였다. 무엇보다, 한국전쟁으로 인해 제도권 학교들이 폐쇄되었을 때, 그는 성경구락부를 재건하고 운영함으로써 구호 활동뿐만

---

5 마은지, 『킨슬러 선교사 사집자료집—성경구락부 운동』, 16~17쪽.

아니라 공교육의 대체 기능까지 수행했다.

남한에서 활동하는 동안 프랜시스 킨슬러는 북장로회 재한선교사회 대표이자 총회신학교 실행이사로서 장로회 총회신학교 설립과 관련하여 에큐메니컬 진영과 NAE(National Association of Evangelicals) 간의 교권 및 신학적 노선을 둘러싼 갈등과 충돌에 직면하기도 했다.

또한, 그는 한국의 군목제도의 설립과 군선교의 발전을 위해 적극적으로 지원하고 협력하였으며, 4개 외국 선교회의 연합과 선교 사역의 한국인 이양을 위해 지속적으로 노력하였다.[6]

끝으로, 신학자로서 그는 『요한복음 주석』(1955), 『로마서 주석』(1956), 『기독교와 민주주의』(1957), 『인간 예수와 유혹』(1965) 등의 저서를 남기며 신학 연구와 교육에도 기여하였다.

그는 1965년 2월 19일 대한민국 정부로부터 성경구락부 운동을 통한 청소년 교육 분야에서의 헌신과 신학교 교수로 한국 사회에 기여한 공로로 교육문화훈장 국민장을 수여했다. 1969년 한국 파송 선교사로 42년간의 한국 선교사 생활에서 은퇴하며 1970년 9월 14일 미국으로 귀국했다.

마지막 제4기는 선교사로 은퇴 한 이후의 여생을 고찰할 수 있다. 킨슬러는 1970년부터 1976년까지 뉴욕 롱아일랜드 센터 모리치(Center Moriches) 장로교회에서 목회 활동을 하였으며, 1971년부터 1976년까지 뉴욕 모나크 장로교회의 담임목사로 봉직하였다.

1976년부터 1992년까지 그는 캘리포니아 듀알테에서 미주 한인신학교에서 강의하며 신학 교육에 힘썼고, 한인 이민교회에서도 활발한

---

6 정병준, 「권세열 선교사의 생애와 한국교회에 남긴 공헌」 참조..

설교 활동을 이어갔다. 1984년에는 한국을 방문하여 한국선교 100주년 기념집회에서 빌리 그래이엄 목사의 설교를 한국어로 통역하였으며, 성경구락부 관계자들과 재회하는 뜻깊은 시간을 가졌다. 또한, 1987년부터 1992년까지 한빛 장로교회의 원로목사로서 섬겼다.

프랜시스 킨슬러는 1992년 1월 9일, 미국 캘리포니아 듀알테에서 향년 89세를 일기로 소천하였다. 한국을 너무나 사랑했던 그는 현재 한국의 양화진 선교사 묘역에 안장되어 있다.

한국전쟁 전후 성경구락부 운동*

I. 들어가며

미국 북장로회 한국선교부 내한선교사들로 파송되었던 선교사들은 1941년 본국으로 강제 소환된 이후 활동이 잠정 중단되었다. 이들 선교사들은 제2차 세계대전에서의 일본의 패망과 1945년 식민지 조선의 해방, 그리고 제2차 세계대전 종전 직후 1945~1946년 사이에 한국에 재입국하여 선교활동을 재개하였다. 1948년 1월 북장로교 한국선교부도 다시 남한에서 재조직되었고 1948년 가을 프랜시스 킨슬러(Francis Kinsler, 권세열)도 서울로 귀환했다. 킨슬러는 이제 평양이 아니라, 남한 땅에서 새로운 선교활동을 위해 돌아왔다. 킨슬러는 그의 선교활동 초기에 활동 지역이 평양 중심이었던 탓에 분단 이후 1949년 남한에서 이북신도대표회의 협동총무로 추대되어 남한의 교계에 영향력을 끼치는 주요 인물로 부상했고, 남한의 기독교 재건사업에서 중심 역할을 하였다. 무엇보다 그는 1949년부터 평양에서 활동하던 시절에 시작하여 운영하다 중단되었던 성경구락부 운동의 재

* 이 글은 마은지, 「한국전쟁과 성경구락부 운동」, 『숭실사학』 49, 2022에 게재한 논문을 수정·가필하였다.

건사업에 착수했다.

본 연구는 한국전쟁을 전후로 한 성경구락부 운동의 전개 양상과 특별히 한국전쟁기의 전시 성경구락부를 집중 조명하고자 한다. 한국전쟁으로 인해 성경구락부의 활동 영역도 평양에서 남한으로 이전되기 때문의 본 연구의 시공간적 배경도 성경구락부가 탄생하는 1930년대 북한의 평양 시절부터 남한으로 옮겨온 이후 1960년대 초반까지 설정하였다.

이같이 연구 범위를 설정한 것은 전시의 성경구락부 운동이 처음 출범했을 당시 본래의 목적에 맞게 전개되었고, 이 운동의 성격과 이념에 있어서 연속성을 나타내기 때문이다. 즉 평양과 남한 시절 모두 다 무산아동을 상대로 한 선교사업과 교육사업이라는 공통점을 갖고 있다. 다만 시대적 환경에 따라 전개 양상은 조금씩 변모한다.

성경구락부 운동에 대한 역사적 평가를 살펴보면, 주로 교회교육과 선교사업 측면에서 평가가 이뤄졌다. 킨슬러와 동시대의 선교사였던 클라크(Allen. D. Clark)는 '일제라는 한국적 상황 속에서 한국사회의 최하층민을 위한 무상학교를 제공하려는 정부의 노력이 전무했던 시기에 성경구락부와 같은 종류의 학교들은 절대적으로 필요했던 운동'이라고 언급하면서 한국사회에 끼친 공헌을 언급했다.[1] 성경구락부 교육은 학교에 들어가지 못한 가난한 가정의 자녀들을 기독교 정신으로 교육하는 데 두었고, 그 중심은 성경과 일반과목의 읽기와 쓰기, 그 밖의 생활교육이었다. 그 후 사회변화에 따라 성경구락부의

1　Allen. D. Clark, "The Bible Club Movement," *Korea Calling*, Seoul: The Christian Literature Society of Korea, 1971, p.4.

교육대상이 아동으로부터 중, 고 청소년에게 적용되었고, 다음 세대의 지도자 훈련과 복음 전도학교였다고 평가한다.[2] 반피득(Peter van Lierop)은 '성경구락부는 초창기에 소년 개척구락부 등으로 불리며 한국근대화 작업에 큰 공헌을 했다'고 평가한다.[3] 김양선은 '성경구락부야 말로 근대 한국교육과 교회사에서 가장 찬란한 업적을 남겼다'고 그 공헌과 중요성을 높이 평가했다.[4] 문인숙은 한국의 버림받은 불우 청소년들에게 신앙과 배움의 기회를 제공하여 사회교육에 지대한 공헌을 강조했다.[5]

성경구락부에 대한 최근의 연구 경향들을 살펴보면, 킨슬러 선교사 가족들이 수집하여 기증한 방대한 자료들에 대한 연구를 들 수 있다. 평양 시절 초창기의 성경구락부의 활동사진과 문헌자료들을 비롯하여 남한으로 옮겨온 이후의 성경구락부 자료들을 총정리하여 원사료들을 분류하고 분석하여 선교사 기록물의 역사적 가치와 의의를 발표하였다.[6] 정병준은 미북장로회 선교사로 한국에 온 킨슬러 선교사가 한국에서 활동한 42년간의 생애를 고찰하면서 그의 다양한 활동들이 한국교회에 기여한 공헌을 규명했다. 그는 성경구락부에 대해 간단히 언급하고 있는데, 1954년, 1959년, 1963년의 성경구락부의 통

---

2 곽안전, 『한국교회사』, 대한기독교서회, 1961, 216쪽.

3 반피득, 『기독교교육』, 대한기독교서회, 1993.

4 김양선, 『한국기독교회사 연구』, 기독교문사, 1971, 147쪽.

5 문인숙, 「기독교사회교육사」, 『한국기독교 교육사』, 대한기독교교육협회, 1974, 216쪽; 대한청소년성경구락부, 『사랑의 교육60년』, 화술, 1988, 16쪽.

6 마은지, 「미국선교사 수집 자료 분류 및 분석(킨슬러(Francis Kinsler) 가족을 중심으로 (1900~1990년대)」, 『숭실사학』 47, 2021; 킨슬러의 평양시절 수집자료 기록물의 아카이빙과 분석은 마은지, 「킨슬러(Francis Kisler), 평양을 담다 – 평양 선교 기록(1928~1941)」, 『한국기독교문화연구』 17, 2022.

계와 지역의 비율을 근거로 하여 성경구락부가 가장 활발했던 지역이 서울과 경상 지역이었고, 월남 피난민과 긴밀히 연결되어 있기 때문이라고 밝히고 있다.[7] 장금현은 킨슬러의 성경구락부 운동의 시기별 특징과 변모 양상 등 성경구락부 운동의 전체적인 흐름을 개략적으로 살피고 있다.[8] 윤은순은 성경구락부가 정규학교로 전환되는 과정을 다루고 있다.[9]

이와 같이 성경구락부 운동과 관련된 기존연구들은 주로 기독교 교육학적 관점의 교육사나 1970년대를 전후로 하여 제도권 학교로 어떻게 전환되는지 주로 제도적인 측면에 집중하고 있다. 본 연구는 한국전쟁과 관련된 성경구락부 운동에 관한 연구가 충분하지 않다는 점을 감안하여 한국전쟁을 전후로 한 성경구락부의 문제를 몇 가지 측면에서 규명하고자 한다. 첫째, 초창기 평양 성경구락부의 출범과 전개 과정, 중단과 해방 후 남한에서의 재건 과정을 추적한다. 평양시절 성경구락부에 대한 역사는 아직까지 충분히 연구되지 않았다. 둘째, 한국전쟁의 발발로 평양의 성경구락부가 어떻게 남한 사회로 옮겨지고 이식되어 확장되는가를 살펴본다. 셋째, 한국전쟁기 킨슬러 선교사의 구호물자 보급과 성경구락부의 재건의 관계를 규명한다. 끝으로, 한국전쟁 기간에 전시 성경구락부 운동의 몇 가지 사례들을 살

---

7   정병준, 「권세열 선교사의 생애와 한국교회에 남긴 공헌」, 『한국기독교와 역사』 55, 2021.

8   장금현, 「프랜시스 킨슬러(Francis Kinsler)와 성경구락부(Bible Club) 운동」, 『신학과 실천』 68, 2020.

9   윤은순, 「한국 기독교의 성경구락부 운동 전개와 학교로의 전환」, 『숭실사학』 44, 2020.

펴보고 그 운동이 전시 상황 속에서 갖는 역사적 의의를 밝혀보고자 한다. 나아가 지난 연구성과물들의 문제점은 성경구락부에 대해 통설들을 단편적으로 들어 쓰고 있는데, 본 연구를 통해 킨슬러의 원문사료들을 분석하여 기존 연구들에서 놓치고 있거나 오역된 부분들을 바로 잡고 누락된 부분들을 되살리고자 한다.

본 연구에서 활용된 자료들은 킨슬러의 북장로회 해외선교부 선교보고서(Korea Mission Report, 이하 *KMR*), 킨슬러의 수집자료들(The Francis Kinsler Family Collection, 이하 *FKFC*),[10] 『코리아콜링(*Korea Calling*)』, 청소년성경구락부의 기관지 『지도자』, 『한국기독공보』, 『WCC도서관 소장 한국교회사 자료집: 한국전쟁 편』 등이 중심이 될 것이다.

II. 한국전쟁기 킨슬러 선교사의 활동

한국전쟁이 발발하자 대부분의 장로교 선교사와 그의 가족들은 일본으로 철수했다. 킨슬러 선교사는 부례몬, 감부열, 필립스, 옥호열, 한부선 등의 선교사들과 함께 마지막까지 한국에 남아서 구호활동과 선교활동

---

10 킨슬러 선교사 자료들은 문서 및 사진 사료를 모두 합쳐 총 680여건에 달한다. 기증받은 자료들은 숭실대학교 한국기독교문화연구원 디지털 아카이브에서 업데이트하고 있다. 그 외에 킨슬러의 선교문서 소장기록관들은 다음의 웹사이트 주소 참조. https://hkplus.ssu.ac.kr/#/search/francis/si?all=0&max=10. [2022.10.25. 접속] https://archive.org/details/missionarieskins412unse/mode/2up?view=theater. [2022. 10.25. 접속] https://archive.org/details/missionarieskins411unse/page/n3/mode/1up?view=theater. [2022.10.25. 접속]

을 펼쳤다. 전시하에서 기독교계의 구호활동과 선교사들의 지원 활동이 절실히 요구되었기 때문이다. 전란으로 인해 남한의 부산, 거제도, 제주 등으로 피난한 피난민들이 수백만 명에 달했다.[11] 서북지역의 기독교인들도 월남하여 피난지 부산으로 몰려오면서 부산지역에 많은 교회가 세워졌다.

〈사진 1〉 미션트럭

역설적이게도 부산지역 기독교는 한국전쟁으로 인해 서북지역 피난민들의 유입으로 급속한 교회 성장의 시대를 개막했다. 선교사들은 밀려드는 이들 피난민들에 대한 구호사업과 전란의 피해 복구사업에 각별한 관심을 가졌고, 장로교 선교부는 부산의 한 교회에 구호본부를 설치하고 약 6만 여명의 피난민들을 위한 구호 활동을 펼쳤다.

이처럼 전시하에서 기독교계의 구호활동이 피난지 부산을 중심으로 활발히 추진될 수 있있던 것은 이 시기 국내에서 활동하고 있었던 외국선교사들의 이와 같은 지원과 봉사가 큰 힘이 되었다고 할 수 있다.[12] 무엇보다 외국선교사들의 구호활동에 있어서 재정적 뒷받침은 해외에서 들어왔다.[13] 즉 한국에 대한 UN의 군사적 지원과 함께 구호활

---

11 탁지일, 「북미교회의 한국전쟁 이해 – 미국장로교회와 캐나다연합교회를 중심으로」 『한국기독교와역사』 39, 2013, 300쪽.

12 영락교회 편, 『영락교회 50년사』, 영락교회, 1998, 124쪽.

13 카바40년사 편찬위원회 편, 『외원사회사업기관활동사』, 홍익제, 1995; WCC(세계교회협의회)는 제3세계 지역 출신의 신학자, 교역자들을 양성하여 공산주의를 막는 반공주

〈사진 2〉 거제도 포로수용소에서
예배를 인도하는 보켈선교사

동도 개시되었다. 1952년 7개의 외국민간원조기관 대표자가 모여 출범한 카바(KAVA)는 한국의 전쟁고아와 난민들을 위하여 응급 구호활동과 각종 사회복지 서비스를 전개했다. 이 구호활동에 가장 적극적이고 실제적인 참여를 개시한 기관은 "기독교세계봉사회(Church World Service)"[14]였음은 주지의 사실이다. 김흥수에 의하면, "기독교세계봉사회는 미국기독교교회협의회에 속한 35개 교파들의 구호활동을 대행했을 뿐만 아니라 세계교회협의회의 구호활동을 동시에 대행했기 때문에 전 세계 프로테스탄트 교회의 구호활동을 대변했다."[15]

의 전략을 구사했고, 여기에는 WCC와 IMC의 프로젝트 자금의 지원이 뒷받침되었다. 윤정란, 「세계교회협의회(WCC)의 제3세계 자유 반공주의 전략과 한국 민중신학의 태동, 1950년대~1970년대」, 『역사학보』 236, 2017, 52~53쪽; WCC의 제3세계 자유 반공주의 전략과 미국 외교정책의 연관성에 대해서는 Steven H. Lee, *Outposts of Empire: Korea, Vietnam, and the Origins of the Cold War in Asia, 1945~1954*, Liverpool: Liverpool University Press, 1996. 그리고 Kwon Heonik, *The Other Cold War*, New York: Columbia University Press, 2010.

14 카바40년사 편찬위원회 편, 『외원사회사업기관활동사』, 65~67쪽; 참고로 '기독교세계봉사회'에 관한 연구로는 김흥수, 「기독교연합봉사회: 1950년대의 기독교 연합사업 연구」, 『한국기독교와 역사』 33, 2010; 장금현, 「외원단체 연합회의 설립과정과 특성-한국기독교세계봉사회와 외국민간원조단체연합회를 중심으로-」, 『대학과 선교』 48, 2021; 윤정란, 「한국전쟁 구호물자와 서북출신 월남기독교인들의 세력화」, 『숭실사학』 34, 2015 등이 있다.

15 김흥수, 「한국전쟁 시기 기독교 외원단체의 구호활동」, 『한국기독교와 역사』 23, 2005,

미국 북장로회 한국선교부는 교파를 초월하여 다양한 활동을 전개했다.[16] 각 선교회 대표자 회의에서 선교회 대표들은 교단을 초월해 모두 연합하여 한국교회를 재건해야 한다는 필요성에 공감했기 때문이다.[17] 한국선교부 소속 킨슬러 선교사는 전쟁이 발발하자 선교부 차원에서 대대적인 구호사업을 실행하는 주요 인물이었다. 그의 전시의 주요 활동을 정리하면 다음과 같다.

첫째, 킨슬러가 맡았던 주요임무 중 하나는 전쟁 구호활동과 함께 구호품 및 구호자금을 보급하는 역할을 했다. 한국선교부는 기독교세계봉사회로부터 대략 20만 달러를 구호활동 예산으로 보조받았고 그 외에 다양한 구호품을 지원받았다.[18]

118~119쪽; 탁지일, 「북미교회의 한국전쟁 이해 – 미국장로교회와 캐나다연합교회를 중심으로」, 284쪽.

16 이종만, 「한국전쟁기간 미국 북장로회 한국선교부의 활동 – 옥호열(Harold Voelkel) 선교사의 활동을 중심으로」, 『이화사학연구』 40, 2010, 208~210쪽.

17 선교회 대표자 회의(Inter Mission Committee Meeting)에서 결의된 내용은 크게 세 가지였다. 첫째, 한국교회 재건에 필요한 도움을 미국교회에 강력히 요청한다는 내용으로 킨슬러는 이 캠페인을 '한국을 위한 교회들의 십자군(Churches Crusade for Korea)'이라고 지칭했다. 둘째, 재건을 위한 선교부 물품 수송을 위해서 미군과 그 지휘관들이 협조하도록 맥아더 장군에게 협조를 요청한다는 것이었다. 셋째, 한국에 대한 구호와 원조를 위해 미국교회가 적극적으로 재건 운동에 나서도록 해외선교부의 노력을 촉구하는 것이었다. 그리고 미국 내 물품 수집과 모금 및 수송 일은 여러 구호단체와 미국기독교교회협의회 산하 기독교세계봉사회(Church World Service)를 활용하고 그 연락관으로 아펜절러 박사(Dr. Appenzeller) 박사의 도움을 요청하는 것이었다. 이종만, 같은 글, 209쪽 재인용.

18 이 예산의 월 예산 항목을 보면 다음과 같다. 교회활동자 가족 구호 예산으로 제주도지역(활동자 가족) 3,100달러, 거제도 지역 1,250달러, 북영도 600달러, 부산지역 900달러로 배정되었다. 장로교 목사 군목예산 항목은 한국군 군목 800달러, 한국군(민간) 군종 320달러, 한국의 교도소 군목 130달러로 총계 8천 달러로 배정되었다. Rev. Francis Kinsler, "PRESBYTERIAN FOREIGN MISSIONS AND OVERSEAS INTERCHURCH SERVICE," October 5, 1950, KOREA MISSION, PRESBYTERIAN CHURCH IN THE

"한국에서 전쟁이 발발했을 때 나는 곧 부산과 그 주변에서 구호활동을 했습니다. 다른 선교사들은 대구와 그 주변에서 활동하고 있었습니다. 하나님의 섭리로 기독교세계봉사회(Church World Service)가 대량 공급한 구호품들(밀, 콩, 보리, 완두콩 약 2천 봉지, 헌 옷 수백 베일, 라드 통조림 1000개, 면 50베일 이상, 드럼 약 90개, 탈지분유와 소량의 비누, 신발, 실)이 부산에 있는 창고에 방치된 채 서울로 운송되지 못했습니다. 우리 서울 선교지부 운전사가 대형트럭을 부산으로 가져왔습니다. 저 또한 감리교의 좋은 지프차를 빌렸습니다. 경험 많은 구호 활동가 플레처(Fletcher) 박사와 그의 조수가 부산에 와서 함께 작업을 수행했습니다."[19]

킨슬러는 주로 부산과 그 인근 지역인 포항, 마산을 중심으로 구호품을 수송하고 배급하는 역할을 맡았다.

"우리는 부산에 있는 큰 교회 중 한 곳에 구호본부를 세우고 가장 도움이 필요한 사람들에게 가능한 한 최선을 다해 전달하기 위해 3개월 동안 수고했습니다. 우리는 그곳을 찾아온 6만 명이 넘는 사람들에게 어떤 안도감을 주었습니다. 우리는 교회 구호센터에 추가로 도움을 주었습니다. 우리는 공정성을 보장하기 위해 최대한 감독하고 검사하려고 노력했습니다. 추운 밤이면 침대 커버가 없는 어린이가 있는 가족을 위해 천 개가 넘는 한국 이불을 준비했습니다. 이 항목만 해도 오늘날 한국에서는 30.000.000,00원(약 $15,000.00)입니다. 어떤 때는 떡과 물고기의 기적 같기도 했고, 어떤 때는 더더욱 도움이 안될 수가 없었습니다. 많은 한국인들이 미국 교회의 이러한 기독교적 사랑의 표현에 감사를 표했습니다"[20]

UNITED STATES OF AMERICA(이하 *KMR*).

19   *Ibid.*

20   *Ibid.*

이처럼 구호품과 구호자금은 교회를 중심으로 한 구호센터에서 배급되었기 때문에 기독교 피난민들은 자연스럽게 교회에 이끌릴 수밖에 없었다. 피난민들은 교회에서 바닥이나 벤치나 어디든 가리지 않고 잠자고 머물렀다. 다른 피난민들은 정부가 설치한 임시 피난민센터, 개인 주택, 들판, 도처에 있는 다리 밑에서 머물렀다. 정부는 공식적으로 인정된 피난민센터에 머무는 피난민들에게 하루에 한 움큼의 보리만을 배급했고 그 이상은 주지 않았다.[21] 그에 비해 피난민들에게 교회와 선교사들의 태도는 각별했다. 교회 구호센터를 통해 구호활동에 전력을 다했던 킨슬러는 포항과 마산 지역에서도 피난민 행렬 속에서 긴급한 구호활동을 펼쳤다.

또한 킨슬러의 선교보고서는 주한 장로교 선교부에 보내온 구호품의 사용 현황에 대해서 밝히고 있다. 대구와 부산으로 보내온 약 천 개의 구호품 소포를 받았는데, 거의 식량과 의복이었다. 선교사들은 신학교 신학생들과 한국교회 사역자들이 여러 섬에서 피난민 처지로 있었기 때문에 이들에게 재정적인 도움과 함께 구호품을 배급했다. 그러자 신학생들과 교회 사역사들은 피난지에서 교회와 주일학교를 새로 세우고 성경학원, 고등학교, 성경구락부에서 가르쳤다. 구호품은 많은 아동들을 기독교적으로 훈련시키는 성경구락부 지도자들과 보육원(매일 거의 백 명의 아이들에게 배급), 아이들이 있는 전쟁미망인들의 가정, 그리고 고아원에 배급되었다. 그 외에도 서울, 천안, 경주, 그리고 대구에 있는 전쟁미망인들의 가정에 보내졌다.[22] 대구지역에

---

21 *Ibid.*

22 Francis Kinsler, "Dear Friends," July 21, 1952.

서는 약 5,000개의 구호품을 고아원, 과부들의 가정, 피난민촌, 빈곤한 교회, 노인들 집, 학교 학생들에게 전달했다.[23] 이러한 전시 구호활동과 구호자금을 전달하는 활동을 하면서 킨슬러는 이때가 한국에서 건설적인 기독교 선교를 위한 전례 없는 기회라고 보았다.

둘째, 킨슬러의 또 다른 주요 활동은 전쟁 기간에 남한 곳곳에 교회와 교인들, 목회자들 방문하며 상황을 살피고 돌보았다. 특별히 그가 평양에서 교분을 가졌던 평양신학교와 평양의 목회자들이 공산정권의 위협을 피해 월남했기 때문에 피난민 목사들과 그의 가족들에게 깊은 관심을 보여주었다. 킨슬러는 서울에 소재한 피난민 교회를 방문한 일을 이렇게 보고하고 있다.

"날씨가 선선한 10월의 어느 일요일 아침이었습니다. 저는 서울 도시 변두리 근처 산동네에 있는 피난민들에게 설교하러 갔습니다. 지난 5월 제가 그 교회를 방문했을 때 약 1,000명의 사람들이 교회를 가득 채웠습니다. 오늘 아침에 그들 중 약 200명이 불에 탄 교회 바닥에 판자와 벽돌을 깔고 앉아있었습니다. 공산군이 퇴각하기 전에 교회와 주변의 많은 집들을 파괴했습니다. 이 사람들은 전쟁 전에 공산주의를 피해 북쪽으로 도피했고, 이제 그들 대부분이 또다시 남쪽으로 도피해 왔습니다. 그들은 이제 막 돌아오기 시작했습니다. 일부는 살해당했습니다. 한 젊은 목사는 빨갱이들에게 잡혀갔고 아무도 그가 어디에 있는지 모릅니다. 사람들은 깊은 슬픔 속에서 조용히 예배를 드렸지만, 그들은 이 무서운 재앙에서 구원해 주신 하나님께 감사를 드렸습니다."[24]

---

23 Rev. Francis Kinsler, "Dear Friends", May 22, 1953.
24 Rev. Francis Kinsler, "Dear Friends," October 22, 1950.

　이런 참담한 상황을 접하고 나서 킨슬러는 공산정권으로 인해 북한에서 탈출한 사람들이 공산주의에서 벗어나 교회로 몰려오게 될 것이고, 이들을 대상으로 교회가 활동을 해야 할 필요가 있다고 주장했다. 또 다른 증언은 부산에 피난민 기독교 목회자들의 상황을 보고하고 있다.

　"현재 전쟁으로 고통받는 한국인들의 이야기는 아직 끝나지 않았는데, 이곳 부산에 있는 피난민 기독교인들의 이야기는 너무나 슬픕니다. 교회 사역자들은 교회의 손실을 다음과 같이 집계했지만 완전하지 않습니다. 남한에서 사망하거나 실종된 기독교 목사는 장로교 목사 136명, 감리교 목사 24명이며, 북한에서 사망하거나 실종된 기독교 목사는 장로교 목사 111명, 감리교 목사 31명입니다. 전체를 통틀어 성결교 6명, 구세군 4명, 영국성공회 목사 6명, 천주교 80명, 외국인 선교사 32명, Y 감독 7명, Y 사역자 1명입니다. 한국전쟁으로 47만 명의 남한의 민간인이 희생된 것으로 추산됩니다"[25]

　이런 증언을 뒷받침해 주는 한국기독교연합회 총회록에 수록된 통계자료를 살펴보면, 6·25전쟁으로 인해 한국교회의 파괴와 손실이 어느 정도였는지 짐작할 수 있다.

25　Rev. Francis Kinsler, "Dear Friends," February 15, 1951.

〈표 1〉 六.二五 사변 한국교회 파괴 상황(1952.6.20.)[26]

교파	완전소실수	평수	파괴된수	평수
감리교	84	4800	155	—
성결교	27	—	79	—
구세군	4	455	4	874
장로교	152	8850	468	26480
합계	276		706	

한편, 킨슬러는 제주도로 직접 들어가 여러 섬들을 방문하면서 교회와 기독교인 피난민의 상황을 살피고 보고했다. 그의 관심의 집중 대상은 지난 3개월 동안 제주도 섬으로 피난을 간 1만 명 이상의 기독교인과 400명 이상의 개신교 목사를 포함한 수만 명의 피난민이었다. 선교사 일행은 미국 상륙정을 타고 들어가 그곳 피난민 기독교인을 방문했다. 또한 서귀포 교회를 방문했을 당시 제주도에 있는 12,000명의 기독교인 피난민과 1,700명의 목회자 가족이 또다시 피난을 떠나 서귀포로 들어왔다. 거제도는 그 숫자의 3분의 1 정도로 추산되었다.[27]

킨슬러의 방문 보고서는 역설적이게도 남한의 많은 교회들이 전쟁의 참화 속에서 모든 면으로 번창하고 있다고 보고하고 있다. 예컨대 서울 소재 영락교회의 경우 유명한 피난민 교회였는데, 부산으로 피난하여 재조직되어 교회생활을 계속해 나갔다. 킨슬러는 일요일 아침에 500~1000명 사이의 사람들이 모인 부산 영락교회에서 설교를 했다.[28]

서울과 부산을 오가면서 다른 지역도 방문하여 전란으로 파괴된

---

26 한국기독교교회 협의회, 『한국기독교사회운동사 자료집 제2권(1951~1957)』, 한국기독교교회협의회, 2019, 79쪽.

27 Rev. Francis Kinsler, "Dear Friends," February 15, 1951.

28 Rev. Francis Kinsler, "Dear Friends," June 16, 1951.

한국교회를 관찰하여 보고했다. 대전 제일교회, 금천의 피난민 교회를 방문하면서 킨슬러는 "옛 한국의 폐허에서 앞으로 다가올 새로운 한국의 부상을 목격하고 있습니다. 그 고통 속에서 겸손한 백성, 징계받은 교회, 그리고 하나님의 도우심으로 온 땅에 그리스도인이 될 새로운 한국이 출현합니다. 이 부활의 소망이 한국에 있도록 기도해 주십시오"[29]라고 보고하고 있다. 한국교회의 신도와 목회자 현황을 나타내는 1952년 통계자료는 전쟁기간 동안 한국교회의 성장 정도를 가늠할 수 있게 해준다.

〈표 2〉 한국교회 통계표(1952.6.20)[30]

교파	교회수	장년신자	유년신자	목사수	남전도사	여전도사	신학교
장로교	2,250	322,800	316,200	1,245	895	538	3
감리교	810	68,574	76,158	408	112	128	1
성결교	296	17,561	18,681	100	78	70	1
구세군	114	11,850	4,500	124	(300)		—
합계	3,470	420,785	415,539	1,877	1,985	736	5

셋째, 킨슬러는 파괴된 수많은 교회를 재건하고 그곳에 성경구락부 설립을 독려했다. 이 시기 월남 피난민 자녀들의 교육을 맡을 교육기관이 필요하자 한경직 목사를 중심으로 이북 출신 기독교인 단체인 이북신도회가 발족되었다. 1947년 8월 15일에 설립된 이 단체는 월남 목사들의 교회 설립과 월남 교우들의 자녀교육을 위한 중등 교육기관을 설립하는 것이 주요 목적이었다.[31] 그러나 곧바로 정식 학교의 설

---

29 Rev. Francis Kinsler, "Dear Friends," March 29, 1951.
30 한국기독교교회 협의회, 『한국기독교사회운동사 자료집 제2권(1951~1957)』, 79쪽.

립이 쉽지 않자 교회를 설립하여 성경구락부를 운영하는 방식을 취했다. 월남인 자녀들의 교육을 위한 목적으로 재건되었기에 성경구락부 운동은 이들 이북신도회와 연관될 수밖에 없었다. 자연히 각 지역의 선교지부들과도 연계되어 그 지역교회들이 교회학교를 설립하면서 그곳이 성경구락부 운동의 센터가 되었다.[32]

성경구락부는 전시 상황에도 불구하고, 피난지 곳곳에서 성경구락부를 임시로 조직하여 운영하였다. 제주도에만 40개, 거제도에는 그 이상의 교회가 세워졌고, 교회 안에 성경구락부가 설치되었다. 이 두 섬에서 긴급구호자금 덕분에 3천 명 이상의 무취학 아동들이 성경구락부에서 매일 기독교 교육을 받을 수 있었다. 교회 지도자들 또한 성경학원, 소년 소녀들을 위한 사립고등학교, 성인을 위한 학교를 설립하고 운영했다.[33] 킨슬러는 구락부를 지도할 지도자들을 양성하여 각 지부의 성경구락부로 파송하여 조직화하고 체계화 했던 것이다. 성경구락부 운영에는 헌신적인 구락부 지도자들이 있었기에 가능했다. 더욱이 한국기독교연합회 총회록을 보면 당시 킨슬러는 기독교 총연합회 교육국 부원으로 전시에 기독교 교육의 실행부서 위원[34]으

---

31 이 사업의 책임자였던 한경직 목사는 미국북장로교 선교부로부터 교회 설립비 명목으로 10만 달러와 학교 설립비 5만 달러의 지원을 얻어냈다. 영락교회, 『영락교회 50년사 (1945~1995)』, 영락교회, 1998, 101~102쪽.

32 해방 이후 1947년 한경직 주도하에 재건총회가 열리고 '기독교교육협회'가 재설립되었다. 이는 기독교 교육의 역할을 되살리자는 의도였고, 초대회장이 한경직이었다. 한경직은 이듬해 단체 명칭을 '대한기독교교육협회'로 변경하고 어린이 중심의 교육에서 다른 세대를 포괄하는 기독교 교육 전반으로 활동 영역을 확장했다. 여기에 장로교, 감리교, 성결교도 함께 참가했고, 1959년에는 한국기독교장로회가 참가하여 4대 교단 연합체가 되었다. 김명구 지음, 『소죽 강신명 목사』, 장신대학교출판부, 2009, 281쪽.

33 Rev. Francis Kinsler, "Dear Friends," November 7, 1951.

로서 기독교 교육기관을 조직하고 체계화했다.

끝으로, 킨슬러는 한국에 군목제도를 설치하는데 기여했다. 그의 보고서는 미국 교회의 특별한 지원 덕분에 대한민국 군대에 기독교 군목제도를 지원할 수 있게 되었다고 밝히고 있다. 장로교의 한국인 군목은 40여 명이 있었고, 이들은 최전선에서부터 기지 병원에 이르기까지 한국군 장병들을 위해 섬기고 봉사했다.[35] 1952년도의 형무목사 및 군목활동 통계자료를 비교할 때 군목의 숫자가 상당히 많이 증가했음을 알 수 있다.

〈표 3〉 형무목사 군목활동[36]

교파	형무목사	육군군목 육군전도사	해군군목	해군보조군목
장로교	12	106	8	8
감리교	2	49	3	−
성결교	1	10	−	−
구세군	1	1	−	−
천주교	−	26	1	1
합계	16	196	12	9

종합하면 한국전쟁 기간 동안 킨슬러 선교사의 역할들은 다양하게 전개되었다. 특별히 킨슬러는 전시 구호물자와 구호자금의 보급에서 중심 역할을 했다. 구호물자는 여러 계층과 기관에 배급되었는데, 그

---

34 한국기독교교회 협의회, 『한국기독교사회운동사 자료집 제2권(1951~1957)』, 37쪽.

35 Rev. Francis Kinsler, "Dear Friends," November 7, 1951.

36 통계 날짜는 표시되어 있지 않지만, 총회록 기록 연도와 다른 통계자료의 날짜가 모두 1952년 6월 20일자로 표시되어 있어 이 표의 작성 기준일도 1952년 6월 20일로 추정된다. 한국기독교교회 협의회, 『한국기독교사회운동사 자료집 제2권(1951~1957)』, 79쪽.

가운데 성경구락부에도 보급되었다. 성경구락부의 일부 지도자들과
구락부의 아동들이 필요로 했던 물품들을 지원했다. 전시 상황에서
성경구락부 운동은 이러한 구호물자 덕분에 더욱 활성화되었고, 그런
물적 토대 위에서 성경구락부 운동은 중단되지 않았고, 그 결과 평양에서
시작했던 성경구락부 운동은 남한에서도 지속적으로 이어질 수 있었다.

III. 한국전쟁 이전 성경구락부

평양은 일찍이 서북 조선에서 기독교의 중심지로 자리매김하였고
8·15 해방 이전에 천주교, 장로교, 감리교, 성결교, 안식교, 성공회,
조합교 등이 들어와 있었는데, 그중에 장로교는 가장 큰 세력을 형성
하고 있었다. 해방 이전에 각 교파의 교회 총수는 71개, 목사가 52명,
신부가 4명, 전도사가 12명, 세례교인 총수가 18,950명에 달하였다.[37]
그런 까닭에 평양은 '조선의 예루살렘 평양'이라 불릴 정도로 한국기
독교의 요람으로서 명성을 떨치고 있었다. 평양 기독교의 성장을 인
구 측면에서 기독교 교인의 증가 추이를 관찰해 보면 1915년의 평양
의 인구는 약 6만 명이었고, 그중에 기독교인은 10%인 6천 명이었
다.[38] 미국 북장로회는 서북부 신양리와 경창리 일대에 양촌(洋村)을
조성하여 그곳에 평양선교지부의 복합단지를 구축했다. 선교사 사택,
숭실학당, 숭실대학, 평양신학교, 남녀성경학교, 숭의여학교, 외국인
학교, 제중원 등이 선교지부를 형성하고 있었다.[39]

37　평양향토사편집위원회 편저, 『평양지』, 한국문화사, 1999, 394쪽.
38　「평양과 기독교」, 『기독신보』, 1915.2.19.

평양과 접속한 기독교의 교세는 성장을 거듭하여 민족교회로서 발돋움 하게 되었다. 즉 평양 시내에 소재하는 교회들은 1919년 3·1 독립운동에 참여하여 기독교 민족주의의 양상을 나타냈다. 5개의 장로교회 한국인 담임목사 중 장대현 교회의 길선주, 서문밖 교회의 김선두(총회장) 등 4명이 투옥되었고 13명의 장로들이 체포되어 3명이 재판에 회부되었다. 특히 숭실 재학생 체포령이 내려졌고, 시골의 19개의 장로교회가 불태워졌다. 그리고 26개 교회와 학교들이 3개월 이상 문을 닫았다. 평양을 중심으로 한 교회들은 일제 식민지하의 민족의 아픈 현실에 적극적으로 동참했다.

1924년 평양에 장로교회는 연화동 교회가 추가되어 시내 6개 교회에 약 4,000명의 교인이 있었고, 인근 평양노회 지역을 합하면 교회가 120여개, 교인 21,000여 명, 학교는 20여 개에 달하는 큰 세력을 형성하였다. 감리교회는 남산현, 유정, 신양리 등 16개 교회, 신도는 2,300여명이었다. 또한 600여명의 천주교회와 200명의 회중교회와 50명의 안식교회가 있었다.[40] 당시 인구비율 상으로 기독교의 교세가 가장 강했던 곳은 선천, 재령, 평양, 경성 순이었다. 1925년 평안북도 선천은 인구 1만 명 중 절반이 교인이어서 '기독교 왕국'이라는 호칭을 얻었고, 황해도 재령은 '기독교 천하', 평안남도 평양은 '기독교 수도' 혹은 '조선의 예루살렘'이라고 불렸다. 기독교 선교를 개시한 이래로 한 세대

---

39 PRESBYTERIAN CHURCH, *HANDBOOK AND MONTHLY PRAYER CALENDAR OF the PYENGYANG STATION KOREA*, 1936, Francis Kinsler Family Collection(이하 *FKFC*).

40 김기정·차상찬, 「조선문화 기본조사 – 평남도호」, 『개벽』, 1924년 9월, 62쪽; 옥성득, 「'조선의 예루살렘 평양' 담론의 실상」, 『基督敎 思想』 717, 2018, 9~10쪽.

만에 기생의 도시, '조선의 소돔'에서 '조선의 예루살렘'이 되었다.[41]

그러나 1920년대는 교회 분쟁의 시대로 교회는 내부 분열의 양상이 나타났다. 1923년 평양 서문밖교회에서 시작된 교회 분규와 노회 치리에 대한 항의 사태, 그리고 1926년 장대현 교회에서 "사회주의에 감염된" 청년들이 변인서 목사를 중심으로 하여 길선주 목사와 장로들에게 지도력 부족으로 사직을 요구하자 분쟁이 지속되었다. 또한 교회 밖에서는 반기독교운동이 일어났다. 이렇게 교회의 노령화와 노회의 교권주의로 인해 결과적으로 교인 수의 감소를 가져왔다. 즉 1916년부터 1927년까지 10년간 인구가 400만 명 증가할 때, 교인은 20만 명이 줄어(7.5%) 전체 인구의 1.4%로 축소되었다.[42]

성경구락부 운동은 이와 같이 일제의 식민지로 전락한 이후 평양의 개신교인의 수가 점차 감소 추세를 나타낼 때 태동했다. 김동길은 그가 평양 성경구락부라는 이름을 평양에 살 때 들었는데, 클럽(Club)의 한자어 구락부(俱樂部)에 담긴 어의는 "전부가 즐기는"이라는 뜻을 함의하고 있다고 언급하며, 사회계층 중에 아주 불우한 계층을 상대로 한 성경구락부 교육이 불우한 처지에 짓눌리지 않고 건실하고 원만하고 포용력, 포섭력이 있는 인격을 갖춘 사회 지도자가 배출되어 민주주의 사회로 나아간 것에 긍정적인 의미를 부여했다.[43]

성경구락부 운동의 기원은 1929년 겨울, 평양시내 기독교서점 2층 골방에서 극빈한 6명의 거지소년들을 모아 배움의 기회와 신앙생활

---

41 옥성득, 같은 글, 11~12쪽.

42 같은 글, 16~17쪽.

43 대한청소년성경구락부, 『사랑의 교육60년』, 화술, 1988, 179~180쪽.

을 지도한 데서 탄생했다. 킨슬러는 그 시절의 성경구락부 초창기 역사를 다음과 같이 회고하고 있다.

> "먼지가 가득한 길거리에서 놀고 있는 거지 아이들 6명을 평양 시내 기독교 서점 2층 방으로 데리고 가서 아주 따듯하게 해주었고 난로 옆에서 자게 해주었는데, 그들은 다음날 밤에도, 또 그 다음날 밤에도 찾아왔습니다. 우리는 그들을 밤에는 따뜻하게 해주고 다음 날 낮에 돌려보냈는데 그것만으로 충분하지 않다는 것을 깨달았습니다. 이 소년들을 그들의 삶을 보다 낫게 할 수 있는 어떤 무엇을 필요로 했고, 보다 희망찬 삶을 가능하게 하는 그 무엇이 필요했습니다. 그래서 삼십 칠년 전에 성경구락부 사업을 시작하게 되었습니다."[44]

이 사건을 계기로 평양에서 태동한 구락부 운동이 초창기에 어떻게 전개되고 확산되었는지 선교보고서는 몇 가지 일화를 소개하고 있다. 평양의 선교사들은 이들 외에도 많은 거지들이 도시와 그 주변에서 굶주리고 얼어죽어가고 있다는 사실을 알고 무엇인가 해야 한다고 느꼈다. 얼마간의 기금이 모아지자 아동성경구락부들은 가난한 자들이 더 가난한 자들을 위한 자선활동을 시작했다. 그래서 한겨울 가장 추운 날에 아동구락부의 방들을 거지 소년들이 밤을 지낼 수 있는 쉼터로 사용하도록 제안했다. 아동구락부의 지도자들과 아이들은 길거리를 돌아다니며 이들 불행한 아이들을 찾아서 데려오게 했고, 저녁이 되자 혼자 내버려두면 동사하고 말 것 같은 술에 취한 노인 한 명, 일곱 명의 소년들, 그리고 거의 아사 직전에 있던 노인 할머니를

---

44 대한청소년성경구락부, 「성경구락부 운동」, 『지도자』 12(2), 통권 102호, 1967/3, 6쪽.

데리고 왔다. 그렇게 이틀 밤을 지내고 조사를 통해 평양시에 집 없는 아동들이 많다는 사실을 알게 되었다. 선교사들은 한 처소에서 어쩔 수 없이 구걸을 할 수밖에 없었던 한 청년을 발견했는데, 그는 세 명의 거지 소년과 함께 한 칸의 오두막에서 살고 있었다. 그 청년은 성경과 찬송가를 가지고 있었다. 킨슬러는 7명의 거지소년들과 이 세 명을 함께 지내게 했다. 이들은 함께 지내면서 매일 몇 사람은 나무를 구하러 나갔고 나머지 사람은 식량을 구걸하러 나갔다. 구걸한 것은 모두 함께 나눠 먹고 같이 잤다. 선교사들은 일요일마다 그들에게 먹을 것을 주었고 그들도 모두 교회에 참석했다. 그들은 방에서 노래를 부르며 기도했고, 얼굴과 손을 깨끗이 씻게 했다. 이렇게 처음 구락부 사업은 가난한 소년들과 함께 시작되었지만, 곧 다른 처지에 있는 다른 부류의 사람들에게까지 확대되었다.[45]

물론 처음엔 교사도 책도 교실도 교육 방침도 없었고 단지 몇 명의 거지 소년들과 뭔가를 해보려고 하는 한 쌍의 부부 교사만이 있었다. 이때 그들이 할 수 있는 것은 그 아이들에게 노래와 성경 이야기, 기도와 놀이를 가르쳐 줄 수밖에 없었다. 그래서 처음으로 예배, 읽기와 쓰기, 음악, 놀이 프로그램을 시작했고 그해 봄이 끝날 무렵 이곳에 출석하는 소년들의 숫자가 이층 방을 꽉 찰 정도가 되었다. 다른 소년들과 소녀들도 이러한 학교나 구락부에 들어가기를 원했다. 그해 여름에 킨슬러는 선교부에 성경학교 건물을 사용할 수 있게 허락을 얻었다. 그 건물은 가을엔 300명 이상의 소년 소녀들로 꽉 찼다. 가을

---

45 Francis Kinsler, "CHILDREN AT WORK FOR CHRIST IN PYENGYANG, KOREA," *FKFC.*

즈음엔 유사 단체를 출범하기 위해 시청과 지방 교회들을 설득하기 시작했다. 이것을 개척구락부(Pioneer Club)라고 불렀다. 몇 년 만에 약 3,000명의 소년 소녀들이 구락부에 등록하고 출석했다. 그제서야 비로소 구락부의 기독교교육 프로그램이 만들어지게 되었다.[46]

1930년 가을경, 평양성경학교를 중심으로 연화동교회, 여자성경학교, 신암교회, 서성리교회, 경창리교회와 그 밖에 여러 교회에서도 개척구락부가 결성되었다.[47] 평양선교지부의 한 보고서를 보면 성경구락부가 한창 성장할 때의 규모를 짐작할 수 있다.[48] 평양시에는 13개의 아동성경구락부가 있었고 약 1,500명의 어린이가 등록하였다. 시골에도 6개의 학교와 2천 명 이상의 등록생이 있었다. 성경구락부가 갑자기 이런 규모로 성장하자 일제 경찰 관계자들은 개척구락부라는 이름을 의심했다. 그래서 성경구락부라는 이름으로 변경하게 했다.[49] 성경구락부의 지도자는 숭실대학 학생들이었다. 그들 중 30명은 매일 구락부에 와서 지도했고 오후와 저녁에도 가르쳤다. 다른 몇몇 구락부는 숭실중학, 평양신학교, 여자성경학교 학생들이 지도했다. 일부는 지역교회 청년들이 돕기도 했다. 성성구락부 프로그램은 한국어와 일본어로 주5일, 매일 3시간씩 학습했고, 그 외에 성경, 역사, 지리,

---

46 대한청소년성경구락부, 「성경구락부 운동」, 『지도자』 12(2), 통권 102호, 1967/3, 6쪽.

47 킨슬러의 수집자료들에 남겨진 평양의 초기 성경구락부들의 활동 기념사진들의 명단과 일치한다. 마은지, 「미국선교사 수집 자료 분류 및 분석(킨슬러(Francis Kinsler) 가족을 중심으로(1900-1990년대)」, 277쪽; 대한 청소년 성경구락부, 『사랑의 교육60년』, 27쪽.

48 Francis Kinsler, "CHILDRENS BIBLE CLUBS AT PYENGYANG, KOREA," *FKFC.*

49 성경구락부의 최초의 명칭은 개척구락부(Pioneer Club)으로 부르다가 Children's Bible Schools(아동성경학교), Children's Bible Clubs(아동성경구락부)로 변경되었다.

언어 및 암기, 산수, 자연학습 및 응급처치를 가르쳤다. 매일 한 시간은 게임을 하는 신체운동과 체육운동을 했다. 수업은 총 4년 과정에 매년 3학기로 운영되었다. 약 2천 권의 책이 네 개 학년에 약 6~7개의 주제로 등사되어 배포되었다.

매주 하루, 보통 수요일은 "성경구락부의 날"이었다. 이 시간은 예배 시간, 음악, 신체 운동 및 매주 달라지는 특별 프로그램으로 구성되었다. 이 프로그램에서 어린이들이 스스로 자신의 지도자를 선출하고, 자체 회의를 진행하고, 기도와 노래로 그룹을 이끌고, 교사 앞에서 전체 프로그램을 수행하게 했다. 그 외에도 토론, 이야기 경연 대회, 집 청소의 날이 있었다. 개인 점검일, 게임 및 놀이 프로그램이 있었다. 이러한 성경구락부 활동에 참여하는 어린이들의 모든 활동은 누가복음의 성구를 표어로 삼으로면서 "예수는 지혜와 키가 자라가며 하나님과 사람에게 더 사랑스러워 가시더라"을 중심으로 이루어졌다. 여기서 구락부의 생활 실천 항목이 정했다. 즉 예수의 이 네 가지 생활 모습이 모든 학생의 모델이 되었다. 학습 성적은 진행 상황에 따라 매 학기마다 평가했다. 모든 아동들은 매주 일요일에 교회와 주일 학교에 참석하였고, 가정에서 기도하고 기독교 봉사 활동으로 구락부에 감사를 표시했다.

1934년 6월 또 다른 보고서에 의하면, 아동성경구락부는 시작한 후 4년 동안 꾸준히 성장해 왔고 그해 등록 인원이 증가하여 새로운 구락부들이 결성되었다. 지도자들은 주로 숭실대학과 숭실중학의 학생들이었다. 배민수, 신후식, 김치선, 강신명, 안광국, 문한근, 김광현, 김양선, 방지일, 김성주, 송영길, 탁상신, 박윤삼, 윤명식, 박창목, 황선의, 김세연, 윤정식, 권태일, 채기연 목사와 문덕춘 장로 등이 그들

성경구락부 아동들(Bible Club Children)
1934년 평양 숭실대학 강당에서 열린 성경구락부 연합대회에서 덴막체조를 하고 있는 모습

이었다.[50] 청년 그리스도인의 삶과 구락부 정신을 표현한 구락부 노래를 이들 구락부 지도자들이 가사를 쓰고 작곡했다고 밝히고 있다.[51]

성경구락부 운동의 성장으로 학생수가 1931년대 1,500명, 1936년경 5,000명에 달했다. 그런데 이러한 급속한 성장 추세에도 불구하고, 일제에 의해 1938년 3월 제3차 조선교육령이 내려져 조선의 사립학교 특히 기독교 학교를 통제하였다. 이런 시대 상황 속에서 1937년 6월 미국 북장로교 선교본부는 한국선교의 상황과 교육기관의 존속 여부에 관한 실정을 조사하기 위해 선교부 총무를 한국에 파견했고, 그 결과 1938년 3월 말까지 한국 내에 있는 기독교학교들을 폐교한다는 방침을 지시했다. 이로 인해 숭실전문학교, 숭의학교, 경신학교, 신명학교, 계성학교 등이 문을 닫았다. 동시에 5,000명 이상의 학생들

---

50 김찬호, 「성경구락부의 역사」, 『지도자』 16(2), 통권 139호, 1971/3·4, 12쪽.

51 Francis Kinsler, "KURAHKBOO," June 1934, *FKFC.*

이 있었던 성경구락부도 일제가 신사참배를 강요하자 성경경구락부 사업은 중단되었다. 킨슬러 선교사는 모든 활동을 중단하고 1941년 4월에 본국으로 돌아갔다.[52]

해방과 함께 1948년 서울로 귀환한 킨슬러는 서울의 장로회신학교 학생들과 함께 10년간 중단되었던 성경구락부 재건사업에 착수했다. 서울의 해방교회, 서대문교회, 창신교회, 피어선 성경학교, 영락교회, 상도동, 충무로, 동광, 효자동, 도원동 등에 계속 성경구락부가 세워졌다. 1950년 봄에는 남산공원에서 1,500여명 부원들이 모여 해방 후 남한에서 처음으로 구락부 연합대회를 개최했다. 구락부는 계속 그 수가 늘어갔다.

IV. 한국전쟁과 전시 성경구락부

6·25 전쟁은 민족의 수난기인 동시에 성경구락부에도 큰 시련기였다. 재단도 공식인가도 없고 교실도 없이 오직 지도자의 헌신과 선교부의 장학금 보조로 운영되고 있었던 성경구락부는 6·25 전쟁의 발발과 더불어 형체조차 없이 사라질 수밖에 없는 막다른 상황에 이르렀다. 전쟁 발발 소식이 전해지자 성경구락부의 지도자들은 산발적으로 남산 신학교로 모여들었고 본부의 어떤 조치를 기다리고 있었다. 하지만 본부장이었던 킨슬러 선교사는 미 대사관의 특별 지시를 기다리며 대기하고 있었다. 김찬호 목사는 1950년 6월 27일 오후 4시경 미아리지구 지도자였던 신학교 3학년생이었던 최찬영 씨와의 만

---

52 대한 청소년 성경구락부, 『사랑의 교육60년』, 28~29쪽.

1950년대 초 성경구락부가 우후죽순처럼 돋아났던
한국의 전통적인 어촌 마을

남을 통해 성경구락부 본부의 불안한 당시의 분위기를 전해준다. 그는 "최찬영 씨는 국군이 불리한 입장에 있고, 북한군은 서울을 향해 탱크를 선두로 진격 중에 있으므로 곧 한강을 건너 피난하라고 하고 남산을 내려갔다. 이것이 6·25를 만난 성경구락부 지도자들의 최후의 모임이었다"[53]고 회고했다.

6·25전쟁이 발발하자 성경구락부는 피난민들과 함께 피난하며 피난지에서 매번 문을 새로 열면서 간신히 존속되었다. 전시에 구락부의 본부는 부산과 대구에 세워졌다. 또한 전쟁으로 인해 성경구락부의 역할도 변화했다. 즉 평양에서의 성경구락부는 길거리에 방치된 빈곤한 무산아동을 보호하고 기독교 교육으로 양육했다면, 전쟁이라는 특수한 상황에서 새로운 필요와 요구가 생겨났고 시대의 요구에

53　김찬호, 「성경구락부의 역사」, 『지도자』 17(5), 통권 148호, 1972/9·10, 30쪽.

부응했다. 전쟁 이전에 빈곤한 아이들로 시작했던 성경구락부는 이제 전쟁으로 인해 발생한 피난민 자녀들과 전쟁미망인의 가난한 아이들을 위한 새로운 프로그램들을 모색했다.[54]

기독교 저널은 평양에서 시작된 킨슬러의 필생의 사업이었던 소년성경구락부가 전시에 어떻게 운영되었는지 자세히 싣고 있다. 즉 한국의 무산아동에게 문자를 배워주며 특별히 그 최후 목적은 청소년으로 하여금 예수를 본받아 완전한 생활을 훈련시키는 구령운동이었던 소년성경구락부 사업의 성과와 전시 하에서도 그것의 지속성을 언급하고 있다.[55] 그러므로 한국전쟁기에 성경구락부 운동은 크게 세 가지 측면에서 그 기능과 역할을 논의할 수 있다.

첫째, 성경구락부 운동은 전쟁 피난민들의 교회 중심의 교육기관이었다. 전쟁이 격화되자 월남인들의 주요 피난지였던 제주도 지역에서 여러 교회 단체들이 아동성경구락부를 조직하기 시작했다.[56] 제주도로 피난 온 많은 교회사역자들이 교회를 중심으로 어린이를 위한 성경구락부를 조직하였다. 당시 제주도에는 약 25개의 성경구락부가 존재했고, 성경구락부를 통해 매일 약 2,500명의 아동에게 기독교 교육과 생활을 가르쳤다.[57] 피난민들이 많이 찾아들었던 거제도에도 교회가 세워지고 교회를 중심으로 많은 성경구락부가 생겨났다.

피난민 기독교인의 주요 피난지였던 제주도와 거제도에서 이와 같은 교회 성경구락부의 설립이 가능했던 것은 이 두 섬에 지원되었던

---

54 "Dear Friends," May 22, 1953.

55 "청춘은 이 땅에서 저물다," 『한국기독공보』, 1952.3.24., 2면.

56 Rev. Francis Kinsler, "Dear Friends," March 20, 1951.

57 Rev. Francis Kinsler, "Dear Friends," June 16, 1951.

긴급구호 기금 덕분이었다. 구호기금 지원에 힘입어 약 3,000명 이상의 무취학 아동들이 성경구락부에서 매일 기독교 교육을 받을 수 있었다.[58]

둘째, 성경구락부 운동은 전시에 인도주의적인 사회복지 시설과 프로그램 운영의 사례를 보여주었다. 킨슬러의 또 다른 주요 활동은 전재민과 전쟁고아들에 대한 관심이었다. 대구 대명동의 사례는 교회를 중심으로 고아원, 모자원, 보육원, 성경구락부가 동시에 어떻게 연계되어 운영되었는지 연결지점들을 잘 보여준다. 즉 대구 대명동 산동네에 전쟁으로 노숙자가 된 수천 명의 피난민을 수용하기 위해 임시 대피소가 줄지어 세워졌다. 이곳 교회에 임시거처가 마련되어 성경구락부 기독교 교육 프로그램을 운영하게 되는데 수많은 아이들이 몰려왔다. 이 성경구락부는 신학교를 졸업한 최찬영 박사가 와서 지도를 하였다.[59]

"우리는 대구와 인근 지역의 전쟁 고아원 20곳을 돕기 위해 노력하고 있습니다. 그들 중 아무도 성부로부터 충분한 배급을 받지 못하고 있고, 그것도 겨우 보리쌀에 불과합니다. 이 고아들 중 많은 수가 성경구락부 교육 프로그램을 받고 있지만, 일부는 식량이나 의복이 충분하지 않습니다. 우리의 선교부와 연결된 아이가 있는 전쟁미망인의 여러 가정들이 정말이지 같은 처지에 놓여있습니다 […] 24,000명 이상의 아이들이 한국의 전국 교회들에서 매일 진행하는 성경구락부의 기독교 교육 프로그램으로 유일한 교육을 받고 있습니다. 공부, 기도, 노래, 게임, 특별 프로그램이 있지만,

---

58 Rev. Francis Kinsler, "Dear Friends," November 7, 1951.

59 Rev. and Mrs. Francis Kinsler, "Dear Friends," February 10, 1953, KOREA MISSION, PRESBYTERIAN CHURCH IN THE UNITED STATES OF AMERICA.

많은 아이들이 먹을 것도 입을 것도 충분하지 않습니다. 우리는 구호품인 의복, 식량, 값싼 공책과 연필을 얼마간 사용할 수는 있습니다."[60]

대구 대명동에서는 성경구락부 외에도 전쟁고아들과 모자 가정을 위한 모자원과 보육원 같은 새로운 사회복지 시절들이 연쇄적으로 설립되어 운영되었다. 즉 거리에 거지 아이들이 모여들자 이들 50명의 아이들을 위한 편안한 한국식 주택을 지어 매일 기독교적인 가정 환경에서 생활하고 기독교 교육을 할 수 있게 해주었다. 그렇게 해서 고아원이 시작되었다. 또한 25개의 모자 가정이 함께 보호소에서 생활하면서 그들을 돕기 시작했고, 3~6세 아이들을 위한 유료 보육원이 시작되었다. 좀 더 큰 아이들은 성경구락부에 왔는데, 약 200명에 달했다. 그리고 일요일마다 교회에 오는 성인들이 대략 300명 정도였는데, 교회는 그들에게 구호품 의복을 나누어주었고, 또 다른 구호소 역할을 하였다. 그로 인해 교회는 피난민들에게 보호소와 쉼터, 구호소로서 그 중요성이 점점 더 커져갔다.[61]

요컨대 대구 대명동 교회의 사례는 전쟁으로 인하여 남편을 잃고 아이가 달린 미망인들을 구락부 선생으로 다량 채용하여 성경구락부를 돕게 하면서 동시에 전쟁미망인들의 생계를 유지할 수 있는 구제책으로 기능했다.

셋째, 성경구락부는 피난민에게 단순히 구호품이나 구호자금의 지원에만 그치지 않았다. 정상적인 교육기관이 모두 중단되고 폐쇄된 전시

---

60 "Dear Friends of Korea," September 30, 1952.
61 Rev. and Mrs. Francis Kinsler, "Dear Friends," February 10, 1953.

상황에서 성경구락부는 피난민의 학교로서 피난지에서 교육을 받을
수 있는 유일한 교육 프로그램을 운영했다. 1950년 발발한 6·25부터
1·4 후퇴시에도 성경구락부는 개교하여 운영되었다.[62] 1953년 5월 22일
자 선교보고서에는 아동성경구락부 프로그램이 믿을 수 없을 정도로
급성장했다고 기록하고 있다.

> "대구 성경구락부에서 3,000여 명의 가난한 아이들이 유일한 교육을
> 받고 있습니다. 가장 최근의 보고서는 서울지역 10,000명 이상, 안동지역
> 7,000명, 제주도 일대 3,000여 명이 매일 성경구락부에 참석하고 있습니
> 다. 우리는 2주 전에 서울에서 열린 4,000명이 넘는 어린이들이 모였고,
> 지난주에는 안동에서 1,000명이 넘는 아이들이 모여서 성경구락부 대회
> 를 열었습니다. 내일은 어린이 구락부 대회가 열리는 경주에 갑니다. 아이
> 들은 하루 종일 함께 모여 예배 의식, 운동회, 소풍 도시락을 먹고, 오후엔
> 게임과 경주를 합니다. 이제 한국의 많은 대도시에서 일 년에 한두 차례
> 이렇게 성경구락부 연합대회가 열립니다.[63]

전시에 이런 규모로 성장할 수 있었던 것은 피난지에서도 성경구
락부의 설치와 운영을 중단하지 않았기 때문이다. 전쟁기 성경구락부
서울지역 지도자였던 김찬호 목사의 회고담을 들어보면 6·25당시 성
경구락부가 극한의 전시 상황 속에서도 어떻게 운영되었는지 알 수
있다.

---

62 김찬호, 「성경구락부의 역사」, 『지도자』 17(5), 통권 148호, 1972/9·10, 31쪽.
63 "Dear Friends," May 22, 1953.

당시 서울 성경구락부의 하나였던 〈6·25 후 첫 남산성경구락부〉는 9·28 수복으로 서울 남산 신학교에서 100여명의 학생이 모여 서울에서 1950년 11월 초 첫 개교를 했다. 해방동 학생들을 데리고 남산 신학교 하층을 손질하여 학생들 전부가 아닌 100여 명이 모여 개학을 한 것이다. 지도자는 김찬호 목사 외에는 없어서 혼자서 2부제 복식수업을 하였다. 그러나 다시 1·4 후퇴로 중단되었다.[64]

김찬호 목사는 12월 초순에 부산을 거쳐 제주도까지 피난을 갔다. 남제주군 서귀포 서흥리 성경구락부를 배정받아 〈제주 서흥리 야간 성경구락부〉를 열었다. 이곳은 동네 유지들의 주선으로 학생을 모집하였고, 성경구락부라고 말할 수 없을 정도로 문맹퇴치 수준에서 야간을 이용해 가르쳤다. 학생들의 평균 연령은 17세이며 여자아이들이 54명이었다. 그러나 개교한지 3일째 야간에 수업하던 밤의 일화는 피난민 구락부 운영의 어려움이 어느 정도였는지 잘 보여준다.

"밤 8시 40분경 비가 억수같이 내리는 때였다. 뜻밖에 약 100미터 산 부근에서 총성이 들려온다. 격전이라도 버려진것과 같은 느낌을 갖게 했다. 제주도에서 자란 여성들은 벌서 사태의 경위를 짐작한 듯이 선생님 한라산 공비가 나타난 것 같습니다. 불을 끄야합니다 하고 곧 불을 껐다. 공비는 자기 천지인양 횃불을 들고 교문으로 유유히 들어오는 모습이 보이었다. 선생님 책상 밑에 숨으셔요. 우리들은 괜치않을 것입니다 하고 학생들은 나를 호위해 주면서도 역시 당황하는 표정들이었다. 그러나 공비는 학교건물까지 접근하지 못하고 후퇴하고 말았다. 그 다음날부터는 공부하던 학생들은 모두 성문경비에 모두가 동원되어 결국 서흥리에서 시작했던 야간 성인 성경구락부도 개교 3일만에 문을 닫고 만 것이다."[65]

---

64 김찬호, 「성경구락부의 역사」, 『지도자』 17(5), 통권 148, 1972/9·10, 30~31쪽.

또다시 제주도에서도 다른 피난지로 떠날 수밖에 없는 피난민 신세가 되었던 것이다. 그래서 서흥리에서 거주하던 피난민은 모두 서귀포로 피난했다. 서귀포 장로교회에서는 김능기 장로(숭실대학 명예학장)의 주선으로 피난민 자제들의 교육을 위해 '봉사훈련원'이라는 명칭으로 피난민 학교가 설립되었다. 학생은 250여명 정도 되었고 남녀 초·중등부가 일시에 공부했다. 〈봉사훈련원(서귀포성경구락부)〉은 점점 학교 형태로 발족하자 장소를 옮겨 한라산에서 나무를 찍어서 서귀포 바닷가에 텐트를 치고 수업을 했다. 지방학교를 능가할만한 학교체제를 갖추었다. 여기에 지도자들은 교장 김능기 장로, 교사 홍동근, 그 밖에 조남기, 이기덕, 채필근, 김찬호, 여타 피난민 청년들이 직원으로 활동했다. 한편 제주시에서는 김희선 목사가 중심이 되어 피난민 성경구락부가 설치되었고, 금령에서는 김득렬 박사가 야간 성경구락부를 설립하여 수업했다.[66]

또 다른 사례인 부산의 피난민 성경구락부인 〈부산 신상성경구락부〉를 살펴보자. 김찬호 목사는 1951년 신학교가 부산 부산진교회에서 개강하게 되자 부산에서 신학교 신학을 계속하게 되었다. 부산은 피난민으로 꽉 차 있었다. 진학을 못하고 수복을 기다리는 피난민 학생들은 그저 방치 상태였다. 킨슬러는 신학생 지도자들을 모아놓고 부산에서 구락부 조직 계획을 하고 지도자들을 실천 명목으로 파송했다. 교회나 교회 부속건물은 피난민으로 꽉 차 있어 건물을 얻을 수 없어서 산에서 노방 학습을 전개했다. 지도자는 흑판 하나를 짊어지

---

65 김찬호, 「성경구락부의 역사」, 31~32쪽.
66 같은 글, 32~33쪽.

고 부산진 산 나무 아래로 가서 학생을 모집했다. 곧 340명이 몰려들었고, 그들에게 정식 입학 수속을 밟게 하여 정식 수업에 들어갔다. 김찬호 목사도 지도자의 한사람이었다. 효과적인 수업이 이뤄졌고 거기에서 사제지간의 우정이 확립되어 애학심을 갖고 응해 주었다고 한다. 물론 비 오는 날이면 공치는 날이었다고 한다. 어떤 학생들은 가방을 들고 우산을 갖고 나무 그늘 밑에 모여서 선생을 기다리는 모습은 참으로 측은한 감마저 감돌게 했다고 회고했다.[67]

김찬호 목사는 서울 재수복 이후의 구락부의 역사도 증언해 주고 있다. 당시 구락부의 본부장이었던 킨슬러는 부산진교회에서 개강한 장로회신학교에서 교수로 있으면서 부산에서 옥외 성경구락부 설립을 시도하고 있었다. 또한 당시 졸업반이었던 김찬호 목사에게 신학교를 졸업하고 첫 목회지는 어떤 교회보다도 서울의 성경구락부에서 활동할 것을 권유했다고 한다. 아직 전쟁 분위기에서 김찬호 목사를 서울로 파송한 것은 서울에 남아있는 어린이들이 방치된 채 그저 놀고 있었기 때문에 그들을 교육시켜야 한다는 사명을 안고 서울로 입성했다고 한다. 서울에서 6·25 발발 이전에 그가 활동했던 해방교회와 해방촌은 모두 불타고 폐허 상태였다. 신학교도 파괴되어 부득이 영락교회를 찾아갔다고 한다.

재수복 후 특별 허가를 받아 서울에 입성하여 맨 처음으로 개교한 것이 영락교회 부속건물에서 시작한 〈영락 성경구락부〉였다. 처음 14명으로 시작하여 350명이 되었고, 2.3학년과 4.5학년 복식 2부제 수업을 했다. 영락교회에 교계 인사나 선교사들, 심지어 고아원으로 착각

---

67 같은 글, 33쪽.

했던 미군들까지 찾아와 돕겠다고 했다. 또 강원도 등지에서 피난해 온 피난민 성경구락부가 남대문 국민학교에서 열렸다.[68]

성경구락부는 전쟁 중에 더욱 성장하고 발전하여 1952년 서울지구 7,000명, 청주 2,000명, 거제도 2,000명, 인천에 1,500명이 성경구락부에서 공부했다. 1953년에 400개 구락부에서 3,000명 부원이, 1954년에는 1,500개 구락부에서 55,000명 부원이, 1954년 겨울에는 70,000명이 되었다. 감리교회에서도 20,000명의 부원이 있었다.[69]

위의 사실에서 보듯이 킨슬러의 적극적인 재정 지원과 지도자 양성으로 성경구락부는 전시에 새로운 부흥과 도약의 단계에 접어들었다. 예컨대 전쟁미망인 33인을 중심으로 하여 제1차 지도자 강습회가 열렸고, 이후로 서울지부의 부흥과 전국적인 규모의 조직으로 성경구락부가 확산되었다. 이때까지의 모든 구락부는 초등부 중심이었고 명칭도 소년성경구락부였다. 이 초등부 중심의 성경구락부는 1955~1956년에 전성기를 이루었다. 이러한 발전은 구락부가 그 당시 없어서는 안 될 중요한 교육기관의 기능을 담당하였고, 거기에 더하여 민족의 해방과 전란을 겪은 이후 조국애를 체험한 성경구락부 지도자들의 뜨거운 사명감과 그들의 활동에서 만들어진 결과라고 할 수 있다.

한편 한국전쟁을 계기로 성경구락부가 전국적으로 확산되면서 1953년도에 구락부 지도자들을 위한 지침서인 『지도요강』이 집필되어 구락부 지도의 통일적인 이념 구현을 가능하게 해주었고, 1954년도에 성경 교과서를 출판하였다. 또한 1953년부터 지도자의 자질 향

---

68 김찬호, 「성경구락부의 역사」, 『지도자』 117(6), 통권 149호, 1972/11·12, 41~44쪽.
69 대한 청소년 성경구락부, 『사랑의 교육60년』, 31쪽.

상을 높이기 위해 『지도자』라는 월간지를 창간하였고, 1954년 12월 부터 전국 지도자에게 배포하였다.[70]

<표 4> 성경구락부 전국지부 통계와 지부조직[71]

년도	전국 지부 수	구락부	지도자	학생	초등부	중등부
1954	17	671	1,823	69,208		
1955	18	696	1,856	70,654		
1956	18	613	1,555	57,182		
1957	20	639	1,624	57,637	48,200	9,437
1958	21	662	1,750	64,775	53,279	11,496
1959	21	689	1,970	68,067	48,203	18,095
1963	18	439	1,496	31,840	12,758	19,082

성경구락부가 성장하면서 변화들도 감지되었다. 위의 표에서 확인 되듯이, 1955년에 성경구락부 학생수가 최고로 많았다가 그 이후 감 소하고 있다. 그 이유는 초등학교 의무교육의 실시로 공교육 기관에 입학하는 학생 수가 늘어났고, 정부는 의무교육을 홍보하면서 성경구 락부에 6~12세 아동을 받지 말 것을 통고했기 때문이다. 성경구락부 체제는 1957년에 중등부가 새로 신설되어 1957년 중등구락부의 학생 수는 9,437명에 이르렀다. 그에 따라 명칭도 소년성경구락부에서 청 소년 성경구락부로 변경되었다.[72]

종합 정리하자면 1956년과 비교하여 1957년은 초등부 아동의 급 격한 감소 현상과 중등부 학생 수의 증가를 나타낸다. 그 이유는 초등

---

70 같은 책 _ 32~33쪽.
71 이 표는 필자의 필요에 따라 재작성한 것이다. 같은 책, 32~39쪽.
72 같은 책, 36쪽.

학교의 의무교육화가 이미 단계적으로 실시되고 있었기 때문이었
다.[73] 초등학교의 의무교육화로 초등부 성경구락부에 지원하는 학생
이 없었고 대신 초등학교를 졸업한 학생이 중등부로 진학하지 못할
경우 중등부 성경구락부로 입학하여 중등부 학생수가 서서히 증가했
다.[74] 결국 청소년 성경구락부는 1959년으로 초등학교 의무교육 실시
가 공포되면서 과거 성경구락부 전통에 대한 새로운 문제의식과 방향
성을 고민하게 되었다.[75]

1959년 6월 10일자 선교보고서는 성경구락부 창립 30주년 기념의
해에 한국에 6만 명의 아동들이 전국의 교회들에서 운영하는 성경구
락부에서 공부하고 있다고 보고하고 있다.[76] 성경구락부가 발전하면
서 새로운 전환기를 맞이하게 되었다. 킨슬러의 보고서에 의하면 많
은 교회가 성경구락부 활동의 재편을 위해 그의 도움을 요청했다. 즉
청소년기의 중학교 연령 집단의 성경구락부 프로그램 운영으로의 방
향 전환을 위해서 킨슬러의 도움과 자문을 요청했다.[77] 1964년으로
넘어오면서 새로운 고등부 성경구락부가 출현했다. 극히 미미하지만

---

73 대한청소년성경구락부, 「1958년 성경구락부 통계표(4월현재)」, 『지도자』 51, 1958/7
·8, 28쪽; 1949년 〈교육법〉 제정, 1952년 〈교육법시행령〉 공포로 초등 의무교육 확립,
한국전쟁으로 실행 지연, 1953년 7월 의무교육 완성 6개년계획 수립 및 추진, 1959년
까지 6~11세 학령 아동의 96%가 취학.

74 대한 청소년 성경구락부, 『사랑의 교육60년』, 37쪽.

75 의무교육 실시로 초등학교에 중점을 두었던 성경구락부는 정책토의를 하여 다음과
같이 결정하였다. ① 문교부에서 시행하는 의무교육을 방해하는 태도를 취하지 말 것,
② 국민학교와 같은 기간 내에 학생 모집 하지 말 것, ③ '성경구락부,' '교회학교'라는
명칭 외에는 허락하지 않으며, ④ 교회 초등학교 또는 문교부에서 시행하는 의무교육
기관으로 인정받아야 한다. 대한 청소년 성경구락부, 『사랑의 교육60년』, 38쪽.

76 "Dear Friends," June 10, 1959.

77 "Dear Friends," September 5, 1962.

새로운 도약과 변혁이 시도되었다. 이때부터 1973년까지 통계를 보면 초등부는 1967년을 기점으로 7,324명에서 2,189명으로 계속 수가 감소하지만 중등부는 계속 발전했다. 즉 중등부는 1967년을 기점으로, 고등부는 1969년을 기점으로 계속 성장하게 된다.[78] 1964년 보고서는 해방 이후 35,000명의 한국의 청소년들이 중등 수준의 교회학교를 졸업했다고 기록하고 있다. 당시 집계된 통계자료들을 보면 성경구락부는 시대의 변화에 따라 성경구락부의 학제를 개편함으로써 시대적 요청에 부단히 부응하기 위해 노력했다.

이후 성경구락부 본부는 향후 25년간의 한국 복음화의 목표를 다음의 네 가지 방향으로 설정하였다. (1) 농촌전도 (2) 산업선교 (3) 대학생 (4) 소외된 청소년(성경구락부 활동) (5) 군인을 그 대상으로 삼았다.[79]

성경구락부는 한국의 근현대사의 전개에서 국가가 할 수 없는 일을 대신하며 빈틈을 메워주는 역할을 하였다. 사회가 발전함에 따라 전국의 소외된 저변층 지역에 구락부를 설립하여 도시와 농어촌의 불우청소년들에게 배움의 기회를 제공하였다.

V. 맺음말

지금까지 본 연구는 한국전쟁기를 전후로 하여 프랜시스 킨슬러 선교사의 활동에서 그의 가장 주요한 업적으로 평가되는 성경구락부 운동을 고찰했다. 평양에서 시작되었던 성경구락부 운동이 어떻게 남

---

78   대한 청소년 성경구락부, 『사랑의 교육60년』, 39~43쪽.
79   Francis Kinsler, "Dear Friends at Home," October 1, 1964.

한 사회로 이전되어 재개되는지 시공간적인 이동을 따라가며 살펴보았다. 성경구락부 운동이 평양에서 남한으로 이전되는 것은 일제강점기 평양 시절에 일어났던 신사참배의 거부로 인한 성경구락부의 폐쇄 결정이었다. 해방 이후 남한에서 재건이 이뤄졌지만, 또다시 한국전쟁의 발발로 중단될 위기에 처했다. 전시 상황에서 성경구락부는 피난민들이 머무는 임시거처에 필수적으로 동반되었다. 임시 텐트, 야외 장소들, 교회와 같은 곳 그 어디이든 성경구락부가 임시로 설립되는 장소였다. 비제도권의 '움직이는 이동식 학교'였지만 기독교 교육기관로서의 기능뿐만 아니라, 사회사업의 지원활동의 센터이기도 했다.

성경구락부 운동에 대한 이 같은 일반적인 이해를 바탕으로 본 연구는 다음의 몇 가지 사실을 확인할 수 있었다.

Ⅱ. '한국전쟁기 킨슬러 선교사의 활동'에서는 전시하에서 기독교계의 구호활동의 필요성이 절실해지면서 선교사들의 구호활동이 어떻게 전개되었는지 살펴보았다. 수백만 명의 피난민들이 주로 부산, 거제도, 제주 등으로 피난을 왔기 때문에 한국선교회 소속 킨슬러 선교사는 전쟁이 발발하자 선교부 차원에서 대대적인 구호사업을 실행하는 주요 인물로 활동했다. 주로 "기독교세계봉사회(Church World Service)"로부터 전쟁구호 자금과 구호품들을 지원받았다. 고아원와 모자원, 전시하에서 성경구락부의 재건과 운영은 이 전쟁구호 자금과 구호품들의 지원으로 가능했음을 알 수 있었다.

Ⅲ절 '한국전쟁 이전 성경구락부'에서는 성경구락부 운동의 기원을 고찰했다. 1929년 겨울, 킨슬러 선교사가 평양시내 기독교서점 2층 골방에서 극빈한 6명의 거지소년들을 모아 배움의 기회 주고 신앙생활을 지도한 데서 탄생했다. 평양시절 아동성경구락부는 '가난한 자

들이 더 가난한 자들을 위한 자선활동'으로 더욱 확산되고 급성장했다. 1931년대 1,500명, 1936년경 5,000명에 달했다. 본 연구를 통해 성경구락부 운동의 본질은 '가난한 자들이 더 가난한 자를 돕는다'는 정신과 실천을 밝혀냈다.

Ⅳ절 '한국전쟁과 성경구락부'에서는 전시에 성경구락부의 상황과 성경구락부의 운영 실태를 살펴보았다. 6·25전쟁이 발발하자 성경구락부는 피난민들과 함께 이동하면서 피난지에 새로 설립되어 간신히 존속했다. 한마디로 움직이는 이동식 학교였다. 구락부의 본부는 부산과 대구에 세워졌다. 전쟁으로 인해 성경구락부의 역할도 변화했다. 전쟁이라는 특수한 상황에서 전쟁 이전에는 빈곤한 무산아동을 보호하고 교육하는 역할이었지만, 전시에는 피난민의 자녀들과 전쟁미망인의 가난한 아이들을 위한 새로운 교육활동 프로그램들이 기획되었다.

결론적으로 성경구락부 운동은 전쟁 피난민과 함께 했던 전시의 교육기관이었다. 또한 교회를 중심으로 고아원, 모자원, 보육원과 같은 사회복지 시설과 프로그램이 연계된 운영의 실례를 보여주었다. 성경구락부는 피난민에게 단순히 구호품이나 구호자금의 지원에만 그치지 않고 정상적인 교육기관이 모두 중단되고 폐쇄된 전시 상황에서 이동하는 피난지에서 실질적인 교육기관의 역할을 담당했다. 성경구락부는 1950년 발발한 6·25부터 1·4 후퇴까지도 계속 운영되었다.

성경구락부 운동은 한국전쟁을 계기로 하여 외국민간원조기관의 적극적인 재정지원과 구락부의 지도자 양성을 통해 새로운 부흥과 도약 단계에 접어들었다. 즉 전후에 초등부 중심의 성경구락부는 1955~1956년에 전성기를 이루었다. 1959년에는 국민학교 의무교육 실시가 공포되면서 청소년기의 중학교 연령 집단을 위한 성경구락부 프로그램 운영으로 방향전환을 하였고, 1964년으로 넘어오면서 새로운 고등부 성경구락부가 출현했다. 이러한 변화 속에서 성경구락부는 정식 학교로 인가받아 정규학교로 승격되었다.

참고문헌

[1차 자료]
『기독공보』
『기독신보』
『동아일보』
『지도자』

Kinsler, Francis. Kinsler Missionary Files, 1-8. The Moffett Korea Collection, Princeton Theological Seminary Commons. Section 2, Korea Materials, Box 40-41, Folders 18-20, 1-5.

Kinsler's Papers and documents. Board of Foreign Mission of Presbyterian Church in the U.S.A., Korea Mission Reports, Department of History, Presbyterian Church (U.S.A), Philadelphia, Pennsylvania.

The Frnacis Kinsler Family Collection. 숭실대학교 한국기독교문화연구원 소장.

[2차 자료]
강인철, 「남한 사회와 월남 기독교인 극우-반공체제하의 교회활동과 반공투쟁」, 『역사비평』 23, 1993, 73~130쪽.

강인철, 『한국기독교회와 국가·시민사회: 1945~1960』, 한국기독교역사연구소, 1996.

고환규, 「성경구락부의 역사적 연구와 기독교교육에 미친 영향」, 연합신학대학원 석사학위논문, 1974.

곽안전, 『한국교회사』, 대한기독교서회, 1961.

김득렬, 『권세열 선교사 전기: 씨를 뿌리러 나왔더니』, 카이로스, 2007.

김명구, 『소죽 강신명 목사』, 장신대학교출판부, 2009.

김승태, 「6·25 전란기 유엔군측의 포로정책과 기독교계의 포로선교」, 『한국기독교와 역사』 21, 2004, 37~67쪽.

김양선, 『한국기독교회사 연구』, 기독교문사, 1971.

김웅, 「한국 교회 성경구락부에 대한 연구」, 장로회신학대학교 석사학위논문, 2008.

김흥수, 「한국전쟁 시기 기독교 외원단체의 구호활동」, 『한국기독교와 역사』 23, 2005, 97~124쪽.

______, 『WCC도서관 소장 한국교회사 자료집: 한국전쟁 편』, 한국기독교역사연구소, 2003.

______, 『한국전쟁과 기복신앙 확산 연구』, 한국기독교역사연구소, 1999.

대한청소년성경구락부, 『사랑의 교육60년』, 화술, 1988.

______, 『검은 땅에 피어난 꽃들』, 보이스사, 1984.

마은지, 「킨슬러(Francis Kisler), 평양을 담다-평양 선교 기록(1928-1941)」, 『한국기독교문화연구』 17, 2022, 43~78쪽.

______, 「미국선교사 수집 자료 분류 및 분석-킨슬러(Francis Kinsler) 가족을 중심으로(1900-1990년대)」, 『숭실사학』 47, 2021, 267~295쪽.

______, 「옥호열 선교사의 한국의 기억-기록 고찰」, 『한국기독교문화연구』 13, 2020, 79~119쪽.

문인숙, 「기독교사회교육사」, 『한국기독교 교육사』, 대한기독교교육협회, 1974.

박정신/유영익·이채진 편, 「6·25 전쟁과 한국기독교」, 『한국과 6·25전쟁』, 연세대학교 출판부, 2002.

반피득, 『기독교교육』, 대한기독교서회, 1993.

서울역사편찬원, 『6·25전쟁과 1950년대 서울의 사회변동』, 경인문화사, 2018.

안종철, 『미국 북장로교 선교사들의 활동과 한미관계, 1931~1948』, 한국기독교역사연구소, 2010.

영락학원 50년사 편찬위원회, 『영락학원 50년사: 1952~2002』, 영락학원, 2002.

옥성득, 「조선의 예루살렘 평양 담론의 실상」, 『基督敎 思想』 717, 2018, 9~18쪽.

윤선자, 「6·25 한국전쟁과 군종활동」, 『한국기독교역사연구소 소식』 46, 2001, 145~183쪽.

윤은순, 「한국 기독교의 성경구락부 운동 전개와 학교로의 전환」, 『숭실사학』 44, 2020, 141~163쪽.

윤정란, 「한국전쟁과 전남지역 기독교 연구-현황과 과제-」, 『남도문화연구』 40, 2020, 201~231쪽.

______, 「세계교회협의회(WCC)의 제3세계 자유 반공주의 전략과 한국 민중신학의 태동, 1950년대~1970년대」, 『역사학보』 236, 2017, 41~76쪽.

______, 「한국전쟁 구호물자와 서북출신 월남기독교인들의 세력화」, 『숭실사학』 34, 2015, 295~340쪽.

______, 『한국전쟁과 기독교』, 한울, 2015.

이병성, 「밥 피어스(Bob Pierce) 선교사의 한국전쟁에 대한 인식」, 『종교와 사회』 9(1), 2021, 51~81쪽.

이선이, 「킨슬러가(家)의 현지인 중심적 선교」, 『선교신학』 59, 2000, 207~236쪽.

이종만, 「한국전쟁기간 미국 북장로교회 한국선교부의 활동-옥호열(Harold Voelkel)선교사의 활동을 중심으로」, 『이화사학연구』 40, 2010, 202~244쪽.

장금현, 「외원단체 연합회의 설립과정과 특성-한국기독교세계봉사회와 외국민간원조단체연합회를 중심으로-」, 『대학과 선교』 48, 2021, 65~102쪽.

______, 「해방 후 경북지역 성경구락부(Bible Club)의 변화-경북 경안노회를 중심으로-」, 『대학과 선교』 43, 2020, 93~127쪽.

______, 「프란시스 킨슬러(Francis Kinsler)와 성경구락부(Bible Club) 운동」, 『신학과 실천』 68, 2020, 527~553쪽.

정병준, 「권세열 선교사의 생애와 한국교회에 남긴 공헌」, 『한국기독교와 역사』 55, 2021, 147~181쪽.

카바40년사 편찬위원회 편, 『외원사회사업기관활동사』, 홍익제, 1995.

킨슬러 / 숭실대학교 뿌리찾기위원회 편, 『권세열 그리고 조선의 풍경』, 숭실대학교 지식정보처 중앙도서관 학술정보출판팀, 2017.

탁지일, 「북미교회의 한국전쟁 이해-미국장로교회와 캐나다연합교회를 중심으로-」, 『한국기독교와역사』 39, 2013, 281~305쪽.

평양노회, 『평양노회록 26,28,29 회의록』, 평양부신양리, 1935.

평양향토사편집위원회 편저, 『평양지』, 한국문화사, 1999.

한국기독교교회 협의회, 『한국기독교사회운동사 자료집 제2권(1951~1957)』, 한국기독교교회 협의회, 2019.

＿＿＿＿＿＿＿＿＿＿＿, 『한국기독교사회운동사 자료집 제1권(1918~1937)』, 한국기독교교회협의회, 2019.

한숭홍, 『한경직』, 북코리아, 2007.

Clark, Allen D., "The Bible Club Movement," *Korea Calling*, Seoul: The Christian Literature Society of Korea, 1971.

Lee, Steven H., *Outposts of Empire: Korea, Vietnam, and the Origins of the Cold War in Asia, 1945~1954*, Liverpool: Liverpool University Press, 1996.

Haga, Kai Yin Allison, "An overlooked dimension of the Korean War: The role of Christianity and American missionaries in the rise of Korean nationalism, anti-colonialism, and eventual civil war, 1884~1953." Ph.D. diss., The College of William & Mary-Arts & Sciences, 2007.

Klein, Christina, *Cold War Cosmopolitanism*, Berkeley: University of California Press, 2020.

KIM, HELEN JIN, *Race for Revival: How Cold War South Korea Shaped the American Evangelical Empire*, NY: Oxford Uinversity Press, 2022.

Kwon, Heonik, *After the Korean War: An Intimate History*, Cambridge: Cambridge University Press, 2020.

＿＿＿＿＿＿＿＿＿, *The Other Cold War*, New York: Columbia university Press, 2010.

미국 프린스턴 마펫-한국 컬렉션 https://library.ptsem.edu/moffett-korea-collection, https://archive.org/details/newslettersnewsp119unse_6/mode/2up?view=theater, [검색일: 2022.10.25.]

미국장로교 역사학회 디지털 아카이브, 한국선교(Korea Mission) 컬렉션 https://digital.history.pcusa.org/islandora/search/Korea%20Mission?type=e dismax&cp, [검색일: 2022.10.25.]

한국기독교문화연구원 프랜시스 킨슬러 가족 컬렉션, https://hkplus.ssu.ac.kr/#/search/francis/si?all=0&max=10, [검색일: 2022.10.25.]

한국의 성경구락부 형성과정에서 권세열의 역할*

I. 들어가며

근대 전환기인 1885년 미국 개신교 선교사들이 처음 한국에 입국한 이후, 1890년대 한국의 초기 선교 정책은 이른바 '네비우스 방법론'에 기반을 두고 전개되었다. 1890년대부터 1930년대까지 또 하나의 선교 방법은 윌리엄 베어드(William Baird)의 '한국실험'이었다. 이는 한국적 환경에서 효과적인 선교 방안을 모색하기 위한 일종의 실험적 시도로 한국선교의 새로운 방향을 제시하는 역할을 하였다.

이러한 선교 정책과 방향의 흐름 속에서 한국에는 내한선교사들이 설립한 근대적인 교회교육 시설로 성경학원, 사경회, 주일학교와 같은 교육 프로그램이 존재하고 있었다.

1928년에 미북장로회 선교사로 입국한 권세열은 '제2의 한국실험'으로 불리는 '개척군 성경구락부'를 창설하였다. 성경구락부(Bible Clubs)는 앞서 열거한 교회교육 기관이나 프로그램과는 차별화된 독자적인

---

* 이 글은 마은지, 「한국의 성경구락부 형성과정에서 권세열의 역할」, 『한국기독교문화연구』 19, 2023; 마은지, 「1960~1970년대 한국의 성경구락부 운동 – 교회학교 운동에서 지역사회학교 운동으로」, 『기독교사회윤리』 59, 2024 두 논문을 바탕으로 대폭 수정·보완하였다.

요소를 갖춘 교육기관으로 설립되고 발전하였다.

그렇다면 한국사회에 영향을 끼친 성경구락부 운동의 독특한 특징은 무엇인지 살펴보자. 이 운동은 역사적으로 일제강점기라는 식민지 상황에서 평양에서 활동하고 있던 미국인 내한선교사 부부가 빈곤하고 불우한 아동들에게 자선과 도움을 베푸는 시혜적 차원에서 시작되었다. 그러나 점차 가난한 자들이 또 다른 가난한 자들에게 자선과 도움을 베푸는 연쇄적인 움직임으로 이어졌다. 다시 말해 '아래로부터의 자발적인 호응'을 이끌어 내면서 전국적인 기독교 교육 운동으로 확산되었다. 성경구락부 운동의 또 다른 특징은 평양 초기 기독교 교육 이념과 교육제도의 전통을 계승하면서도 각 단계마다 그 시대의 필요에 따라 새로운 요소들을 더한 '융합형 기독교 교육 모델'을 제시했다는 점이다. 무엇보다 성경구락부에서는 종교, 지육(知育), 체육, 봉사의 네 가지 영역에 걸친 교육을 중심으로 운영되었다.

이런 점을 고려할 때, 권세열이 주도한 성경구락부는 평양에서 시작하여 서울로 공간적으로 이동하였으나 그 정신과 목적은 지속적으로 계승되었다. 성경구락부 운동은 근대전환공간에서 평양에서 서울로 이어지는 중요한 기독교 교육 유산 가운데 하나로 평가할 수 있다.

그렇다면 1929년 탄생한 이 운동이 100년에 가까운 현재까지도 지속되고 있는 성공 요인들은 무엇일지 유추해 볼 수 있다. 하나의 운동이 이처럼 오랜 시간 장기지속성을 유지할 수 있었던 것은 그 운동의 처음의 목적과 이상이 변하지 않고 확고하게 유지되고 있다는 사실이다. 다른 또 하나는 시공간의 변화에 따라 프로그램의 내용과 실천 방식이 탄력적으로 운영되었기 때문이다. 마지막 성공 요인은 시기마다 유의미한 성과를 창출하였고, 그 성과들이 지속적으로 다음

세대에 전승되었다는 점을 들 수 있다.

'무산 어린이의 아버지', '불우청소년의 아버지', '한국 청소년의 횃불'이라는 호칭은 한국 성경구락부의 창설자인 권세열에게 부여된 이름이다.[1] 그가 이룬 가장 큰 공적이 이와 같은 역사적 의미를 지닌 한국의 성경구락부 운동이었기 때문이다.

권세열에 관한 선행연구들을 살펴보면, 선교사의 생애와 한국사회에 남긴 공헌, 킨슬러 선교사와 성경구락부 운동의 관계, 성경구락부의 제도권의 학교로의 전환, 특정 지역의 성경구락부 운동, 킨슬러 선교사의 선교방식에 관한 연구들이 이루어져 왔다. 최근 몇 년 사이에 성경구락부에 대한 연구가 본격적으로 소개되고 있으며, 가장 최근의 연구는 평양에서 시작된 성경구락부 운동이 어떻게 남한 사회로 이어졌는지 그 이행과정을 고찰했다. 또한, 한국전쟁을 전후로 성경구락부 운동이 겪은 변화와 성장 과정을 분석하며, 특히 전시와 전후에 성경구락부 운동이 한국 사회의 변동에 어떠한 역할과 의미를 지녔는지를 조명하였다.[2]

이와 같은 선행 연구들을 검토하면서 본 연구는 권세열의 다양한 활동 가운데 성경구락부 운동에서 몇 가지 측면을 집중 조명하였다. 우선, 권세열이 한국선교의 기초를 마련하고 선교적 전망을 발견한 평양에서의 활동을 살펴보았다. 당시 평양의 기독교 교육 모델과 비교하여 성경구락부의 창립 정신이 무엇이었는지 면밀히 검토하였다.

1 　권세열의 이름은 Francis Kinsler, 프랜시스 킨슬러, 프랜, 권세열로 다양하게 부르고 있는데, 이 글은 그의 남한에서의 활동을 중심으로 당시에 많이 사용되었던 한국식 이름 권세열로 표기했다.

2 　마은지, 「한국전쟁과 성경구락부 운동」, 『숭실사학』 49, 2022.

이어서 성경구락부 운동이 전국적으로 확산되고 성공할 수 있었던 다양한 요인들을 분석하며, 성경구락부의 이념과 프로그램의 변화 과정을 고찰하였다. 또한, 성경구락부의 확산과 조직화 과정에서 핵심적인 역할을 했던 지도자 훈련과 기관지『지도자』의 중요성을 분석하였다. 마지막으로, 성경구락부의 기금확보 방식을 조사하였다. 성경구락부의 형성 과정에서 중추적인 역할을 했던 권세열은 급격히 변모하는 한반도의 근대 시민사회 형성 과정에서 기독교 교육의 방향을 제시한 '정신적'인 중심축이었음을 확인할 수 있을 것이다.

II. 평양과 권세열

근대 전환기 평양 지역의 기독교[3] 는 서북지역의 기독교적 특성을 고스란히 간직하고 있었다. 내한선교사들이 입국하기 이전에 이미 자생적으로 형성된 신앙공동체의 유산을 이어받았고, 선교사들이 본격적인 선교활동을 시작할 때에도 한국인들은 서양 기독교에 대해 주체적인 태도를 견지했다. 이 지역에서 기독교의 확산과 성장은 서구 근대 교육의 도입을 매개함으로써 한국 사회에 새로운 학문적 토대를 형성하였고, 이는 한국적 근대 교육의 정착과 발전을 촉진하는 촉매제 역할을 하였다.

3　평양 초기 기독교의 형성에 관한 연구는 이광린, 「평양과 기독교」, 『한국기독교와 역사』 10, 1999; 옥성득, 『다시 쓰는 초대 한국교회사』, 새물결플러스, 2016; 옥성득, 「평양 기독교 역사 3: 한국인 권서와 선교사들의 개척 전도여행」, 『기독교사상』 722, 2019; 옥성득, 「평양 기독교 역사 4: 청일전쟁에서 러일전쟁까지 교회 기초가 놓이다, 1895~1904」, 『기독교사상』 723, 2019; 옥성득, 「조선의 예루살렘 평양 담론의 실상」, 『기독교사상』 717, 2018.

1898년의 선교보고서에 따르면 한국에 선교의 기틀을 마련한 미국 북장로회 선교 스테이션들 가운데 가장 많은 학교가 설립된 곳은 평양 지역이었다. 한국 최초의 근대 대학인 숭실대학의 설립과 미션스쿨의 확장은 평양과 서북지역 교회의 부흥과 성장에 깊이 의존하고 있었으며, 특히 베어드의 한국에서의 교육 실험은 근대 교육 체제의 정착과 발전에 있어 괄목할 만한 성과를 이루었다.[4]

베어드의 사랑방에서 시작된 숭실학당은 첫 졸업생을 배출한 이후 고등교육에 대한 사회적 열망이 고조되면서, 1906년에 이르러 장로교와 감리교가 연합하여 숭실대학(Union Christian College)을 설립하였다. 근대 대학의 설립은 단순한 교육 기관의 확장을 넘어, 교인들이 토착 교회의 형성과 교육 사업에 주도적으로 참여하는 계기를 마련하였다. 다시 말해 지역 사회 내에서 평양 주민들이 자발적으로 대학 설립 염원과 기금을 조성하는 운동에 참여할 수 있도록 이끌었다. 이러한 일련의 과정의 결과로 우수한 근대적 고등교육 기관들이 탄생할 수 있었고, 이는 한국 근대 교육의 발전에 중요한 전환점을 제공하였다. 이처럼 근대 고능교육 기관의 실립과 발전에 있어서 평양 주민들의 기여는 결코 미미하지 않았다. 평양 주민들의 호흥에 힘입어 베어드, 마펫, 매큔 선교사들은 평양에서 제도권 학교와 고등교육 기관, 그리고 다양한 기독교 학교들의 토대를 구축할 수 있었다.

평양 선교사 2세대라 할 수 있는 권세열은 선배 선교사들의 업적을 계승하면서 새로운 교육 사업을 발굴하고 개척하는 데 주도적인 역할을 수행했다. 실제로 그의 첫 임지에서 선교활동을 시작했을 때, 선교

---

4   임희국, 『평양의 장로교회와 숭실대학』, 한국기독교문화연구원, 2017, 78~85쪽.

본부에 보낸 선교보고서는 매큔 선교사가 그의 활동에 얼마나 큰 조력자인지 설명하고 있다. 평양은 권세열의 한국선교 활동의 기초가 되었고, 그가 한국인의 삶과 문화를 처음으로 직접 접한 장소였다. 이곳에서 그는 지역 주민들과 함께 살면서 그들을 이해하고, 그들을 위한 선교활동을 구상하고 탐색하는 데 긴 시간을 보냈다.

그렇다면 한국에 오기까지 권세열이 한국에 오게된 이유가 무엇이고 어떤 가정 환경과 교육 환경에서 신앙과 학문을 익혔는지를 살펴보는 것은 그의 선교 사상과 가치관을 이해하는 데 중요한 단서를 제공한다.

권세열의 가문은 일찍이 독실한 기독교 신앙을 지닌 부모님과 집안에서 태어났다. 일찍이 한국에 선교사로 파송되었던 그의 두 누나 메리언 킨슬러(Marian Kinsler, 권수라, 1922~1948년 서울 선교지부에서 활동)와 헬렌 킨슬러(Helen Kinsler, 권신라, 1923~1930년 대구선교지부에서 활동)가 내한 선교사로 활동하던 시기에 아직 청년 대학생이었다.

1920~1925년 권세열이 수학했던 미국 동부 테네시주 메릴빌에 위치한 메리빌 대학(Maryville College)은 미국 장로교의 신학적 뿌리와 전통을 간직한 학교였다. 일찍이 흑인과 백인 사이의 인종 통합을 지향하며 흑인을 대학에 입학시켰고, 1875년에 이 대학은 테네시 주에서 처음으로 여성에게 대학 학위를 수여했다.[5] 그는 이 대학을 졸업한

---

5   메리빌 대학(Maryville College)은 1819년에 장로교 목사인 아이작 앤더슨(Issac L. Anderson)에 의해 설립되었다. 대학 설립 목적은 미국 서부로 교육과 계몽을 확장한다는 목적 아래 미국 남부와 서부 신학교(Southern and Western Theological Seminary)로 설립되었다. 이 대학은 미국에서 가장 오래된 대학 50곳 중 하나이며, 남부에서 12번째로 오래된 학교였고, 미국 장로교와도 깊은 연관이 있는 학교였다. 이 대학은 시작부터 인종 간의 통합을 실시한 학교였다. 1819년에 노예 출신 조지 얼스킨(George Erskine)

후 프린스턴 신학교에 진학하여 1935년에 신학박사 학위를 받았다. 권세열은 평양 숭실전문학교 교장 매큔 박사(재임 1928.9~1936.3)와의 만남으로 미혼의 몸으로 한국에 오게 되었다.

권세열은 미북장로회 한국선교회 평양선교지부에서 활동하게 된다. 그가 몸담게 되는 평양선교지부에 대한 사전 이해를 위해서 평양선교지부 소속의 내한선교사들을 살펴보자. 그들의 주요 특성 중에 한가지는 19세기 말 미국의 대각성운동의 분위기 속에서 태동한 대학생들의 "해외선교 학생자원운동(Student Volunteer Movement for Foreign Mission)"[6] 출신이라는 점을 들 수 있다. 대표적으로 마펫과 모의리 선교사를 들 수 있다. 학생자원운동은 기독교와 서구 문명을 전해주기 위해 세상을 향한 섭리적 사명의식을 가지고 있었고 극동지역, 그 가운

이 테네시 주의 노예해방협회(Manumission Society of Tennessee)의 후원을 받아서 이곳에서 공부하고 장로교 총회에서 목사 안수를 받았다. 미국 남북전쟁(1861~1865) 기간에 휴교했다가 남북전쟁이 끝난 후에 인종에 관계없이 학생들을 모두 다시 입학시켰다. 그러나 1901년 테네시 주 정부가 메리빌 대학에 인종 분리를 강요하자 이 대학은 당시 대학 기금의 약 10분의 1에 해당하는 25,000달러를 자매 학교(Swift Memorial Institute)에 기부하여 흑인 학생들을 교육시키게 했다. 스위프트(Swift) 학교는 메리빌(Maryville College) 대학을 졸업한 최초의 흑인 윌리엄 프랭클린(William Henderson Franklin)에 의해 설립되었다. 또한 1875년에 이 대학은 테네시주에서 처음으로 여성에게 대학 학위를 수여했다. 위키피디아 영어판 참고.

6 해외선교 자원운동은 1886년 당시 유명한 설교자였던 무디(D. L. Moody)의 인도 아래 86개 대학에서 250여명의 대학생들이 메사추세츠 헤르몬산 학교의 무디 수양관에 모여 세계선교를 위해 헌신하기로 다짐한 것을 계기로 회장 존 모트(John R. Mott)와 로버트 윌더(Robert Wilder)의 리더십 아래 강력한 선교운동으로 발전했다. 이 운동은 "우리 세대에 온 세상의 복음화를!"라는 슬로건 하에 1950년대 말 다른 선교조직과 합치기 전까지 약 2만 5백여 명의 대학생을 해외 선교사로 파송하였다. 권연경, 『모의리』, 한국기독교문화연구원, 2020, 21쪽; 극동지역 한국으로의 학생자원운동에 관한 미국 프로테스트탄트 사상과 해외선교를 다룬 주요 저서로 William R. Hutchison, *Errand to the World*, Chichago and London: The University of Chicago Press, 1987, pp.3, 128, 119, 131, 175.

데 한 나라인 조선에서 자기희생적으로 헌신하는 수많은 선교사들을 배출하였다.[7]

미북장로회 평양선교지부[8]의 또 하나의 특성은 주요 인물들이 맥코믹 신학교 출신이었다는 사실이다. 사무엘 마펫(Samuel A. Moffett), 윌리엄 베어드(William M. Baird), 그래함 리(Graham Lee) 등 평양지역의 선교사들은 맥코믹 신학교의 전통에 따라 신학적으로 보수적인 입장을 견지했다. 이들과 비교하여 서울지역 내한선교사들은 신학적으로 좀 더 개방적이고 초교파적인 태도를 취했다.[9] 이런 신학적 차이가 향후 대학문제나 신사참배, 평양 미션스쿨 존폐의 향방을 좌우하게 되었다.

권세열은 선교사로 자원하였을 당시엔 만주와 몽골지역 선교를 목표로 하였다. 1931년 9월 만주사변이 일어나고 관동군이 만주를 점령하면서 그 지역을 단념할 수밖에 없었다. 윤산온(매큔) 교장의 권유로 평양에 머물며 숭실전문학교와 평양 장로회신학교에서 가르치면서 평서노회 소속으로 50개에 이르는 각 지역교회들을 섬겼고, 기독청년면려회, 전도부인 사경회, 여자선교회 대회 등에서도 강습활동을 했다.

그가 평양에 정착하면서 어느날, 보통강뚝 빈민촌, 경창문밖 빈민촌 그리고 공장지대에 가난한 사람들의 자녀들이 방치된 채 굶주리고 추위 속에서 길거리에서 놀고 있는 모습을 보았다. 일제의 강압적인

---

7   류대영, 『개화기 조선과 미국 선교사』, 한국기독교역사연구소, 2004.
8   평양선교 초기의 평양부 신양리와 경창리 일대의 장로교 선교기지의 공간분할에 관한 연구는 박준형, 「근대 평양의 도시 공간 변화와 식민주의 – 사토 도시오(佐藤俊男)의 『타국의 고향(他國のふるさと)』을 중심으로」, 『서울학연구』 88, 2022, 93~97쪽.
9   류대영, 『한국 기독교 역사의 재검토』, 한국기독교역사연구소, 38쪽, 2019.

무단통치라는 절망적인 현실 속에서 살아가는 식민지 조선 땅에서 빈곤 아동들의 삶을 마주하며 그는 방치된 빈곤아동들의 처지에 깊은 동정심을 가졌고 선교사로서 무엇을 해야할지 고민하게 되었다.

권세열은 빈민아동을 위한 구락부를 시작하게 된다. 그는 숭실전문 학생들, 평양신학교 학생들과 여자고등성경학교 학생들을 채용하여 성경학교 건물과 예배당을 활용하여 무산아동 교육을 시작했다. 이것이 성경구락부 운동의 시작이었다. 이 운동의 동역자로 1930년도 숭실전문학교 졸업생인 문학린(숭실전문학교 문과 제5회 졸업)을 선임했는데, 문학린은 결핵으로 일찍 세상을 떠났다.[10] 문학린이 세상을 떠난 후 길진경(당시 신학생, 1919년 숭실중학 졸업), 김희선(1927년 숭실중학 졸업), 송영길(1929년 숭실중학 졸업, 1933년 숭실전문학교 제8회 졸업), 탁상신(1934년 숭실전문학교 문화 제9회 졸업), 이성주(1936년 숭실전문학교 문화 제11회 졸업) 등 당시 숭실전문 학생 및 신학생들과 함께 이 성경구락부 운동을 시작했다.[11]

이처럼 권세열이 처음 평양에서 선교 활동을 시작하려고 했을 때 숭실전문학교 학생들이었던 배민수, 문학린, 길진경 등과 함께 기틀을 잡아나갈 수 있었던 것은 권세열의 성품에서 비롯된 것 같다. 청년 권세열은 매우 소탈한 성격으로 반바지를 입고 숭실전문학교 학생들과 같이 매일 교정에서 농구를 즐기는 친한 친구와 같은 면모를 학생들에게 보여주었다고 전해진다.[12] 그 사이 1929년 평양의 광문서림

---

10 문학린은 문재린 목사의 동생이고 문익환, 문동환 두 목사의 숙부였다.
11 숭실대학교 120년사편찬위원회 편, 『평양숭실 회고록』, 숭실대학교 한국기독교박물관, 2017, 11~12쪽. 이들은 이후 모두 목사가 되었다.
12 김득렬, 『권세열 선교사 전기: 씨를 뿌리러 나왔더니』, 카이로스, 2007, 268쪽.

2층에서 성경구락부가 탄생하고 있었다.[13]

권세열의 선교보고서는 1930년대 초창기 때 구락부의 현황을 잘 묘사하고 있다.

"구락부는 1930년에 평양의 도심 길거리에서 모인 12명의 어린 소년들로부터 시작되었습니다. 현재 평양시에는 15개의 구락부가 있고 1,000명 이상의 아이들이 등록해 있고, 다른 지역에서도 20여 개의 성경구락부가 조직되어 있습니다. 이곳의 수업은 성경을 중심으로 진행됩니다. 아이들은 그리스도와 교회를 위한 훈련을 위해 일주일에 매일 3시간씩 모여 예배, 성경공부, 놀이, 그 외에 다양한 활동을 하고 있습니다. 성경구락부의 지도자들은 대부분 숭실대학, 평양 장로회신학교, 여자고등성경학교, 숭실중학 학생들입니다."[14]

이와 같이 시작된 평양 성경구락부 운동은 1931년을 기점으로 평양 시내에 7개의 구락부가 설립되며 점차 확산되었다. 1934년경에는 평양 시내에서만 14개의 성경구락부가 운영되었으며, 등록된 어린이 수는 1,500명을 초과하였다. 같은 해, 인근 시골교회에도 약 10개의 성경구락부가 추가로 조직되며 지리적 범위가 더욱 확장되었다.[15]

1938년에 이르러 평양 시내의 성경구락부는 15개로 확대되었는데, 이와 같은 급속한 확장은 다양한 요인에 기인한다. 그중에서도 성경

---

13 평양 성경구락부에 대해서는 마은지, 「한국전쟁과 성경구락부 운동」, 335~339쪽.

14 "HANDBOOK AND MONTHLY PRAYER CALENDAR of the PYENGYANG STATION KOREA," Pyengyang Station, Presbyterian Church, 1938, in The Francis Kinsler Family Collection(이하 *FKFC*로 표기함)

15 "KURAHKBOO," BY REV. FRANCIS KINSLER, *FKFC*, pp.5~6.

구락부의 체계적이고 효과적인 교육 프로그램이 이러한 성장의 주요 요인으로 지목될 수 있다. 각 성경구락부에서는 종교, 지육(知育), 체육, 봉사의 네 가지 영역에 걸친 교육을 중심으로 운영되었을 뿐만 아니라, 야간 수업에 앞서 운동장에 모여 단체로 '라디오 체조'를 실시하는 등 신체 단련에도 힘썼다. 또한, 평양성 내 여러 교회들은 연합하여 연중 수 차례 연합 대회를 개최하였으며, 이 자리에서 독창, 중창, 합창 등 다채로운 음악 활동이 이루어졌다. 더불어 성경 암송과 덴마크 체조 등의 프로그램을 통해 신앙과 신체의 조화를 도모하였다. 이와 함께, 단순한 지식 교육을 넘어 아동들에게 실질적인 생활지도를 병행하였다. 특히, 빈곤한 가정의 아동일지라도 근검절약의 습관을 기를 수 있도록 장려하였으며, 매일 1전씩 저축하는 습관을 형성하게 하여 경제적 자립심을 함양하는 데에도 주력하였다.[16]

한편, 구락부의 교사(校舍)는 남자성경학교 건물이었고, 학생들을 가르치는 교사는 숭실전문학교 학생들이었다. 교육 기간은 3년 과정이었고 교육 내용은 보통학교 상급반에서 중학교 1학년 정도 수준이었고 여기에 더하여 성경과 영어를 가르쳤다. 처음 시작했던 성경학교는 선교사들의 주택단지였고 가난한 사람들이 사는 곳이 아니라서, 많은 아동들을 모집할 수 없게 되자 방향을 바꾸어 이미 세워진 교회를 이용하기로 했다. 서성리, 창광산 교회, 신암, 기림리, 선교리, 동평양 등 수십 교회들이 구락부 설립을 요청하여 단기일에 수십 개의 구락부가 형성되었다.[17]

---

16 김득렬, 『권세열 선교사 전기: 씨를 뿌리러 나왔더니』, 268~270쪽.
17 같은 책, 271쪽.

1938년에 이르러 성경구락부 재원생이 5,000여 명으로 증가하면서 더 많은 교사의 필요성이 대두되었다. 각 구락부마다 부장과 교사들이 구성되었다. 성경구락부 지도자의 숫자도 급격히 늘어났다.

특히, 평양 숭실대학의 교장이었던 매큔(Dr. G. S. McCune) 교장은 평양 숭실대학과 평양신학교의 교수이기도 했던 킨슬러의 이 운동에 깊이 공감하며 적극적으로 협력하였고, 학생들이 성경구락부 활동에 헌신할 수 있도록 배려하였다.[18] 그래서 숭실학교 학생들에게는 기숙사 식비 지급이나 식비 면제를 조건으로 성경구락부 교사로 활동하게 하였다. 그뿐만 아니라, 그의 선교보고서에 따르면, 당시 172명의 숭실대학과 숭실중학 학생들이 여름방학의 전부 또는 일부를 복음전도 활동에 동원되었다. 여러 교회에서 1주일간 진행되는 수양회, 일일방학성경학교, 저녁 집회 등을 통해 적극적으로 복음 전파에 나섰다.[19]

이와 같이 숭실학교 출신의 엘리트들이 성경구락부 운동에 적극적으로 참여하고 교사와 지도자로 활동한 결과, 평양 지역의 성경구락부는 더욱 확산되고 체계적으로 발전할 수 있었다. 평양 숭실학교 엘리트들의 헌신적인 참여[20]는 성경구락부 운동의 형성과정에서 지도자의 위상을 정립하는 데 중요한 역할을 하였다.

성경구락부는 단순히 빈곤한 아동들에게만 한정된 운동이 아니었

---

18 "CHILDREN AT WORK FOR CHRIST IN PYENGYANG, KOREA," BY REV. FRANCIS KINSLER, *FKFC.*

19 "DEAR FRIENDS :—," BY GEORGES S. McCUNE, *FKFC.*

20 "CHILDREN AT WORK FOR CHRIST IN PYENGYANG, KOREA," BY REV. FRANCIS KINSLER, *FKFC.* 이 자료는 평양에서 구락부가 시작될 수밖에 없었던 한겨울의 상황을 아주 자세히 묘사하고 있다.

다. 초기에는 빈민아동을 보호하고 교육하는 데서 출발하였으나, 점차 다양한 사회적 계층으로 그 범위가 확대되었다. 당시 평양 지역 성경구락부의 지도자였던 김희선이 목격한 사례들은 이러한 확산 과정을 여실히 보여준다. 차갑고 어두운 겨울밤, 한 움막에서 지내던 젊은 부부의 이야기, 식사조차 제대로 하지 못한 채 난방이 없는 극한의 환경에서 고통받던 85세의 병든 노부부, 굶주림에 시달리던 과부와 어린아이들, 돌봄을 받지 못한 채 방치된 아이들이 성경구락부를 통해 새로운 삶을 찾은 이야기, 그리고 거리에서 떠돌던 세 명의 거지 소년들이 한국의 기독교 고아원으로 인도된 이야기 등, 수많은 감동적인 사연들이 킨슬러의 선교보고서에 상세히 기록되어 있다.[21]

이와 같은 사례들은 성경구락부가 단순한 교육 기관을 넘어, 당시 사회적 약자들에게 보호와 희망을 제공하는 중요한 역할을 수행했음을 시사한다.

결론적으로, 일제강점기 식민지 조선의 혹독한 한겨울 속에서 평양은 성경구락부 운동이 태동하고 성장하는 요람과 같은 역할을 하였다. 그러나 성경구락부가 평양에서 하나의 거대한 운동으로 발전해가던 시점에서, 식민통치 말기 선교본부의 교육 철수 방침으로 인해 결정적인 전환점을 맞이하게 되었다. 결국, 이에 합류할 수밖에 없었던 권세열은 1941년 본국으로 귀국하면서 평양에서의 성경구락부 운동은 불가피하게 중단되고 말았다.

---

21 "CHILDREN AT WORK FOR CHRIST IN PYENGYANG, KOREA," BY REV. FRANCIS KINSLER, *FKFC.*

III. 성경구락부 이념과 교육원리

성경구락부 운동은 수십 년에 걸친 전통과 역사를 계승하며 그 기본 이념과 원칙을 일관되게 유지해왔다. 이는 효과적인 교육과 그리스도인으로서의 신앙 훈련, 그리고 한국 사회의 현실적인 삶에 필요한 요소들을 제공하는 것이 무엇보다 중요한 과제라고 인식되었기 때문이다.

1950년대 한국전쟁 전후의 성경구락부 활동이 전쟁이라는 특수한 상황 속에서 구호 및 원조와 긴밀히 연계된 교육 형태를 띠었다면, 1960년대에 들어서는 성경구락부의 교육원리가 다시 한번 확고히 정립되었다.[22]

첫째, 성경구락부 운동은 그리스도를 본보기로 삼는 교육을 지향하였다. 역사적 예수는 이 땅에서 완전한 인간으로서 모자람 없는 삶을 실천하며 기독교적 삶의 이상을 구현했다. 특히, 예수의 어린 시절과 성장 과정은 자라나는 소년·소녀들에게 신앙과 인격의 모범으로 제시되었다.

둘째, 성경구락부 운동은 아동 중심의 교육을 실천하였다. 모든 참된 교육의 핵심은 교사나 교장이 아니라, 교육을 받는 아동 그 자체에 있었다. 교육은 단순히 교사의 감시 아래 지시를 따르거나 수동적으로 배우는 과정이 아니라, 아동이 스스로 행하고, 말하며, 사고하는 경험을 통해 이루어지는 것이라는 확고한 교육철학이 깔려 있었다.

셋째, 성경구락부 운동은 아동의 생활 전반을 아우르는 교육을 지향하였다. 교육이란 단순한 지식 전달이 아니라, 삶을 준비하는 실천

---

22 대한청소년성경구락부, 『지도자』, 8권 1호(61호), 1963년 1·2월, 4~5쪽.

적 훈련이어야 한다는 원칙아래, 성경구락부의 기독교 교육은 아동의 성장과 발달을 네 가지 측면에서 조화롭게 훈련하는 것을 목표로 삼았다. 즉, 지적인 면에서는 예수께서 "지혜가 자랐다"고 기록된 바와 같이 지적 성장과 학습을 중시하였으며, 육체적인 면에서는 "키가 자랐다"는 말씀을 따라 건강한 신체 발달을 도모하였다. 그리고 종교적인 면에서는 "하나님께 사랑스러워 가셨다"는 예수님의 모습을 본받아 신앙과 영적 성숙을 강조하였고, 사회적인 면에서는 "사람들에게 사랑스러워 가셨다"는 성경의 말씀을 바탕으로 원만한 대인관계와 공동체적 삶의 태도를 기르도록 하였다. 이와 같이 네 가지 측면에서 균형 잡힌 교육이 이루어질 때, 아동들은 평생에 걸쳐 온전하고도 참된 기독교적 삶을 실천하며 사회 속에서 바람직한 신앙인으로 성장할 수 있다고 보았다.

넷째, 성경구락부 운동은 단체활동을 중심으로 한 교육이었다. 이는 곧 또 다른 형태의 사회생활을 의미하며, 단체란 동일한 목적을 공유하며 자유롭게 연합하는 공동체적 결속을 뜻한다. 기독교적 생활은 본질적으로 타인과 함께 살아가는 사회적 삶이며, 다른 이들에게 도움을 주고 봉사하는 삶이다. 아래의 표에서는 성경구락부가 실시한 단체활동 프로그램의 구체적인 사례들을 살펴볼 수 있다.[23]

〈표 1〉 성경구락부 단체활동 프로그램

도서문고	도서실을 설치하고 신문, 잡지, 성경, 주일학교 동화책, 위인전 등의 서적을 모아 소도서관 형식으로 독서 또는 대본하게 한다.

---

23 〈표 1〉성경구락부 단체활동 프로그램은 원문을 그대로 옮겼다.

신문활동	등사로서 꼬마 신문을 발행하게 한다. 신문사의 부서 형식을 따라 부원들에게 활동시킨다.
시합	실내외에서 여러 가지 운동을 시합시켜서 기술을 연마시킨다.
매점	소규모의 매점을 설치하여 부원들의 일상 필요한 학용품을 판매하는 활동을 시킨다.
자립 선언	부원들이 자립 할 수 있을 직업을 갖게 지도한다. 이발관, 신문배달, 작업 등의 봉사 할 수 있게 하여 자립 정신을 기른다.
찬양대	교회에서나 구락부에서 찬양대를 조직하여 활동시킨다.
전도대	노방전도, 축호전도, 문서전도 등으로 전도활동을 시킨다.
어린이 은행	은행 형식의 조직으로 어린이 은행을 경영하여 부원들의 저축을 장려한다.
써클	음악, 예술, 운동, 무용, 문예 등의 자기 취미에 알맞은 부서 써클을 조직하여 활동케 한다.
시설확장	운동자, 스케―트장, 평균대, 철봉, 도장들을 부원들의 활동으로서 계획 설치, 또는 확장시키는 활동

성경구락부 활동에서 또 다른 중요한 단체활동의 사례는 바로 '구락부의 날' 행사였다. 일주일에 한 번 실시되는 이 행사는 지도자들과 부원들은 그리스도인으로서의 삶을 실천적으로 훈련하기 위해 함께 연합하였다. 예배와 행정, 봉사활동을 비롯한 모든 오락적 활동에 있어서도, 성경구락부는 부원들이 실제적이고 민주적인 방식으로 서로 자유롭게 협력하고 연합하는 것을 목표로 삼았다. 이를 통해 각 개인은 공동체 속에서 자신의 역할을 다하며 기독교적 가치를 실현할 수 있었다.

한편, 한국 사회가 산업화의 본격적인 궤도에 들어섰던 1970년대 자료들을 살펴보면, 성경구락부의 교육원리가 일부 변경된 것을 확인할 수 있다. 그럼에도 불구하고 그 근본적인 원리는 여전히 청소년들이 예수 그리스도의 원만한 인격을 본받아, 초·중·고등학교 교육과정을 통해 기독교적인 자주성, 책임감, 협동성, 민주 정신을 발휘하며 살아갈 수 있도록 하는 전인교육의 이념을 강조하고 있었다. 이 교육

원리는 다음 네 가지 측면에서 구체적으로 실현되었다. 첫째, 예수님을 본받는 교육, 둘째, 예수님의 종교적, 지적, 체육적, 봉사적 실천을 통한 생활교육, 셋째, 단체활동을 통한 공동체 교육, 넷째, 자치 훈련을 통한 자기주도적 교육이 그것이었다.[24]

이러한 본질적인 이념을 바탕으로 시기에 따라 새로운 교육 이념이 추가되었다. 그것은 내부적으로 구락부 교육의 변화 필요성이 제기되었기 때문이다. 당시 제시된 새로운 교육 이념은 '지역사회에 기여할 수 있는 구락부 교육'을 목표로 하여, 구락부의 4대 원리인 "예수 모방"(인격, 성품, 행동, 생활)을 중심으로, "4대 생활"(종교, 지육, 체육, 봉사)을 잘 실천하도록 하는 것이다. 또한, 이 교육은 "원칙적으로 지역사회를 위한 생활인을 양성하는 데 중점을 두며, 교육 내용이 해당 지역사회의 요구에 부합할 수 있도록 해야 한다"고 밝히고 있다.[25]

이 시기에 발간된 성경구락부 기관지를 살펴보면, 종교 교육에만 국한되지 않고, 지역사회에 기여할 수 있는 성경구락부 교육을 강조하고 있는데, 이는 산업화와 도시화에 따른 성경구락부 교육의 변화를 반영하며, 도시사회, 농촌사회, 산업사회, 특수사회 등 각 부문에서 성경구락부의 교육 실천을 구체적으로 탐구한 결과였다.[26]

궁극적으로, 성경구락부는 지역사회를 위한 생활인 양성과 민주국가의 시민 양성을 목표로 하는 교육 방향을 제시하였다. 교회와 성경

---

24 "성경구락부 안내서," *FKFC.*

25 김찬호, 「성경구락부 교육과정」, 『지도자』 제98호, 1966년 10월호, 15쪽; 마은지, 「1960~ 1970년대 한국의 성경구락부 운동 – 교회학교 운동에서 지역사회학교 운동으로」, 280~ 281쪽.

26 「지역사회에 기여할 수 있는 성경구락부 교육」, 『지도자』, 1972년 1·2월호, 10~31쪽.

구락부는 지역을 기반으로 하여 구락부-학교-지역-교회가 일체가 되는 구조를 형성하고, 그 학교는 지역사회가 요구하는 공민적 시민 양성을 목표로 하였다. 농(어)촌지역 성경구락부, 산업 및 공단지역 성경구락부, 특수사회 성경구락부의 사례는 각 지역사회의 개발과 밀접하게 연관되며, 지역사회학교 운동으로 발전했음을 알 수 있다.[27]

종합해 보면 성경구락부 교육의 기본 원리는 평양 시절부터 이어지는 이념을 기본적인 틀로 유지하면서 환경의 변화에 민감하게 반응하여 시대적 요구에 따라 교육 내용을 채택하는 방식을 취했다.

IV. 성경구락부의 확산과 조직화

1. 성경구락부의 확산

평양에서 빈곤 아동 6명을 모아 시작된 성경구락부는 평양 지역에서 폭발적인 호응을 얻으며 급격히 성장하였다. 그러나 1937년, 총독부 학무국의 신사참배 문제로 평양 지역의 기독교 학교들이 학교 운영을 중단하고 '인퇴' 결정을 내리면서 성경구락부 사업도 함께 중단되었다. 베어드의 '한국실험'이 평양 숭실대학교라는 근대 대학의 문을 여는 성과를 낳았다면, 권세열의 '한국실험'인 성경구락부의 새로운 교육방식은 한동안의 성장을 보였으나 결국 중단되어 영원히 끝나는 듯 보였다.

---

27 마은지, 「1960~1970년대 한국의 성경구락부 운동 - 교회학교 운동에서 지역사회학교 운동으로」, 281쪽.

그러나 해방 후, 1948년 권세열은 다시 한국으로 돌아왔다. 그는 이제 한반도의 남쪽 서울 남산에서 개교한 장로회신학교의 교수로 청빙되어 부임하였다. 10년간 중단되었던 공백을 깨고 그는 성경구락부 재건 사업에 뛰어들었다. 1949년, 장로회신학교에서 32명의 학생을 선발하여, 이전에 평양에서 성경구락부의 지도자였던 박윤삼 전도사와 윤종묵 전도사 등이 인도하는 '시범 성경구락부'를 피어선 성경학교 건물에서 열었다. 이들은 성경구락부에 대한 견습과 실습 훈련을 받았다. 그 후엔 해방, 창신, 영락, 상도, 서대문, 충무, 동광, 효자동원동 교회 등 서울의 여러 교회에서 30여 개의 성경구락부를 조직하며 남한에서 성경구락부 운동을 재건하였다.

그러나 몇 개월 뒤 한국전쟁이 발발하면서 성경구락부 활동은 또다시 중단될 위기에 처하게 되었다. 그럼에도 불구하고 권세열의 가장 큰 공헌은 전시 상황 속에서도 성경구락부의 활동을 중단하지 않고 지속했다는 점이다. 그는 어떠한 위기 속에서도 한국의 아이들에 대한 깊은 사랑과 헌신을 바탕으로 활동을 이어갔다. 전쟁 발발로 부산과 대구를 제외한 전 국토는 선생터로 변했고, 전국민은 전재민의 처지로 떨어졌다. 생명과 안전이 위태로운 전시 상황 속에서 권세열은 피난민들과 함께 피난지로 이동하면서 성경구락부를 계속 운영하기 위해 노력했다. 천막을 치고, 때로는 비가 내리는 들판에서 수업을 진행하기도 했다. 먹을 것과 물자, 교사도 부족한 상황에서 그는 원조 물자를 효율적으로 배분하여 성경구락부의 재정을 충당했다. 전쟁이 격화되면서 부산, 제주, 거제 등지로 피난하면서도, 그는 전시의 교육기관으로서 성경구락부의 역할을 지속했다.

서울 수복 후, 권세열은 전쟁미망인 33명을 선발하여 성경구락부의 교육원리와 실천 방식을 훈련시킨 뒤, 서울 시내 30여 개 교회에 파송하여 성경구락부 운동의 재건을 이끌었다. 또한, 각 지방에서 성경구락부 신설을 청원하자, 그는 2박 3일 일정으로 지역 강습회를 열어 전국적인 성경구락부 운동의 부흥을 위해 힘썼다.[28]

전시 중 성경구락부 활동을 잘 보여주는 사례는 영락교회에서 시작된 성경구락부였다. 영락교회는 전쟁 후, 많은 전쟁고아와 빈민 아동들을 대상으로 다양한 활동을 펼쳤다. 이 교회뿐만 아니라, 전국 각지의 교회에서도 교회 부설 성경구락부가 설립되었고, 이를 통해 빈민아동은 물론 일반 아동들에게도 성경구락부에서 공부할 기회의 문이 크게 열렸다. 아이러니하게도, 전쟁은 성경구락부의 발전과 전국적인 확산에 결정적인 전환점을 마련했다. 성경구락부 운동은 한국 교회의 교인 수 증가와 교세 확장에 중요한 기폭제 역할을 했다. 예를 들어, 200여 명에 불과했던 서울의 안암교회 중등부 학생 수는 400명으로 증가하며, 교회의 부흥을 이끄는 주요한 동력이 되었다.[29]

전후의 성경구락부는 몇 단계를 거치며 발전했다. 첫 번째 변화는 교육 대상과 교육과정의 변동이다. 1959년 국민학교 의무교육 시행 이후, 초등부 아동을 중심으로 진행되던 성경구락부는 교육의 대상을 중등학교로 확장하였다. 이를 반영한 전국 성경구락부의 현황 통계에 따르면, 1965년 성경구락부는 전국 19개의 지부에 613개의 초등부 구락부가 운영되었으며, 그 등록 아동 수는 57,182명이었다. 그러나 1972년에는 전국적으로 초등구락부가 4개 구락부로 축소되고, 그 규

---

28 김찬호, 「오늘의 성경구락부 운동과 역사적 고찰」, 『지도자』, 통권 제206호, 2014.
29 김득렬, 『권세열 선교사 전기: 씨를 뿌리러 나왔더니』, 295쪽.

모는 약 270명에 불과한 것으로 나타났다.[30]

<표 2> 전국 성경구락부의 설립과 구성 통계[31]

	초등부			중등부			고등부		
	구락부	지도자	부원	구락부	지도자	부원	구락부	지도자	부원
1964	152	342	10,745	250	899	18,362	2	3	73
1968	24	47	2,189	267	1,326	35,954			
1973	9	33	500	220	1,538	45,919	17	222	12,388

위의 표에서 성경구락부에 입학하여 졸업까지의 과정 역시 주목할 만하다. 구락부 학생들은 장거리 통학과 여러 가지 사정으로 인해 중도 탈락자가 많았던 것으로 추정된다. 따라서 실제 졸업생 수에 대한 통계는 성경구락부의 교육적 성과와 현황을 잘 반영하는 지표라 할 수 있다. 1970년 영락교회에서 실시된 전국 성경구락부 연합 졸업예배 자료를 살펴보면 다음과 같다.

---

30 1954~1963년 전국성경구락부 통계와 지부조직은 마은지, 「한국전쟁과 성경구락부 운동」, 350쪽; 대한 청소년 성경구락부, 『사랑의 교육60년』, 81쪽; 성경구락부와 관련한 연구들을 수행한 저자들에 따라 미세한 통계의 차이를 보여준다. 예컨대 1965년도 전국지부가 17개 지부이다.

31 대한 청소년 성경구락부, 『사랑의 교육60년』, 86~88쪽. 이 표는 필요에 따라 필자가 재작성한 것임; 1954년부터 1963년까지 전국 지부 통계는 김득렬, 『권세열 선교사 전기: 씨를 뿌리러 나왔더니』, 305~306쪽 참조.

〈표 3〉 1970학년도 졸업생 상황[32]

구분	구락부 명단 및 졸업생수	총계
초등부	도원(118) 장충(78) 인성(288) 무궁화(40) 상록(28) 세종(32)	584명
중등부	만성(21) 가평(44) 금호(25) 양동(30) 봉성(32) 용문(28) 청구(300) 양서(57) 주내(30) 봉천(95) 성중(47) 성광(27) 신성(60) 일신(25) 성동(300) 동흥(472) 양동(30) 동중(126) 삼성(33) 대명(83) 피어선(180) 세광(120) 천호(164) 연우(62) 사능(32) 정희(102) 숭덕(182) 임마누엘(42) 염광(412) 남성(36) 보합(164) 청계(25) 북성(21) 동산(18) 성림(36) 영생(55) 성수(92) 상원(35) 동광(20) 된NA(30) 상수(13) 늘푸른(62) 서현(16) 무궁화(7) 진상(18)	3,648명
고등부	청구(60) 성동(350) 동흥(56) 피어선(45) 염광(150) 천호(32) 대명(13)	765명
사범부	피어선(24)	24명
총합		5,021명

두 번째 변화는 1950년대를 지나 1960~1970년대에 한국 사회의 본격적인 근대화 과정에서 비정규 교회학교들이 정부의 공식 인가를 받은 각종학교 및 정규학교로 전환된 점이다. 즉, 일부 성경구락부는 비학교 교육기관에서 제도권의 정규학교로 승격되는 변화를 겪었다. 이러한 전환은 초등학교, 중학교, 고등학교, 초급대학 등 다양한 교육 단계에서 이루어졌으며, 결과적으로 총 45개의 학교가 이에 해당하였다.[33]

아래의 자료는 1970년 9월 킨슬러 선교사가 퇴임할 때 퇴임식에서 보고된 자료이다.[34]

---

32 "축 1970년도 연합 졸업 예배,"(*FKFC*).; 권세열은 성경구락부(KURAHKBOO)의 활동사진을 많이 남겼다. 두 권의 사진 앨범에 총 390장의 사진이 들어있다. 성경구락부 사진 앨범 I권은 평양성경구락부 시절부터 1983년까지 시기별로 총 173장의 사진이 들어있고, 사진 앨범 II권은 전국 지역별로 찍은 총 47개 구락부의 활동사진 217장이 들어있다.
33 대한 청소년 성경구락부, 『사랑의 교육60년』, 53~54쪽.

<표 4> 정규학교로의 전환 학교명

학교	학교명
국민학교	인성(인천) 춘천명신(춘천)
중학교	영락(서울) 염광(서울) 인성여중(인천) 숭덕(인천) 중앙여중(인천) 안양동중(경기) 신흥(인천) 춘선명신중(강원) 영동여중(강원) 신일(충북) 외산(충남) 팔봉(충남) 대명(충남) 삼광(충남) 신동(경북) 한알(경북) 제일(경북) 탑리여중(경북) 송곡여중(서울) 삼성(경북) 동산(경북) 진성(경북) 화목(경북) 예천(경북) 상주(경북) 거북(경북) 거제(경남) 삼광(경북)
고등학교	염광상업고등하교(서울) 영락상업고등학교(서울) 신흥(경기) 인성여고(경기) 명신(강원) 영동여자상업전수학교(강원) 영동상업전수학교(강원) 동흥상업전수학교(서울) 청구상업전수학교(서울) 성동상업전수학교(서울) 피어선상업전수학교(서울) 김천상업전수학교(경북) 천호상업전수학교(서울) 새마을상업전수학교(서울)
초급대학	서울 경리 초급대학(서울)

영락교회의 성경구락부 사례는 교회학교가 정식 학교로 전환된 성공적인 모델을 잘 보여준다. 영락교회는 1952년 6월 10일, 월남한 피난민 자녀들의 교회교육과 학교교육을 위해 '영락성경구락부'를 정식으로 발족하였다. 이 구락부는 60여 명의 전쟁고아와 결손 아동을 대상으로 교육을 시작하였으며, 1953년에는 6학급, 649명의 아동들이 성경구락부에서 학습을 이어갔다. 1964년에는 1천여 명의 아동들에게 초등교육을 제공하였고, 초등교육을 마친 아동들을 위해 1953년에 중등교육 과정으로 야간 고등 공민학교를 설립하여 운영하였다. 이러한 과정은 점차 확대되어 1959년 3월, 영락학원의 설립을 인가받았고, 같은 해 4월에는 영락중·상업고등학교로 정식 인가를 받아 교회 직영의 중등 교육 기관으로 자리매김하였다.[35]

---

34 마은지 편저, 『킨슬러선교사의 사진자료집』, 한국기독교문화연구원, 2024, 24쪽.
35 영락교회 편, 『영락교회 50년사(1945~1995)』, 대한예수교장로회 영락교회, 1998, 212쪽.

이와 같은 긍정적인 성취를 이룬 이면에 지역사회에 설립된 구락부 학교들은 교육의 실천에 있어서 겪게되는 가지 애로사항도 발생했다. 1970년대는 중학교 무시험제도와 고교평준화제도의 시행으로 중등학교 취학률이 상승하였고, 그 반면 여학생의 수도 급격히 증가했다.[36] 그로 인해 1970년대 후반부터 구락부가 점차 쇠퇴하는 현상들이 나타났다. 문교부의 시달사항의 실천과 구락부 교육이 교육에서 벗어나는 경향 사이의 간극, 교육 관리들의 박해, 교회의 불협조, 높은 미국 교회 보조금 의존도, 지도자들의 구락부 정신 결여, 무산자를 위한 사업이라는 것에 대한 사회적 편견과 무시, 구락부의 본부에서 개체 구락부들에서 요구하는 보조금을 제공하지 못함에서 오는 다양한 이유 때문이었다.[37]

2. 성경구락부 운동의 전국 조직의 구성

한국전쟁을 계기로 성경구락부는 전국적인 조직으로 크게 성장하자 조직의 체계적인 틀을 마련할 수 밖에 없었다.[38] 한국 내 성경구락부는 한국 장로교회 산하에 위치하고, 지도를 받게 되었고,, 기독교 봉사, 청년 복음 운동, 그리고 기독교 교육의 일환으로 간주되었다. 구락부는 교회의 표준과 치리 아래에 놓였으며, 구락부 사무원과 지도 교사들은 모두 교회 교인들로 구성되었다.

전국적인 조직으로 확장됨에 따라 성경구락부는 사설 교육기관에

---

36 윤은순, 「1970년대 여성중등교육과 여학생 인식」, 『여성과 역사』 33, 2020.

37 마은지, 「1960~1970년대 한국의 성경구락부 운동-교회학교 운동에서 지역사회학교 운동으로」, 291~292쪽.

38 김찬호, 「전국조직기」, 『지도자』, 통권 152호, 1973년 5·6월호, 41~43쪽.

서 법인체로 변모하였다. 1950년에 총회의 산하기관으로 시작된 성
경구락부는 1970년 문교부로부터 '사단법인 대한청소년성경구락부'
로 인가를 받았고, 본부장에 감의도 박사가 취임하였다. 1975년 성경
구락부는 전국 16개 지부와 200개의 구락부를 운영하며, 52,000명의
학생이 재학 중이었다. 매년 1만 명의 졸업생과 신입생이 초등부, 중
등부, 고등부 구락부에서 학업과 신앙 교육을 받았고, 이들 중 많은
이들이 상급학교로 진학하거나 사회 각 분야로 진출하여 그리스도의
정신을 구현하는 데 기여하고 있었다.

본부는 성경구락부 운동의 활성화를 위해 더욱 조직체계를 구축했
다. 전국 성경구락부 조직도는 개별 성경구락부, 지역 성경구락부, 성경
구락부 본부위원회, 중앙 성경구락부 위원회로 구성되었다.[39]

본부위원회는 본부장 권세열 목사를 중심으로, 교육총무에 김찬호
목사와 김득렬 목사, 시무총무 최창서 목사 등 핵심 인물들에 의해
이끌어졌다. 각 지부위원회는 독립적으로 조직되어 운영되었으며, 각
지부 산하에는 지도자회의와 지방연합회 등이 결성되어 강습회와 수
련회 등의 다양한 활동을 주관하였다. 이러한 조직체계는 성경구락부
가 어떻게 거대한 전국적인 네트워크를 구성하고 효과적으로 운영했
는지를 잘 보여준다.

성경구락부의 기반이 되는 개체 성경구락부는 각 개별 교회 내에서
조직되어, 해당 지방교회의 회기에서 직접 관리하였다. 관리 체계는
전임 지도교사나 강사의 임명을 승인하고, 구락부의 활동, 전체 프로그
램 및 재정을 관리하고 감독하는 권한을 지니게 되었다.

---

39 「성경구락부 운동의 조직」, 『지도자』 제97호, 1966년 9월호, 9~13쪽.

개체 성경구락부의 상위 기관인 성경구락부(지부 성경구락부)는 지부 위원회가 주도하며, 위원장과 고문, 총무로 구성되었다. 이들은 성경구락부 사업의 월별 보고 및 사업을 감시하는 기능을 수행하였다. 성경구락부 본부위원회는 각 지역의 성경구락부 업무에 대한 정기적인 보고를 받고, 이를 바탕으로 성경구락부 프로그램을 제시하는 역할을 했다.

마지막으로, 중앙 성경구락부 위원회는 성경구락부 운동의 전체 업무를 총괄하며, 한국 장로교 총회 교육분과 성경구락부 위원회의 최종 감독 아래에 두었다. 중앙위원회는 성경구락부의 전 활동을 감독하며, 본부위원회 및 지역위원회의 임명에 대해 최종 승인을 내리고, 구락부 활동 및 지도교회에 대한 심사를 담당하였다. 또한, 대한청소년성경구락부 중앙위원회의 회칙과 준칙은 1966년 7월 25일자로 채택되었다.

3. 성경구락부 기금확보 및 재정 운영 방식

성경구락부가 전국적으로 확산되고 조직적인 체계가 정립됨에 따라, 이를 운영하기 위한 막대한 자금과 재정적 지원이 필수적인 과제로 부각되었다. 일제 식민지 시기부터 성경구락부의 운영에 필요한 재정은 주로 미북장로회 선교부로부터의 재정적 지원에 의존하였다. 또한, 수많은 기관과 개인들의 후원금 및 구호물자가 성경구락부의 운영을 뒷받침하며, 전국에 분포한 구락부를 지원하는 방식으로 이루어졌다.

한 자료에 따르면, 성경구락부 사업의 재정 마련은 대부분 권세열의 개인적인 원조와 미연합장로교 선교부의 보조금으로 충당되었음을 알 수 있다. 그 외에도 구락부가 속한 교회의 보조금 등이 주요 재정적 원천이었다. 특히 영락교회의 초등학교 성경구락부는 다른 구락부들 중에서도 가장 규모가 크고, 재정적 지원이 안정적이었던 사례로 꼽힌다. 영락교회는 구락부의 인원 증가에 따라 670명을 수용할 수 있는 새로운 건물을 신축하게 되었으며, 이 과정에서 미8군단의 물자와 연계된 보조를 받았다. 해당 건축의 총 공사비는 약 6천여 만 원에 달하였다.[40]

1970년 9월, 권세열의 정년퇴임과 함께 본국으로 귀국하면서 전국 성경구락부의 본부는 심각한 재정적 위기를 맞이하게 되었다. 실제로, 당시의 통계 보고서에 따르면 다음과 같은 상황이 전개되었다.[41]

<표 5> 1967~1971년 재정보조금 내역

년도	재정	증감
1967년도	10,868,905원	
1968년도	9,130,860원	감 1,738,045원
1969년도	11,504,740원	증 2,373,880원
1970년도	9,334,578원	감 2,170,162원
1971년도	7,242,180원	감 2,192,398원

위의 통계에서 1970년을 기점으로 재정보조금의 감소가 명확히 드러난다. 이에 따라 성경구락부는 자립을 위한 방안을 모색하게 되었고, 한국인에 의한 기금 확보와 상경구락부 사업센터 설립 등 자치적인 운영 방안을 모색했다.[42]

---

40 「모범 초등학교 소개, 영락교회초등학교」, 『지도자』 제51호, 1958년 7·8월호, 25쪽.
41 대한 청소년 성경구락부, 『사랑의 교육60년』, 80쪽.

이인상은 당시 성경구락부의 재정적 자립을 위해 네 가지 방안을
제시하였다. 첫째, 성경교과서 판매이익금을 기금으로 활용할 것, 둘
째, 성경구락부 관련 참고도서를 출판하여 판매할 것, 셋째, 구락부
동문들을 대상으로 모금을 할 것, 넷째, 재정 후원자를 본부위원으로
교체하여 지속적인 지원을 받을 것 등이 그것이다.[43]

요컨대, 퇴임은 1970년 이후 한국인에게 이양된 성경구락부의 재
정적 자립과 운영에서 또 다른 중대한 실험을 의미했다. 1970년에 사
단법인으로 전환된 후, 성경구락부 본부는 산하 구락부에 부동산 매
입을 위한 지원금을 제공했지만, 그 부동산은 법인격을 가진 본부 명
의로 등기되지 않았다고 전해진다. 당시 본부장이었던 권세열은 재정
적 지원금이 구락부 활동을 지원하는 데 목적이 있으므로, 각 개별
구락부의 재정 사용과 운영에 대해서는 본부가 간섭하지 않는다는
원칙을 세우고 자율성을 부여했던 것이다.[44]

권세열의 퇴임 이후 그의 자리를 이어받은 클라크의 보고에 따르
면, 성경구락부의 재정 충원에 있어 뉴욕의 한국위원회에서 원조한
금액은 1,200달러였고, 이는 와이스 박사(Dr. Weiss)에 의해 분기별로
지급되었다.[45]

---

42 같은 책, 84쪽, 표는 필자가 작성함.

43 이인상, 「성경구락부 운동을 일으키자」, 『지도자』, 1974년 5호, 32쪽.

44 김득렬, 『권세열 선교사 전기: 씨를 뿌리러 나왔더니』, 300쪽.

45 Allen D. Clark, "APPENDIX AA, REPORT OF THE BIBLE CLUB MOVEMENT," p.61.

V. 기관지 『지도자』와 지도자 훈련

1. 기관지 『지도자』와 지도자 교육

한국전쟁을 계기로 전후에 성경구락부가 전국적으로 확산되었고, 이에 성경구락부의 전국적인 조직을 개편하는 한편, 구락부 교육의 통일성을 위해 새로운 매체가 필요했다. 권세열은 1953년에 구락부 지도자들을 위한 지침서인 『지도요강』을 집필하였다. 이 지침서는 구락부 지도의 일관성과 통일된 교육이념의 구현을 가능하게 하여, 구락부 운영의 효율성을 극대화하는 역할을 했다. 그리고 1953년부터 지도자들의 자질 향상을 위해 『지도자』라는 기관지를 창간하였으며, 1954년 12월부터 전국의 지도자들에게 이를 배포하였다.[46] 1953년에 창간되었던 이 기관지는 그 본래 목적에 부합하여, 성경구락부 운동의 체계적이고 일관된 조직화에 중요한 기여를 하였다고 평가된다.[47]

기관지 『지도자』는 거의 매월 발간을 목표로 하여 성경구락부의 운영과 발전을 지원했다. 이 기관지의 이름에서 알 수 있듯, 성경구락부가 양성하고자 한 시도자는 특정한 인간형을 지향했음을 엿볼 수 있다.

권세열은 『지도자』의 권두언에서 성경구락부 지도자들에게 보내는 메시지를 고정 칼럼으로 실었으며, 이를 통해 지도자로서의 본분

---

46 대한 청소년 성경구락부, 『사랑의 교육60년』, 31쪽; 성경구락부 기관지인 『지도자』는 1953년부터 발행되었다. 현재 대한청소년성경구락부에서 보관하고 있는 것은 1957년부터이다. 그 이전 것은 분실되었다고 한다. 기관지 『지도자』는 2014년 통권 제206호를 끝으로 발행을 중단하였다.

47 『지도자』와 함께 지도자 훈련 교재인 『지도자훈련교재』도 지도자 양성에 절대 필요한 교육 지침서였다.

과 자질을 강조했다. 특히 2면의 "사랑하는 지도자들에게!"와 3면의 "모범적 지도자는 이렇게 한다"라는 제목하에, 그는 전국 각지에 흩어져 있는 수많은 성경구락부 지도자들에게 교훈적이고 실천적인 메시지를 전달하였다. 이러한 메시지들은 성경구락부 지도자들의 사명감을 고취시키고, 그들이 추구해야 할 지도자의 품성과 역할에 대한 깊은 통찰을 제공했다.[48]

<표 6> 모범적 지도자는 이렇게 한다

1. 모범적 지도자는 일할 때 혼자서는 물론 개인이나 학급 생도들과 함께 또는 공중 집회에서 힘써 기도한다.
2. 모범적 지도자는 친구나 모르는 사람에게 예수 그리스도의 말씀을 전할려고 힘써 찾아다닌다.
3. 모범적 지도자는 구락부나 주일학교나 공중집회 앞에서 기독교적 강화를 힘써 한다.
4. 모범적 지도자는 건설적이며 중요한 문제에 대한 자유롭고 민주적인 토론을 위한 회의를 힘써 사회한다.
5. 모범적 지도자는 민주적회의의 토론에 참가하여 동의를 제출하고 호호하며 다수 결의에 힘써 순종한다.
6. 모범적 지도자는 당면한 중요문제 대한 그리스도인의 견해를 신문에나 당국에 힘써 발표한다.
7. 모범적 지도자는 육상경주, 배구,농구, 축구같은 운동경기에 힘써 참가한다.
8. 모범적 지도자는 정원을 만들고 집을 짓는 데나 의자, 책상 등을 만드는 데도 참가하고 찬양대에서 찬양을 부르고 미술도 힘써 그린다.
9. 모범적 지도자는 환자를 위문하고 고아들을 위한 예배순서도 인도하며 위법사건 화재의 위험성 교통의 불규칙 등을 당국에 힘써 알린다.

지도자의 사명이 강조되는 이유는 교육이 사회의 흥망성쇠와 발전에 결정적인 역할을 하기 때문이고, 그 역할을 수행하는 주체가 바로

---

48 대한청소년성경구락부, 『지도자』, 제5권 5호(40호), 1957년 6월, 3쪽. 원문을 그대로 옮겼다.

교사이기 때문이었다. 교사는 단순히 지식을 전달하는 존재를 넘어, 그 자체로 유능하고 모범적인 인격을 갖추어야 했다. 이는 교사의 식견은 물론 품격, 태도 등 다양한 측면에서 요구되는 바, 교사는 이러한 제반 영역에서 뛰어난 자질을 발휘해야 했다.

그리고 성경구락부 교사들과 비교하여 일반 교사들은 비교적 양호한 교실 환경과 신분 보장, 생활 보수, 사회적 지위 등 다양한 혜택을 누리지만, 성경구락부 지도자는 그와는 상황이 다르기 때문이었다. 성경구락부 지도자는 무산 아동들을 돌보며, 그들만을 위한 교육을 펼쳐야 하는데, 이는 열악한 시설과 환경 속에서도 변함없이 이루어져야 했다. 이들은 그리스도의 박애 정신을 바탕으로 결연히 사랑을 실천하며, 인생의 낙오자처럼 느껴지는 불우한 아이들에게 종교적, 지적, 체육적, 봉사적 측면에서 균형 잡힌 삶을 가르쳐야만 했다. 다시 말해 성경구락부 지도자는 단순한 지도를 넘어서, 완전한 인격을 형성하는 교육을 목표로 삼고 있다. 결국, 지도자는 교회와 사회, 나아가 국가에 이바지하는 중요한 역할을 수행하는 위치임을 명확히 인식하고, 그 사명을 다해야 하는 책임이 부여되었다.[49]

2. 지도자의 역할과 성경구락부 운동의 가치

성경구락부 운동의 성패는 이를 이끌어가는 핵심 주체인 지도자 집단에 달려 있었다. 이에 권세열은 지도자의 중요성을 일찍이 인식하고, 지도자 양성을 위해 각별한 노력을 기울였다. 실제로 성경구락부 지도자들은 열악한 교육 환경과 무보수라는 현실 속에서도 열정과

---

49 송태출, 「지도자의 사명」, 『지도자』, 제42호, 1957년 7·8호, 19쪽.

헌신으로 학생들을 가르쳤다고 보고된다.

그 대표적인 사례로, 한기찬 변호사는 1963년 구로동 교회 부설 중등 성경구락부(교장 김찬호 목사)를 졸업한 후, 고등학교 검정고시를 거쳐 어렵게 학업을 이어가며 고등학교와 대학교를 졸업하였다. 이후 그는 사법고시에 합격하여 한국 최연소 판사와 변호사가 되었으고, 법조계에서 헌신적으로 활동하였다. 그의 글을 통해, 성경구락부 시절 학생들을 직접 모집하며 헌신했던 지도자들의 모습이 생생히 묘사되어 있다. 그는 인간이 감화되고 변화하며, 나아가 재창조되기까지 하는 과정에서 교육의 역할이 핵심적이며, 이러한 변화를 이끌어낼 수 있는 참된 교육자의 존재가 무엇보다 중요함을 강조하고 있다.

> "나의 성경구락부 시절은 배움에 굶주린 불우한 학생들과 기독교 신앙을 바탕으로 정열과 봉사의 정신으로 뭉쳐진 선생님들의 만남 속에서 진정한 교육이 무엇이었던가를 피차가 경험한 귀중한 시절이었다."[50]

그러나 성경구락부 지도자들은 단순히 학생들을 가르치는 역할에 국한되지 않았다. 개인적인 헌신뿐만 아니라, 구락부가 속한 교회와의 관계 조율, 학생들의 가정방문 및 상담, 재정적 어려움 해결 등 다양한 과제와 직면해야 했다. 특히 학생 상담과 관련하여, 문제아 지도를 위한 실질적인 기술이 필요하다는 요청이 있었고, 이에 본부에서는 지부 강습회 및 지도자 지침서 등을 통해 지도자들이 이러한 기술을 습득할 수 있도록 지원하였다.

---

50 대한 청소년 성경구락부, 『사랑의 교육60년』, 261쪽.

이와 같이 성경구락부 성경구락부의 지도자의 역할은 시대적 상황에 따라 다양하게 나타났다. 예를 들어, 전쟁기 성경구락부 지도자들의 활동은 극한의 환경 속에서도 교육과 신앙을 지속하려는 강한 의지를 보여준다. 평양에서 모든 것을 잃고 부산 피난민 캠프에서 활동하던 한 교사의 사례는 당시 지도자들의 헌신적 모습을 단적으로 보여준다. 그는 전시 성경구락부에서 단 한 명의 교사가 500명의 아이들을 지도해야 하는 열악한 상황 속에서도 교육을 이어갔다. 당시 구락부 지도자들의 상당수는 신학교나 대학에 재학 중인 학생들이었는데, 최소한의 생활비만으로 아이들을 돌보았다. 따라서 성경구락부 운영 비용은 극도로 절감되었고, 최대한 많은 한국 어린이들에게 복음을 전하는 것이 핵심 목표였다. 실제로, 아동 한 명당 연간 1달러의 지원금이 기독교 교사를 통해 투입되었다.[51]

이러한 헌신 덕분에, 전시 상황 속에서도 성경구락부에는 매일 약 5천 명의 아이들이 모여들었다. 물론 이러한 활동이 가능했던 배경에는 기독교세계봉사회(CWS)와 기타 구호 기관의 지원이 있었다. 이들은 구호복과 구호품을 제공하며 전시 성경구락부의 지속적인 운영을 도왔다.

VI. 맺음말

권세열은 1970년 9월 한국 선교사직에서 은퇴하였다. 성경구락부 운동의 창시자이자 정신적 지주였던 그의 퇴임은 이 운동에 일정한

---

51 E. B. Browing, "KOREA'S CHILDREN," pp.1~2.

영향을 미칠 수밖에 없었다. 그러나 성경구락부의 운영 방식은 이미 오래전부터 개인 중심에서 조직적 체계로 전환되었기 때문에, 권세열의 부재에도 불구하고 성경구락부 운동의 프로그램은 지속적으로 발전하고 그 효과 또한 증가하였다.

권세열은 한국을 떠나기 전, 미북장로회 선교부 소속의 감의도 박사(Rev. E. Otto DeCamp)와 곽안전(Allen D. Clark)을 설득하여 성경구락부 운영을 위임하였다. 감의도는 정책 결정, 예산 집행, 주요 사업 운영 등에 깊이 관여하며 조직의 안정성을 도모하였다.[52]

또한 권세열의 퇴임 이후 신학생들이 성경구락부의 교육 활동을 적극적으로 담당하며, 야간 성경학교에서 교사로 헌신하는 등 운동의 지속적인 전개를 위해 중요한 역할을 수행하였다.

곽안전의 보고서에 따르면, 1970년경 성경구락부를 통해 기독교 교육을 받은 청소년의 수는 총 57,979명에 달했다. 당시 성경구락부는 23개의 초등학교, 250개의 중학교, 12개의 고등학교에서 활발히 운영되고 있었다. 앞서 1953년부터 1969년까지 성경구락부를 졸업한 학생의 수는 총 68,809명에 이르렀다. 이를 통해 성경구락부 운동이 한국의 기독교 교육에 미친 광범위한 영향을 확인할 수 있다.[53]

권세열은 성경구락부 운동을 통해 한국교회와 사회에서 가장 시급한 과제였던 무산아동과 청소년, 특히 소외된 소녀들을 위한 기독교 교육을 실천하였다. 그 결과, 100만 명 이상의 저소득층 청소년들이 교육을 받았고, 이들 중 70% 이상이 그리스도인이 되었다. 또한, 54개

---

52 Allen D. Clark, "APPENDIX AA, REPORT OF THE BIBLE CLUB MOVEMENT," p.58.
53 *Ibid.*, p.60. 1953년 이전 기록은 모두 소실됨.

의 성경구락부가 정규 중·고등학교로 승격되었고, 100여 개의 교회가 개척되었으며, 200여 명의 목회자가 배출되는 등 한국의 복음화와 국민 교육에 크게 기여하였다.

2007년 기준으로, 산업단지 주변 및 농어촌 지역의 17개 성경구락부에서 약 1만 5천 명의 근로 청소년들이 교육을 받고 있다. 아울러, 한글을 모르는 주부들을 위한 한글학교를 설립하여 배움의 기회를 제공하고 있으며, 시대적 변화에 맞추어 컴퓨터 교육과 미용 기능인 양성을 위한 특성화 교육을 도입하여 운영하고 있다.[54]

또한, 1995년부터 총회 선교사 훈련원에서 성경구락부 운동과 그 핵심 교육 원리를 강의하고 있으며, 이를 통해 세계 각지로 파송된 선교사들이 선교 현장에서 성경구락부 운동을 기반으로 학교를 설립하고 운영할 수 있도록 협력하고 있다.[55]

---

54 연희미용고등학교는 2007년 재학생 1,200여명, 교사 40여 명으로 구성된 모범적인 순수 구락부로 운영되고 있다. 학제는 2년 6학기제 수업과 실기 우업 위주로 운영되고 있고, 졸업생의 대학진학과 취업률이 매우 높다고 힌다. 현재 성경구락부 본부가 주최하는 행사로는 청소년 졸업축하예배, 근로성초년 간부수련회, 청소년의 달 사생·백일장대회, 지도자 하계수련회, 기독청소년 찬양발표회 등을 주최하고 있다. 김득렬, 『권세열 선교사 전기: 씨를 뿌리러 나왔더니』, 307~30쪽.

55 2000년대 이후의 성경구락부 양상은 해외로 뻗어나가고 있다. 예컨대 서울 경천교회는 인도 캘커타에 성경구락부 학교를 설립하여 시범 운영하고 있고, 동북아 지역 지부 설립과 지도자 육성에 중점 사업을 하고 있다. 동북아 두 곳에 신학교를 중심으로 성경구락부 운동을 전개하고 있다. 특히 교회 지도자 양성, 개척교회 설립, 신학생 장학금 후원, 소외계층에 식량 지원 사업, 유학사업 등을 전개하고 있다; 2000년도 12월 자료에 의하면 이승만의 남한의 오랜 친구이자 조력자인 김학수는 북한에서 대안학교 조선성경구락부를 통해 교육 기회가 주어졌다고는 잘 알려지 않은 사실을 폭로했다. 85세의 김학수는 자신이 평양에서 성경구락부의 첫 졸업생이었다고 자랑스럽게 말했다. Allen D. Clark, "APPENDIX AA, REPORT OF THE BIBLE CLUB MOVEMENT," p.58.

한국 성경구락부 운동이 약 100년에 걸친 역사 속에서 거둔 성과는 다음과 같은 몇 가지 측면에서 정리할 수 있다.

첫째, 성경구락부는 빈곤 아동들에게 단순히 의식주를 제공하는 것에서 나아가, 체계적인 교육 프로그램을 무상으로 제공하였다는 점에서 그 의의가 크다. 특히, 성경구락부가 없었다면 교육의 기회를 전혀 가질 수 없었을 아동과 청소년들에게 고등교육의 길을 열어주었었고, 이들이 상급학교로 진학하거나 다양한 사회 영역으로 진출할 수 있도록 디딤돌을 마련해주었다.

둘째, 성경구락부는 단순한 학습의 장을 넘어, 청소년들이 사회적 일탈을 예방하고 건전한 시민으로 성장할 수 있도록 지도하는 사회적 방어 기제로서의 역할을 수행하였으며, 이는 교육을 통한 사회적 평등의 실현이라는 의미를 함축하고 있다.

셋째, 성경구락부는 기독교 교육기관으로 시작되었으나, 점차 정규학교로 발전하여 54개 학교가 공식적인 인가를 받았다. 이는 종교교육 기관이 일반 교육에 기여한 대표적인 사례로 평가될 수 있으며, 기독교적 가치관을 바탕으로 한 교육이 공교육 체계로 확장됨으로써 한국 사회 전반에 긍정적인 영향을 미쳤음을 보여준다.

넷째, 성경구락부 운동은 단순한 교육을 넘어 생활 문화운동의 일환으로도 기능하였다. 1970년 보고서에 따르면, 기독교 가정 및 가족 생활 위원회에서는 기독교적 가정생활의 모델을 제시하고 이를 실천하는 운동을 전개하였다. 특히, 교회의 사회적 책임을 강조하며, 한국 사회에서 비인간적으로 취급받던 장애인과 기형아들에게 평등한 사회 구성원으로서의 인식을 심어주는 것이 교회의 역할임을 역설하였다. 또한, 사치와 낭비를 억제하고 저축하는 생활 습관을 장려하며, 부패 방지, 술·마약과 같은 유해 요소의 경계, 매스미디어의 해악 예방, 독서클럽 운영, 가정 윤리 확립 등의 실천 방안을 제시하였다.[56]

마지막으로, 성경구락부 운동은 한국전쟁 이후 남한에서 개신교의 급속한 성장과도 밀접한 관련이 있다. 통계에 따르면, 성경구락부에서 교육받은 학생들의 약 70%가 기독교 신자가 되었으며, 이들 중 200명 이상이 목회자가 되어 교회를 이끌었다. 이러한 지도자들은 지역사회에서 활발히 활동하며 한국 개신교 사회의 인적 네트워크를 형성하는 데 기여하였다.

결론적으로, 성경구락부 운동은 일제강점기부터 한국전쟁, 그리고 전후 산업화와 경제 성장기에 이르기까지 빈곤하고 소외된 아동과 청소년들에게 교육을 통해 문해력을 함양하고 정신을 계몽하는 동시에, 기독교 복음화를 실현하는 교육운동이었다. 특히, 성경구락부의 형성과 발전 과정에서 권세열이 중심적인 역할을 하였으며, 그의 사상과 헌신이 성경구락부 운동의 핵심적인 정신으로 자리 잡았음을 확인할 수 있다.

---

56 월간지 『새가정(*Christian Home*)』은 1954년 새가정사에서 김춘배가 개신교 여성들의 종교적 교양을 위하여 창간한 잡지였다. 전신은 1949년 1월부터 6·25사변 전까지 간행되던 『기독교가정(基督敎家庭)』이다. 1956년 12월부터는 기독교 여성들의 종교적 교양을 위한 잡지로서뿐만 아니라, 가정생활에 보다 밀접한 잡지로 발전시키기 위해 한국기독교회협의회 산하 단체인 한국기독교가정생활위원회가 인수, 발행하였다.

참고문헌

[1차 자료]

『새가정(*Christian Home*)』

『지도자』

『크리스챤신문』

『한국기독공보』

『한국기독교장로회회보』

KOREA CALLING

THE KOREA MISSION FIELD

THE KOREAN REPOSITORY

Kinsler, Francis. Kinsler Missionary Files, 1-8. The Moffett Korea Collection, Princeton Theological Seminary Commons. Section 2, Korea Matereals, Box 40-41, Folders 18-20, 1-5.

Kinsler's Papers and documents. Board of Foreign Mission of Presbyterian Church in the U.S.A., Korea Mission Reports, Department of History, Presbyterian Church (U.S.A), Philadelphia, Pennsylvania.

The Francis Kinsler Family Collection. 숭실대학교 한국기독교문화연구원 소장.

[2차 자료]

권태준, 『한국의 세기 뛰어넘기』, 나남, 2006.

김득렬, 『권세열 선교사 전기: 씨를 뿌리러 나왔더니』. 카이로스, 2007.

김명구, 『소죽 강신명 목사』, 장신대학교출판부, 2009.

김수진, 『한국 장로교 총회 창립 100년사: 1912~2012』, 홍성사, 2012.

김웅, 「한국 교회 성경구락부에 대한 연구」, 장로회신학대학교 석사학위논문, 2008.

김흥수, 「한국전쟁 시기 기독교 외원단체의 구호활동」, 『한국기독교와 역사』 23, 2005, 97~124쪽.

______, 『WCC도서관 소장 한국교회사 자료집: 한국전쟁 편』, 한국기독교역사연구소, 2003.

대한청소년성경구락부, 『사랑의 교육60년』, 화술, 1988.

______________, 『검은 땅에 피어난 꽃들』, 보이스사, 1984.

류대영, 『한국 기독교 역사의 재검토』, 한국기독교역사연구소, 2019.

마은지, 「1960~1970년대 한국의 성경구락부 운동 – 교회학교 운동에서 지역사
회학교 운동으로」, 『기독교사회윤리』 59, 269~307쪽, 2024.

______, 「한국전쟁과 성경구락부 운동」, 『숭실사학』 49, 2022, 333~358쪽.

______, 「킨슬러(Francis Kisler), 평양을 담다 – 평양 선교 기록(1928~1941)」, 『한
국기독교문화연구』 17, 2022, 43~78쪽.

______, 「미국선교사 수집 자료 분류 및 분석 – 킨슬러(Francis Kinsler) 가족을
중심으로(1900~1990년대)」, 『숭실사학』 47, 2021, 267~295쪽.

______, 「옥호열 선교사의 한국의 기억 – 기록 고찰」, 『한국기독교문화연구』 13,
2020, 79~119쪽.

박준형, 「근대 평양의 도시 공간 변화와 식민주의 – 사토 도시오(佐藤俊男)의 『타국
의 고향(他國のふるさと)』을 중심으로 – 」, 『서울학연구』 88, 2022, 67~107쪽.

서울신학대학교 현대기독교역사연구소 엮음, 『해방공간과 기독교 II』, 선인,
2017.

숭실대학교 120년사편찬위원회 편, 『평양숭실 회고록』, 숭실대학교 한국기독교
박물관, 2017.

옥성득, 『다시 쓰는 초대 한국교회사』, 새물결플러스, 2016.

______, 「평양 기독교 역사 3 한국인 권서와 선교사들의 개척 전도여행」, 『기독
교사상』 722, 2019.

______, 「평양 기독교 역사 4 청일전쟁에서 러일전쟁까지 교회 기초가 놓이다,
1895~1904」, 『기독교사상』 723, 2019.

______, 「'조선의 예루살렘 평양' 담론의 실상」, 『기독교사상』 717, 2018.

영락학원 50년사 편찬위원회, 『영락학원 50년사: 1952~2002』, 영락학원, 2002.

윤은순, 「한국 기독교의 성경구락부 운동 전개와 학교로의 전환」, 『숭실사학』
44, 2020, 141~163쪽.

이광린, 「평양과 기독교」, 『한국기독교와 역사』 10, 7~35쪽.

이선이, 「킨슬러가(家)의 현지인 중심적 선교」, 『선교신학』 59, 2000, 207~236쪽.

임희국, 『평양의 장로교회와 숭실대학』, 한국기독교문화연구원, 2017.

장금현, 「해방 후 경북지역 성경구락부(Bible Club)의 변화 – 경북 경안노회를

중심으로-」, 『대학과 선교』 43, 2020, 93~127쪽.

장금현, 「프란시스 킨슬러(Francis Kinsler)와 성경구락부(Bible Club) 운동」, 『신학과 실천』 68, 2020, 527~553쪽.

정병준, 「권세열 선교사의 생애와 한국교회에 남긴 공헌」, 『한국기독교와 역사』 55, 2021, 147~181쪽.

카바40년사 편찬위원회 편, 『외원사회사업기관활동사』, 홍익제, 1995.

킨슬러 / 숭실대학교 뿌리찾기위원회 편, 『권세열 그리고 조선의 풍경』, 숭실대학교 지식정보처 중앙도서관 학술정보출판팀, 2017.

장수경, 「어린이 잡지 새벗의 성격과 의의—1950년대를 중심으로—」, 『아동청소년문학연구』 10, 2012.

허은, 『냉전과 새마을』, 창비, 2022.

____, 「5·16 군정기 재건국민운동의 성격: '분단국가 국민운동' 노선의 결합과 분화」, 『역사문제연구』 11호, 2003.

한석정, 『만주모던』, 문학과지성사, 2016.

Clark, Allen D. "The Bible Club Movement." *Korea Calling*, Seoul: The Christian Literature Society of Korea, 1971.

KIM, HELEN JIN. *Race for Revival: How Cold War South Korea Shaped the American Evangelical Empire*, NY: Oxford Uinversity Press, 2022.

Hutchison, William R., *Errand to the World*, Chichago and London: The University of Chicago Press, 1987

미국 프린스턴 마펫-한국 컬렉션 https://library.ptsem.edu/moffett-korea-collection, https://archive.org/details/newslettersnewsp119unse_6/mode/2up?view=theater [접속일: 2023.5.9.]

미국장로교 역사학회 디지털 아카이브, 한국선교(Korea Mission) 컬렉션 https://digital.history.pcusa.org/islandora/search/Korea%20Mission?type=edismax&cp [접속일: 2023.5.9.]

한국기독교문화연구원 프랜시스 킨슬러 가족 컬렉션, https://hkplus.ssu.ac.kr/#/search/francis/si?all=0&max=10 [접속일: 2023.5.9.]

Billy Graham Reserch Center Archive, https://billygrahamarchivecenter.com/finding-aid/ [접속일: 2023.5.9.]

"1973 빌리그래함 전도대회 50주년 희년 집회" [접속일: 2023.6.3.]

제3장

도로시 킨슬러의 생애와 활동

- 도로시 킨슬러의 생애
- 냉전과 태평양 횡단 기독교 네트워크 – 전후 전쟁고아와 미국선교사
- 기독교 부녀구원상의소와 권도희(Dorothy Kinsler)

도로시 킨슬러의 생애

한국 교회사에서 내한 여선교사의 위상은 전통적인 가부장적 사회 구조 속에서 형성되었다. 19세기 말부터 1945년 해방 시점까지 내한한 미국 남장로교와 북장로교 선교사 가운데 여선교사는 전체의 약 절반을 차지했다. 이에 비해 미국 남감리교와 북감리교 선교사 중 여선교사의 비율은 64%에 달했다. 이는 두 교단의 파송 선교사 가운데 여성의 비중이 거의 절반에 이르렀음을 시사한다. 숫자상으로 여성 선교사는 남선교사와 비슷한 수를 보였으며, 미혼 독신 여선교사와 기혼 여선교사는 남선교사들과 동등한 역할을 수행한 것으로 알려져 있다.

하지만 여선교사의 역할에 대한 처우는 상대적으로 낮았음을 확인할 수 있다. 류대영은 근대 전환기의 여선교사들이 남성 교권 아래에 있었고, 더욱이 기혼 부인 선교사들은 역할과 지위에 있어서 교단을 불문하고 남편의 조력자로 제한되었으며, 그로 인해 정당한 대우를 받지 못했다고 설명한다. 특히, 부인 선교사는 남편과 별도로 월급을 받지 않았기 때문에 경제적인 독립을 더욱더 갖추기 어려웠고, 독립적인 활동을 수행하는 데 있어 제약과 어려움이 뒤따랐다.

당시 부인 선교사들을 지배하던 기존의 사고방식과 사회적 인습도 중요한 문제였다. 부인 선교사들은 서구의 빅토리아적 가치관에 따라 자신의 역할을 '여성의 영역'인 가정으로 한정하며, 출산과 육아, 기독교적 모범가정 만들기에 몰두했다. 선교 현장에서도 주로 남편의 조력자로서 활동하며, 교회나 학교에서 여성과 어린이를 가르치는 데 주력했다. 또한, 각종 선교 관련 회의에서 남편 선교사만이 투표권을 행사할 수 있었기 때문에, 부인 선교사들은 독립적인 투표권을 행사할 수 없었다.[1]

이러한 시대적 맥락에서 부인 선교사들은 남자 선교사나 미혼 독신 여선교사들과는 다른 특수한 역할을 수행하였다. 이들은 한국에서 선교사로 활동하는 동시에, 아내이자 어머니, 가정 주부로서의 역할을 온전히 감당해야 했으며, 선교지에서 기독교 가정을 꾸리고 '기독교 부인'과 '기독교 어머니'의 모범을 보여야 한다는 과제를 부여받았다. 이들은 이러한 역할 속에서 자신의 정체성을 찾을 수밖에 없었으며, 그들의 선교 활동은 단지 종교적 사명뿐만 아니라 가정 내에서의 역할 수행과도 밀접하게 결합되어 있었다.[2]

반면, 내한한 서양 여선교사의 활동은 식민지와 가부장적 사회 구조 속에서 살아가던 한국 여성들에게 서양문명에 대한 동경을 심어주

---

1 류대영, 『새로 쓴 한국 기독교의 역사』, 한국기독교역사연구소, 2023, 260~268쪽.

2 류대영은 해외선교사로 왔던 부인 내한선교사의 삶에서 여성을 남성보다 도덕적, 희생적, 종교적이라고 여겨지던 빅토리아적 남녀관 및 가부장적 질서과 같은 빅토리아적 여성성과 해외선교운동의 상관성을 분석하였다. 이런 인식이 결과적으로 부인 선교사의 경우 '여성의 영역'에 머물게 하는 효과를 발휘하여 남성 중심의 기존 사회질서를 강화하는 역할을 했다고 평가한다. 다른 한편에 여성 선교사들은 본국에서 좀처럼 누리기 힘든 독립과 책임, 존중받을 기회를 제공하였다고 본다. 젠더적 관점에서 여성 선교사의 위상에 대한 논의는 류대영, 『한국기독교 역사의 재검토』, 한국기독교역사연구소, 2019, 195~198, 211쪽.

었으며, 근대적 여성상의 모델로 정립되는데 영향을 미쳤다. 이에 따라 해방 이전 내한한 여선교사들과 서양의 빅토리아시대 여성상은 한국교회의 보수적 여성관과 맞물려 기묘하게 교차하는 지점을 형성하였다. 이러한 교차점은 기독교적 가정과 여성의 모성적 역할에 대한 인식을 통해 한국적인 기독교적 가치관의 형성에 영향을 미쳤다.[3]

따라서 내한 선교사에 관한 연구는 복음주의 선교의 측면만을 넘어서, 서양과 한국 전통사회의 남성 중심 가부장적 질서 속에서 근대적인 여성의 삶과 지위가 어떻게 변화하고 성장해 나갔는지를 살펴보는 중요한 주제가 될 수 있고, 이는 한국 사회의 근대성 전개 과정을 이해하는 데 중요한 통찰을 제공한다.

본 연구에서 살펴보게 될 도로시 킨슬러(Dorothy Kinsler, 1907.6.20.~2001.3.14.) 선교사는 1930년에 내한선교사로 와 있던 킨슬러(Francis Kinsler, 권세열)와 결혼한 미국 북장로회 소속 한국선교회 선교사였다. 그녀의 한국에서의 최초 활동지는 평양 선교지부였다. 평양에 입국한 후 그녀는 킨슬러 선교사와 혼인하여 가정을 이루었으며, 출산과 육아를 병행하면서 남편의 선교 활동을 보조하는 역할을 수행하였다. 이후, 미북장로교의 정식 선교사로 임명받아 점차적으로 독자적인 선교 활동을 전개하며 한국 선교 사역에 기여하였다.

도로시(Dorothy Wehmann Woodruff)는 1907년 미국 뉴저지주 트렌튼에서 출생하였다. 부친 윌리엄 우드러프(William S. Woodruff)의 가문

---

3   류대영, 『새로 쓴 한국 기독교의 역사』, 266쪽; 최혜월, 「젠더와 미국 개신교 선교에 나타난 근대성」, 숭실대학교 한국기독교문화연구원 HK+사업단 제11회 글로벌 한국학 포럼 자료집, 2024.

은 미국 초기 식민지 시대부터 뉴저지에서 사회적·정치적으로 중추적인 역할을 담당한 명망 있는 가문이었다. 그의 조상들중 일부는 프린스턴과 일리노이로 이주하였으나, 윌리엄 우드러프는 다시 트렌튼으로 돌아와 가문의 사업을 계승하였다.

모친 에텔 우드러프(Ethel Wehmann Woodruff)는 독일계 이민자로, 미국으로 이주하기 전 베를린에서 교회 오르간 연주자로 활동하였으며, 이후 미국에서 오페라 가수로서의 삶을 살았다. 그녀는 트렌튼에서 윌리엄과 혼인하였고, 그 사이에서 도로시를 무남독녀로 두었다. 도로시는 어린 시절 트렌트 지역 컨트리 클럽 내에 저택을 소유할 정도로 부유한 환경에서 성장하였으나, 어린 나이에 부친을 일찍 여의었다. 이후 모친과 단둘이 남겨지며 경제적인 생활고를 겪기도 했다.

어려움에 처한 도로시는 교회 친구들의 도움을 받아 펜실베이니아주 챔버스버그에 위치한 장로교 계열 윌슨대학(Wilson College)에 입학하였다. 대학 졸업 후 1929~1930년 뉴저지에서 교사로 재직하였으며, 1928년 뉴저지 트렌튼 제3장로교회에서 청년부 지도자로 함께 봉사하던 권세열을 만나게 되었다. 두 사람은 뉴저지의 게스윅 수양회(Keswick Conference)에서 약혼하였다.

한편, 프랜시스 킨슬러는 1928년 6월 프린스턴 신학교에서 신학사 학위를 취득한 후, 같은 해 10월 미북장로회 한국 선교사로 먼저 내한하였다. 두 사람 사이에 2년 간의 시간이 흐르고 1930년, 도로시는 미국을 떠나 평양으로 출발했다. 두 사람은 같은 해 9월 12일 한국에 도착한 후, 9월 18일 매큔(윤산온) 선교사의 자택 앞뜰에서 결혼식을 올렸다.

두 사람은 모두 20대의 젊은 나이에 선교사로서 한국에 첫발을 디떴고, 그들의 첫 임지였던 평양에서 선교 활동을 이어가며 가정을 이루었다. 슬하에 장녀 헬렌(Helen, 1932년 5월 출생, 평양 출생)과 장남 아서(Arthur Woodruff, 1934년 4월, 평양 출생)를 두었으며, 막내 로스(Francis Ross, 1935년 11월 출생)는 권세열이 미국에서 안식년을 보내던 시기에 뉴저지에서 태어났다.

킨슬러와 도로시의 결혼식. 평양 매큔(윤산온) 교장의 집 앞뜰. 1930.9.17.

도로시의 한국에서의 초기 생활을 살펴보면, 그녀는 먼저 한국어를 익히는 한편, 가정을 돌보며 자녀를 양육하는 데 전념하였다. 또한 평양선교지부에서 외국인 방문객과 선교사들을 환대하는 역할을 수행하였고, 선교 활동을 지원하는 미국과 한국 간의 중재자로서 소통의 가교 역할을 담당하였다. 이후 한국어 시험에 합격함으로써 선교

정책에 대한 독자적인 투표권을 부여받게 되었다.

그녀의 장남 아츠(Art) 선교사의 어린시절 앨범을 살펴보면, 도로시는 아직 걸음마를 떼지 못한 자녀들을 데리고 남편의 순회 전도 여행에 동행한 것을 확인할 수 있다. 사진 속 평양 일대의 시골 마을은 물론, 험준한 강계 지역까지 방문한 흔적들이 발견되며 그녀의 헌신적이고 적극적인 선교 활동을 보여준다.

일제강점기 한국인들에게 가장 암울했던 1938년, 신사참배 강요와 태평양전쟁 발발로 인해 평양선교지부의 선교사들은 선교 활동을 중단하고 미국으로 철수할 수밖에 없었다. 그동안 평양에서 활동하면서 남편과 함께 씨를 뿌리고 일궈놓았던 많은 선교사업을 접을수 밖에 없었다. 교육사업은 물론 무엇보다 그들이 온 마음으로 빈민아동을 거두어주고 보살폈던 성경구락부의 문을 닫고, 그 많은 아이들, 청소년들, 청년들을 두고 한국을 떠나던 날, 킨슬러 선교사 부부의 심정은 어떠했을까? 그들은 꼭 다시 돌아오겠다는 결심을 수없이 다짐했을 것이다.

태평양 전쟁기간 동안 킨슬러 가속은 미국에 머물렀다. 제2차 세계대전의 종전과 일본의 패망, 한국의 해방과 분단이라는 격동의 한반도의 상황을 주시하던 미북장로교 선교본부는 한국선교 활동을 재개하기로 결정했다. 1948년 가을, 도로시는 킨슬러와 함께 다시 한국 선교사로 파송되어 한국으로 돌아왔다. 그러나 분단으로 인해 이제 평양으로 돌아갈 수 없었다. 어쩔 수 없이 서울에서 선교 스테이션을 마련하였고 선교 활동을 다시 시작했다. 그러나 서울로 복귀한지 채 2년도 되지 않아 1950년 6월 한국전쟁이 발발하였다. 킨슬러 가족은 또 다시 일본으로 철수하였으며, 그곳에서 두 아들 아서(Arthur)와 로스(Ross)는 도쿄에 있는 재일 아메리칸 학교에 입학하였다.

일본 체류 기간 동안 도로시는 두 아들을 돌보는 한편, 일본 교도소에 수감된 한인 여성 죄수들을 돕는 사역을 펼쳤다. 1952년, 아서와 로스가 학업을 위해 미국으로 떠나자, 그녀는 다시 한국으로 돌아와 먼저 귀국하여 활동하고 있던 킨슬러와 합류하며 본격적인 선교 활동을 시작하였다. 전후에 킨슬러 선교사 부부는 1953년 8월부터 1954년 7월까지 미국에서 안식년을 보낸 후, 같은 해 8월 서울로 복귀하여 선교활동을 더욱 활발하게 전개하였다.[4]

도로시의 선교 활동에서 주목할 만한 점은 여러 방면에서 나타난다. 그녀는 성경구락부와 교회학교 여성지도자 그룹을 지도하며 신앙교육과 여성 지도력 개발에 기여하였다. 특히, 성경구락부 기관지인 『지도자』에 「영어공부 '효과적인 영어지도법'」을 수년간 연재하며, 오늘날에도 활용할 수 있는 실용적인 영어 교육법을 제시하였다.

또한, 한국전쟁 기간에 구호물자의 수집과 배급에 적극적으로 참여하였으며, 전쟁고아와 전쟁미망인을 위한 고아원과 모자원의 설립 및 운영에 깊이 관여하였다. 1950년대 후반부터는 홀트아동복지회의 위탁가정 수양부모로서 장애 고아들을 돌보았으며, 이들이 미국으로 입양되기 전까지 몇 주 혹은 몇 달간 보호하며 미국 생활과 문화를 익힐 수 있도록 지원하였다.[5] 아울러, 1963년에는 윤락 여성들의 갱생과 자립을 돕기 위해 〈기독교 부녀구원상의소〉를 설립하여 한국사회

---

4 김득렬 편, 『씨를 뿌리러 나왔더니』, 카이로스, 2007, 66~75쪽.
5 마은지, 「냉전과 태평양 횡단 기독교 네트워크-전후 전쟁고아와 미국선교사」, 『기독교와 문화』 20, 54쪽.

에서 그동안 소외되어 있던 여성과 부녀 복지를 위해 법과 제도의 기틀을 마련하였다.

그녀는 한국의 교육사업에도 참여하였다. 장로회 신학대학에서 곽안전, 마애린과 함께 전임강사로 임명되어 대학생들을 가르쳤고,[6] 정신여자고등학교에서 영어교사로 활동했다. 그리고 서울여자대학 설립 당시 이사로 임명되었다.[7] 교계에서는 한국교회의 발전을 위해 국내외적인 업무에 적극 동참했고, 국내 선교사업의 확장을 위해 장로교 전국여전도대회 선교부 협동총무를 맡아 활동했다.[8]

1970년 9월 14일, 남편 프랜시스의 정년퇴임과 동시에 도로시 또한 본국으로 귀국하였다. 이후 미국에서도 캘리포니아 한인교회에서 설교와 교포 대상의 복음 전도 활동을 지속하였다.

도로시는 2001년 3월 14일, 미국 캘리포니아 패서디나에서 향년 94세를 일기로 생을 마감하였다. 20대의 젊은 나이에 한국에 발을 디딘 후, 반세기 가까운 세월을 헌신한 킨슬러 부부는 생전에 한국 땅에 묻히기를 원했다. 이에 따라, 그들의 유해는 한국으로 이장되어, 현재 양화진 외국인 선교사 묘역에 안장되어 있다.[9]

---

6 "長神敎授 확장,"『한국기독공보』, 1964.3.21, 4면.

7 "三八년전 총회결의 오늘 태능에 이룩되다,"『한국기독공보』, 1961.6.19, 1면.

8 "國內外 宣敎에 總力예 長29會 女傳道大會서 積極推進,"『한국기독공보』, 1964.10.3, 3면.

9 "한국에 묻힌 碧眼의 선교사,"『한국기독공보』, 2001.9.8, 26면.

냉전과 태평양 횡단 기독교 네트워크*
- 전후 전쟁고아와 미국선교사 -

"한국에서 총성은 멎었습니다. 하지만 굶주림과 가난 그리고 병에 대한 싸움은 이제 시작하였을 따름입니다. 어린 전쟁고아들이 지금 천천히 버려지고 있으며, 고독과 절망 속에서 도움을 찾아 창백한 손을 들어 멀리 뻗치고 있습니다. 한국인 어머니와 미군 아버지 사이에서 태어난 헤아릴 수 없는 어린아이들이 우리 고아원에서 받아주기를 기다리고 있습니다. 그 중 어떤 아이들은 돌보는 이 없어 몇 주일이 지나면 다 죽을 것입니다."

― 밥 피어스(Bob Pierce), 1954.

I. 머리말

20세기 역사에서 세계 냉전의 첫 번째 '열전(熱戰)'으로 평가되는 한국전쟁은 그 발발의 기원이 명확하지 않으며, 아직 종결되지 않은 채 냉전의 '최초이자 최후의 충돌'로 기록되고 있다.[1] 제2차 세계대전

---

* 이 논문은 마은지, 「냉전과 태평양 횡단 기독교 네트워크―전후 전쟁고아와 미국선교사」, 『한국기독교문화연구』 20, 2023에 게재된 논문을 대폭 수정·보완하였다.

1 Grace M. Cho, *Haunting the Korean Diaspora: Shame, Secrecy and the Forgotten War*, Minneapolis: University of Minnesota Press, 2008, p.54.

종료 이후 극동의 한반도에서 발발한 이 전쟁은 냉전 시대의 마지막 유물로 남아있으며, 70년이 지난 오늘날까지도 한국 사회에 깊은 흔적을 남기고 있다.

한국전쟁은 남북한 모두에 국가적 재난과 막대한 피해를 초래하였다. 남한의 피해 규모를 살펴보면, 전쟁으로 인한 사망, 납치, 행방불명, 부상 등 인명 피해는 총 98만 5,990명에 달하며, 피난민은 55만 6,973세대, 총 233만 명으로 집계되고 있다. 또한, 전쟁이 초래한 경제적 파괴로 인한 피해액은 약 18억~30억 달러로 추산되며, 공업시설의 42%, 발전시설의 41%, 탄광시설의 50%가 피해를 입어 산업생산 기반이 사실상 마비 되었다. 이로 인해 전후 상당기간 동안 국민들은 생계조차 유지하기 어려운 극심한 경제적 어려움을 겪게 되었다.[2]

전쟁으로 인한 가장 심각한 문제 중 하나는 인적 손실과 이산가족 발생, 가족해체, 그리고 경제적 붕괴로 인해 수많은 전쟁고아가 양산되었다는 점이다. 전쟁고아는 단순히 부모를 모두 잃은 '고아' 보다는 전쟁의 혼란 속에서 부모와 생이별한 아동, 극심한 생활고로 인해 부모에게 버려진 아동이 상당數를 차지했다. 무엇보다 전쟁 후반기에 접어들면서 한국인 여성과 외국 군인 사이에서 태어난 혼혈아 중에서도 버려져 고아원에 수용된 사례가 많았다.

이뿐만 아니라, 전쟁으로 인해 가족의 생계를 책임지던 가장을 잃은 모자(母子)가정이 급격히 증가하면서 여성 세대주 가구의 수가 늘어났다. 노인 복지 문제 또한 심화되었다. 1952년 8월 기준, 양로원에

---

2   大韓民國國防部政訓局戰史編輯會, 『韓國戰亂二年誌』, 1953; 카바40년사 편찬위원회 편, 『외원사회사업기관활동사』, 홍익제, 1994, 59쪽.

수용된 노인인구는 전국 19개 시설에 걸쳐 1,182명에 달했다. 전쟁이 초래한 인구학적 사회적 변화와 함께 장애 아동 및 성인의 생활 문제, 교육 문제, 사회 재활 문제 등이 새로운 사회적 과제로 부상하였다.[3]

무엇보다 전쟁고아 문제가 심각한 사회적 문제로 대두되면서 구호 활동에 가장 먼저 나선 것은 해외 원조 단체들과 기독교 선교단체들이었다.[4] 전쟁 발발로 인해 한때 본국으로 철수했던 외국 선교사들이 기독교계를 중심으로 다시 한국에 복귀하면서 전쟁고아 구호 활동에서 중추적인 역할을 담당했던 것이다. 이에 따라 한국의 전쟁고아와 내한선교사 간의 관계에 대한 연구는 그 중요성이 더욱 부각되고 있다.

한국전쟁으로 인해 발생한 전쟁고아에 관한 기존 연구 성과를 검토하면 몇 가지 연구 경향으로 정리할 수 있다.

첫째, 전후 전쟁고아 구호사업의 일환으로 전쟁고아 수용시설과 관련 기관에 대한 연구가 이루어졌다. 전쟁고아 구호 활동은 기독교, 가톨릭, 천도교, 불교, 원불교 등 다양한 종교계에서 적극적으로 전개되었으며, 지역별 종교계 시설과 기관들이 전재민 및 전쟁고아 발생의 양상에 따라 어떠한 과정으로 설립되었는지를 탐구한 연구들도 존재한다.[5]

둘째, 전후 전쟁고아 구호 및 재건사업을 수행한 해외 원조 단체들에

---

3   카바40년사 편찬위원회 편, 『외원사회사업기관활동사』, 59~63쪽.

4   이 글에서 기독교는 한국의 개신교를 지칭하며, 기독교와 개신교를 병행 표기한다.

5   윤은석, 「전후 한국 감리교회의 고아원 사업 연구-자생, 자립, 자선」, 『장신논단』 53(1), 2021; 기독교 선교단체에서 설립한 광주 충현원에 대해서 최원규, 「광주 충현원의 사례를 통해 본 한국 사회복지사업에서 민관관계의 전개 양상」, 『사회복지역사연구』 5, 2022; 김영종, 「피란수도 부산의 고아원과 고아의 삶-한국 사회복지의 제도적 시원(始原)에 관한 연구」, 『항도부산』 41, 2021.

대한 연구가 활발히 이루어졌다. 주요 외원단체로는 컴패션(Compassion), 월드비전(World Vision), 한미재단(American Korean Foundation) 등이 있으며, 이에 대한 연구도 다수 발표되었다.[6] 예를 들어, 곽병구는 에버렛 스완슨(Everett Swanson)의 전쟁고아 구호활동을 중심으로 컴패션의 태동을 연구하였으며, 박명수는 한국 월드비전의 배경과 창립 과정을 분석하였다. 또한, 이봉범은 한미재단의 활동을 냉전과 한미 간의 하방 연대의 관점에서 조명하였다.

이와 연계하여, 전쟁고아 구호사업에서 중추적인 역할을 수행한 지도자 및 인물에 대한 연구도 이루어졌다. 특히, 외국 선교사 중 전쟁고아 구호사업의 선도적 역할을 했던 인물로는 '전쟁고아의 아버지'라 불리는 밥 피어스(Bob Pierce)와 러셀 블레이즈델(Russell Blaisdell)이 있으며, 박갑룡은 블레이즈델의 리더십을 연구한 바 있다.[7] 또한, '전쟁고아의 어머니'로 불리는 황온순(1903~2004)의 아동복지 활동도 주목받았다.[8]

셋째, 전쟁고아들이 경험한 전쟁과 전후의 삶, 그들의 실태 및 이에 대한 국가적 사회직 대응을 다룬 연구들이 존재한다. 대표적으로 수현숙은 1950년대 전쟁고아의 생활 실태를 조망하며, 고아원 내 거주

---

6   곽병구, 「컴패션(Compassion)의 태동에 관한 연구: 1952~1965년 에버렛 스완슨(Everett Swanson)의 전쟁고아 구호활동을 중심으로」, 『ACTS 신학저널』 50, 2021; 박명수, 「한국 월드비전(World Vision)의 배경과 창립과정」, 『한국교회사학회』 58, 2021; 이봉범, 「한미재단(American Korean Foundation), 냉전과 한미 하방연대」, 『한국학연구』 43, 2016.

7   박갑룡, 「한국전쟁 고아의 아버지 러셀 블레이즈델 리더십 연구」, 『인문사회 21』 9(6), 2018.

8   이방원, 「전쟁고아의 어머니, 황온순(1903~2004)의 아동복지활동」, 『서울과 역사』 99, 2018. 황온순은 원불교 설립한 아동복지시설인 보화원과 한국보육원을 설립하였다.

아동들과 시설 밖에서 생활하는 고아 및 부랑아에 대한 사회적 대책을 분석하였다.[9] 또한, 문학작품 속에서 나타나는 전쟁고아의 표상과 고아 담론을 탐색한 연구들도 진행되었다.[10]

끝으로, 정치지정학적 관점과 냉전의 종교 문화적 배경 속에서 전쟁고아를 부분적으로 조명하는 연구들도 주목할 만하다. 이들 연구는 전후 한국기독교의 성장이 미국의 정치적 지원 및 복음주의 선교의 국제적 성격과 밀접한 연관성을 지닌다는 점을 분석하고 있다.[11]

위의 연구 성과들을 종합적으로 정리하면 전쟁고아에 관한 연구는 역사, 종교, 선교학, 사회복지, 문학, 문화 등 다양한 분야에서 활발하게 이루어지고 있음을 알 수 있다. 그럼에도 불구하고 한국전쟁 시기

---

9   대표적으로 소현숙, 「전쟁고아들이 겪은 전후-1950년대 전쟁고아 실태와 사회적 대책」, 『한국근현대사연구』 84, 2018.

10 공임순, 「군복 입은 '고아 구호'단-『주간신보 자유세계』에 나타난 '구제의 시각화'와 냉전 온정주의」, 『상허학보』 63, 2021; 엘리자베스 김 지음·노진선 옮김, 『만 가지 슬픔』, 대산출판사, 2000; 임진희, 「혼혈 입양 내러티브로서의 『만 가지 슬픔』」, 『현대 영미소설』 18(1), 2011; 송명희, 「이창래의 『생존자』에 재현된 전쟁으로 인한 외상 후 스트레스장애와 그 치유」, 『한국문학이론과 비평』 62, 2014.

11 Helen Jin Kim, *Race for Revival: How Cold War South Korea Shaped the American Evangelical Empire*, Oxford University Press, 2022; Heonik Kwon, "Religion and the Cold War: A View from Korea," *Journal of Korean Religions*, Vol.14, No.1, 2023; Christina Klein, *Cold War Cosmopolitanism*, Berkeley: University of California Press, 2020; Heonik Kwon, *After the Korean War: An Intimate History*. Cambridge: Cambridge University Press, 2020; Heonik Kwon, *The Other Cold War*. New York: Columbia university Press, 2010; Kai Yin Allison Haga, "An overlooked dimension of the Korean War: The role of Christianity and American missionaries in the rise of Korean nationalism, anti-colonialism, and eventual civil war, 1884~1953," Ph.D. diss., The College of William & Mary-Arts & Sciences, 2007; 카이 인 앨리슨 헤이가 지음, 『6·25전쟁과 미국 선교사』, 박상명 옮김, 북코리아, 2023; 윤정란, 『한국전쟁과 기독교』, 한울, 2015.

에 활동했던 외국 선교사들에 대한 연구는 여전히 미진한 상태이다. 더욱이 기독교 외원 단체들에 대한 연구는 존재하지만, 외국 선교사들의 전쟁고아 구호 활동을 구체적으로 다룬 연구는 상대적으로 부족하다. 이러한 연구의 진전이 더딘 이유는 관련된 새로운 사료의 발굴이 어려운 점으로 설명될 수 있다.

본 연구는 외국 선교사들의 전쟁고아 구제 활동을 구체적으로 조명하기 위해 새로운 사료들을 발굴하였다. 이 사료들을 바탕으로 다음과 같은 주제를 집중적으로 탐구하고자 한다.

첫째, 미국 선교사 프랜시스 킨슬러의 아내인 도로시 킨슬러가 남긴 전쟁고아와 관련된 사진자료와 문헌자료를 분석하였다.[12] 킨슬러 가족이 소장한 자료 중 도로시 킨슬러의 자료는 1950~1960년대의 고아원, 모자원, 홀트 재단 입양 관련 사진들이 상당량 포함되어 있다. 이 사진 자료는 "Worth Saving", "Children in Our Home", Bethesda Home School for the Deaf 사진, 모자원 사진(68장), 홀트아동복지회 자료 등으로 분류된다. 문서자료는 고아원 관련 문서, 홀트재단의 입양아 목록, Holt Adoption Program(1965), Bethesda Home School 관련 문서, "Our" Korean Children(메모장) 등으로 나누어 분석할 예정이다. 이를 통해 전후 전쟁고아의 실상을 있는 그대로 드러내고자 한다.

둘째, 도로시 킨슬러의 자료에 나타난 국내 고아들과 고아 시설,

---

12 킨슬러 가족이 소장한 자료들 가운데 도로시 킨슬러 자료들은 1950~60년대 고아원, 모자원, 홀트 재단 입양 관련 사진자료들이 상당히 많이 들어있다. 사진자료는 "Worth Saving", "Children in our home", Bethesda Home School for the Deaf 사진, 모자원 사진(68장), 홀트아동복지회, 기타(42장)로 분류된다. 문서자료는 고아원 관련 문서, 홀트재단 입양아 목록, Holt Adoption Program(1965), Bethesda Home School 관련 문서, "Our" Korean Children(메모장) 등으로 분류된다.

그리고 전쟁고아의 해외 입양 사례를 고찰한다.

마지막으로, 이들 전쟁 고아에 대한 한국 정부와 미국 정부의 대응 방식을 살펴본다. 특히, 미국의 기독교 선교단체 및 기관들이 전후 한국의 전쟁고아 문제에 어떻게 대처하고 개입했는지를 추적하고, 이러한 대처방식이 한국의 기독교와 한국 정부는 어떻게 연결되는지를 밝혀보고자 한다.

궁극적으로, 대민정책의 일환으로 전쟁고아를 보살폈던 미군과 선교사들의 활동을 통해 전후 한국 사회의 변화에 기독교가 미친 영향을 고찰하고자 한다.

II. 전쟁고아의 발생과 미국의 선교 구호 활동

한국전쟁 후반인 1952년 10월, 정부의 통계에 따르면 피난민 및 전재민 수는 1,358,909명, 원주민 빈민 인구는 4,292,363명으로 집계되었다. 또한, 구호를 필요로 하는 인원은 10,652,272명에 달하는 것으로 나타났다. 이는 전체 인구 18,875,106명 중 절반이 넘는 수치에 해당한다. 그러나 조사 결과, 실제로 구호를 받은 인원은 5,253,626명으로, 전체 구호 필요자의 절반에도 미치지 못하는 것으로 파악되었다.[13]

전시 및 전후 전재민 구호 활동은 두 가지 주요 경로를 통해 진행되었다. 첫 번째 경로는 한국 정부와 국제기구가 협력하여 펼친 구호

---

13 『서울신문』, 1952.10.1.; "자선의 이름으로 실행된 '전쟁고아 구호', 실상은 '고아 추방' 이었다." 『비마이너』, 2017.07.27. (https://www.beminor.com/news/articleView.html? idxno=11208)[검색일: 2023.11.16.].

활동으로, 주로 피난민 구제 사업에 초점을 맞추었다. 유엔민사원조처(UNCAC)의 지원을 받아 정부 내 여러 관계 부처와 협동하여 구호 사업을 전개하였으며, 이는 주로 피난민들의 집단적 수용을 위한 구호 방식으로서 다양한 형태의 보호 시설을 마련하는 것이었다. 특히, 전쟁으로 부모를 잃거나 부모와 이산한 아동들을 위한 영유아 및 부랑아 시설이 마련되었는데, 이러한 시설들은 전쟁 종료 이후에도 사회복지 시설의 중심 역할을 수행하였다.

전재민 구호 활동의 또 다른 경로는 외국 민간 원조 단체들의 구호 활동이었다. 이들 외원 단체는 한국에 자금을 송금하거나 직접 한국에 진출하는 방식으로 활동하였으며, 미국에서 모금한 금품을 국제기구(UNCAC, UNKRA, CRIK) 또는 한국 정부의 관련 부처(내무부, 문교부, 보건사회부, 건설부 등)에 전달하였다. 그러나 미국의 대외 원조가 물질적 지원에서 기술 지원으로 전환되면서, 한국의 인사들을 본국으로 초청하여 교육과 훈련을 실시하는 활동도 이루어졌다. 그리고 많은 외원 단체들은 당면한 문제를 해결하기 위해 병원, 학교, 고아원 등 복지 시설과 기관을 직접 설립하여 운영하거나, 학교에 장학금 및 도서, 교육용 기자재를 기증하고, 병원에 의약품 및 의료기기를 지원하며, 고아원 아동들에게 후원금을 전달하는 등의 방식으로 구호 활동을 전개하였다. 이 시기 구호 활동에 주요 채널은 UNCAC, UNKRA, CRIK, AFAK 등이 있었다.

이를 바탕으로 마침내 1954년 한국에서 카바(KAVA, Korea Association of Voluntary Agencies)가 공식적으로 결성되었다. 전쟁 초반의 무분별하고 비체계적인 구호활동에 대한 반성으로 보다 조직적인 협력 체계의 필요성이 대두되었다.[14] AKF(American-Korea Foundation, 한미재단)을 비롯하여 CWS(Church World Service), CARE, WRC, CRS 등 네 개의 주요 단체는 카바의 조직 결정에 재정적으로 크게 기여했다. 특히 CWS는 앞서 1951년 2월 11일, 미국 개신교 22개 교단이 연합하여 한국을 위한 특별 헌금을 모금하는 등 활발한 지원을 펼쳤다. 카바의 재정 확충에 중요한 계기가 된 것은 한미재단으로부터 2만 5,000달러의 지원을 확보하고, 캐나다 출신의 켄릭 마샬(Kenric Marshall)을 사무국장으로 초빙하면서부터였다.[15] 결론적으로, 국제기구 및 외원단체들의 재정적 물질적 지원이 실질적인 구호 활동의 기반을 마련하였으며, 특히 전쟁 발발로 인해 일시적으로 본국으로 철수했던 외국 선교사들이 다시 한국으로 복귀하면서 이들의 적극적인 활동이 구호 사업의 핵심적 역할을 수행하는 데 결정적인 기여를 하였다.

전재민을 위한 구호 활동 과정에서 카바 사회복지분과에서는 시설에 수용된 전쟁고아들의 사회적응 문제, 만 18세 이상 퇴소 아동들의 사회진출 문제, 그리고 '혼혈 아동의 사회·문화적 통합' 문제 등에 대한 실태 조사 및 연구도 수행하였다.[16]

이런 실태 조사를 통해 전쟁고아 문제에 대한 대책과 해결 방안은 주로 고아원의 시설 수용과 해외 입양 방식으로 전개되었다. 국가적으로 시급한 조치가 요구되는 상황에서, 1952년 8월 기준 전국적으로

---

14 피난지 임시수도였던 부산에서 7개 단체가 모여 1952년 3월 5일 카바가 조직되었고, 초대회장은 기독교세계봉사회의 캐롤주교(Msgr. Carroll)였다. 이후 1954년 5월 4일 카바 정관에서 명칭을 한국외원단체연합회(Korea Association of Voluntary Agencies, 카바)로 결정되었다. 이때 카바 가입단체는 31개였다. 카바40년사 편찬위원회 편, 『외원사회사업기관활동사』, 홍익제, 1994, 68~69쪽.

15 카바40년사 편찬위원회 편, 『외원사회사업기관활동사』, 68~71쪽.

16 같은 책, 104쪽.

280개의 고아원이 설립되었고, 이곳에 수용된 총 30,473명의 고아가 보호를 받았다.[17] 또한, 1965년 1월 31일 기준 사회복지시설 현황에 따르면, 영아 보호시설은 70개소에 총 10,369명이 수용되었으며, 고아원은 500개소로 확대되어 총 56,379명의 아동을 보호하고 있었다.[18]

외원단체들과 기독교 선교단체들의 전쟁고아 구호 활동에서 중심 역할을 했던 3개의 주요 단체를 살펴보자. 먼저 월드비전(World Vision)은 한국식 이름이 선명회였다. 월드비전은 1953년부터 대구에 본부를 두고 교파 구별 없이 교회지원에 힘쓰면서 전쟁고아들 구호에 많은 공헌을 하였다. 그리고 컴패션(Compassion Inc.)은 미국의 유명한 부흥사 에베레트 스완슨 목사가 전쟁 중 한국에 부흥회를 인도하기 위해 방한하였을 때, 수많은 전쟁고아를 보고 고아들을 돕는 운동을 벌이면서 설립되었다. 이 단체는 전국에 190여 개의 고아원을 세우고 2만여 명의 고아들을 양육하고 교육시켜 전쟁고아 구호에 혁혁한 공적을 남겼다. 마지막 세 번째 기관은 홀트양자회(Holt Adoption Program)였다. 이는 미국 오레곤 주에 거주하던 농부 헨리 홀트 씨가 혼혈 고아 80여 명을 미국에 대리고 기서 입양시킴으로써 태동한 입양 프로그램이었다. 그는 1955년 홀트양자회를 설립하고, 수천 명의 전쟁 및 일반 고아들을 전 세계에 입양시킴으로써 고아들에게 새로운 삶의 터전을 마련해주고자 했다.[19]

---

17 같은 책, 63쪽.

18 같은 책, 106쪽.

19 김인수, "[6월 특집 한국전쟁 50주년, 이제 평화통일을 말한다] 한국전쟁과 한국교회," 『한국기독공보』, 2000.6.3.

III. 도로시 킨슬러의 자료에 나타난 고아들과 고아시설

한국전쟁이 발발하자 선교사 가족들은 일본으로 철수했지만, 킨슬러를 포함한 6명의 북장로회 선교사들은 부산에 남아 전쟁 구호 활동을 시작했다. 도로시는 일본으로 피신하여 그곳에서 두 아들 아츠와 로스를 돌보면서 일본 감옥에 수감된 한인 죄수들, 특히 여성 죄수들을 위한 활동을 펼쳤다. 1952년 다시 한국으로 돌아온 도로시는 킨슬러와 함께 전재민을 위한 활동들을 펼쳐나갔다. 도로시의 업무 중에 하나는 미국 교회와 교인들이 보내온 전쟁 물자들을 관리하며 배급하는 일이었다.

당시 남한에서는 전쟁으로 인해 발생한 전쟁고아들을 수용하기 위한 고아원 설립이 활발하게 이루어지고 있었고, 대구 지역에서만 총 아홉 개의 고아원이 설립되었다. 이러한 고아원 설립은 점차 인근 지역으로 확산되었다. 킨슬러 선교사의 선교보고서에 따르면, 킨슬러 선교사 부부는 대구와 그 주변 지역에 위치한 약 20개의 고아원과 긴밀히 협력하며 지원과 구호품 배급 활동을 펼쳤다. 또한, 고아원 운영뿐만 아니라 대구 피난민센터에서의 구호 활동과 전쟁미망인 지원에도 적극적으로 참여하였다. 선교보고서는 대구지역의 대명동과 북부 피난민센터 내 보육원 운영, 베다니 모자원 작업장, 그리고 맹인 학교 운영과 관련된 활동들을 상세히 기록하고 있다.[20]

킨슬러 선교사의 선교 보고서는 대구 및 인근 지역에 설립된 약 20개 고아원의 시설 현황과 운영 실태를 구체적으로 기록하고 있다.[21]

---

20 *The Annual Report of Francis Kinsler*, July 17, 1953.

21 "Some Orphanages in Taegu, Korea," *The Annual Report of Francis Kinsler.*

• 희망 고아원(소년의집): 50명의 고아를 수용하고 있고, 최창영 목사가 운영을 맡고 있다. 이 고아원은 새롭게 건축된 우수한 시설과 넓은 부지를 보유하고 있으며, 선교부에서 기부한 500달러로 토지를 확보하였다. 또한 신학생들이 최 목사의 지도 아래 고아원 운영을 지원하고 있으며, 제25 후송병원 관계자들이 우물 설치, 화장실 및 창고 건립에 협력하는 한편, 고아원에 지속적으로 식량을 공급하고 월 최대 100달러의 운영비를 지원하고 있다. 아울러, 대부분의 고아들이 성경구락부에 참여하고 있으며, 일부는 성경학원(B.I.)에서 교육을 받고 있다.

• 새희망 고아원: 50명의 고아를 수용하고 있고, 최창영 목사가 운영을 담당하고 있다. 희망고아원 인근에 위치한 이 시설은 500달러의 토지 기부금을 기반으로 새롭게 건축 중이며, 신학생 한오웅 부부와 차 씨가 요리와 생활 지원을 맡고 있다. 셰비 채이스 장로교회(Chevy Chase Presbyterian Church)는 농작물 재배를 위한 자금을 지원하고 있고, 선교부에서는 매월 50달러의 재정 지원과 함께 의류 및 식료품을 지속적으로 기부하고 있다. 고아들은 대부분 매일 성경구락부에 참여하며, 일부는 성경학원(B.I.)과 기타 학교에서 교육을 받고 있다.

• 신잉(신잉사업) 고이원: 50명의 고아를 수용하고 있고, 신학교 학생이 권창순 장로가 운영을 맡고 있으며, 신학생 곽 씨가 지원을 담당하고 있다. 시설은 기숙사 형태의 건물 두 채와 강의실, 예배 및 물품 보관을 위한 가건물 한 채로 구성되어 있다. 지역의 한 집사가 토지를 기부하였으며, 선교부에서도 500달러 상당의 토지 기부를 약속하였다. 밥 피어스(Bob Pierce) 박사는 새로운 기숙사 건물의 골조 공사를 위해 상당한 재정을 지원하였고, 매일 성경구락부 수업이 진행되고 있다. 현재 세 명의 고아가 성경학원에서 교육을 받고 있으며, 선교부에서는 의류, 식료품, 오르간을 제공하고 있다. 또한 K-2 군목은 재봉틀을 기부하고, 음식과 선물을 지원하며 고아원 운영을 돕고 있다.

- 경산(애육)원 고아원: 63명의 고아를 수용하고 있고, 김 데이빗이 운영을 담당하고 있다. 선교부는 록스버로(Roxborough) 장로교회의 지원을 받아 대형 건물과 부지를 확보하였으며, 350달러의 기부금을 통해 토지를 매입하였다. 고아원에서는 정기적으로 성경구락부 프로그램이 운영되며, 취학 연령에 해당하는 모든 아동은 공립학교에 재학 중이다. 시설은 청결하게 관리되고 있고, 실용적인 자립 교육의 일환으로 닭과 돼지를 사육하는 프로젝트도 진행되고 있다. 또한, 선교부와 가정교회에서는 의류, 식료품, 놀이 도구, 사탕 등을 기부하고 있으며, 미국 교회와 개인 후원자들의 지속적인 지원이 이어지고 있다.

- 기독교 아동훈련원(애육원): 64명의 고아를 보호하고 있고, 윤청공(Chung Cong Yun) 장로가 운영을 맡고 있다. 윤 장로는 자신의 자택, 트럭, 정미소 등 전 재산을 헌납하여 고아원의 설립과 운영에 헌신하였다. 선교부는 고아원 운영을 지원하기 위해 500달러 상당의 토지 기부를 약속하였으며, 신학생이 상주하며 아동들의 생활을 관리하고 교육을 담당하고 있다. 고아원에서는 성경구락부 프로그램이 정기적으로 운영되며, 선교부는 의류, 장작, 식료품, 오르간 등의 구호품을 지속적으로 제공하고 있다.

- 시온 고아원: 71명의 고아를 보호하고 있고, 신영민 장로가 운영을 담당하고 있다. 현재 고아원은 도시 외곽 강변에 위치한 한 부유층의 별장을 임시거처로 사용하고 있다. 고아원의 운영 재원은 선교부에서 지원한 600달러의 보조금과 신 장로가 확보한 개인 기부금으로 조달되었다. 신학생 김항성 씨가 성경구락부 프로그램을 운영하며 아동들의 신앙 교육을 담당하고 있으며, 다수의 아동이 공립학교에 재학 중이다.

- 박애원 고아원: 80명의 고아를 보호하고 있고, 신학생 윤고성이 운영을 담당하고 있다. 현재 고아원의 건물과 재산이 확보된 상태이며, 아동들은 공립학교에 재학 중이다. 또한, 신학생 김흥규가 성경구락부 프로그램을

운영하며 아동들의 신앙 교육을 지원하고 있으며, 기독교아동복리회
(CCF)의 지속적인 후원을 받고 있다.

• 장로교(애양원) 고아원: 90명의 아동을 수용하고 있고, 박평훈 목사가
관리하고 있다. 이 고아원은 1,000달러에 구입한 토지에 위치하고 있으며,
밥 피어스 박사의 후원으로 설립되었다. 기독교아동복리회와 월드비전의
기금이 지원을 아끼지 않았으며, 미군(G.I.)의 의복 지원과 피어스의 지지
자들이 제공한 구호품도 함께 배포되고 있다.

• 애상원 고아원: 애상원 고아원은 130명의 고아를 수용하고 있고, 전직
집사가 관리를 맡고 있다 이 고아원은 별도의 공장에 위치하고 있으며,
최창수 신학생이 탁월한 성경 구락부 프로그램을 운영하고 있다. 또한,
선교부의 구호 지원과 기부금이 수시로 지속적으로 제공되고 있다.

• 에덴 고아원: 45명의 고아를 수용하고 있고, 이신우 선생이 관리하고
있다. 또한, 메이슨은 매월 정기적인 재정 지원을 제공하고 있다.

• 임마누엘 고아원: 40명의 고아를 수용하고 있고, 이수철 목사가 관리하
고 있다. 이 고아원은 남전 근처에 위치하고 있으며, 선교부는 건축 보조
금과 일부 구호품을 지원하고 있다.

• 애경원 고아원: 145명의 고아를 수용하고 있고 방성원 과장이 관리하고
있으며, 오래 전에 설립되었으나 운영에 어려움을 겪고 있다. 양로원과
연결되어 있으며, 선교부의 기부와 대구서문교회와의 비공식적인 연계를
통해 지원받고 있다. 현재 어린이들은 공립학교에 다니고 있으며, 박성신
신학생이 성경구락부 프로그램을 운영하고 있다.

• 일미원 고아원: 167명의 고아를 수용하고 있고, 이감철이 관리하고 있

다. 이 고아원은 이사회와 헌법, 경영진이 없는 상태이며, 이기성 신학생이 성경구락부 프로그램을 진행하고 있다.

• 베다니 고아원: 60명의 고아를 수용하고 있고, 관리자는 이북 출신의 전쟁미망인이다. 기증받은 토지에 위치하고 있으며, 성경구락부 프로그램이 운영되고 있다. 고아원의 환경은 매우 깨끗하게 유지되고 있다.

• 어린이집: 48명의 고아를 수용하고 있고, 운영자는 이이와 이환으로, 두 사람은 목사의 아들이다. 이 어린이집은 822대대 공병대의 지원을 받아 설립되었으며, 지속적인 재정 지원을 받고 있다.

• 소윤학원 고아원: 147명의 고아를 수용하고 있고, 조정육이 관리하고 있다. 이 고아원은 적절한 건물을 갖춘 오래된 시설로 교회와의 결연이 없고 이사회 또한 운영되지 않고 있다. 현재 최창수 신학생이 성경구락부 프로그램을 운영하고 있으나, 선교부의 구호 지원은 거의 이루어지지 않고 있다.

• 삼육학원: 170명의 고아를 수용하고 있으며, 박태준 장로가 관리하고 있다. 이 기관은 나병환자 아동을 위한 시설로, 정부의 지원을 받으며 운영되고 있다. 또한, 기독교 자매결연을 통해 추가적인 협력과 지원을 받고 있다.

• 상주 고아원: 200명 이상의 고아를 수용하고 있고, 관리자는 농토를 가진 교회의 집사이다. 이 고아원은 교회의 선교 지원을 받지 않고 있으며, 신학생이 성경구락부 프로그램을 진행하고 있다.

• 경주 예성 고아원: 약 100명의 고아를 수용하고 있고, 신학생 신진옥이 관리하고 있다. 지난 겨울, 경주의 주요 건물들이 화재로 전소된 바 있으

며, 교회 소속으로 재건 준비 중다. 이 고아원은 화재로 소실된 건물의 재건을 위해 재정적 지원이 절실히 필요하다.

• 아동 구금 보호 시설: 약 100명의 아동을 수용하고 있고, 최창수 신학생이 성경구락부 프로그램을 운영하고 있다.

위의 선교 보고서에서 언급된 고아원 시설에 대한 정보를 통해 수용 아동 수, 운영자, 재정 상태, 후원자, 그리고 성경구락부 교육과의 연계성을 파악할 수 있었다. 고아원 설립 및 운영 자금은 주로 미국 선교부와 개인 후원에 의해 조달되었다. 몇몇 고아원의 운영과 관리 책임자는 최창영 목사와 같은 교역자들이 맡았으며, 신학생들은 고아원에 거주하며 아동 관리에 책임을 다했다. 고아원에 수용된 아동들은 성경구락부에 다녔고, 일부는 성경학교와 공립학교에도 다녔다. 선교부는 의류, 장작, 음식, 오르간 등 다양한 구호품을 제공하였다.

킨슬러 선교사 부부는 전란으로 부모를 잃은 고아들과 그리고 부모가 있음에도 불구하고 전란으로 인해 자녀 교육이 불가능한 가정의 아동들을 고아원과 같은 아동시설에 수용하여 보호하는 한편, 성경구락부 교육을 실시하였다. 아동 보호 시설은 성경구락부 운동이 전개되는 장이 되었다. 이 운동은 제주도와 부산지역까지 확산되었고, 고아들을 위한 구제 활동의 중요한 일환으로 자리매김하였다.

아동시설 외에도 전쟁미망인 가정을 위한 모자원이 설립되자 도로시는 고아원과 모자원에서 자선사업 및 사회사업 활동을 펼쳤다.[22] 도

---

22 김득렬 편, 『씨를 뿌리러 나왔더니』, 71~73쪽.

로시는 영어를 가르치고, 병자와 가난한 사람과 고아를 방문하며 돌보았는데, 이 모든 활동은 미국 교회의 지원과 한국인들의 개인 후원과 지원 속에 가능했다고 밝히고 있다.[23]

도로시의 1965년도 개인 선교보고서에 따르면, 그녀는 해당 연도에 8개의 고아원에서 활동하였다. 일용품의 공급이 불확실했기 때문에 50명에서 100명이 넘는 아동들을 돌보는 데 어려움이 있었음을 짐작할 수 있다. 도로시가 오랫동안 보관해 온 고아원 아동들이 쓴 매우 솔직한 편지들은 당시 고아원의 상황과 아동들의 심리를 파악할 수 있는 귀중한 자료이다.[24]

고아원 원아들이 도로시에게 보낸 편지

"나는 노래를 잘해요. 크리스마스에 징글벨도 불렀어요. 나에게 선물도 많이 보내주세요. 손 씻기도 싫고, 얼굴 씻기도 싫지만, 잠잘 때 옛날 성경 이야기 듣는 걸 좋아해요."(5세 아동)

"매일 아침 우리는 당신을 위해 기도해요. 나는 당신이 어떤지 알고 싶어요. 당신도 매일 아침 기도 시간을 가지세요?"(12세 아동)

"올해 초등학교에 들어갈 거예요. 고아원에서는 키 작은 아이지만 키가 크게 자라도록 하나님께 기도할 거예요." (6세 아동)

"어제 우리는 복음을 전하기 위해 한 동네에 갔어요. 우리 고아원 근처에 가난한 사람들이 많아요. 그들을 볼 때 내가 뭔가를 해야 한다고 느껴요"(아동 A)

"당신의 선물을 받고 너무 기뻐서, 기도하고 열어보니 스웨터와 치마, 캔디와 연필이 있었어요. 너무 감사해서 눈물이 났어요"(아동 B)

"저는 3살 때 이 고아원에 왔어요. 그날 제 사진이 있어요. 오늘 사진과 비교해 보세요. 제가 사랑스러운 아가씨가 된 것 같죠? 전능하신 하나님께서 도와주신 것 같아요. 당신이 나를 이렇게 다정하게 키워주셨으니, 나는 하나님과 당신께 감사드려요."(아동 C)

---

23 *Personal Report of Dorothy W. Kinsler*, Korea Mission, June 1965.

24 *Ibid.*

위의 편지에서 알 수 있듯이, 도로시는 죽음, 빈곤, 굶주림, 실업으로 인해 서울에서는 매일 4~5명의 아이들이 죽어가고 있는데, 많은 사람들이 고아원을 찾아와서 그들을 새로운 삶으로 인도해 줄 수 있기를 간절히 염원하였다.[25]

도로시는 선교 보고 문서들 외에도 전후 고아들의 실상을 보여주는 많은 사진 자료를 남겼다. 아래의 〈사진 1〉 Homeless[26]는 6명의 남녀 아이들이 헝클어진 머리, 남루한 겨울 옷차림에 고무신을 신었고, 한 아이는 맨발로 서 있다. 도로시는 아이들이 남쪽으로 긴 행군 도중에 길을 잃어버려 집 없는 아이들이라고 적어놓았고, 숫자 625라고 도장이 찍혀있다.

〈사진 2〉 Ann Sung Un & boys, Chungju, Korea[27]는 충주의 한 고아원 사진이다. 남자아이들이 고아원 원장으로 보이는 안성은 원장과 함께 감자밭에서 감자를 캐는 모습이 담겨있다. 사진 뒷면에 "주방과 식당 뒤편 감자밭에서 '이 멋진 감자 좀 보세요', 고아원 아이들이 당신을 부르고 있어요"라고 적혀있다.

---

25 *Ibid.*

26 총 사진 1장, 뒷면, "Homeless, Lost on the long march south."

27 총 사진 1장, 사진 뒷면, "Ann Sung Un & boys, in potato patch behind kitchen & dining room unit. "See our nice potatoes" the boys are calling to you! Chungju, Korea."

〈사진 1〉 Homeless

〈사진 2〉 고아원의 감자캐기

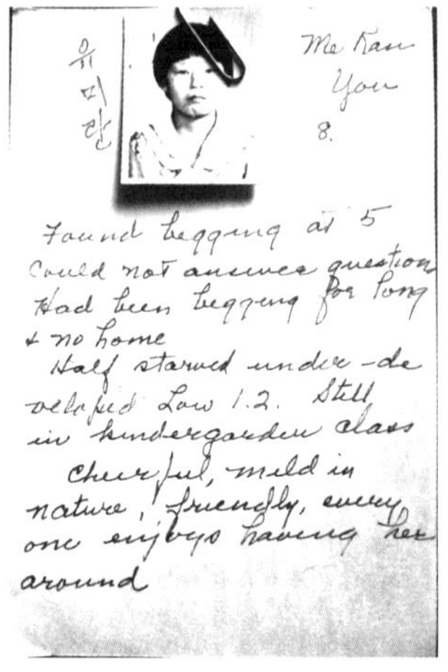

〈사진 3〉 Me Ran You, 8

〈사진 3〉 유미란 Me Ran You, 8[28] 이 사진은 "8세 유미란이라는 아동은 5살에 구걸 중 발견되었으며, 질문에 대한 대답을 할 수 없는 상태로 오랜 기간 동안 집 없이 생활해왔다. 그녀는 절반의 굶주림으로 발달이 지체되어 있으며(약 1.2세 정도), 현재 유치원에 혼자 다니고 있다. 그러나 유미란은 쾌활하고 온화하며 친근한 성격을 지니고 있

---

28 원문 필기체 "유미란, Me Ran You, 8. Found begging at 5. Could not answer questions. Had been begging for long no home, Half starved under developed low 1.2 (1.2세 정도 성장 미달). Still in kindergarden alone, Cheerful, mild in nature, friendly, every one enjoys having her around."

어 주변 사람들이 그 아이를 좋아한다"고 기록되어 있다.

도로시는 버림받은 장애아동, 청각장애인, 시각장애인 등 다양한 장애인 시설의 실태와 생활 여건에 대해서도 보고하고 있다.

"고아들 중 버림받은 아동 가운데 불구자, 청각장애인, 시각장애인같이 불행한 아이들은 없습니다. 한국의 한 기독교 여성의 지도아래 김해에서는 이들을 위한 작은 집이 새로 신축되었습니다. 그녀 자신도 약간의 신체적 장애를 안고 있기 때문에 이들의 문제를 어느 정도 이해할 수 있습니다. 이 장애인들의 역사는 대체로 무지와 가난으로 인해 어린 시절의 질병이 청각장애와 실명으로 이어졌음을 보여줍니다. 이들 아동 중 다수는 교육을 받지 못한 채 길거리에서 구걸하거나 어두운 부엌에서 일하고 있습니다."[29]

도로시는 유 씨(Mrs. You) 부인의 주도로 장애인 시설이 건축된 이후, 고아원의 시설 조건과 장애 아동들이 지내는 모습을 생생하게 기록하고 있다.

"최근 한 청각장애 소년이 여러 차례 자살을 시도하는 안타까운 사건이 발생하였습니다. 그러나 이 작은 집과 학교에서는 14명의 남녀 아동이 사랑과 이해를 바탕으로 다시 웃는 법을 배우고 있습니다. 이 아이들에게 필요한 교사와 장비를 제공하기 위해서는 더 많은 시간과 자금이 필요하지만, 첫 단계는 이미 이루어졌습니다. 그들은 더 이상 길거리에 버려져 식량을 구걸하거나 노예처럼 일하지 않고, 그리스도가 거하시는 집에서 안정된 생활을 하고 있습니다. 현재 이 집을 후원하는 단체는 없지만, 유 씨 부인(Mrs. You)과 아이들은 매일 필요한 것들을 위해 기도하고 있습니

---

29 *Personal Report of Dorothy W. Kinsler*, Korea Mission, June 1965.

다. 또한, 놀이터와 정원, 토끼, 염소, 닭을 위한 공간이 마련되어 있어, 시각장애인과 청각장애인 아동들이 이러한 동물들을 돌보는 법을 배울 수 있는 기회를 제공합니다."[30]

〈사진 4〉 Deaf Children get new home(새집을 얻게 된 청각장애 아동들)

도로시는 청각 및 시각 장애아동에 대한 문헌자료 외에도 사진자료들과 메모장을 남겼다. 〈사진 4〉 Deaf Children get new home－preparing for Christmas[31] 에 기록된 메모에 의하면 한 집에 네 명의 아이들이 모두 청각장애가 있는데 산속의 허름한 판잣집에서 살고

---

30 *Ibid.*

31 "4 children of 1 family all deaf lived in shack in the mountain, Hungry, filthy, beggers (앞면) / Father sick, Mother without a job, 2 other children can hear, 4 Deaf taken to Home school for Deaf(뒷면)"

있었다. 아버지는 아프고 엄마는 직장이 없어 그들은 굶주리고 불결한 환경 속에서 거지처럼 지내고 있었다. 그래서 도로시는 네 명의 청각장애 아이들을 청각장애 학교로 데려갔다고 기록해 놓았다.

도로시 컬렉션에 보관된 사진자료 가운데 〈TABITHA INCHUN(인천다비다모자원)〉이나 〈해방모자원〉 같은 사진들은 당시 모자원에 관한 정황을 잘 보여준다. 전쟁미망인과 그 자녀들을 수용하고 보호하기 위한 목적으로 세워진 모자원 시설은 그 출발은 1951년에 세워진 월드비전이 지원한 〈부산 다비다 모자원〉이었다. 월드비전은 1953년에 다비다 모자원에 목조건물을 새로 지어 주었다. 해방모자원 사진 가운데 〈63년 해방모자원 크리스마스〉는 크리스마스 축하 예배 직후에 찍은 단체 사진인데 모자원 수용인은 총 30가정, 총인원 113명이다. 해방모자원의 원장은 이백산, 주소는 서울특별시 용산구 신흥동 2가 3번지로 적혀있다.

〈사진 5〉 해방모자원 크리스마스

〈사진 6〉 63년 해방모자원 크리스마스

〈사진 7〉 모자원 어린이집

도로시의 컬렉션에는 순혜원에 관한 사진도 들어있다. 순혜원은 전쟁 때 기독교 지도자들의 순교로 발생한 피해 가족들을 구제하기 위해 세워진 시설이었다. 순혜원은 대한예수교장로회 총회 전시(戰時)위원회가 6.25 전쟁 전란 동안 여러 가지 구호 사업을 담당하는 가운데 전시에 위원장이었던 안두화 선교사(Edward A. Adams, 1954~1971)가 보다 구체적이고 완전한 구호 사업을 위해 조직의 필요성을 깨닫고 대한예수교장로회 자선재단법인 설립을 추진하였다. 그리하여 1954년 9월 17일에 설립되었다. 그 목적은 그리스도의 정신에 따라 사회복지사업법 제2조의 규정에 의거하여 사회복지사업을 수행함으로써 복지사회 건설에 이바지하는데 있었다. 초기사업으로 학생기숙사(바울학사, 칼빈학사), 순교자 유족 입원 시설(순혜원), 은퇴교역자 시설(원로원)을 운영하였다.

〈사진 8〉 순혜원(앞면과 뒷면)

　　순혜원 사진 뒷면에 "순혜원 모자원, 고등학교 1년 졸업, 아버지는 목사로 빨갱이에게 순교당함"이라고 적혀있다.[32]

---

32 "Widows Home, high school graduates one year, Father-ministers martyred by Reds."
(뒷면)

〈사진 9〉
Little Helen in Hospital

〈사진 10〉
Little Helen, May. 57

〈사진 11〉
Little Helen in USA

IV. 전쟁고아의 해외입양

1953년 8월, 킨슬러 선교사 부부는 미국으로 안식년을 떠난 후 1년 만에 한국으로 귀환하였다. 도로시는 다시 활동을 시작하였으며, 1950년대 후반부터 홀트아동복지회의 위탁가정 역할을 맡게 되었다. 이것은 해외 입양으로 미국으로 보내질 상애 아동들을 몇 주 또는 몇 달간 대리인으로서 위탁가정에서 돌보는 프로그램이었다. 킨슬러 선교사 가정은 미국 가정의 한 본보기로서, 미국식 가정생활을 사전 에 체험할 기회를 제공하였다. 이는 입양 아동들이 한국에서 미리 영 어에 익숙해지도록 하여 미국 가정에 보다 잘 적응할 수 있도록 돕는 데 있었다.[33]

---

33 김득렬 편, 『씨를 뿌리러 나왔더니』, 73쪽.

〈사진 12〉
Ann in frog cast

〈사진 13〉
앤을 안고 있는 도로시

〈사진 14〉
미국 입양 후 앤, 68

도로시가 남긴 메모장에는 "우리 집에 한 번이라도 거쳐 간 아이들"이라고 적혀있다. 그 첫 번째 아동은 '리틀 헬렌(Little Helen)'이라는 청각장애 아동이었다. 〈Helen Choi〉[34]는 백인 혼혈아인데, 미국으로 해외 입양의 실패 사례를 보여준다. 도로시의 기록에 의하면 〈사진 9〉 Little Helen in Hospital for TB, Feb. 56은 1956년 2월 병상에서의 어린 헬렌의 모습이 담겨있다. 도로시는 결핵을 앓아 손상된 뼈를 수술하고 치료받는 6개월간의 병원 생활 동안 병원을 방문하여 헬렌을 돌보았다. 〈사진 10〉 Little Helen, May. 57은 병원에서 퇴원 후 1957년 5월 인형을 안고 반 팔 원피스를 입고 있다. 〈사진 11〉 Little Helen in USA, Aug/57, She failed to make good in USA는 흰색 반팔 셔츠에 검정색 바지와 검정고무신을 신고 있는데, 미국 입양이 이루어지지 못한 것으로 보인다.

　도로시의 사진자료는 또 다른 장애 고아 이야기를 전해주고 있다.

---

34 사진은 총 6장이 남아있다.

〈사진 15〉
Bobby in cast

〈사진 16〉
Correcting a Club Feet

〈사진 17〉
Boby Club Feet

〈사진 12〉 Ann in frog cast[35]는 앤(Ann)이라는 장애 아동에 대한 흥미로운 이야기를 전해준다. 앤은 생후 9개월에 버려졌는데 후에 외과수술을 받아 정상인의 모습이 되었다. 이 이야기는 『코리아콜링(*Korea Calling*)』 잡지 기사(1970. 11. 9 접수)에도 실렸다. 1968년 2월 사진에는 미국의 한 가정에 입양되어 양부모와 함께 찍은 모습이 담겨있는데, 사진 뒷면에 '1969년 12월 11번째 생일'이라고 적혀있다. 〈사진 15〉 Bobby in cast[36]는 사진 뒷면에 "개구리다리 교정 깁스를 한 남자아이는 이제 캘리포니아(Calif.)로 입양되었다"라고 적혀있다. 이 이야기는

---

35 총 15장의 사진. 2장의 사진 제목은 "Ann in frog cast after surgery" + "Bobby Club Feet Ann", 도로시는 "Ann in frog leg cast to correct hip dislocation(고관절 탈구를 교정하기 위해 개구리 다리 깁스를 한 앤)"라고 적어놓음. 참고로 club foot은 태어날 때부터 기형으로 굽은 발을 지칭하며 의학용어로 내반족, 만곡족이라 함. 4장의 사진은 "Ann Pak in cast, Korea, Aug./62," 또 한 장의 사진은 "Feb. 68(미국 가정에서 양어머니와 함께)", "Rohn Ann-Mother~~".

36 총 4장의 사진, "Bobby Club Feet"(70.04) + "Bobby in cast"(*Korea Calling*, 1970. 11. 24. 접수) + "Correcting a Club Feet".

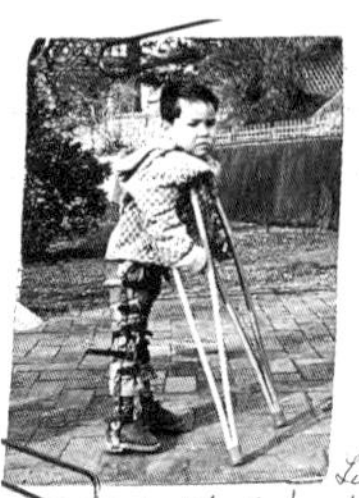

〈사진 18〉 Bobby Chun

〈사진 19〉 Lee Paek Koon

『코리아콜링(*Korea Calling*)』 1970년 11월 24일자 기사에 소개되었다.[37]

〈사진 18〉 Bobby Chun[38]은 도로시가 3살 정도 된 여자아이를 안고 있다. 사진 뒷면에 "우리 고아들 중에 한 명인 이 아이는 우리와 함께 살다가 미국으로 입양되었다. 3살, 결핵(Tb)"이라고 적혀있다. "지금 미국에 있는 샐리(Sally)는 다시 스미스(D'Arcy Smith)이다. 다시는 1968~69년 10살이고 4학년이 되었다."

〈사진 19〉 Lee Paek Koon[39]에서 사진 속 목발을 짚고 서 있는 6살짜리 남자아이 이백군은 소아마비로 불구가 된 아동이었다. 백군은 그를 아무도 데려가지 않아 병원을 떠날 수 없었고, 도로시 선교사 부부가 함께 살다가 미국으로 입양을 가게 되었다. 입양자는 미국의 한 의사였다. 입양을 받아들인 입양자 의사의 이야기도 소개하고 있

---

37 『코리아콜링(*Korea Calling*)』, 1970. 11. 24.

38 "Darcy Go Smith, 4 the grade, Age 10, 1968~69"

39 도로시는 다음과 같이 기록해 놓았다. "Pack Koon, Crippled by Polio, could not leave hospital because no one would take him, lived with us & took to us. Adopted by US doctor whose sun is crippled & met us at the airport in US." 백군에 관한 기사는 『코리아콜링(*Korea Calling*)』에도 실렸다. 사진 뒷면에 1970.11.19. & 1970.11.24. 접수 날짜가 2번 찍혀있다.

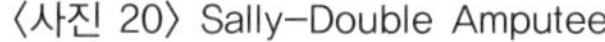

〈사진 20〉 Sally-Double Amputee

〈사진 21〉 Sally with new leg

는데, 그의 아들이 백군같이 소아마비로 불구가 되었기 때문이다. 킨
슬러 부부는 미국 공항에서 입양자 의사를 직접 만났다.

또 다른 사례를 보여주는 아래의 〈사진 20〉 Sally-Double Amputee
는 "Sally, Double Amputee, 1 arm, 1 leg"라는 메모에서 알 수 있듯이
한쪽 다리와 한쪽 팔이 절단된 5살의 이중 장애 고아였다. 〈사진 21〉
Sally with new leg는 도로시가 의족으로 새 다리를 얻은 샐리를 안고
웃고 있디.

장애 고아 중에 미국으로 입양되어 미국 사회에서 성공한 사례는
김 윅스(Kim Wickes)라는 맹인 고아 이야기이다.[40] 도로시 컬렉션에는
김윅스(Kim Wicks)의 사진이 두 장이 들어있다. 〈사진 22(왼쪽)〉 Kim
Wicks는 어린 시절의 모습인데, 앞을 못 보는 김윅스가 청각장애인
"헬렌 최(Helen Choi)와 함께" 찍은 모습이다. 이 사진의 뒷면에 도로시
는 김윅스가 빌리 그래함과 함께 노래하고 있다고 메모해 놓았다. 〈사진

---

40 김득렬 편, 『씨를 뿌리러 나왔더니』, 73쪽.

〈사진 22〉 Kim Wicks

22(오른쪽)〉 Kim Wicks는 "맹인 고아-복음전도사(Blind OrphanEvan-gelist)"와 "김의 사역(Kim's Ministries)"이라는 문구가 새겨져 있다.

김윅스는 미국으로 입양된 전쟁고아가 어떻게 성장하는지 보여주는 좋은 사례이다. 6.25 전쟁 때 3살이었던 김윅스는 전쟁 중에 실명을 입었고, 그 후에 미국에 양녀로 입양되었다. 12살에 한 선교대회 집회에 참석하여 신앙고백을 하였다. 그는 미국의 유명한 음악학교인 인디애나 주립대학를 졸업하였고, 풀브라이트장학금(Fulbright Scholarship)을 받고 오스트리아에 유학하여 성악을 공부하고 박사학위를 받았다. 그 후에 전 세계를 돌아다니며 그리스도의 사랑을 노래하며 음악으로 전도 활동을 하였다. 김윅스는 1984년 한국선교 100주년 기념대회 여의도 집회에 빌리 그래함과 함께 방문하였는데, "빌리 그래함 전도협회" 소속 음악팀의 성악가이기도 했다.[41]

아래의 사진 〈사진 23〉 The Sutherlands[42]는 미국의 서덜랜드

---

41 김윅스에 관한 정보는 다음의 웹사이트를 참조함. "Kim Wickes Billy Graham Seoul Korea, 1984," http://www.kcomemphis.org/kims-ministries [검색일: 2023.11.09]

〈사진 23〉 The Sutherlands   〈사진 24〉 Adopted in U.S—Kathie, Debb

(Sutherlands) 가정에 입양된 고아 데이비드(David)의 5살 반 때의 모습이
다. 〈사진 24〉 Adopted in U.S-Kathie, Debby 6 and George Rohn,
Feb. 1965는 1965년도 2월, 미국의 조지 론(George Rohn) 가정에 입양된
한국의 두 아이, 케이티(Kathie)와 데비(6세)가 론과 함께 찍은 사진이다.

　지금까지 전쟁으로 인해 발생한 전쟁고아에 관한 기록들을 도로시
의 컬렉션을 통해 펴보았다. 한국전쟁이 낳은 사회문제 가운데 혼혈
아동, 그것도 징애 혼혈 아동의 문제는 한국 정부가 가장 크게 우려했
던 문제였다. 그렇다면 한국의 전쟁고아의 문제는 무엇이었고, 한국
정부는 이 문제에 어떻게 대처했으며, 전쟁고아 처리 문제에 외국의
어떤 기관이나 단체들과 연결되었는지 확인할 필요가 있다.

　한국전쟁의 부산물로서 전쟁고아는 새로운 사회문제를 야기했다.
전쟁고아들은 거리를 떠돌며 방랑하는 '거리의 부랑아'로 전락하자

---

42 "The Sutherlands-Libby(11), Lowne(Lawrie, 13), Tim(14), Jinny(15), Peter(10),
David(Korean, 10)"

범죄자 취급을 받게 되었다. 대략 연령이 5~16세까지의 아이들이 범죄에 쉽게 노출되었고 때로는 범죄조직에 이용되었다. 전쟁고아에서 발견되는 또 다른 문제는 혼혈아 고아가 출현했다는 사실이다. 미군과 한국 여성 사이에 태어난 GI 베이비를 어떻게 처리할 것인지의 문제가 대두되자 한국과 미국 정부 사이에 이에 대한 대책을 마련하게 되었다.[43]

이와 같이 새롭게 대두된 이 문제들에 대해 전후 전쟁고아에 대한 한국 정부의 대처 능력은 미흡했고, 전쟁고아들을 주로 격리 수용하는 방식으로 대처했다. 이에 미군 사령부에서는 미군(GI)을 동원해 전쟁고아를 돌보게 했다. 그리 1953년 휴전협정 이후 미군과 유엔군이 귀국하면서 고아원들이 문을 닫을 지경에 이르게 되자 새롭게 고아 사업에 뛰어든 단체와 기관들이 생겨났다. 미국의 복음주의 단체인 월드비전(World Vision), 기독교아동복리회(Christian Children's Fund: CCF), 홀트양자회 프로그램(Holt Adoption Program) 등이 그것이었다.[44]

월드비전은 비전을 가지고 전 세계를 바라보면서 인간의 비참상을 극복하자는 취지로 밥 피어스에 의해 설립되었다. 전 세계에 18개 지부를 두고 고아 사업, 구호 사업, 전도 사업을 전개했고, 한국지부는 1953년 2월에 서울에 설립되어 본격적으로 활동했다.[45]

기독교아동복리회는 1955년 10월에 설립되었고, 1963년 4월 말경 기독교아동복리회 한국지부에 가입된 시설은 99개 고아원, 14,000여

---

43 윤정란, 『한국전쟁과 기독교』, 168~172쪽.
44 같은 책, 166~167쪽.
45 "宣明會 비존을 가지고 세계18개국에 지부 – 한국에만도 月10만불 쓰고 있다 –," 『한국기독공보』, 1964.5.2.

〈사진 25〉 고아원 식사 광경　　　　　〈사진 26〉 장애 고아의 모습

명의 아동들이 있었다. 아동복리회는 고아원을 돕는 것이 아니라 고
아 개개인을 후원자와 결연시켜 주는 기관이었다. 또한 고아들을 한
곳에 수용하여 지내면 그들이 개성적인 성장을 할 수 없으므로 이런
결점을 타개하기 위해 영등포구 상도동에 남북애육원을 설립하고 고
아 225명을 15개의 가정집을 만들어 가정적인 분위기에서 생활하며
개성적인 성장을 이룰 수 있도록 시도했다. 이 기관은 고아들 외에도
혼혈아들을 도왔다.[46]

　홀트아동복지회는 설립 초기 "홀트양자회"라는 명칭으로 불렸다.
이 기관의 주요 목적은 한국전쟁으로 인해 발생한 혼혈 아동들에게
기독교 가정을 찾아 주는 것이었다. 한국에서 해외 입양 사업은 미국

46　기독교 아동복지회 한국지부(C·C·F)는 1948 아동복지회 해외 총무 밀러 목사가 내한
　　하여 많은 인사와 접촉한 결과 한국의 고아들을 돕기 위해 6·25전쟁 직전에 5개 고아원
　　을 C·C·F 산하의 단체로 가입하였다. 6·25가 발발하면서 고아들이 점차 증가하자
　　1951년 4월 향도 부산에서 한국위원회가 설립되었다. 한국위원회가 조직된 때로부터
　　1954년 3월 사이에 한국복리회에 가입된 고아원은 70개로 증가하였고 고아들도 7,000
　　여 명에 달하였다. 1955년에 정식으로 정부의 인가를 받았다. 兒童福利會, 『한국기독공
　　보』, 1964.5.9.

인 해리 홀트(Harry Holt, 1905~1964)가 1955년 한국을 방문하면서 시작되었다. 홀트는 한국의 전쟁고아 중 혼혈 아동 8명을 자신의 가정에 입양하였다. 이를 계기로 1956년 3월, 서울 구세군 본부 건물에서 홀트아동복지회가 공식 출범하였다. 이로써 한국에서의 입양 사업이 체계적으로 시작되었으며, 초기 해외 입양은 대부분 미국으로 이루어졌다. 특히, 이승만 대통령 재임 기간에 정책적으로도 다수의 혼혈 고아 아동이 단기간 내에 신속하게 미국으로 입양될 수 있도록 추진했다.[47]

혼혈 고아 아동들의 입양 과정은 월드비전이 운영하는 임시 보호소에서 일시적으로 보호받은 후, 최종적으로 미국으로 이송되는 방식으로 진행되었다. 1955년부터 1958년까지 운영된 혼혈아 일시보호소를 거쳐 미국으로 처음 입양된 혼혈 고아의 수는 총 12명이었다. 한 자료에 따르면, 1955년 10월 홀트 부부와 밥 피어스 목사가 입양 아동들을 직접 데리고 미국으로 건너간 것으로 기록되어 있다. 특히, 1955년 해리 홀트가 8명의 혼혈 고아를 개인적으로 입양한 것을 계기로 해외 입양이 본격화되었으며, 이후 입양된 아동 수는 1956년 191명, 1957년 287명, 1958년 598명, 1959년 441명에 이르는 등 점진적으로 증가하였다.[48] 또 다른 사례로 「韓國孤兒 키우는 죤스톤 女史 來韓」라는 제목의 기사는 1957년 홀트양자회를 통해 8명의 한국의 고아를 입양해 기르는 미국 포트랜드의 죤스톤 여사의 한국방문을 싣고 있다.[49]

이러한 자료들을 종합해 볼 때, 해외 입양 사업은 초기에는 주로

---

47 한국기독교교육협의회, 『한국기독교교육사』, 대한기독교교육협회, 1973, 213쪽.

48 https://www.beminor.com/news/articleView.html?idxno=11208 [검색일: 2023.11.16].

49 "韓國孤兒 키우는 죤스톤 女史 來韓," 『한국기독공보』, 1965.7.10.

미국을 중심으로 진행되었으나, 1968년부터 유럽으로 확대되며 벨기에와 노르웨이를 포함한 20개국으로 입양이 이루어졌다. 1972년에는 총 8,700명의 아동이 여러 국가로 입양된 것으로 보고된다.[50]

그런데 초창기 해외 입양은 민간 차원에서 이루어졌으며, 입양 아동과 양부모 간의 사전 면접 절차 없이 신속하게 진행되는 '대리입양'[51] 방식을 채택하였다. 이 방식은 월드비전의 설립자인 밥 피어스와 버다 홀트(Bertha Holt) 여사의 주도하에 적극 추진되었으며, 홀트를 통한 입양의 경우 평균 6개월 이내에 절차가 완료되었다. 입양 심사 과정이 엄격하지 않아서 시간과 비용이 절감되는 특징이 있었다. 그러나 이러한 간소화된 절차로 인해 여러 문제점이 발생하였다.[52] 예를 들어, 도로시의 사진 자료 사례에서 볼 수 있듯이, 미국 가정에 입양된 아동들 가운데 일부는 적절한 양육 환경을 제공받지 못해 입양이 실패하는 사례도 적지 않았다.

위의 내용을 통해 알 수 있듯이, 고아 지원 사업과 홀트아동복지회의 활동은 월드비전의 사업 체계 내에서 상호 연계되어 추진되었다. 도로시 자료에 포함된 당시 월드비전 소개 안내서에 따르면, 월드비전은 한국전쟁으로 인해 발생한 전쟁미망인과 고아들을 돕기 위해 미국 내 관심 있는 이들이 힘을 모을 수 있도록 밥 피어스(Bob Pierce) 박사에

---

50 『홀트아동복지』, 홀트아동복지회관, 1972; 한국기독교교육협의회, 『한국기독교교육사』, 대한기독교교육협회, 1973, 214쪽.

51 대리입양은 월드비전의 설립자인 밥 피어스(Bob Pierce)와 버다 홀트(Bertha Holt) 여사의 주도하에 적극 추진되었다. 홀트를 통한 입양은 6개월이면 입양이 완료되고, 조사가 엄격하지 않으며, 시간과 비용이 절감되었다.

52 https://www.beminor.com/news/articleView.html?idxno=11208 [검색일: 2023.11.16]

의해 설립되었다. 월드비전은 한국 내 수천 명의 빈곤층과 질병으로 고통받는 이들에게 기독교적 지원을 제공했고, 15,000명 이상의 어린이를 보호하고 양육하였다. 또한, 그들의 활동은 한국을 넘어 19개국에서 수많은 남성, 여성, 아동을 대상으로 확대되었다.[53]

월드비전의 사업이 지속적으로 운영될 수 있었던 것은 미국으로부터 대량의 식량, 의류, 비타민, 의약품 등이 꾸준히 지원되었기 때문이다. 이를 바탕으로 월드비전의 보호를 받는 모든 아동에게 음식, 의복, 의료서비스 및 초등교육이 제공되었다. 또한, 23개의 베이비 홈(Baby Home)에서 영유아 돌봄 서비스를 운영하였으며, 서울 월드비전 어린이병원은 외래 진료를 통해 도움이 필요한 모든 아동에게 의료서비스를 제공하였다. 월드비전 초기 보호의 대상이었던 고아들 가운데 일부는 훗날 성장하여 목사, 의사, 간호사로서 봉사 활동에 참여하였으며, 많은 이들이 동포를 위한 다양한 구호 및 복지 활동에 기여했다.

월드비전의 활동은 확장되면서 시간이 지날수록 국제적인 명성을 획득하였다. 무엇보다 주목할 점은 월드비전의 다양한 프로그램 가운데 가장 큰 인기를 끌었던 '한국고아합창단'이었다. 이 합창단은 1960년 밥 피어스와 한경직이 공동으로 창단하였고, 밥 피어스가 직접 지도하는 독특한 형태의 합창단이었다. 피어스의 지도하에 있을 당시에 합창단의 운영은 다양한 관심사로 확장되었다. 이들의 미국 홍보회사(McFadden and Associates)는 이 합창단의 목표를 "한국 어린이들이 이 대륙의 사람들에게 감사를 표현하고, 전 세계 고아들의 필요를 알리는 것"이라고 설명하였다.[54]

---

53 Brochure of World Vision of Korea, Francis Kinsler Family Collection.

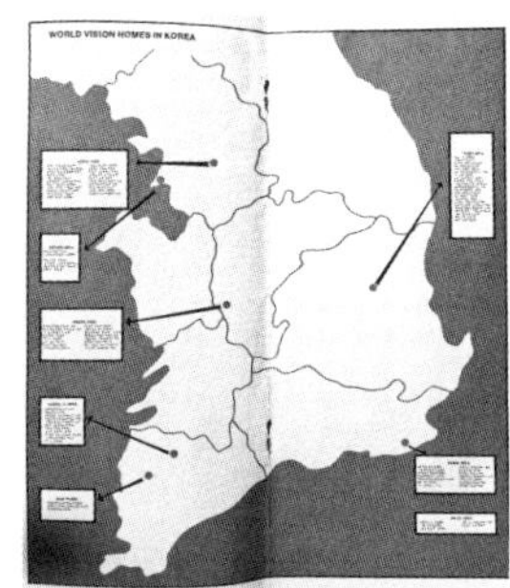

〈사진 27〉 월드비전

그러나 1967년 피어스가 건강상의 이유로 월드비전을 떠나면서 합창단의 명칭은 '한국어린이합창단'으로 변경되었다. 피어스가 부재한 상황에서도 이 합창단은 1968~1969년까지 지속적으로 순회공연을 펼쳤다.

1969년에 테드 엥스트롬(Ted Engstrom)이 월드비전의 운영을 맡게 되자, 그 또한 "한국어린이합창단은 월드비전의 가장 강력한 홍보 수단이며, 우리는 이 잠재력을 지속적으로 활성화할 필요가 있다"라고 선언하였다.[55]

종합해보면, 이 합창단은 단순한 공연 활동을 넘어 기금조성에 있어 높은 수익성을 갖춘 프로그램으로 역할을 했다. 또한, 1960년대 월드비전 한인고아합창단의 세계 순회공연은 어린이와 성인 모두에게 깊은 감동을 선사했을 뿐만 아니라, 한국과 미국 간의 외교 관계를

---

54 Helen Jin Kim, *Race for Rivival*, p.76.

55 Correspodence from Ted Engstorm to Larry Burr, "Korean Children's Choir," March 10, 1969. World Vision Inc., Central Records, Monrovia, CA.; Helen Jin Kim, *Race for Rivival*, pp.83~86.

강화하는 데 기여했다. 특히, 전쟁으로 폐허가 된 한국은 기독교 합창을 통해 현대적이고 긍정적인 국가의 이미지를 국제 사회에 투영하였으며, 합창단 단원들은 문화 외교의 주체이자 '소수자 모델'의 신화를 형성하는 데 기여한 '작은 대사'로 평가되었다.[56]

결론적으로, 월드비전, 기독교아동복리회, 홀트아동복지회는 상호 긴밀한 협력 체계를 구축하며 유기적으로 운영되었다. 이들 기관은 미국에 본부를 두고 국제적인 네트워크를 기반으로 활동하였으며, 한국에서는 남한 개신교의 대표적 지도자인 한경직을 중심으로 이들과의 국제적 연계가 형성되었다.

V. 맺음말

본 연구는 다음 세 가지 주요 문제를 조명하는 데 중점을 두었다. 첫째, 미국 선교사로 한국에 파견되어 활동한 도로시 킨슬러 선교사가 남긴 사진 및 문헌 자료를 분석하여, 전후 전쟁고아들의 실태와 그들이 처한 환경을 사실적으로 재현하고자 시도했다. 둘째, 전쟁고아 문제에 대한 한국 정부와 미국 정부의 대응 방식을 검토하고, 특히 미국의 기독교 선교단체 및 기관들이 전후 한국의 고아 문제에 어떻게 개입하고 대처했는지를 추적하였다. 마지막으로, 이러한 대응 방식이 궁극적으로 한국 기독교의 발전 및 구조 형성과 어떠한 연관성을 맺게 되었는지를 규명하는 데 연구의 초점을 맞추었다.

한국전쟁을 거치면서 전쟁고아 문제는 가장 심각한 사회적 난제로

---

56 Helen Jin Kim, *Race for Revival*, p.76.

대두되었으며, 1953년 휴전협정 이후 이들을 보호하고 지원하기 위해 여러 단체와 기관이 활동에 나섰다. 특히, 미국의 복음주의 단체인 월드비전, 기독교아동복리회, 그리고 홀트 입양 프로그램이 중심적인 역할을 수행하였다. 이들 기관은 상호 긴밀한 협력 체계를 구축하며 운영되었고, 미국에 본부를 두고 국제적 네트워크를 통해 유기적으로 연계된 활동을 전개하였다.

전쟁고아 보호 및 지원 과정에서 중요한 역할을 수행한 이들은 한국에서 직접 전쟁고아를 돌본 미군과 선교사들이었다. 특히, 미국 선교사들은 복음주의 신앙을 실천하는 가운데 전쟁고아 문제에 적극 개입하였으며, 개인적인 헌신과 희생을 통해 한국 사회에 깊은 영향을 끼쳤다. 그러나 이들의 활동은 단순한 종교적 사명에 그치지 않고, 냉전이라는 국제정세 속에서 한미동맹 강화를 위한 중간적 역할을 수행하는 시대적 맥락과도 맞물려 있었다.

미국 선교사들의 활동은 남한 개신교의 대표적 지도자인 한경직을 중심으로 한국 기독교가 미국을 비롯한 국제적 네트워크를 형성하는 데 중요한 기반이 되었다. 다시 말해, 19세기 말 최초의 선교사 파견 이후 미국 선교사들과 한국 개신교인들은 지속적인 협력과 갈등, 상호 교류 및 문화적 융합 과정을 거치면서 한국과 미국 개신교의 형성과 발전에 공동으로 기여해 왔다.[57]

결론적으로, 미국 선교사들은 한국전쟁 기간 동안 구호 활동은 물론, 전후 원조와 재건 사업에서도 중추적인 역할을 수행하였다. 이러

---

57 William Yoo, *American Missionaries, Korean Protestants, and the Changing Shape of World Christianity 1884~1965*, New York and London: Routledge, 2017, p.2.

한 활동이 가능했던 배경에는 미국의 기독교 관련 기관 및 단체들이 제공한 물질적, 재정적 자원이 있었다. 그러나 이러한 지원은 단순히 종교적 자선이나 원조의 차원에 그치지 않았으며, 전후 한국 사회의 재건과 재편 과정에 미국 기독교가 필연적으로 개입할 수 있는 구조적 기반을 조성했다. 이 과정에서 형성된 시스템은 미국의 복음주의 선교 활동이 한국 사회와 한국 기독교에 깊숙이 뿌리내리도록 하였으며, 그로 인해 미국과 한국을 연결하는 태평양 횡단 기독교 네트워크가 구축되었고, 이 네트워크의 중심에는 미국 선교사들이 있었다. 이와 같은 배경이 한국전쟁 전후 발생한 전쟁고아 문제를 이해할 수 있는 중요한 맥락을 제공한다.

참고문헌

[1차 자료]

『지도자』

『한국기독공보』

『한국기독교장로회회보』

The KOREAN REPOSITORY

KOREA CALLING

Kinsler, Francis. Kinsler Missionary Files, 1-8. The Moffett Korea Collection, Princeton Theological Seminary Commons. Section 2, Korea Materials, Box 40-41, Folders 18-20, 1-5.

Kinsler's Papers and documents. Board of Foreign Mission of Presbyterian Church in the U.S.A., Korea Mission Reports, Department of History, Presbyterian Church (U.S.A), Philadelphia, Pennsylvania.

The Francis Kinsler Family Collection. 숭실대학교 한국기독교문화연구원 소장.

[2차 자료]

공임순, 「군복 입은 '고아 구호'단-『주간신보 자유세계』에 나타난 '구제의 시각화'와 냉전 온정주의」, 『상허학보』 63, 2021, 426~466쪽.

곽병구, 「컴패션(Compassion)의 태동에 관한 연구: 1952~1965년 에버렛 스완슨(Everett Swanson)의 전쟁고아 구호활동을 중심으로」, 『ACTS 신학저널 50, 2021, 189~221쪽.

김득렬, 『권세열 선교사 전기: 씨를 뿌리러 나왔더니』, 카이로스, 2007.

김수진, 『한국 장로교 총회 창립 100년사 : 1912~2012』, 홍성사, 2012.

김흥수, 「한국전쟁 시기 기독교 외원단체의 구호활동」, 『한국기독교와 역사』 23, 2005, 97~124쪽.

______, 『WCC도서관 소장 한국교회사 자료집: 한국전쟁 편』, 한국기독교역사연구소, 2003.

노윤주, 「1950년대 모자원(모자원)의 설립과 서울의 모자원 구성원의 생활양상」, 『서울민속학』 7, 2020, 75~104쪽.

대한청소년성경구락부, 『사랑의 교육60년』, 화술, 1988.

__________________, 『검은 땅에 피어난 꽃들』, 보이스사, 1984.

류대영, 『한국 기독교 역사의 재검토』, 한국기독교역사연구소, 2019.

마은지, 「한국전쟁과 성경구락부 운동」, 『숭실사학』 49, 2022, 333~358쪽.

______, 「미국선교사 수집 자료 분류 및 분석-킨슬러(Francis Kinsler) 가족을 중심으로 (1900-1990년대)」, 『숭실사학 47, 2021, 267~295쪽.

______, 「옥호열 선교사의 한국의 기억-기록 고찰」, 『한국기독교문화연구』 13, 2020, 79~119쪽.

박명수, 「한국 월드비전(World Vision)의 배경과 창립과정」, 『한국교회사학회』 58, 2021.

소현숙, 「전쟁고아들이 겪은 전후-1950년대 전쟁고아 실태와 사회적 대책」, 『한국근현대사연구』 84, 2018, 321~351쪽.

송명희, 「이창래의 『생존자』에 재현된 전쟁으로 인한 외상 후 스트레스장애와 그 치유」, 『한국문학이론과 비평』 62, 2014, 115~145쪽.

영락학원 50년사 편찬위원회, 『영락학원 50년사: 1952~2002』』, 영락학원, 2002.

이방원, 「전쟁고아의 어머니, 황온순(1903~2004)의 아동복지활동」, 『서울과 역사』 99, 2018, 49~86쪽.

이봉범, 「한미재단(American Korean Foundation), 냉전과 한미 하방연대」, 『한국학연구』 43, 2016, 205~259쪽.

임진희, 「혼혈 입양 내러티브로서의 『만 가지 슬픔』」, 『현대영미소설』 18(1), 2011, 93~121쪽.

엘리자베스 김 지음·노진선 옮김, 『만 가지 슬픔』, 대산출판사, 2000.

정병준, 「권세열 선교사의 생애와 한국교회에 남긴 공헌」, 『한국기독교와 역사』 55, 2021, 147~181쪽.

카바40년사 편찬위원회 편, 『외원사회사업기관활동사』, 홍익제, 1995.

카이 인 앨리슨 헤이가 지음, 『6·25전쟁과 미국 선교사』, 박상명 옮김, 북코리아, 2023.

킨슬러 / 숭실대학교 뿌리찾기위원회 편, 『권세열 그리고 조선의 풍경』, 숭실대학교 지식정보처 중앙도서관 학술정보출판팀, 2017.

Clark, Allen D. "The Bible Club Movement." *Korea Calling*. Seoul: The Christian Literature Society of Korea, 1971.

Cho, Grace M., *Haunting the Korean Diaspora: Shame, Secrecy and the Forgotten War*, Minneapolis: University of Minnesota Press, 2008.

Haga, Kai Yin Allison, "An overlooked dimension of the Korean War: The role of Christianity and American missionaries in the rise of Korean nationalism, anti-colonialism, and eventual civil war, 1884~1953," Ph.D. diss., The College of William & Mary-Arts & Sciences, 2007.

Hutchison, William R., *Errand to the World*, Chichago and London: The University of Chicago Press, 1987.

KIM, HELEN JIN. *Race for Revival: How Cold War South Korea Shaped the American Evangelical Empire*. NY: Oxford Uinversity Press, 2022.

Klein, Christina, *Cold War Cosmopolitanism*. Berkeley: University of California Press, 2020.

Kwon, Heonik, "Religion and the Cold War: A View from Korea," *Journal of Korean Religions*, Vol.14, No.1, 2023.

─────────, *After the Korean War: An Intimate History*, Cambridge:

Cambridge University Press, 2020.

__________, *The Other Cold War*, New York: Columbia university Press, 2010.

Yoo, William, *American Missionaries, Korean Protestants, and the Changing Shape of World Christianity 1884~1965*, New York and London: Routledge, 2017.

미국 프린스턴 마펫-한국 컬렉션, https://library.ptsem.edu/moffett-korea-collection, https://archive.org/details/newslettersnewsp119unse_6/mode/2up?view=theater [검색일: 2023.11.16.]

미국장로교 역사학회 디지털 아카이브, 한국선교(Korea Mission) 컬렉션, https://digital.history.pcusa.org/islandora/search/Korea%20Mission?type=edismax&cp [검색일: 2023.11.16.]

한국기독교문화연구원 프랜시스 킨슬러 가족 컬렉션, https://hkplus.ssu.ac.kr/#/search/francis/si?all=0&max=10 [검색일: 2023.11.16.]

Billy Graham Reserch Center Archive, https://billygrahamarchivecenter.com/finding-aid/ [검색일: 2023.11.16.]

〈기독교 부녀구원상의소〉와 권도희*

I. 들어가는 말

1960~1970년대 박정희 정권은 강력한 국가 주도의 수출지향적 산업화를 추진함으로써 급속한 경제 성장을 달성하였다. 이 과정에서 농촌 인구의 대규모 이농이 발생하였으며, 이들은 저임금 노동력으로 산업 현장에 투입됨으로써 한국이 세계 시장에서 경쟁력을 확보하는 데 기여했다. 특히, 이러한 저임금 노동력의 상당 부분은 미혼 여성들이 차지했고, 농촌의 빈곤한 가정에서 성장한 젊은 여성들은 가족의 생계를 책임지기 위해 도시로 유입되었다. 이들은 공장을 비롯한 비숙련·저임금 노동 시장에서 노동력을 제공하며 생산성을 증대시키는 데 중요한 역할을 하였다. 결국, 1960~1970년대 한국 경제 성장의 근간에는 여성 노동력의 헌신과 그에 대한 구조적 착취가 자리하고 있었다.[1]

이와 같은 개발국가의 산업화 추진은 농촌의 어린 딸들에게 취업

---

* 이 글은 마은지, 「〈기독교 부녀구원상의소〉와 권도희」, 『기독교와 문화』 22, 2024의 논문을 수정·보완하였다.

1 정진성, 『한국 현대 여성사』, 한울, 2004, 67~68쪽.

을 위한 선택지를 제공하는 동시에, 그들을 연고조차 없는 서울로 무작정 상경하도록 내몰았다. 이들이 고향을 떠난 이유는 단지 경제적 궁핍에 국한되지 않았다. 정상적인 가정이라 할지라도 극심한 빈곤에 시달리거나, 부모 중 한 명이 조기에 사망한 후 재혼 가정에서 갈등을 겪게 될 경우, 가정의 울타리를 벗어나는 것이 불가피한 현실이었다. 문제는 이렇게 가출한 소녀들은 서울에 도착한 후 기차역 주변을 배회하거나 방황하다가 결국 윤락가로 유인되는 사례가 빈번하게 발생하였다. 윤락 여성으로 전락하는 사례가 점차 증가하자, 정부는 이를 방지하고 이들이 자립할 수 있도록 지원하는 보호시설과 상담소 등의 선도 기관을 설립하였다. 이에 따라 서울시청 부녀상담소를 비롯하여 서울역, 용산역, 영등포역, 청량리역 일대에 부녀상담소가 설치되었으며, 이들 기관에서는 24시간 교대 근무 체제를 운영하며 상담과 보호, 선도 활동을 수행하였다.[2]

중앙 행정부뿐만 아니라 지방 행정당국 또한 윤락 여성의 보호와 재활을 목적으로 하는 집단수용형 선도기관을 설립하였다.[3] 이에 따

---

2 장환, 「윤락여성에 대한 선교과제」, 『활천』, 기독교대한성결교회 활천사, 1972, 43쪽.

3 보호지도소와 직업보도시설을 통칭하는 요보호여자시설에 관한 연구사는 다음과 같다. 우선 1960년대부터 사회복지학과 교육학을 중심으로 시작되었는데, 연구 경향은 대개 수용자들의 낮은 지능, 학력과 도덕성 강조, 그에 따른 시설의 필요성을 정당화하는 연구들로서 수용의 법적 문제와 수용자의 인권침해를 간과했다고 비판을 받는다. 이런 경향의 주요 연구는 김용아, 「윤락여성에 관한 실태보고: 시립부녀보호지도소 원생을 중심으로」, 『지방행정』 9, 1965; 문선화, 「한국 윤락여성 선도사업에 대한 소고」, 이화여자대학교 석사학위 논문, 1970; 유송자, 「윤락여성의 요인분석과 선도프로그램에 관한 연구」, 이화여자대학교 석사학위 논문, 1974 등이 있다; 반면, 페미니즘 시각에서 요보호여자시설에 대해 비판적 관점으로 접근한 연구 경향은 1990년대 후반부터 나왔다. 시설 강제 입소는 인권유린이고, 요보호여자 규정이 성차별적이고 자의적이라고 비판한다. 수용된 여성들이 이후에도 성매매로 복귀하는 문제를 지적한 연구

라 기독교계에서도 교단을 초월하여 윤락 여성문제를 새로운 선교적 과제로 인식하게 되었으며, 선교부는 이들 특수 사회 계층을 대상으로 한 선교 활동에 관심을 기울이기 시작하였다. 그 결과, 민간 차원의 사설 보호 및 선도기관들이 설립되며 윤락 여성의 복지와 자활을 지원하는 노력이 확산되었다.[4]

본 연구는 내한선교사로 활동했던 권도희(Dorothy Kinsler, 1907~2001)의 사회복지사업 중 '요보호 여성'[5]을 대상으로 한 활동에 주목하여, 그녀가 설립한 〈기독교 부녀구원상의소〉(이하 〈부녀구원상의소〉)에 대한 고찰을 시도한다.[6] 1963년 권도희에 의해 설립된 〈부녀구원상의소〉는 '윤락여성미연방지 교화 선도사업'이라는 부제에서 알 수 있듯이, 윤락으로 내몰릴 가능성이 있는 여성들을 보호하고 자활을 돕는 것을 주요 목적으로 하였다. 민간 및 종교기관의 성격을 지닌 이 기관은 사회사업과 선교사업을 동시에 수행하는 역할을 하였다.

본 연구를 통해 〈부녀구원상의소〉의 설립 배경과 운영 과정을 밝

는 원미혜, 「한국사회의 매춘여성에 대한 통제와 착취에 관한 연구」, 이화여자대학교 석사학위논문, 1997; 요보호여자시설과 수용자들의 경험을 고찰하며 인권유린의 문제를 지적한 연구는 김대현·김아람·장원아·한봉석, 「청량리 성매매집결지의 역사」, 반성매매인권행동 이룸, 『청량리: 체계적 망각, 기억으로 연결한 역사』, 반성매매인권행동 이룸, 2018; 요보호여자시설을 국가폭력과 인권침해의 온상으로 다룬 연구는 박정미, 「'여자'가 '보호'를 만났을 때: 요보호여자시설, 기록과 증언」, 『아시아여성연구』 60(1), 2021, 44~46쪽 참조.

4 장환, 「윤락여성에 대한 선교과제」, 45쪽.

5 여기서 '요보호 여성'이란 규정에 따르면 '윤락행위'의 개연성을 지닌 여성으로 정의할 수 있다. 김대현, 「1950~60년대 '요보호'의 재구성과 '윤락여성선도사업'의 전개」, 『사회와 역사』 129, 2021, 7~59쪽.

6 〈기독교 부녀구원상의소〉에 관한 선행연구는 전무하다. 필자의 본 연구에서 처음 시도한다.

히고 1960~1970년대 개발국가인 한국 사회에서 이 기관이 수행한 활동을 조망하고자 한다. 본 연구는 〈부녀구원상의소〉에 대한 논의가 전무한 상황에서 학문적으로 탐구하는 첫 시도라는 점에서 의의를 가진다. 연구의 주요 1차 자료로는 권도희 선교사가 남긴 선교자료를 활용하였으며, 아울러 서울특별시 보건사회국 부녀과에서 발행한 부녀행정 기본자료 조사보고서,[7]선교잡지 및 신문 등의 자료를 참고하였다.

II. 윤락여성 선도사업과 〈여성후생협회〉

일제강점기의 식민지 상태를 거쳐 해방과 외국 군대의 주둔, 이어지는 6·25 전쟁과 전후 복구 시기, 그리고 1960~1970년대의 산업화 과정을 거치면서 한국 사회에는 다양한 사회적 문제가 대두되었다. 여성과 관련하여, 1960~1970년대 개발국가가 추진한 부녀 행정은 보호와 지도의 두 가지 차원에서 시행되었다. 첫째, 사회적으로 불우하고 수변화된 여성을 대상으로 한 시설 수용 정책이 이루어졌으며, 둘째, 일반 여성을 대상으로 한 계몽 교육이 실시되었다.[8]

---

7   서울특별시 보건사회국 부녀과, 『家出女性의 實態』, 서울특별시, 1972; 서울특별시,
    『가정실태 및 지역사회환경에 관한 기초조사』, 서울특별시, 1971.

8   박정미, 「'여자'가 '보호'를 만났을 때: 요보호여자시설, 기록과 증언」, 45쪽; 그 외에
    1960~1970년대 부녀복지제도에 대해서는 황정미, 「개발국가의 여성정책에 관한 연구:
    1960~1970년대 한국 부녀행정을 중심으로」, 서울대학교 박사학위논문, 2001; 1960~
    1970년대 부녀복지제도를 규율과 통치 수단 다룬 연구는 박서연, 「규율과 통치 수단으
    로서의 '부녀'복지제도-1960~70년대 담론을 중심으로」, 서울여자대학교 일반대학원
    사회복지학과 석사논문, 2023 참조.

격동의 사회 변동 속에서 윤락 여성의 증가 현상은 사회적 관심을 불러일으키며 이에 대한 대응책 마련을 요구하였다. 정부의 윤락 여성 선도 사업은 법률 제정을 기초로 시작되었으며, 그 전개 과정은 다음과 같다.

첫째, 정부는 1947년 11월 14일 정부 법률 제7호에 따라 인도주의 정신을 저해하고 인권을 유린하는 공창제도 폐지령을 공포하였다. 이를 통해 한국에서 매춘 행위는 법적으로 금지되었다.

둘째, 1961년 11월 9일 법률 제771호에 근거하여 윤락행위등방지법이 공포되었으며, 같은 해 각령 제258호를 통해 해당 법의 시행령이 발표되었다.

셋째, 위 시행령의 공포와 더불어 보건사회부는 이른바 '특정지역'[9]을 설정하고, 관·민이 협력하는 윤락 여성 선도대책위원회를 조직하여 윤락 여성에 대한 구호 조치를 강구 하였다. 또한, 윤락의 사전 방지책으로 전국 부녀상담원을 배치하여 부녀자의 가출을 예방하고자 하였다.

넷째, 경찰 단속에 있어서 정부는 윤락 여성 개개인의 특수성을 고려한 차별적 단속 방식을 시행하였다.

마지막으로, 교통부는 윤락 여성의 귀향을 돕기 위해 무임승차의

---

9 '특정지역'이란 1961년 「윤락행위등방지법」 제정을 통해 성매매가 명목적으로 금지되었지만, 이듬해 6월 성매매 집결지를 중심으로 한 '특정지역'의 설치를 통해 이 지역에서의 성매매가 사실상 당국에 의해 묵인·관리되었다. 이 '특정지역'은 '선도구역', '선도지역' 등의 명칭과 혼용되었고, 이 지역에서의 성매매 여성은 '선도'의 대상이면서 동시 다른 지역의 성매매는 철저히 단속하는 방식으로 운용되었다. 즉 '특정지역'의 설정은 곧 해당 지역의 성매매 여성에 대한 '선도' 계획과 연결되어 있었다. 김대현, 「1950~60년대 '요보호'의 재구성과 '윤락여성선도사업'의 전개」, 28~29쪽.

편의를 제공하는 조치를 마련하였다.[10]

이와 같은 법률적 조치와 더불어, 서울특별시와 부산을 비롯한 대도시의 행정당국은 윤락 여성 문제의 실태를 파악하기 위해 본격적인 조사를 실시하였다. 서울특별시의 경우, 1962년 윤락 여성 실태 조사를 통해 부녀 보호시설을 설립하고, 윤락 여성의 선도와 재활을 위한 선도대책위원회를 구성하였다. 또한, 경찰은 '특정지역'을 포함한 10개 지역을 집중적으로 관리·단속하였다. 1963년에는 도심지에서 윤락 여성들을 격리하기 위한 조치로 영등포 대방동에 시립부녀보호지도소를 설치하였으며, 1964년부터는 윤락 여성 문제가 심화됨에 따라 보다 체계적인 선도 방안을 마련하고 지속적으로 관련 사업을 추진하였다. 특히, 1968년 9월 서울시는 윤락 여성 선도를 명목으로 사실상 합법적으로 운영되던 종로3가 사창가를 철폐하였으며, 윤락 여성 신고카드제를 도입하여 포주와 윤락 여성을 관할 구청에 등록하도록 하는 제도를 시행하였다.[11]

윤락여성 선도사업의 또 다른 한 가지는 윤락여성에 대한 기술교육 실시였다. 1950년대와 같이 윤락 집결지 내에서 실시되었던 기술교육은 1960년대에도 진행되었다. 앞에서 보았던 반관반민 조직의 '요보호여성'의 '선도사업'에 더하여 보건사회부와 서울시가 '요보호여성'의 직업보도사업에 본격 착수하면서 '윤락여성선도사업'은 일정한 변화를 겪게 되었다. 즉 보건사회부는 1950년대에 비해 1960년대 '여성보호행정'을 "사후치료적 시설개선보호"에서 "윤락예방사업"으

---

10 문선화, 「한국 윤락여성선도사업에 대한 소고」, 30~31쪽.
11 같은 글, 33~34쪽.

로 발전되었다고 평가했고, 이 평가의 중심에 직업보도소 설치를 놓고 있었다.[12]

정부와 관공서가 윤락 여성 문제 해결을 위한 다양한 조치와 대책을 마련한 것과 동시에, 민간 사설 사회사업 기관들도 이에 발맞추어 적극적으로 대응하였다. 1971년 당시, 전국 각 도·시·군에서는 정부 주도로 14개의 윤락 여성 직업보도 시설과 2개의 임시 보호시설이 운영되고 있었다.

이러한 공공시설에서 생활하는 여성들에게 기독교 교육을 제공하기 위해 많은 기독교 교역자들이 자발적으로 봉사활동에 참여하였다. 교회는 인권을 옹호하고, 윤락행위로 인해 발생하는 사회적 문제를 예방하는 것이 중요하다고 인식하며, 이를 위한 구체적인 실천 활동을 전개하였다. 이에 따라, 교단 및 교회의 기관, 혹은 기독교인 독지가들은 윤락 여성 보호와 자활을 위한 두 가지 주요 방식으로 접근하였다. 하나는 독자적인 시설을 운영하여 기독교 교육과 직업훈련을 제공하는 것이었고, 다른 하나는 국가 및 공공단체가 운영하는 보호시설에 협력하여 관련 사업을 지원하는 방식이었다.[13]

이러한 민간 차원의 적극적인 개입 결과, 1971년 당시 조사에 따르면 기독교 계통의 부녀 복지시설들이 운영되고 있었으며, 이에 대한 구체적인 현황은 아래의 표를 통해 확인할 수 있다. 다만, 부녀구원상의소에 대한 공식 통계는 미집계 상태로 남아있다.

---

12 김대현, 「1950~60년대 '요보호'의 재구성과 '윤락여성선도사업'의 전개」, 36쪽 재인용.
13 안재복, 「기독교 특수 교육사」, 『한국기독교교육사』, 한국기독교교회협의회, 1973, 239쪽.

〈표 1〉 기독교 계통 부녀 복지시설

(1971년 현재)

시설명	대표자	소재지	수용인원	설립일	경영체
애우관	방호선	서울시	26	1967. 8. 8	기독교여자절제회
구세군신애원	정애경	부산시	30	1963. 4. 18	구세군유지재단
부산자매원	박창은	부산시	45	1962. 6. 20	감리교유지재단
협성여자기술학원	김옥환	인천시	110	1962. 9. 20	협성학원
광주계명여사	조아라	광주시	86	1963. 9. 18	Y.W.C.A.복지사업위
구세군여자관	박필규	서울시	35	1966. 12. 1	구세군유지재단
임시소녀보호소	방호선	서울시	70	1967	
은성직업기술학원	백수남	서울시	75		
부녀구원상의소	김영희				

출처: 안재복, 「기독교 특수 교육사」, 『한국기독교교육사』, 한국기독교교회협의회, 1973.

위의 기관들은 기독교의 교단별 교단 본부나 기독교인 독지가에 의해 설립되어 운영되었다. 그리고 이 기관들은 선교적 목적에 따라 기독교 정신에 입각한 교육 방침을 세웠다. 양재, 편물, 미용 등 직업 기술교육을 받는 것 외에도 예배와 성경 공부, 정신 훈화, 오락 등 기독교 교육 프로그램을 실시하였다.[14]

위의 표에서 공란으로 남겨진 〈부녀구원상의소〉에 대해 살펴보자. 권도희가 남긴 선교자료를 분석해 보면, 〈부녀구원상의소〉는 〈여성후생협회(Girls Welfare Association)〉와 긴밀하게 연계된 기독교 기관이었다.

〈여성후생협회〉는 한국에서 「윤락행위등방지법」이 제정·공포되기 이전부터 이미 관련 사업을 시작하였으며, 그 설립 취지와 목적은 다음과 같았다. 즉, 기독교적 가치관을 바탕으로 개별적 지도를 시행

---

14 같은 글, 239~240쪽.

하여 그리스도를 중심으로 한 신앙적 분위기를 형성함으로써 윤락 여성들이 기존의 삶에서 벗어나 새로운 삶을 모색할 수 있도록 돕고, 동시에 윤락 여성이 될 가능성이 있는 여성들을 사전에 보호하고 예방하는 것이었다.

이런 목적을 실현하기 위해 〈여성후생협회〉는 아래와 같은 세 가지 기초적인 사업계획을 수립하였다.[15]

1) 코티지 프로그램(A Cottage Program)

서울에 세 개의 시설이 마련되었으며, 각각 15명이 공동체 생활을 하며 기독교적 가정을 경험하는 것을 목표로 하였다.

- 은혜원 (1960년 설립): 윤락 여성 선도사업을 주도하였으며, 개원 이후 200명의 소녀가 거쳐 갔다.
- 희망원 (1963년 9월 설립): 여성후생협회의 예방적 보호사업의 일환으로, 대도시로 상경한 시골 출신 소녀들을 위한 시설이었다. 이곳에서는 상담을 제공하고, 기독교 가정에 식모로 취업을 알선하였으며, 대부분의 소녀들은 일정 기간 머문 후 고향으로 돌아갔다. 1969년 기준으로 1,000명 이상의 소녀들이 한 달에서 6주간 머물며 기독교적 사랑과 교양을 익히는 기회를 가졌다.
- 신앙원(1966년 설립): 주한 미군(GI)을 상대로 일하는 직업여성들을 위한 시설로 운영되었다. 개원 이후 65명의 소녀가 거쳐 갔으며, 이곳에서 수료한 대부분의 여성들이 직업을 갖게 되었다.

---

15 문선화, 「한국 윤락여성선도사업에 대한 소고」, 37~43쪽.

2) 스폰서 프로그램(A Case Sponsorship Program)

• 1968년 1월, 보건사회부의 요청에 따라 경찰 단속으로 경기여자
기술학원에 입소한 60명의 소녀들에게 6개월간 상담과 직업훈련(이용
기술 교육)을 제공하였다.

• 영등포 부녀보호지도소에 수용된 윤락 여성들을 대상으로 상담
프로그램을 운영하였다.

3) 워크숍-세미나 프로그램(Workshop-Seminary Program)

• 윤락 여성 선도사업과 관련된 모든 기관들이 참여하는 합동 세미
나를 개최하였다.

• 세미나에는 목회자, 교회 지도자, 기독교 신문 기고가, 고아원
운영자 및 직원, 공장 책임자, 여성단체 지도자 등 다양한 분야의 인
사들이 참석하여 윤락 여성 문제 해결을 위한 방안을 논의하였다.

• 관련 사안에 관심을 가진 개인들도 참여할 수 있도록 하여 문제
의식을 공유하고 대안을 모색하는 장을 마련하였다.

〈여성후생협회〉는 실제로 윤락 여성 선도사업의 일환으로 은혜원
을 설립하였다. 민간에서 운영된 대표적인 윤락 여성 보호시설인 은혜
원은 1960년 4월, 네덜란드 출신 선교사 반피득(Peter van Lierop)에
의해 설립되었으며, 이후 그의 부인 반애린(Ellen van Lierop)[16]과 연세대
학교 외국인 교수들의 배우자들이 운영을 담당하였다. 게다가 1961년

---

16 반애린의 애란원 활동에 관해서는 강슬기, 「1960~70년대 반애란(Eleanor van Lierop)
선교사의 요보호여성 복지사업과 애란원의 설립: 『Lord of the Dance』를 중심으로」,
『韓國敎會史學會誌』 제59집, 2021, 209~248쪽.

「윤락행위등방지법」이 제정된 직후인 1961년 11월, 은혜원은 본격적인 사회사업 기관으로 전환되었으며, 이사장으로 이화여자대학교 사회사업학과 교수 이명흥(李明興), 대표이사로 반피득과 대한예수교장로회 소속 영락교회(永樂敎會) 담임목사 한경직(韓景職)이 취임하였다.

1962년 은혜원 측은 후원회 회원을 모집하기 위해 『새가정』에 기고한 글에서 "현 혁명정부에서는 강력히 윤락행위를 단속하고 있으나, 아울러 선도사업이 필요하다"고 강조하였다. 이를 통해 은혜원이 정부의 윤락 여성 단속과 동시에 선도 사업의 필요성을 강조하는 정책 기조에 부합하는 방향으로 운영되었음을 알 수 있다.[17]

은혜원의 프로그램은 윤락 여성들의 사회 복귀를 목표로 하여 개별 사례에 맞춘 사회복지 실천과 기독교적 정신교육, 기술 훈련 및 취업 지원 등을 포함하였다. 주요 내용은 다음과 같다.

• 개별 사례에 맞춘 사회복지 실천: 전문적인 사회복지 기법을 적용하여 여성들의 개별적 상황을 고려한 맞춤형 상담과 지원을 제공하였다.

• 기독교적 정신교육 및 교양 교육: 4개월간의 공동생활을 통해 기독교적 가치관을 함양하고, 일반 교양교육과 함께 문맹자를 위한 한글 교육을 실시하였다.

• 직업훈련: 점원 훈련을 실시하여 여성들이 건전한 사회 구성원으로 자립할 수 있도록 지원하였다.

• 기술교육: 6개월간 직업학교에서 기술 훈련을 제공하여 경제적

---

17 김대현, 「1950~60년대 '요보호'의 재구성과 '윤락여성선도사업'의 전개」, 36~37쪽.

자립을 도모하였다.

• 취업 알선 및 사후 상담 지원: 직장 알선을 통해 퇴소 후의 생활을 돕고, 사회복지사가 지속적으로 상담을 제공하여 장기적인 자립 계획을 수립하도록 지원하였다.

이러한 프로그램을 통해 1969년 기준으로 은혜원은 약 1,200명의 윤락 여성을 사회에 복귀시킨 것으로 보고되었다. 윤락 여성 보호 및 자활시설로 출발한 은혜원은 이후 애란원으로 명칭을 변경하였으며, 오늘날 미혼 모자의 양육과 자립을 지원하는 기관으로 운영되고 있다. 특히, 청소년 한부모 가정을 위한 특화된 지원시설로 자리 잡으며, 시대적 변화에 따라 보호 대상과 지원 내용을 확장해 왔다.

나아가, 1960~1970년대에는 가출 여성의 보호와 자립을 도모하기 위한 정부와 민간 차원의 광범위한 노력이 전개되었으며, 이에 따른 일정한 성과가 나타났다. 1968년 8월 말 보건사회부 부녀과의 실태 조사에 따르면, 부녀상담원을 거친 가출 여성의 총수는 5,401명으로 집계되었으며, 이 가운데 2,381명은 귀가 조치, 317명은 취업 알선을 받았다.

이후 1969년 8월 말 기준으로 가출 여성의 총수는 11,923명에 달했으며, 연령별로는 15~20세가 가장 높은 비율을 차지했고, 그다음으로 21~25세 연령대가 뒤를 이었다. 이들 중 3,848명은 귀가 조치, 988명은 직업 알선, 590명은 부녀 보호소 또는 기타 보호시설에 수용되었다.[18]

---

18 문선화, 「한국 윤락여성선도사업에 대한 소고」, 35~36쪽.

이러한 통계는 당시 정부와 민간 기관이 가출 여성의 보호 및 자립을 위한 다양한 정책적 조치를 시행하였음을 시사하며, 특히 귀가 조치와 취업 알선이 주요한 개입 전략으로 활용되었음을 보여준다.

III. 〈기독교 부녀구원상의소〉의 설립과 운영

개발도상국의 경우 빈곤층을 중심으로 윤락행위가 만연했으며, 이는 당시 한국 사회에서도 수만 명에 달하는 윤락여성이 존재하는 현실로 나타났다. 이를 해결하기 위해 정부는 1961년 「윤락행위 등 방지법」을 제정하였으나, 실효성 있는 규제보다는 오히려 윤락 산업의 음성화를 초래하는 결과를 낳았다. 정부 당국의 개선 노력만으로는 한계가 명확해지자 민간 종교단체와의 협력을 모색하며 대응 방안을 확대해 나갔다.

이에 따라 여러 종교 및 사회단체는 윤락행위 예방과 윤락여성의 선도 및 자립 지원에 적극 나섰으며, 다음과 같은 세 가지 주요 대책을 운영하였다. 즉 윤락행위로 유입될 가능성이 있는 계층에 대한 예방 조치, 윤락여성의 선도 및 기술교육을 위한 집단수용 프로그램, 그리고 윤락에서 벗어난 여성들의 직업 알선 및 생활 지원이 그것이었다.

이러한 대책의 일환으로 〈부녀구원상의소〉는 1963년 4월 27일, 권도희(Mrs. Francis Kinsler) 선교사의 주도로 설립되었다. 초기에는 〈여성후생협회(Girls Welfare Association)〉라는 명칭으로 출발하였으며, 이후 활동의 범위를 확장하며 사회복지 기관으로 자리 잡았다. 공동 설립자로서 초대 소장을 맡은 김영희는 서울에서 태어나 중국 북경 시립여자사범대학을 졸업한 후, 1950년 서울시 향토방위대 초대 여성 과장, 1953년 창신모자원 설립 및 원모 활동, 1961년 시립부녀보호소 상담 및 사감, 1963년 기독교 부녀상의소 설립 및 소장을 역임하고 다양한 사회복지 활동을 전개하였다. 김영희의 헌신적인 공로는 높이 평가받아 1976년 10월 20일, 한국여성단체협의회로부터 제13회 '용신봉사상' 수상자로 선정되었다.[19]

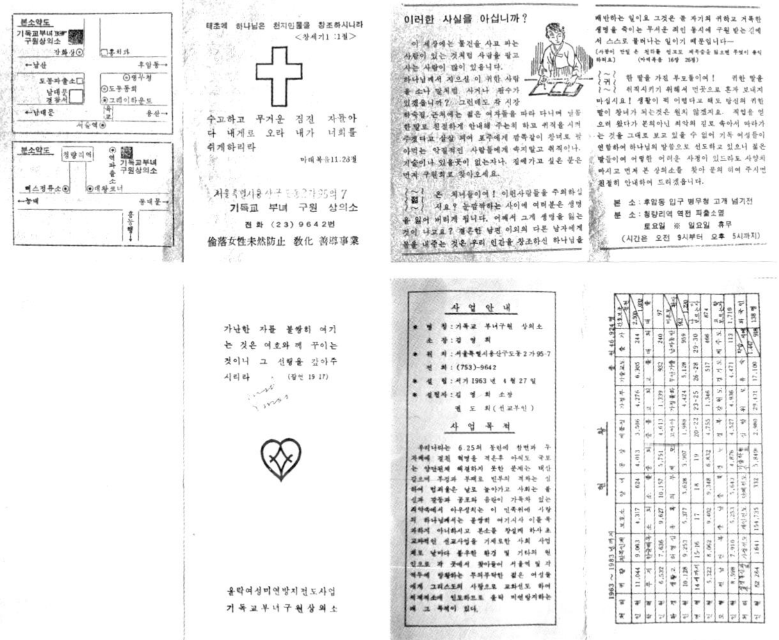

〈기독교 부녀구원상의소〉 안내지

---

19 "容信봉사상에 金榮姫씨 뽑아," 『조선일보』, 1976.10.21.

이 기관의 설립 과정을 살펴보면, 김영희 소장은 당시 영락교회의 권사로서 적극적으로 운영을 주도하였다. 초기에는 서울역 광장 맞은 편에 위치한 세브란스병원의 한 건물(약 30평 규모)을 기증받아 업무를 시작하였다. 그러나 1970년 8월 해당 건물이 철거되면서 병원 별관 3층의 사무실을 임대하여 사용하게 되었고, 이후 본관마저 철거되면서 서울 용산구 도동 2가 95-7번지(1983년 기준)로 이전하게 되었다. 〈부녀 구원상의소〉의 본소는 후암동 입구 병무청 고개를 넘기 전 위치해 있으며, 분소는 청량리역 역전 파출소 인근에 자리하고 있었다.

이 기관의 명칭은 설립 이후 여러 차례 변경되었다. 1963년 〈여성 후생협회(Girls Welfare Association)〉로 출발한 후, 1964년에는 〈기독교 부녀구원상의협회(Women's Christian Counseling Association)〉, 1965년 에는 〈기독교 부녀구원상의소(Women's Christian Counseling Service)〉 로 개명되었다.

이 기관의 설립 목적은 불우한 환경이나 다양한 사유로 인해 서울 역과 거리에서 방황하는 어린 소녀들을 보호하고 전도하는 것이었다. 이를 위해 사회복지 서비스를 제공하는 초교파적 연합 전도 사회사업 기관으로 운영되었다.[20] 〈기독교 부녀구원상의소〉는 1968년 당시, 서 울 남대문 5가 115번지에 위치해 있었으며, 초교파 연합 전도 사업의 일환으로 윤락여성의 예방과 교화, 선도를 통한 자립 지원을 목표로 삼았다. 이는 단순한 보호를 넘어 불우한 환경과 사회적 요인으로 인 해 윤락으로 내몰리는 젊은 여성들이 새로운 삶의 기회를 찾을 수

---

20 "CHRISTIAN WORK FOR THE PREVENTION OF PROSTITUTION," Dorothy Kinsler Collection.

있도록 돕는 것이었다.[21]

실제로 상의소 직원들은 매일 새벽 서울역과 용산역을 순찰하며 여성들을 설득하고 상담한 후 사무실로 안내하였다. 보호가 필요한 여성들에게는 문제가 해결될 때까지 숙식을 제공하였으며, 보다 체계적인 지원을 위해 개별 사진 촬영, 카드 작성, 유형별 분류 등을 거쳐 생활고나 가정폭력(계모·의부의 학대)으로 인해 상경한 여성들에게는 면담 후 취업 알선이나 귀향 지원 등 맞춤형 사후 처리를 진행하였다.[22]

당시 한 잡지는 〈부녀구원상의소〉가 서울로 갓 올라온 여성들에게 수행했던 역할을 다음과 같이 보도한 바 있다.

> "윤락에 빠지는 여성들의 배경에는 경제적 어려움뿐만 아니라 무지와 허영심이 작용하는 경우도 많다. 특히, 시골에서 무작정 상경한 많은 여성들이 서울역 주변을 방황하다가 갈 곳이 없어 결국 인신매매 조직에 의해 착취당하는 사례가 빈번하게 발생한다. 이러한 문제를 해결하는 데 있어 가장 중요한 것은 개인의 자각이지만, 동시에 이들을 보호하고 지원하는 〈부녀구원상의소〉와 같은 기관이 존재한다는 것은 매우 다행스러운 일이다."[23]

여기에서 생활고, 교육 부족과 허영심, 그리고 무작정 시골에서 상경하는 등의 요인이 여성들이 윤락의 길로 내몰리는 주요 원인임을 알 수 있다. 이에 따라 〈부녀구원상의소〉가 수행하는 역할의 중요성

---

21 부녀구원상의소 제공, "부녀구원 상의소는 이렇게 일한다," 『새가정』, 1968년 7월호 (통권 162호), 새가정사, 109쪽.

22 "[來日을 사는 女性들]〈1〉기독교 부녀 구원相議所를 찾아서," 『한국기독공보』, 1972.5.6, 5면.

23 부녀구원상의소 제공, "부녀구원 상의소는 이렇게 일한다," 109쪽.

이 더욱 부각되었다.

또한, 1967년 『새가정』에서는 〈부녀구원상의소〉가 윤락 예방 활동 뿐만 아니라 실질적으로 수행하는 다양한 지원 사업에 대해 다음과 같이 상세히 소개하고 있다.

1) 승녀의 회개

17세 때 부모를 여읜 한 소녀는 정신적 타격과 생활고를 비관하다가 마음의 위로를 받을 곳을 찾아 산속에 들어가 약 4년 동안 절에서 온갖 고생을 하였지만 그럴수록 더 괴롭고 허전하여 절망 속에 빠져 죽는 길밖에 없다고 생각하였고, 마지막으로 서울에서 학교다니는 동생을 찾아 상경하여 서울역 부근에 도착하였을 때 다행히도 구원회에서 나온 상담자들 만나게 되었다. 그 소녀는 처음으로 사랑을 받게 되었고 또한 신앙을 알게 되었다. 그리스도를 믿어야만 참 평안과 참 위로와 참 소망과 영생이 있다는 것을 알게 되었다.

2) 벙어리가 말하게 된 일

3살 되던 해에 부모가 별세한 한 소녀는 할머니 손에 키워졌다. 그리고 18살 때 서울로 올라와 취직을 하였으나 그 주인이 교회나가는 것은 물론 성경을 보고 찬송하고 기도하는 것을 무조건 반대하면서 심지어 구타까지 하였다. 그 소녀가 받은 정신적 충격 때문에 벙어리처럼 말을 못하게 되었고 결국 그 집을 나오게 되었다. 갈 곳이 없어 고향으로 내려갈 생각으로 서울역에서 기차를 타고 나가는 중에 구원회에서 나온 상담자를 만나게 되었다. 그 소녀가 글을 써서 사정을 표현하였고, 3개월 동안 합심하여 기도하는 중에 다른 말은 못하지만 성경 읽을 때와 찬송할 때, 그리고 기도할 때에는 음성이 열렸다. 계속 합심하여 3개월 동안 기도하는 중에 완전히 말을 하게 되었다. 자신은 물론 예수님의 능력을 체험하게 되었고 먼저 있던 집에 다시 와서 열심히 봉사하고 있다.

3) 부모를 찾아준 일

대개 시골에서 친구들끼리 의논하고 부모님 모르게 집을 떠나오는 자들이 많이 있다. 상담을 끝내고 그 소녀들을 임시 보호하고 부모님께 편지하여 그 소녀들을 찾아가도록 한다. 자식을 잃은 부모님들은 마을을 다 찾아 헤매며 찾기에 지친 몸이 되어 자리에 눕게까지 된다. 그런 때 부모님들은 구원회에서 보낸 편지를 받아보고 잃었던 자식을 찾게 되어 그 기쁨을 참지 못해 구원회까지 찾아오게 된다.

4) 사창굴에서 나온자

생활이 곤란하여 취직을 목적으로 상경하는 소녀가 서울역에 내릴 때 구원회에서 전도지를 전했다. 그러나 그 소녀는 전도지 내용을 읽어보기 전에 평범한 광고종이로 생각해 버렸고 몇시간을 서울역에 있는 동안 공장에 취직시켜준다는 포주의 말에 유혹되었다. 포주는 공장으로 인도하는 것이 아니라 청녀집에 소개하고 돈을 받았지만 그 소녀는 팔린 것조차 모르고 공장으로 인도해 줄 줄만 알고 기다렸다. 하루 이틀 지나면서 비로소 속은 줄을 안 그는 탈출하려고 갈곳을 찾게 되었을 때 서울역에서 받아 주머니에 넣어버렸던 전도지를 읽어 보았다. 뒤늦게지만 구원회를 찾아온 그 소녀는 참 길을 걷게 되었다.

5) 결혼

고아로서 외롭게 지내오던 젊은 여성이 구원회와 연락하여 그리스도의 사람을 깨닫게 되었다. 그는 마음속에 주님의 사랑을 가지고 봉사할 마음의 준비가 되었다. 마침 그 때 월남전쟁에서 부상병이 된 해병대들이 희생적으로 봉사할 결혼상대자를 구하게 되었다. 그 소녀는 용감하게 일어났다. 불구자인 남편에게 그리스도의 사람으로 봉사하여 그 남편과 온 가족에게 기독교를 전하고 지금은 자녀도 낳아 재미있게 살고 있다.

6) 휴양(결핵환자)

구원회에 찾아온지 4년 되었다. 그 동안 직업을 얻어 주어 열심히 일하고 있었는데 뜻밖에도 결핵이란 병이 침투했다. 혼자였던 그는 구원회에 와서 의논하지 않으면 안될 형편이었다. 구원회에서는 성모자활촌이란 휴양처로 인도하여 그를 수시로 방문하고 있다.

7) 성경통신강좌

구원회에 찾아와 상담한 자들에게 그리스도의 말씀을 전하기 위하여 성경공부를 시킨다. 성경을 공부한 자들은 어디서나 정직해서 칭찬을 맏으며 예수님을 빛을 나타낸다. 1967년도에는 230명을 성경통신과에서 졸업시켰다.

8) 심방

상담한 소녀들 중에는 서울에서 직업을 얻고 있는 자들이 많이 있다. 그 소녀들의 사정과 주인의 형편으 알고 인도하기 위하여 소녀가 있는 집들을 방문한다.

9) 위로회

구원회에서는 각 곳에 흩어져 있는 상담한 소녀들을 소집하여 그동안 부자유스럽던 몸들이 마음껏 쉴 수 잇으며 잘못된 사정과 뢰로운 심정을 전부 토할 수 있는 기회를 마련해준다. 그 소녀들에게는 그리스도의 말씀과 사람으로 책망도 하며 교훈도 하며 좀 더 건전한 정신상태로 이끌어주며 기타 여러 가지 예의범절을 가르쳐준다.

이처럼 〈부녀구원상의소〉는 보호 대상자가 부모를 찾을 때까지, 야간 또는 새벽차로 귀향할 때까지, 직업을 얻기까지, 또는 결혼을 앞두고 약 한 달간 준비하는 동안 보호하는 역할을 수행하였다. 아울러 기술 교육과 취업 알선 등의 다양한 지원 프로그램도 운영하였다. 그러나 이러한 사업을 지속적으로 운영하는 데에는 많은 어려움이

따랐으며, 특히 재정적 후원과 지원이 절대적으로 필요했다..[24]

그렇다면 〈부녀구원상의소〉의 운영에 필요한 재정적 후원과 지원은 어디에서 비롯되었을까? 설립 초기에는 초교파 선교사 부인회의 도움을 받았으며, 1972년에는 범태평양여성협의회, 다락방, 한국기독교여성협의회, 전국여전도연합회 사회부 등 4개 단체와 영락교회, 한양교회, 남대문교회, 장서교회, 동성교회, 후암교회, 무학교회, 영암교회, 충무교회, 경동제일교회, 산성교회 등 11개 교회 여전도회의 지원을 받은 것으로 확인된다. 그리고 개인 후원자로서 월 삼천원 이상을 기부하는 특별회원과 매월 천원 이상을 내는 일반회원들의 회비를 통해 기관 운영이 이루어졌다.

이러한 재정적 후원 덕분에 〈부녀구원상의소〉는 1963년 창설 이후 1973년까지 총 14,422명의 여성들을 선도하였고, 2,886명이 성경통신과를 수료하였다. 또한, 가정 전도 864가정, 개인 전도 240,762명, 단체 전도 35개소, 기술교육 수료 959명, 심방 2,233명, 위로회 2,343명, 유숙 지원 6,120명 등의 활동을 통해 광범위한 지원을 제공하였다. 특히 세례를 받은 인원은 1,923명에 이르며, 신앙적 성장에도 기여하는 바가 컸다.[25] 아래의 통계자료는 1963년부터 1983년까지의 전반적인 운영 실적을 보여준다.

---

24 같은 글.

25 같은 글.

<표 2> 〈부녀구원상의소〉 현황통계 보고

(1963~1983년까지) 총원 46,924명

처리	귀향	친족인계	보호소	양녀	공장	제품집	가정부	기술교도	출가	간호보조/점원
인원	11,044	9,063	4,317	624	4,013	3,506	4,276	6,305	244	2,500/1,032

학력	무지	한글해독	소퇴	소졸	중퇴	중졸	고퇴	고졸	대퇴	대졸
인원	6,532	7,636	9,627	10,157	5,751	4,613	1,339	932	240	97

환경	생활고	허영심	유혹	의부	계모	고아아	가정불화	무단가출	남자동반	미혼모/환자
인원	10,128	9,253	5,377	3,628	3,907	1,988	4,424	5,128	959	912/120

연령	14세까지	15~16	17	18	19	20~22	23~25	26~28	29~30	나이 모르는자
인원	5,322	8,062	9,402	9,348	6,832	4,755	1,346	517	466	874

도별	전남	전북	충남	충북	경남	경북	강원도	경기도	제주도	고향 모르는자
인원	8,598	7,910	5,253	5,643	4,876	4,527	4,936	4,471	113	1,710

처리	성경통신 과수료	가정전도	개인전도	단체전도	기술학원 수료	심방	위로	유숙	학습/세례	외국인
인원	52,264	1.641	154,735	332	5,849	2,980	29,431	17,100	1,447/918	138

Ⅳ. 사료로 살펴본 〈부녀구원상의소〉

권도희가 〈부녀구원상의소〉와 관련하여 수집·보관한 자료는 이 기관의 활동을 조명하는데 중요한 사료적 가치를 지닌다. 해당 자료는 국문 및 영문 기관 안내지, 운영 현황 및 통계 보고서, 수입·지출 결산서, 상담 수첩, 서신, 메모, 사진 등으로 구성되어 있으며, 이를 통해 기관의 설립 목적과 운영 실태, 재정 현황, 상담 및 지원 활동 등을 구체적으로 확인할 수 있다.

1) 편지

김영희 소장이 본국으로 귀국한 권도희 선교사에게 보낸 편지에서는 두 사람의 관계와 이 기관이 한국인에게 이양된 이후의 운영 방식을 엿볼 수 있다. 김영희는 권도희를 "나의 사랑하는 믿음의 어머님"이자 "서울의 딸 영희"라고 부르며, 이로써 두 사람 사이의 관계가 어머니와 딸의 신뢰와 친밀감으로 이루어져 있음을 보여준다. 비록 권도희가 미국으로 귀국하였으나, 김영희 소장은 권도희로부터 재정적 지원을 받았으며, 이에 대한 현황통계 보고서를 동봉하여 편지를 발송하였다. 권도희는 매년 5월 '청소년의 달'에 정기적으로 500달러를 송금하였고, 필요에 따라 추가 보조금도 지원하였다. 예를 들어, 김영희가 보낸 한 편지에서는 1979년 5월에 500달러, 1979년 12월에 300달러(한화 약 144,000원)를 송금 받은 것을 확인할 수 있다.[26]

2) 재정현황

아래의 현존하는 자료에 따르면, 권도희가 본국으로 귀국한 이후 김영희가 이양받은 〈부녀구원상의소〉의 재정 현황의 일부를 가늠할 수 있다.

---

26 "나의 사랑하는 믿음에 어머님 전상서," 1980.1.7; "보고싶은 어머님 귀하," 1980.5.21, Dorothy Kinsler Collection.

<표 3> 수입지출 결산서

년도	수입부		지출부	
	항목	총계	항목	총계
1975년도 결산서	위원회 보조비, 단체 보조비, 일반 보조비, 특별보조비, 이월금	3,594.823	귀향비, 교통비, 급식비, 전도비, 응급치료비, 위안비, 사무비, 비품비 등	3,586,691
1976년도 결산서	위원회 보조비, 단체 보조비, 일반 보조비, 특별보조비, 권도희 선교사, 누씨부인, 연동교회 여전도회, 박재훈, 김득열 목사교회 여전도회, 이월금	6,000,000	귀향비, 교통비, 급식비, 전도비, 응급치료비, 위안비, 사무비, 경조비 등	4,186,700
1979년도 결산서	단체보조, 일반보조, 누부인, 권부인, 특별보조, 디트로이트 여전도회	5,379,800	귀향비, 교통비, 급식비, 전도비, 응급치료비, 위안비, 사무비, 경조비 등	5,375,000

3) 상담 기록

권도희는 수십 장의 상담 기록을 간단히 메모식으로 정리해 놓았다. 가난하고 불우한 시골 출신의 소녀들이 상경하여 윤락업소에 들어가게 된 경위를 A(17세)는 어머니와 함께 생계를 유지하던 전라남도에서 일자리를 찾아 서울로 상경했다. 영등포역에 내려 잠시 방황하던 중, 고향 친구의 오빠가 영등포에서 식모로 일하는 친구에게 일자리를 알선해 주겠다고 말했고, 결국 윤락업소로 팔려 가게 되었다. 그곳에서 3주간 머무르는 동안 저항하다 폭력을 당했고, 포주가 외출한 사이에 도망쳐 나와 영등포역에서 상담소 직원인 조씨를 만나 전도지를 받고 상담소에서 지내게 되었다. 그곳에서는 자활을 위해 미용 기술과 운전 기술을 배웠다.

또한 B(14세)는 아버지가 일찍 사망하고 어머니가 재혼하면서 발생한 가정 내 갈등으로 가출하여 상경한 사례이다. 그녀는 계부와 친모의 다툼 때문에 집을 나와 서울로 올라왔고, 역에서 낯선 남자에게 유인당해 윤락업소로 끌려갔다. 그곳에서 지내다가 탈출하여 상담소와 연락이 닿아 치료를 받고 자활 기술을 배우게 되었다.

상담 기록을 종합해 보면, 이 기관에 온 소녀들의 연령대는 12세에서 25세 사이이며, 그 가운데서도 15세에서 18세 사이의 소녀들이 가장 많았다. 이들은 경제적으로 매우 어려운 상황에서 일자리를 찾아 서울로 상경하며, 부모 중 한 명이 일찍 사망하고 재혼한 가정에서 학대받다 상경한 경우가 많았다. 이들은 영등포 기차역에서 배회하다가 일자리를 주겠다는 제안을 받아 윤락업소로 유인되어 포주에게 얽매이게 되었고, 이후 탈출하여 상담소와 접촉한 뒤 한남동 시립기술교도 시설과 경기여자기술학원에서 기술을 배우며 자활하게 되었다. 또한, 이들은 윤락업소에서 폭력에 노출되어 자살을 시도하는 사례도 발견되었다.

4) 기도수첩

권도희의 〈기도수첩〉(년노 미상)은 그의 깊은 신앙심과 선교사로서의 사명에 대한 내밀한 고민의 흔적을 보여준다. 이 수첩에는 약 65편의 기도문이 수록되어 있는데, 각 기도문은 그가 담당하고 있던 사역 활동을 바탕으로 한 페이지씩 기록되어 있다. 기도의 내용은 고아원과 고아들, 장애 고아, 모자원, 농촌교회, 성경구락부, 한국교회와 국가, 남북통일, 유가족, 선교사, 새가정, 부녀구원회, 세계를 위한 기도제목 등이 포함되어 있다. 권도희는 사역 활동의 어려움 앞에서 진실, 인내, 사랑, 믿음, 지혜와 총명, 헌신을 간구하고 있으며, 특히 고아들과 부녀구원회에 대한 기도문이 두드러진다. 이 기도수첩은 도로시가 활동했던 당시 한국 사회 및 한국 교회가 안고 있었던 문제점들과 그의 선교 활동에 대한 헌신을 엿볼 수 있는 중요한 자료로 평가된다.

V. 맺음말

일제강점기에 의한 식민지적 상황에서 해방을 맞이한 후, 외국군 대의 주둔과 이어지는 6·25 전쟁 및 전후 재건 시기를 거치면서, 1960~1970년대의 산업화 과정에 이르기까지 격동의 한국 사회는 윤락여성에 대한 민관의 대책을 절실히 요구하게 되었다. 윤락여성을 선도하는 사업의 중요성도 크지만, 도덕적 규범이 확립되지 않은 시골 소녀들이 이 길에 빠지지 않도록 사전에 방지하는 것이 더욱 큰 문제로 부각되었다. 이에 따라 〈부녀구원상의소〉는 권도희 선교사와 한국인 김영희에 의해 1963년에 설립되었다. 이 기관은 가출 소녀들을 보호하며, 부모를 찾아주기 전까지 이들을 안전하게 지키고, 밤이나 새벽에 고향으로 돌아갈 때까지 지원하며, 직업을 얻기까지 그들의 삶을 지원하고, 결혼을 준비할 시기에는 사전 교육을 실시하는 등 다양한 활동을 펼쳤다. 이러한 사업에 필요한 재정적 지원은 회원들의 후원으로 이루어졌으며, 권도희 선교사는 미국으로 귀국한 이후에도 지속적으로 이 기관의 운영과 재정 지원에 깊은 관심을 기울이며 사업의 지속 가능성을 확보했다.

윤락여성 선도 및 미연방지상의소의 기능은 사회적으로 동등한 대우를 받지 못하는 불우한 여성들의 인권 문제에 대한 국가와 사회의 관심을 환기시키고, 이들에 대한 보호 정책을 수립하는 계기를 마련하였다. 서울 및 지방의 보호시설을 확충하고, 군·면 단위의 상주 상담원을 배치하여 가출 소녀들에 대한 상담과 선도를 시행하였으며, 직업을 얻고자 하는 윤락여성들을 위해 생산적인 직업 교육을 실시하고, 사회 제도적인 방안을 마련하는 데 기여하였다.

결론적으로 기독교 〈부녀구원상의소〉는 윤락여성에 대한 사회적 관심을 촉발시켰고, 여성 문제와 여성의 인권 신장, 나아가 여성 사회 복지시설 및 한국의 민주주의 발전에 기여하는 중요한 역할을 수행하였다.

참고문헌

[1차 자료]

『경향신문』, 『동아일보』, 『매일경제』, 『새가정』, 『조선일보』, 『한국기독공보』, Dorothy Kinsler Collection.

[2차 자료]

강슬기, 「1960~70년대 반애란(Eleanor van Lierop) 선교사의 요보호여성 복지사업과 애란원의 설립 : 『Lord of the Dance』를 중심으로」, 『韓國敎會史學會誌』 59, 2021, 209~248쪽.

김득렬 편, 『씨를 뿌리러 나왔더니』, 카이로스, 2007.

김대현, 「1950~60년대 '요보호'의 재구성과 '윤락여성선도사업'의 전개」, 『사회와 역사』, 129, 2021, 7~59쪽.

김대현·김아람·장원아·한봉석, 「청량리 성매매집결지의 역사」, 반성매매인권행동 이룸, 『청량리: 체계적 망각, 기억으로 연결한 역사』, 반성매매인권행동 이룸, 2018.

김용아, 「윤락여성에 관한 실태보고: 시립부녀보호지도소 원생을 중심으로」, 『지방행정』 9, 1965.

김은정, 「선교사 해리엇 깁슨에 대한 연구」, 『한국기독교와 역사』 46, 2017, 5~34쪽.

류대영, 『새로 쓴 한국 기독교의 역사』, 한국기독교역사연구소, 2023.

______, 『한국기독교 역사의 재검토』, 한국기독교역사연구소, 2019.

마은지, 「냉전과 태평양 횡단 기독교 네트워크 - 전후 전쟁고아와 미국선교사」, 『기독교와 문화』 20, 33~73쪽.

문선화, 「한국윤락여성선도사업에 대한 소고」, 이화여자대학교 대학원 석사학위논문, 1970.

박서연, 「규율과 통치 수단으로서의 '부녀'복지제도-1960~70년대 담론을 중심으로」, 서울여자대학교 일반대학원 사회복지학과 석사논문, 2023.

박정미, 「'여자'가 '보호'를 만났을 때: 요보호여자시설, 기록과 증언」, 『아시아여성연구』, 60(1), 2021, 41~82쪽.

______, 「한국 성매매 정책에 관한 연구: '구인 - 관리 체제'의 변동과 성판매 여성의 역사적 구성, 1945~2005」, 서울대학교 박사학위논문, 2011.

서연순, 「윤락에 있어서의 시설 보호와 Cottage System의 비교」 9, 1975, 5~29쪽.

보건사회국 부녀과, 『家出女性의 實態』, 서울특별시, 1972.

보건사회부, 『부녀행정 40년사』, 보건사회부, 1987.

부녀서울 편집부, 『부녀서울』, 서울특별시, 1971.

서울특별시, 『가정실태 및 지역사회환경에 관한 기초조사』, 서울특별시, 1971.

신호철, 『양화진 선교사: 이땅에 떨어진 밀알들』, 대한예수교장로회 서울서노회, 2003.

안재복, 「기독교 특수 교육사」, 『한국기독교교육사』, 한국기독교교회협의회, 1973.

양혜원, 『종교와 페미니즘 서로를 알아가다』, 비아토르, 2020.

영락교회 1부여전도회, 『영락교회 여전도회 40년 사료집: 1946.8~1986.12』, 영락교회1부 여전도회, 1987.

영락교회출판부, 『월간 만남』 165, 1987, 영락교회홍보출판부.

유송자, 「윤락여성의 요인분석과 선도프로그램에 관한 연구」, 이화여자대학교 석사학위 논문, 1974.

윤정란, 「제2공화국의 여성정책과 성격」, 『한국민족운동사연구』 49, 301~344쪽, 2006.

원미혜, 「한국사회의 매춘여성에 대한 통제와 착취에 관한 연구」, 이화여자대학교 석사학위논문, 1997.

장환, 「윤락여성에 대한 선교과제」, 『활천』, 기독교대한성결교회 활천사, 1972.

정진성, 『한국 현대 여성사』, 한울, 2004.

조성은, 『한국 사회보장제도의 역사적 변화과정과 미래 발전 방향』, KIHASA(한국보건사회연구원), 2019.

최혜월, 「젠더와 미국 개신교 선교에 나타난 근대성」, 숭실대학교 한국기독교문화연구원 HK+사업단 제11회 글로벌 한국학 포럼 자료집, 2024.

황정미, 「개발국가의 여성정책에 관한 연구: 1960~70년대 한국부녀행정을 중심으로」, 서울대학교 박사학위논문, 2001.

http://mannam.youngnak.net/pdf/1987_09.pdf [검색일: 2024.8.17.]

영락교회 한경직목사기념도서관 https://library.revhan.net/#/ [검색일: 2024.8.17.]

한국기독교교회협의회아카이브 "Project Application for 1968 파일 - 청원서 윤락여성 미연방지 선도사업"https://ncckarchive.org/items/show/2792 [검색일: 2024.8.17.]

한국여성복지 정책의 역사, https://bsmilal.tistory.com/495 [검색일: 2024.8.17.]

제4장

아서-수 킨슬러의 생애와 활동

- 선교자료를 통해 본 선교사의 이해: 아서-수 킨슬러(Arthur-Sue Kinsler)의 수집자료를 중심으로
- 아츠 선교사를 추모하며-문정일 장로의 글

선교자료를 통해 본 선교사의 이해

 -아서-수 킨슬러(Arthur-Sue Kinsler)의 수집자료를 중심으로-

Ⅰ. 머리말

킨슬러 가문의 한국선교는 일제강점기로 거슬러 올라간다. 1928년 9월, 프랜시스 킨슬러(Francis Kinsler, 권세열)는 미국 북장로교 선교사로 식민지 조선에 파송되었다. 당시 24세의 젊은 미혼 청년이었던 그는 1929년 평양 거리에서 빈곤한 아동들에게 교육의 기회를 제공하고자 성경구락부를 창설하며 선교와 교육의 초석을 다졌다. 그는 1970년 9월까지 42년 동안 남한과 북한에서 기독교 교육과 사회복지 시업을 펼치며 헌신했다.

그의 신앙과 사역은 다음 세대로 이어졌다. 프랜시스 킨슬러 2세인 아서 킨슬러(Arthur Woodruff Kinsler, Art, 아츠, 권오덕, 1934~2024)와 그의 부인 수 킨슬러(Sue Kinsler, 신영순, 1946~)는 미국장로교 선교사로서 파송되어 1971년부터 2011년까지 39년 동안 한국에서 활동했다. 이들은 산업선교를 비롯해 남한과 북한을 아우르는 다양한 장애인 복지 지원사업을 전개하며 선교적 사명을 실천해왔다.

아츠(Art)-수(Sue) 선교사 부부가 한국에서 오랜 기간 선교 활동을 지속할 수 있었던 것은 부모님의 영향뿐만 아니라, 아츠의 출생과도 깊은 연관이 있다. 1934년 4월 20일 평양에서 태어난 그는 1940년까지 어린 시절을 평양에서 보냈다. 그러나 일제강점기 신사참배 강요, 평양 선교지부의 선교 활동 철회, 그리고 태평양전쟁 발발로 인해 내한선교사들의 철수는 어린 아츠의 기억에 또렷이 각인되었다. 아츠는 제2차 세계대전 종전과 일본의 패망과 함께 한국이 일제 식민지로부터 해방을 맞이하자 1948년 부모님과 함께 다시 한국으로 돌아왔다.

그런데 1950년 한국전쟁이 발발하면서 또 다시 일본으로 피신하여 미국으로 돌아갔다. 1953년 한국전쟁이 끝난 후 미국 선교사들이 대거 한국에 재입국하자, 아츠도 부모님과 함께 다시 한국으로 돌아왔다. 고등학교와 대학 시기를 제외하면 그의 인생의 대부분의 시간을 한국에서 보냈고, 미국인 선교사 가운데 누구보다 한국 사회를 깊이 이해하고 있었다. 교육을 마친 후, 부모님의 선교활동을 어린 시절부터 지켜봐 온 그는 1972년 미국 남장로교 한국 선교사로 정식 파송되었다. 부모 세대의 선교가 일제강점기와 한국전쟁이라는 시대적 배경 속에서 이루어졌다면, 그는 한국의 산업화와 민주화라는 역사적 전환기를 맞아 새로운 형태의 선교를 모색해야 했다.

본 연구는 아서-수 킨슬러 선교사 부부의 선교자료를 토대로 한국의 산업화와 민주화 시기에 그들이 수행한 선교활동을 조명하고자 한다. 나아가, 급격한 사회변동 속에서 내한선교사들이 한국 사회의 시대적 요구에 어떻게 대응하며 어떤 역할을 했는지를 고찰함으로써, 그들의 선교활동이 갖는 역사적 의의를 도출하고자 한다. 그리고 이들의 선교 기록을 분석하여 내한선교사 자료의 학술적 가치를 규명하고자 한다.

II. 킨슬러 2세 아츠 킨슬러(Art Kinsler)의 생애와 활동

아츠 선교사는 평양에서의 유년 시절을 회고할 때, 그의 기억 속에는 여전히 생생한 몇가지 장면들을 간직하고 있다. 예를 들어, 7월 4일 미국 독립기념일을 맞아 대동강에서 선교사 가족들과 함께 보트를 타며 즐거운 시간을 보냈던 기억이 떠오른다. 그날 불꽃놀이를 하던 중 보트의 돛에 불이 붙는 모습을 보고 아무것도 모르는 어린 아츠는 마냥 웃으며 즐거워했다. 대동강가에서 앵두를 따 먹고, 마차를 끌고, 염소에게 풀을 먹였던 순간들은 90세를 넘긴 그에게 고향 평양에 대한 애틋한 그리움을 불러일으킨다. 평양에서 아츠와 함께 어린 시절 성장한 선교사 자녀들 중 가장 친한 친구는 잭 보크(Jack Voelkel)와 에드워드 아담스(Edward Adams)였다. 그들과 함께한 어린 시절의 평양은 즐거움으로 가득한 소중한 기억으로 남아 있다. 아츠는 평양에서의 어린 시절을 회상하며, 아버지에 대한 기억을 꺼내보곤 한다. 아버지 킨슬러는 시골 교회를 방문하던 날들이 많았다고 회상한다.

아츠는 평양외국인학교 1학년에 입학했을 당시, 유일한 1학년 학생이있다. 그러나 대평상 전쟁의 발발로 인해 입학 2주 만에 하교가 문을 닫게 되었다. 그가 태어난 고향이자 유년 시절을 보낸 평양은 그의 한국에 대한 뿌리 의식과 정체성이 형성되는 중요한 기억의 장소였다. 아츠 선교사는 생전에 "나는 평양 권씨이다"라고 소개할 정도로 평양에 대한 깊은 애정과 자부심을 표명하곤 했다. "평양은 나의 고향이었고 지금도 변함없는 나의 고향이다"라고 자주 언급하였다.[1]

아츠는 미국으로 건너가 1956년 휘튼대학(Wheaton College)을 졸업

---

1 권오덕, 「프랜시스 킨슬러와 숭실대학」, 『한국기독교문화연구』 10, 2018.

한 후, 1962년 프린스턴 신학교에서 석사학위를 취득했고, 1964년에는 하와이 주립대학교 이스 & 웨스트센터 대학원에서 또 다른 석사학위를 받았다. 한국으로 돌아와 1976년에는 연세대학교 대학원에서 비교종교학 전공으로 신학 박사학위를 취득했다.[2]

아츠는 미국에서 대학원을 졸업한 후 1966년 평화봉사단(Peace Corps)의 디렉터로 한국에 귀국하였고, 1968년 11월 23일에 한국인 신영순과 결혼하였다. 이들 부부 사이에 두 아들 존 킨슬러(John-Francis Kinsler, 권요한)와 로스 킨슬러(Ross Woodruff Kinsler, 권능재), 그리고 딸 일레인 킨슬러(Elain Dorothy Kinsler) 세 자녀를 두었다.

아츠는 1969년 미 제8군 군목으로 입대하여 1972년 미국 육군 군목 대위로 제대하였다. 그는 3년간의 군목 기간 동안 한국, 베트남, 그리고 미국 루이지애나에서 근무했고, 이후 1995년에는 예비군 군목 대령으로 제대하였다.[3]

그는 1972년 미국 남장로회 선교사로 한국에 정식 파송되었다. 본격적인 선교사로서의 첫 임지는 미군을 대상으로 한 선교 활동이었다. 1972년부터 1973년까지 그는 동두천의 샬롬 하우스(Shalom House)에서 활동하였는데, 이곳은 1968년에 설립된 미군 캠프 케이시를 위한 사목 활동을 하는 작은 교회이자 국제학교였다. 샬롬 하우스의 설립 목적은 미군들의 신앙생활을 지도하고, 그들이 일상에서 겪는 문제를

---

2   권오덕; Kwon, O Dok, 「(A)study in fertility cult for children in Korean shamanism」, Graduate School, Yonsei University, 1976.

3   "Dear Mother," January 12, 1993일자 편지에서 19일간의 군사 훈련 임무로 일본으로 비행하기 위해 오산 비행장으로 가는 버스를 타기 직전 이 글을 쓴다고 밝히고 있다. 발신인 Chaplain (COL) Arthur W. Kinsler, Office of the Staff Chaplain, USARJ/IX Corps.

상담하고 돕는 데 있었다.

그 후, 1973년부터 1978년까지 한남동의 힐사이드 하우스(Hillside House)에서 디렉터로 활동하며 미군 제2사단 군인들을 상담하고, 이들을 선도하며 성경 공부와 한국 문화 투어를 지원하였다. 힐사이드 하우스는 미군을 위한 상담 및 케어 센터였다.

1970년대 이후 미국장로교의 선교 정책이 변화함에 따라, 그는 1979년 미국장로교 한국선교회의 산업선교회 대표 전담 활동자로 선임되어 전라남도 순천에 산업선교사로 파송되어, 1981년까지 이곳에서 활동하였다. 순천선교지부로 내려간 그는 여수, 여천, 광양, 포항, 창원, 울산 등 당시 중공업 육성 도시들이었던 공업 도시들을 순회하며 산업선교의 기초를 다졌다. 이후 서울로 임지를 옮긴 후에도 서울과 반월 공단에서 도시 산업선교 현장에서 적극적인 활동을 펼쳤다.

아츠 선교사를 산업선교 현장에 파송하기로 결정한 배경에는 1979년 한국 산업계에서 발생한 'YH 사건'이 있었다. 이 사건은 1979년 8월 9일, 가발 업체 YH무역의 여성 노동자 190여 명이 회사 운영 정상화와 노동자 생존권 보장을 요구하며 서울 마포구 도화동의 신민당사에서 농성을 벌인 사건으로, 한국 산업선교회가 정치적 압박을 받게 되는 계기가 되었다. 이로 인해 산업체의 신우회들이 운영에 어려움을 겪던 시기에 한국선교회 본부는 한국어를 구사할 수 있는 외국인 선교사를 찾았고, 아츠 선교사가 가장 적합한 인물로 선임되었다. 아츠 선교사는 여수와 여천의 산업단지에서 활동하며, 특히 신흥 화학공단 내의 산업선교회를 집중적으로 지원하였다. 또한 한국에 주재하는 외국인들이 외국인 교회에 원활하게 적응할 수 있도록 도와주었고, 농촌의 개발과 도시화로 어려움을 겪는 농촌교회의 존속을 위해 다양한 지원을 아끼지 않았다. 그 중 하나가 여천제일교회의 설립이 었다.

아츠는 반월공단에서 16~17세 청소년들을 위한 하우스처치(house church)를 설립하였으며, 이는 현재 경기도 안산의 아름다운 성빛교회 로 이어지고 있다. 또한, 그는 반월제일교회의 설립에도 기여하였다. 아츠는 산업화 지역의 소규모 스타킹 공장에 근무하는 청소년들을 위해 개인 통장을 털어 연립주택에 전세를 얻고 교회를 시작하였다. 이곳을 통해 그는 장학금을 지원하고 성경구락부와 야학을 운영하여 이들에게 교육의 기회를 제공하며 복음을 전파했다. 더 나아가, 그는 노동자의 인권 보호와 권리를 위한 상담소를 운영하여 지역 사회의 복지와 권익 향상에도 힘썼다.

1984년, 아츠 선교사는 대한예수교장로회 전도부와 국제선교위원 회의 협력선교사로 임명되었고, 총회와 개별 교회에서 협동목사로 활 발히 활동하였다. 특히, 그는 한국 교회에서 예배 방식의 변화를 포착 하였는데, 그 중 하나가 영어예배의 도입이었다. 이는 한국 교회 역사 에서 새로운 패러다임 전환을 예고하는 중요한 사건이었다.

1985년, 아츠 선교사는 서울 목동의 할렐루야교회 이종윤 목사의 제안으로 영어 예배를 시작하여 3년간 이끌었다. 영어 예배의 도입은 1986년 한국에서 처음으로 열리는 서울 아시안게임을 대비하여 한국 의 국제화를 위한 교계 차원의 준비로 시작된 것이다. 이 예배는 한국 인들에게 국제적인 마인드를 심어주고 외국인들과의 원활한 교류를 도모하기 위한 필요에서 출발하였다. 이후 1989년부터 1999년까지는 온누리교회의 영어예배 전담목사로 활동했는데, 이 시기에 약 18~20 명으로 시작한 이 외국인교회는 수천 명의 출석교인이 증가할 정도로 성장했다.

또한, 아츠 선교사는 1999년부터 2003년까지 명성교회에서 4년간 영어예배를 담당하였고, 2004년에는 3년간 서울교회에서 영어예배 활동을 활발히 진행했다. 1986년 서울 아시안게임과 1988년 서울 올림픽 같은 세계적인 국제 행사에 따른 영어예배의 도입은 특히 젊은 층과 엘리트, 나아가 어린이들까지 다양한 계층의 관심을 끌었다. 아츠 선교사는 영어예배를 시작한 다음에는 다른 교회로 옮겼는데, 이는 선교사로서 부유한 교회에 머무를 수 없다는 신념 때문이었다. 그가 시작한 영어예배는 여러 교회로 확산되어, 결과적으로 한국 교회, 특히 대형교회들의 성장을 촉진하는 계기가 되었다.

거의 같은 시기에 한국 교회에서는 예배 방식의 패러다임 대전환이 일어나, '경배와 찬양'이라는 새로운 예배 형식이 도입되었다. 경배와 찬양 예배 운동은 1985년 온누리교회에서 시작되어, 곧이어 1987년과 1988년부터 전국의 한국 교회로 확산되기 시작하였다. 이 운동은 단순히 온누리교회만의 예배 방식에 그치지 않고, 한국 교회의 새로운 예배와 찬양의 기순을 세우는 세기가 되었으며, 현재는 모든 시골 교회에서도 경배와 찬양 예배가 이루어지고 있다.

1988년에는 대학로, 잠실주경기장, 대만 장개석 광장, 일본 신주쿠 등지에서 5,000명이 참여한 경배와 찬양 운동이 전개되었다. 이는 한국의 새로운 부흥운동으로 여겨진다. 1980년대 중반 이후 한국 사회의 국제화 추세는 한국 교회의 문화에 메타모포시스를 가져왔고, 이러한 변화에는 내한 선교사들의 영향이 크게 작용하였다. 외국어 예배와 경배와 찬양 예배 방식이 세계 여러 나라의 현지 교회에서도 동일하게 시행되는 이유는 바로 내한 선교사들이 이룬 영향력 덕분이었다.

아츠 선교사는 대학 교육 활동에도 적극적으로 참여하였다. 1990년에는 연세기독학생모임(Yonsei International Christian Fellowship)을 창립하였으며, 1996년부터 1998년까지 숭실대학교 인문대학의 강의 교수 및 협동 교목으로, 장로회신학대학교에서도 강의 교수로 재직하였다. 2004년에는 연세대학교에서 강의 교수 및 교목으로서 한국의 대학생들을 가르쳤고, 외국인 유학생을 위한 연세대학교 세계기독교센터(Yonsei Global Service)에서 10년간 봉사하였다.

특히 아츠 선교사의 활동에서 중요한 부분은 한국의 성경구락부 운동이었다. 그는 1981년부터 2015년까지 성경구락부 이사장직을 맡고, 1960~1970년대의 개발도상국 시기와는 다른 1980년대 이후 한국 사회에서 성경구락부의 위상을 재정립하는 데 일조했다. 또한, 2004년부터 2012년까지 북한 장애 아동 지원 사업을 운영하는 등대복지회 이사장, 1995년부터 2011년까지 대한기독교서회 이사, 그리고 1996년부터 2011년까지 미국장로교 한국선교회 이사장을 역임하였다.

아츠 선교사는 2011년 6월 30일, 한국에서의 오랜 선교사 생활을 마무리하며 미국장로교 한국선교회에서 은퇴하였다. 이후 2011년부터 2024년까지 미국 시애틀에 거주하면서도 한국의 선교 활동을 물심양면으로 지원하였다. 그는 2024년 9월 25일 저녁 6시에 미국 현지에서 향년 90세로 소천하였다. 그는 2001년에 부모님인 킨슬러 선교사 부부의 유골을 한국의 양화진 선교사 묘역에 안장하면서 "나는 미국 국적이지만 내 고향은 한국이며, 평생 한국에서 살아왔으니 만약 내가 죽으면 나를 한국에 묻어달라"는 유언을 남겼다. 그의 뜻에 따라 현재 그의 유골은 한국으로 옮겨왔다. 2024년 11월 21일 총회 차원에서 추모예배가 거행되었다. 현재 그의 유해는 한국에 안장되기를 기다리고 있다.[4]

결론적으로 아츠 선교사는 불우한 청소년 교육에 헌신했던 프랜시스 킨슬러 선교사의 아들로 평양에서 태어나, 아버지의 뜻을 이어 미국장로교(PCUSA) 소속의 한국 선교사로 1972년부터 2011년까지 활동하였다. 은퇴 이후에도 그는 한국과 한국인에 대한 지속적인 관심을 가지고 빈틈없이 한국과 오가며 다양한 활동을 이어갔다. 아츠의 삶에는 선교사 자녀로서의 존재론적인 애잔함이 느껴진다. 낯선 땅에서 이방인으로서 한국 사회에 적응하고 살아가는 경험은 디아스포라 이주민의 삶과 크게 다르지 않았을 것이다. 그는 피부색과 언어가 다른 환경에서 때로는 불안하고 때로는 외롭고, 때로는 정체성의 혼란을 느끼며 한국에서 내한선교사의 삶을 살았을 것이다.

Ⅲ. 수 킨슬러(Sue Kinsler)의 생애와 활동

아츠 선교사의 부인인 수 킨슬러(Sue Kinsler, 신영순, 1946.9.1.~) 선교사는 서울 충무로에서 유복한 가정에서 태어났다. 어린 시절부터 다방면에서 뛰어난 재능을 보였으며, 미션스쿨인 숭의여학교를 거쳐 서울산업디자인전문학교를 졸업하였다. 이후 교회에서 아츠 선교사를 만나 1968년 결혼하여, 서울에서 두 아들, 존과 로스를 출산한 뒤 6년 만인 1977년 7월 29일 막내딸 일레인을 낳았다. 그러나 일레인은

---

4 『한국기독공보』, 2024.11.21.

생후 3개월 무렵 뇌수막염을 앓아 평생 장애를 지닌 채 살아가게 되었다.

수 선교사는 딸 일레인의 치료를 위해 이루 말할 수 없는 노력과 어려움을 감내하면서도 아츠 선교사의 사역에 다양한 방식으로 동역하였다. 특히 미8군 교회의 국제결혼상담소에서 활동하며 상담과 지원에 힘썼다.

1978년 9월, 아츠 선교사 부부는 힐사이드 하우스(Hillside House)에서의 활동을 마무리하고 미국 캔자스로 떠나 1년간 안식년을 가졌다. 이후 1979년 7월, 한국으로 복귀한 두 사람은 전남 순천으로 발령받았다. 이 시기 수 선교사는 미남장로회 선교사로서 순천 매산동 선교마을(Mission Village) 내 애향재활기술원과 여수 애향재활병원에서 장애인 복지 상담사로 1년 반 동안 활동했다.

〈사진 1〉 순천 매산 선교마을

〈사진 2〉 아츠 - 수 선교사의 집

〈사진 3〉 애양원 재활직업보도소 부지

〈사진 4〉 애양원 재활기술원

여수 애향원의 설립과 운영은 한국기독교 선교 역사에서 중요한 의미를 지니며, 이는 미국 남장로회 선교사들의 의료 선교 활동의 결실이었다. 남장로회는 복음 전파뿐만 아니라 의료 선교에도 깊은 관심을 두었으며, 이를 위해 전문 의료 선교사들을 파송했다. 수 선교사는 이러한 역사적 배경을 가진 여수 애향재활병원에서 봉사하며 한센병 환자들을 돕는 한편, 순천 애향기술원에서 장애인의 사회적 자립을 지원하는 활동을 전개하였다.

그는 장애인 상담을 진행하면서, 재활치료뿐만 아니라 자립을 위한 직업훈련이 필수적이라는 것을 깨달았다. 이에 따라, 선교사 린튼이 거주하던 선교사 사택을 활용하여 1층을 기술학원으로, 2층을 기숙사로 개조하였다. 그리고 수술을 앞두거나 회복 중인 장애인들에게 원단을 제공하고, 미싱과 봉제 기술, 원단 재단 기술 등을 교육하며 이들의 자립을 돕는 데 헌신하였다.

1981년, 아츠·수 선교사 부부가 선교 활동의 거점을 서울로 이전하면서, 애향재활기술원을 졸업한 장애인들도 새로운 삶의 기회를 찾아 서울로 향했다. 그러나 이들 대부분은 숙련된 기술이 부족했고, 의지할 곳조차 마땅치 않아 어려움을 겪었다. 결국 이들이 의탁할 수 있는 유일한 곳은 수 선교사의 집이었다. 약 30여 명의 졸업생이 함께 지내는 과정에서 장애인을 위한 안정적인 작업장이 절실하다는 공감대가 형성되었고, 이에 따라 규모는 작지만 코이노니아 장애인 보호작업장이 설립되었다. 동시에 수 선교사는 서울로 올라온 졸업생들의 모임인 '무화과'를 조직하여 1981년부터 1991년까지 장애인의 자립을 지원하는 활동을 지속하였다.

이후 그는 서울 수유리 번동에 코이노니아 장애인복지센터를 설립하며 장애인의 복지와 자립을 위한 지원활동을 더욱 체계화하였다. 또한 대한예수교장로회(PCK) 총회 사회부의 선교 동역자로 활동하며 장애인 복지와 선교 사역의 영역을 한층 확장해 나갔다.

번동 코이노니아는 서울시와 장애인 위탁운영기관으로 1991년 여름 설립되었다. 기존의 코이노니아 장애인 보호작업장과 '무화과' 출신자들을 통합하여 명칭을 변경한 것이었다. 그 배경에는 같은 해 3월 노태우 정부 시절 열린 청와대 조찬기도회 초청이 있었다. 당시 수 선교사는 노태우 대통령에게 서신을 보내 장애인의 자립을 위한 작은 작업장이 운영되고 있으나 더 많은 장애인들에게 일자리와 복지 지원이 필요하다는 점을 강조했다. 이에 정부의 재정 지원이 이루어졌고, 보다 넓은 규모의 코이노니아 작업장으로 확장 이전할 수 있었다.

이곳에서는 기숙사 생활과 함께 재봉, 도장·인장 조각, 컴퓨터 작업 등 다양한 직업훈련을 제공하며 장애인의 자립을 도왔다. 기관이 성장함에 따라 노인 복지와 청소년 지원 프로그램도 새롭게 추가되었다. 운영 재원은 온누리교회의 지원으로 마련되었으며, 현재까지도 온누리교회가 코이노니아 시설을 수탁 운영하며 지적·지체 장애인의 보호와 직업재활을 지원하고 있다.

수 선교사가 다져놓은 기반 위에서 번동 코이노니아는 점차 성장하여 사회적 기업으로 자리 잡았고, 현재까지도 지속적으로 운영되고 있다.

수 선교사는 "장애인의 어머니"로 불린다. 그가 평생을 장애인 복지와 돌봄에 헌신하게 된 계기는 딸 일레인 때문이었다. 일레인은 태어난 지 얼마 지나지 않아 병을 앓았고, 그로 인해 장애를 갖게 되었다. 딸을 키우며 수 선교사는 장애 아동과 장애인들에 대한 깊은 관심과 소명의식을 가지게 되었다. 처음에는 일레인이 회복되기를 간절히 기도했지만, 그때 "네 눈으로 보지 말고, 내 눈으로 보라"는 주님의 음성을 들었다고 한다. 그 순간 장애인을 돕는 과정에서 자신 안에도 보이지 않는 장애가 있음을 깨닫게 되었고, 이후 장애인 복지와 돌봄 사역에 평생을 바치게 되었다.

수 선교사는 1998년 5월부터 북한 지원사업을 시작했다. 그는 매년 5~7차례 미주와 남한의 후원자들과 함께 북한을 방문하여 고아와 장애인을 위한 지원을 이어왔다. 이러한 협력 사업을 보다 체계적으로 운영하기 위해, 2003년 4월 시아버지 권세열의 유산을 바탕으로 통일부 산하 등대복지회를 설립하고 상임이사로 활동했다. 2010년 3월까지 대북 지원을 주도하며 단체의 기반을 마련하였고, 이후 2010년 2월 이사장직을 사임하고 후임에게 자리를 넘기면서 어려움을 겪기도 했다.

2010년 11월, 수 선교사는 대북 지원 단체 '국제푸른나무'를 설립했다. 그러나 2017년 3월 이 단체에서 물러났다. 그는 정권이 바뀔 때마다 발생하는 징치적 이려움 속에서도 북한 내 고아원과 장애인 지원 사업을 멈추지 않고 지속했다. 또한, 장애인 복지 활동뿐만 아니라 월남 피난민을 위한 워크숍 운영과 난민 학생들의 취학 지원에도 힘쓰고 있다.

아츠-수 킨슬러 부부는 2011년 은퇴 후 미국으로 돌아갔다. 그러나 은퇴 후에도 선교활동을 멈추지 않고 미국과 남미에서 지속적으로 사역을 이어가고 있다. 특히 멕시코 티후아나에서는 홈리스 지원, 교도소 선교, 재가 장애인 가정 후원, 지역 내 작은 교회 지원 등 다양한 활동을 펼치고 있다. 또한, LA에서는 샬롬 장애인 선교회를 비롯해 도움이 필요한 곳곳에 손길을 전하며 선교 활동을 계속하고 있다.

고령의 나이에도 불구하고, 아츠-수 선교사는 시아버지 킨슬러 선교사의 뜻을 이어가기 위해 2017년 4월 미국 캘리포니아에서 킨슬러 재단(Kinsler Foundation)을 설립했다. 이 재단은 설립 취지와 활동 목적에 대해 다음과 같이 밝히고 있다.

"1928년 9월, 프랜시스 킨슬러(Francis Kinsler) 목사는 24세의 젊은 나이에 미국장로교 선교사로 조선에 파송되어 평양에 도착했습니다. 그는 일제강점기 속에서도 숭실대학교와 평양신학교에서 영어와 성경을 가르치며 교육 선교에 힘썼습니다. 1929년에는 평양 거리의 불우아동과 청소년들이 배움의 기회를 가질 수 있도록 성경구락부를 창설하여 교육의 길을 열었습니다. 그는 1970년 9월까지 42년 동안 남과 북에서 하나님의 사랑과 진리를 바탕으로 기독교 교육과 사회복지사업을 실천하며 복음을 전했습니다.

이어 2대째 미국장로교 선교사로서 아더 W. 킨슬러(Arthur W. Kinsler, 권오덕) 목사와 수 킨슬러(Sue Kinsler, 신영순)는 1972년부터 2011년까지 39년 동안 한국에서 아버지의 사역을 이어갔습니다. 그들은 산업선교와 해외선교를 비롯해 남한과 북한에서 다양한 장애인 복지 지원사업을 지속적으로 펼쳐왔습니다.

킨슬러 재단은 그리스도의 사랑을 실천하며 남과 북의 화해와 평화 통일을 준비하는 한편, 국내외 소외된 청소년들에게 교육의 기회를 제공하여 희망과 꿈을 실현할 수 있도록 돕기 위해 설립되었습니다. 이는 권세열 목사님의 뜻을 계승하는 의미도 담고 있습니다."[5]

---

5 "KINSLER FOUNDATION"

킨슬러 재단은 이러한 목표를 바탕으로, 은퇴 후에도 아츠-수 선교사 부부가 활발히 사역을 이어갈 수 있는 플랫폼 역할을 하고 있다.재단은 북한 장애인들의 생활개선과 사회적 인식 변화를 위해 다양한 지원과 협력을 지속해 왔다. 특히, 장애인의 능력개발을 통해 삶의 질을 향상시키는 것을 중요한 과제로 삼고 있다. 그 성과 중 하나로 세계장애인올림픽과 장애인아시안게임 참가를 지원했다. 그리고 장애인 예술 활동을 통해 꿈과 희망을 키울 수 있도록 돕고 있으며, 그리스도의 사랑 안에서 협력하여 남북통일과 복지 균형을 준비하며 민족의 화해와 평화를 이루어가는 데 기여하고 있다. 이를 위해 기독교 리더십 개발과 청소년 및 장애인 지원을 핵심 사역으로 삼고, 국내외 특히 동남아 지역의 단체들과 협력하며 지속적인 지원을 이어가고 있다.

■ 1998~2018년 킨슬러 선교사의 대북 지원사업

1. 고아원 지원

- 평양, 황해북도 사리원·황주·원산 등 8개 고아원에 의약품, 내복, 기저귀, 담요, 부엌시설, 학용품, 식량 지원
- 2003~2017년까지 평양 2곳, 사리원 2곳, 원산 농아학교 및 고아원 2곳에 콩우유 공장 설립
- 총 4개 고아원에 밀가루, 설탕, 콩기름, 방직 기계, 콩우유 기계, 경운기 5대, 1톤 트럭 3대 지원
- 추가로 결핵요양소 지원

2. 북한 장애인 특수학교 지원

- 맹아학교 3곳, 농아학교 8곳, 장애어린이 특수학교 1곳 등 총 12

개 학교 지원
- 겨울 내복, 학용품, 부엌시설 개보수, 담요, 이불, 1톤 트럭, 청각 검사기, 온실, 식량 제공

3. 의료 지원
- 함경북도 회령산원 분만실 의료기구 및 입원실 개보수 지원

4. 북한 장애인 단체 협력
- 조선장애자보호련맹중앙위원회: 2005년 9월, 최초 협력 합의 후 지원 시작
- 조선장애인체육협회: 체육 장비·훈련비 지원(탁구, 수영, 양궁, 맹인 달리기, 장애인 스키 등), 35인승 중형버스 제공
- 조선장애인예술협회: 맹인 성악, 악기연주, 농아 무용단, 지체 장애인 성악·무용 훈련비 지원

5. 장애인 직업재활 지원
- 조선 장애인 직업재활 학교: 컴퓨터, 미싱, 제빵 기술, 보석 세공, 미술 교육 지원
- 보통강 장애인 직업재활 편의시설: 양복·양장, 미용, 이발, 목욕탕 시설 지원
- 동대원 장애인 운동관 건축비 지원: 지하 1층, 지상 3층 규모 사우나 목욕탕, 미용실, 식당, 베이커리, 커피숍, 장애인 보장구 전시·판매 공간, 장애인 운동관 및 탁구장 포함

6. 장애인 보장구 및 직업재활 물자 지원
- 휠체어, 워커, 크러치, 지팡이 등 보장구 지원
- 장애인 직업재활을 위한 각종 물자지원

■ **대북 지원사업 주요 실적**
- 장애인 국제 스포츠 대회 참관 및 참가
- 2006년 11월: 조선장애자보호련맹 중앙위원회 임원 4명, 말레이시아 쿠알라룸푸르 장애인 아시아게임 최초 참관
- 2010년: 중국 광저우 장애인 아시아게임에 북측 대표 6명 참관
  조선장애자체육협회 공식 활동
- 2011년 8월: 조선장애자체육협회, 북한 정부 공식 인가
- 2011년 12월: 조선장애자체육협회, 세계장애인올림픽에 준회원국으로 가입
- 북한 장애인스포츠 국제대회 출전
- 2012년 8월: 런던 장애인올림픽, 북한 최초 참가 (수영 종목)
- 2014년 10월: 인천 장애인아시안게임, 최초 참가
- 수영 동메달, 탁구 동메달 획득
- 2016년 9월: 리우 장애인올림픽, 두 번째 참가
  맹인 달리기, 원반던지기 종목 출전
- 2018년 3월: 평창 장애인 동계 올림픽, 최초 참가
  크로스컨트리 스키 선수 2명 출전
  육로 이동을 통해 24명 방남 (최초 사례)
  장애인 예술 및 스포츠 훈련 지원
- 2007년 5월: 보통강 종합편의시설 – 장애인 직업재활시설 개선

- 2015년: 조선장애자예술협회, 영국 런던에서 예술 공연
- 2017년 12월: 중국 연길 장백산, 동계올림픽 종목 크로스컨트리 스키 최초 훈련
- 2018년 1월: 독일 오베리드 장애인 스키캠프 및 장애인 월드컵 대회 참가, 마유철, 김정현 선수, 세계 장애인 크로스컨트리 스키 선수권 획득, 남북 장애인 스포츠 교류
- 2018년 10월: 자카르타 장애인 아시아 경기 참가
  탁구 은메달, 수영 동메달 획득, 남북 장애인 선수 단일팀 구성, 탁구·수영 공동 출전 및 남북 공동 입장 (최초 사례)

III. 아서―수 킨슬러(Arthur-Sue Kinsler)의 수집자료

1. 선교자료의 구성

최근 내한 선교사 연구에 대한 관심이 증가하면서 전문 학자뿐만 아니라 일반 대중도 이 주제에 주목하고 있다. 내한선교사들의 선교 자료가 역사적 사료로 활용되면서 관련 연구 성과 또한 꾸준히 발표되고 있다. 한국기독교문화연구소의 프로젝트인 '내한 선교사 편지 디지털 아카이브'는 내한 선교사들의 편지를 인문학적 기법으로 편찬하여 보다 많은 사람들이 쉽게 접근하고 연구할 수 있도록 환경을 조성하는 것을 목표로 연구해왔다. 그 결과 '내한 선교사 편지 번역 총서' 시리즈 총 16권이 출간되었다. 이 프로젝트에 참여한 한미경은 『내한 선교사 편지(1884~1942)와 디지털 아카이브』를 출간하였다. 아주 최근에 대구 제일교회 창립 130주년 기념 프로젝트로 대한예수교장로회 대구제일

교회가 편찬한 『안의와 선교사 자료집』(CLC, 2024)도 출간되었다.

킨슬러 가문의 한국 선교 관련 문서는 공식 선교 보고서, 서신, 뉴스레터, 브로셔, 리플렛, 사진 등 다양한 형식으로 전해지고 있다. 특히, 이 자료들은 프랜시스, 도로시, 아츠 킨슬러 등 세 명의 선교사가 직접 기록하고 수집한 것으로, 20세기 초반부터 1990년대까지 약 100년에 걸친 역사를 담고 있어 그 사료적 가치가 더욱 크다.

아츠의 수집자료는 1930년대부터 1990년대까지의 기록들로 구성되어 있다. 그의 유년 시절이 담긴 사진첩 『Art Kinsler: 킨슬러 자녀들 어린 시절 사진-Sorai』는 1930년대 평양, 강계, 소래 등 북한 지역의 풍경과 그곳에서 생활하던 사람들, 그리고 당시 평양에서 활동하던 선교사들의 모습을 생생하게 기록하고 있어 중요한 사료적 가치를 지닌다. 특히, 1940년 선교부가 한국에서 철수하며 탑승했던 여객선과 미국 항구 도시를 담은 그림엽서는 그 시대의 역사적 정황을 단적으로 보여주는 인상적인 자료로 평가된다. 이러한 자료들의 역사적 가치를 고려하여, 그의 자료들은 DB 구축 과정을 거쳐 아카이브로 정리하였다.

사진 자료 외에도 아츠 선교사의 수집자료에는 선교 활동에 관한 공식 선교보고서, 뉴스레터, 개인 서신, 생일 카드, 부활절 및 크리스마스 카드, 어버이날 기념 카드, 메모장 등이 포함되어 있다. 특히 주목할 만한 점은 1992년부터 1998년까지 "Mrs. Dorothy Kinsler" 또는 "Dear Mother"라는 제목으로 어머니 도로시에게 보낸 선교 편지가 상당수를 차지하고 있다. 아츠는 한국에서의 활동과 소식을 어머니에게 전하기 위해 거의 매달 한 차례씩 팩스를 통해 편지를 보냈다.

아츠 선교사 부부가 수집한 자료 중 주목할 만한 항목들은 아래와 같다.

〈표 1〉 아츠의 문서자료 구성

종류	내용
서신	1992~1998년 어머니 도로시에게 보낸 편지 Fax 편지, 우편 편지
연례보고서	M-136, Rev. & Art Kinsler, October 1984, GENERAL ASSEMBLY MISSION BOARD PRESBYTERIAN CHURCH(U.S.A)
선교연감 선교사 통신 프로그램	*Missionary Correspondence Program*, May 1994, 1995 Mission Yearbook (Fall/Winter 1994, Jul. 18, 1995)/ Jan. 1993 /Aug. 1993/ Feb. 1996/ Nov.1996
KOREA CALLING	『코리아콜링』은 한국에서 활동하는 초교파적인 내한선교사 잡지이다. 이 잡지는 대한기독교출판사(The Christian Literature Society of Korea)에서 1950년부터 1982년도까지 발행했다.
URBAN-INDUSTRIAL MISSION, NEWS LETTER	『뉴스레터 도시산업선교』

2. 자료 분석

1) M-136, Rev. & Art Kinsler, October 1984, GENERAL ASSEM-BLY MISSION BOARD PRESBYTERIAN CHURCH(U.S.A.)

이 문서는 1984년 한국개신교 선교 100주년 기념행사와 관련된 내용을 다루고 있다. 특히, 같은 해 8월 여의도 광장에서 열린 빌리 그래함(Billy Graham) 목사의 대규모 복음 집회에는 약 100만 명이 운집하였으며, 이 행사에서 프랜시스 킨슬러는 은퇴 선교사로서 중요한 역할을 담당했다. 그는 선교 100주년을 맞아 한국을 방문했던 것이다. 그가 설립한 성경구락부는 대한예수교장로회(PCK) 사회부에서 수상하는 단체상을 받는 영예를 안았다.

또한, 킨슬러 박사는 전국 방송에 출연해 유창하고도 유머러스한 한국어 설교를 선보였으며, 1929년 이후 성경구락부를 통해 100만 명 이상의 신도들에게 영향을 미쳤음을 강조하였다. 그러나 100주년 기념 이후 총회는 점차 활력을 잃어갔으며, 지도부 교체 및 조직 개편이 지연되는 등 변화의 흐름이 둔화되었다. 특히, 산업선교와 관련된 아츠의 업적이 언급되었는데, 정부 방침에 순응하는 일부 장로들은 산업전도를 새롭게 명명했으나, 선교 활동의 추진력은 사실상 정체된 상태였다. 한편, 1984년 7월 27일 서울로 귀국한 킨슬러 부부는 성경구락부 운동에 동참했던 동료 및 지도자들과 재회하며 선교활동의 의미를 되새겼다.

2) Missionary Correspondence Program, 1995 Mission Yearbook (Fall/Winter 1994, Jul. 18, 1995) / Jan. 1993 / Aug. 1993 / Feb. 1996 / Nov. 1996

본 선교연감 자료는 1993년부터 1995년까지 총 7건이 수집·보존되어 있으며 주요 내용은 다음과 같다.

- 1993년 선교 연감의 주요 내용
- 수 선교사의 보호작업장 사역: 보호작업장에 소속된 장애인 청년들이 킨슬러 가정에서 저녁 식사를 함께하며 교제
- 온누리교회의 철야예배: 3,500명이 참석한 누리교회의 철야 예배와 하용조 목사가 제시한 1993년 교회 목표 소개
- 온누리교회의 사역: 온누리교회의 주일 영어예배 소개, 온누리교회 성도들이 아츠 선교사를 대신해 다양한 봉사활동에 참여한 내용
- 선교 프로그램 및 안식년 활동: 1993년 아츠 선교사의 안식년 활동, 미국에서 전속 선교사로 활동하며 다양한 선교 프로그램을 소개

- 박창빈 목사와 한국 장로교 교단 최초의 장로인 한영재 장로[6]에 대한 소개, 수 선교사를 대신해 장애인 보호작업장인 워크숍의 책임자로 박창빈 목사[7]를 선임
- 워크숍 운영 및 경제적 자립 노력: 수 선교사는 워크숍의 자립적인 운영을 위해 이랜드(E-Land)와 여성 의류 제작 계약 체결
- 서울 총회 및 온누리교회 국제 교구: 서울에서 열린 대한예수교 장로회 총회와 온누리교회 국제 교구 활동

- ■ 1994년 선교 연감의 주요 내용
- 아츠 선교사의 사역 및 역할: 미국장로교(PC(USA))의 한국 재정 대표, 선교 재정 및 자산 관리, 비자 취득 지원, 장로교 선교 관련 행정업무, 성경구락부와 PCK 총회 전도부 및 총회 업무를 지원, 주로 온누리장로교회 국제 교구에서 목회와 설교 담당, 국제기독교친목회 및 온누리교회의 영어예배를 담당하며 다문화 신자들을 위한 사역
- 한반도 정세: 1994년 한반도 정세는 정치적 균형과 미북 합의를 통한 핵 위협 예방으로 긴장이 완화되는 분위기

---

6 한영재 장로(1925~2008)는 평안북도 구성군 사지겸 항산동 출생으로 기독교문사를 설립하고 기독교대백과사전을 출판하였으며, 한국기독교역사박물관을 세웠고 한국기독교 서적 제작과 보급을 선도한 지도자로 평가된다.

7 박창빈 목사(1943~2014)는 평안북도 신의주 출생으로 월남 후 장로회신학대학교를 졸업하고 연세대학교 도시문제연구소를 거쳐 부산에서 부두 노동자로 일하며 노동 사역에 참여했으며, 이후 김진홍 목사와 함께 청계천에서 빈민 구호 활동을 펼쳤다. 대한예수교장로회 통합총회 사회봉사부 총무, 총회연금재단 사무국장, 한아봉사회 사무국장, 월드비전 대외협력부장을 역임하며 사회복지와 선교활동에 헌신하였다.

- 한국교회의 성장과 선교 비전: 한국교회는 성장 둔화 속에서 신자들의 신앙적 깊이를 강화하는 방향으로 변화를 모색하는 한편, 선교사 파송은 지속적으로 증가하는 추세. 특히 한국 장로교는 선교 100주년을 맞아 10년 내 선교 인력을 3.5배 확대하는 목표를 세우고, 1994년까지 선교사 수를 348명으로 늘리는 계획을 추진, 당시 선교 현장에는 총 390명의 선교사가 활동

■ 1995년 선교 연감 주요 내용
한국 기독교회가 서울에서 세계복음화글로벌협의회(GCOWE'95)를 주최하고, 4,000명 참석

■ 1996년 선교 연감 주요 내용
- 피난민들이 설립한 영락교회는 창립 50주년을 맞아 기념관 신축 공사 기공예배를 거행
- 한경직 목사는 신앙과 사회적 봉사에서 큰 업적을 남겼으며, 그 공로를 인정받아 템플턴상(Templeton Prize in Religion)을 수상, 그는 남북한 재통일을 염원하며 기도했고, 영락 성경구락부를 중고등학교로 발전시켜 교육의 기반을 마련
- 영락교회는 수년에 걸쳐 수백 건의 교회를 개척하고 세계 선교 활동을 적극적으로 지원하며 기독교 확산에 기여

■ 1997년 선교 연감 주요 내용
- 서울 장로교 남선교 단체에서 "미국 교회의 약화와 한국의 미래 전망"을 주제로 설교를 진행

- 네팔, 인도, 부탄, 히말라야 지역의 30명의 교회지도자에게 한국의 도시선교 경험을 공유하며 사역의 방향을 모색
- 아츠 선교사는 숭실대학교 학생들과 영어 성경 공부를 진행하며, 매주 열리는 영어예배에 600명 이상의 학생들이 자발적으로 참여함. 연세 국제학생 크리스천 펠로우십의 고문으로 활동하며, 온누리장로교회에서는 한 달에 한 번 영어설교를 진행할 때 400여 명이 참석. 수의 코이노니아(Koinonia) 작업장에서도 활발한 사역을 펼침

3) 도로시에게 보낸 편지

"사랑하는 어머니에게"로 시작하는 서신들은 은퇴선교사인 어머니 도로시에게 보낸 편지이다. 편지를 읽어보면 아츠 선교사의 선교 활동에 관한 선교 보고서이기도 하다. 그의 편지에는 당시 한국의 정치·경제·사회적 상황을 담고 있다. 그리고 아츠 선교사의 활동, 외국 선교사들과의 교류, 온누리교회와 명성교회를 비롯한 한국교회의 현황이 수록되어 있다. 총회, 성경구락부, 연세기독학생회 모임, 숭실대학교의 활동, 자녀들의 소식까지 폭넓게 전하고 있다.

- ■ 한국교회에 관하여
- 1993년 자료에 따르면 PCK는 총회 창립 80주년과 미국 장로교 선교사 도착 100주년 기념 기사 수록
- 아츠와 수의 지난 20년간의 활동 보고
- 1972년부터 1978년까지 6년간, 아츠는 프론티어(Frontier)와 힐사이드(Hillside Houses)에서 공동 이사로 활동하며, 미군 기지 근

처에서 미군 인력과 그 가족들을 위한 센터를 제공

- 1979년 7월부터 약 1년 반 동안 순천에서 장로교회의 산업 전도를 지원하며 한국교회에서 본격적인 활동을 시작했고 총회 전도부의 요청으로 서울로 이주하여 산업선교 및 기타 활동을 이어감

- 1984년 귀국 후, 산업지역과 농촌 지역에서 교회 활동을 지속하였고 총회 본부의 요청으로 "캠퍼스 선교"와 통역 등 일반 행정 업무에 더 깊이 관여하게 됨

- 1985년 말부터 영어예배를 시작, 수는 1991년 여름 정부의 지원을 받아 기숙사와 소규모 공장이 갖춰진 무화과나무 보호작업장을 설립하며 장애인 사역 본격화

- 해외에서 귀국한 한인들이 서울에서 공부하게 되면서 아츠의 국제 교구 사역도 확대됨. 이들 중 많은 이들이 온누리장로교회 청소년부를 지도하고, 연세대학교 캠퍼스에서 수요일 모임 및 성경 공부를 진행함

- 아츠는 아버지 프랜시스 킨슬러가 창립한 한국 성경구락부에서 활동하며 불우한 이들에게 대안적 기독교 교육을 제공하는 활동을 지속, 현재 성경구락부에 등록된 20,000명의 학생 중 상당수가 공장 노동자로, 한국교회는 이를 "캠퍼스 미션"이라 부르며 사회 변화에 맞춰 산업선교에서 캠퍼스 미션으로 선교 전략을 전환함

■ 한국 사회에 관하여

아츠는 편지에서 한국 정치와 남북관계에 대한 상세한 소식을 전

하고 있는데, 부모님과 아츠 선교사가 한국에서 오랫동안 살아왔기 때문에 한국 사회의 주요 뉴스나 이슈들에 대해 대단히 민감한 반응으로 관심을 표명하고 있다. 아래의 글은 어머니 도로시에게 보낸 편지의 일부 내용이다.

> "어머니, 북한에서 남한으로 오는 사람들에 대해 어떻게 말씀하셨는지 모르겠습니다. 제3국을 거쳐 탈출한 소수의 사람들과 DMZ를 넘어온 일부를 제외하면 홍수 피해로 인해 남한으로 내려온 경우는 거의 없는 것 같습니다. 한국은 북한에 쌀 15만 톤을 지원했고, 일본은 그 두 배를 보냈지만, 북한은 감사 인사조차 하지 않았습니다. 한편, 시민들은 청원서에 서명하고, 학생들은 광주 사건과 관련해 두 명의 전직 군부 대통령을 재판에 회부하기 위해 시위를 벌이고 있습니다. 어쩌면 그들이 한국을 떠나는 것이 더 나을지도 모르겠습니다. 경제가 호황을 이루면서 교통 체증은 점점 심해지고 있습니다. 달러는 엔화 대비 다시 상승했으며, 원화는 약간의 변동을 보이고 있지만, 이는 한국 경제에 긍정적인 영향을 미칠 것입니다."[8]

- 선교사 가문과의 인적 교류 및 새로운 동료 선교사들과의 협력
- 순천 선교지부 선교사로 활동했던 린튼가[9] 소식

---

8 "Dear Mother," October 14, 1995.

9 벨 선교사의 사위인 윌리엄 린튼(1891~1960, 인돈) 목사는 한국 독립을 후원했고, 교육에도 관심을 가져 1959년에는 대전 한남대학교의 전신인 대전대학교(대전기독학관)를 설립했다. 윌리엄 린튼 목사는 아내인 베티 린튼 여사(인애자)와의 사이에 4남매을 두었고, 그중 넷째인 토마스 드와이트 린튼 목사는 셋째 휴 린튼(1926~1984, 한국명 인휴) 목사와 함께 외할아버지와 아버지의 유지를 이어받아 한국을 위해 헌신해 왔다. 휴 린튼 목사의 장남 스티브 린튼(59, 인세반)은 1994년 유진 벨 재단을 설립해 대북의료지원 사업을 꾸준히 전개하고 있으며 차남 존 린튼(50, 인요한)은 연세대 의대를 졸업한 뒤 세브란스병원 국제진료센터소장으로 활동하고 있다. 이로 인해 유진 벨

- 언더우드(Horace G. Underwood)와의 교류 및 언더우드 가문의 공
  적에 대한 수상 소식
- PCUS 관리자 볼(Dr. Bob Bohl) 박사와 김인식 목사 간의 협력
- 신입 여선교사 린다 위건트(Linda Wygant) 소개
- 일본 교단 총회에서 PC(USA) 대표에 대한 논의
- 미국 헐리우드제일교회(Hollywood First Church) 소식
- 연세국제크리스천펠로우십 교회(국제기독친목회)와 온누리 영어
  예배 관련 소식
- 한국의 많은 목사님들이 도로시로부터 영어를 배운 기억
- 선교 재정 문제에 대한 논의
- 성경구락부의 만주, 케냐, 아프리카 지원활동

3. 아츠 킨슬러의 아카이브

아츠의 자료들은 한국 사회와 문화의 메타모포시스를 이해하는 데
중요한 내용을 담고 있다. 그 중 특히 주목할 만한 사진 자료는 어린
시절의 활농사진들을 모아놓은 사진첩 『Art Kinsler』에 수록된 평양
시절의 자료들이다.

선교사로부터 시작된 한국 사랑이 4대째 이어지고 있다. 린튼 가문은 미국에서도 한국
선교사 가문으로 잘 알려져 있으며, 1995년에는 북한 주민을 돕기 위해 '조선의 기독교
친구들(Christian Friends of Korea: CFK)'이란 인도주의 단체를 설립해 식량 지원, 구호
품 전달, 의료봉사 등 다양한 대북지원 활동을 펼치고 있다. 린튼 목사는 은퇴 후 미국
에 머물면서, 1992년 빌리 그래함 목사가 당시 김일성 주석 초청으로 방북할 때 통역관
으로 동행하기도 했다. 『기독신문』, 2010.1.13.

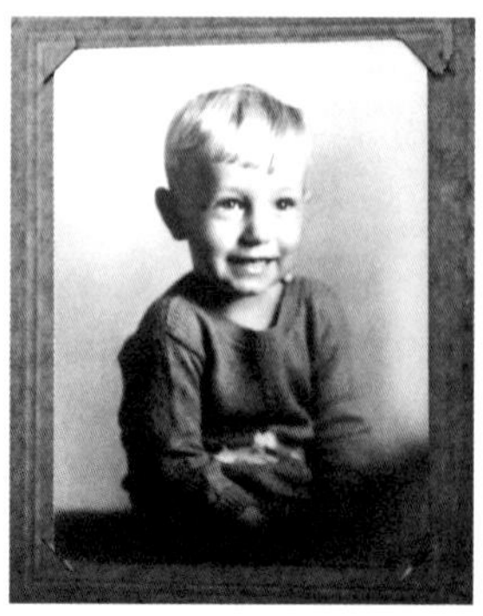

1) 아츠 킨슬러의 사진자료 아카이브

킨슬러 2세인 아츠의 어린 시절 사진첩『Art Kinsler』에는 그의 생후 백일 무렵부터 7세까지의 유아기와 유년기 사진들이 중심으로 수록되어 있다. 대부분 흑백사진이며 날짜는 거의 불분명하다.

사진 속에는 평양선교지부 소속 스왈른과 매큔 선교사가 거주했던 집, 미국 북장로교 한국선교회 평양선교지부의 내한 선교사였던 킨슬러(Kinsler), 보켈(Voelkel), 헌트(Hunt), 클라크(Clark) 선교사 부부의 자녀 유아세례 기념 단체사진, 황해도 구미포의 '선교사 휴양촌이 있던 소래 바닷가에서의 모습, 일주일 동안 시골 지역을 순회 방문하면서 어머니 도로시(권도희)가 아기 아츠를 안고 시골 초가집 마루에 앉아 있는 장면, 평안북도 강계 근처의 산에서 찍은 킨슬러의 세 자녀 로스(Ross), 아츠(Art), 헬렌(Helen)과 앤 캠벨(Ann Campbell)의 어린 시절 모습이 담겨 있다. 1940년 9월, 내한 선교사들이 한국 선교를 중단하고 미국으로 철수할 때 탑승했던 여객선 마리포사(Mariposa)의 사진은 거의 100년이 지난 지금도 1940년대 평양을 떠올리게 하며 우리의 역사적 상상력을 자극한다.

〈표 2〉 프랜시스 킨슬러 가족 컬렉션 - 아츠 킨슬러 사진자료 아카이브 목록

사진명	연도	기타
Home (Swallen House)	불명	이 사진은 평양선교지부의 내한 선교사인 스왈른 선교사의 집을 담고 있다. 동시대 평양의 조선인 일반 가정집이 초가집인 것과 달리, 이 집은 여러 개의 창문이 있는 서양식 가옥 형태로 되어있다.
Home (McCune House)	불명	이 사진은 평양선교지부의 내한 선교사였던 매큔(윤산온) 선교사의 가정집을 담고 있다. 눈이 쌓인 매큔 선교사의 집은 삼각 지붕과 아치형 창문, 긴 굴뚝이 특징이며, 마당에는 나무들이 둘러싸여 있다.
A Baptized Pyengyang Kinsler, Voelkel, Hunt, Clark	불명	이 사진은 1934년경으로 추정되며, 미국 북장로교 한국선교회 평양선교지부의 내한 선교사였던 킨슬러(Kinsler), 보켈(Voelkel), 헌트(Hunt), 클라크(Clark) 선교사 부부의 자녀 유아세례 기념사진이다.
Sorai by the sea Korea	불명	황해도 소래 바닷가는 선교사들이 자주 찾던 휴양지였다. 'Sorai Beach'로 알려진 소래 인근 구미포에는 선교사 휴양촌이 있었다. 이 사진은 소래 바닷가에서 동생 로스(Ross)와 함께 찍은 것이다.
A visit to the country for a week	불명	일주일간 시골 지역을 방문하는 동안, 도로시 킨슬러(권도희)와 아기 아츠가 함께 시골 초가집 마루에 앉아 있다.
In the Mts near Kangkae	불명	평안북도 내지의 강계 지방은 한국에서 가장 외진 지역 중 하나로, 산악지대에 위치해 있어 조랑말, 가마, 썰매가 유일한 여행 수단이었다. 강계 지역은 내한 선교사들이 도착하기 전 이미 만주로부터 복음이 전해진 곳이다. 내한 선교사인 블레어, 로즈, 호프만, 베어드, 솔타우, 캠벨 등 여러 선교사들이 이 지역을 관리 감독하였다. 1908년 강계 선교기지 개설이 결정된 이후 기독교인의 수가 크게 증가하며 주요 선교거점이 되었다. 이 사진은 강계 근처의 한 산에서 프랜시스 킨슬러의 세 자녀 로스(Ross), 아츠(Art), 헬렌(Helen)과 앤 캠벨(Ann Campbell)이 나란히 앉아 있는 모습이다.

June 1936, Passport Picture	1936	사진 하단에는 "June 1936, Passport Picture-Helen 4, Arthur 2 yrs, Ross (Junior) 6 mo."라는 글씨가 적혀 있다. 이 사진은 1936년 6월에 찍은 프랜시스 킨슬러 가족의 여권 사진으로, 당시 세 자녀인 헬렌은 4세, 아츠는 2세, 로스는 생후 6개월 정도였다.
SS. Mariposa Return to U.S.A. 1940 November	불명	이 사진은 물감으로 그린 그림엽서 형태이며, 날짜는 명확하지 않다. 1940년 11월, 내한 선교사들이 한국선교를 중단하고 미국으로 철수할 때 탑승했던 여객선 마리포사로 추정된다.

2) 아츠 킨슬러의 문헌자료 아카이브

아츠 선교사는 사진자료 외에도 많은 양의 문헌자료를 남겼다. 이 자료에는 어머니 도로시에게 보낸 선교 편지, 선교 연감, 총회 자료, 뉴스레터 등이 포함된다. 그중에서도 서양 선교사가 바라본 한국의 크리스마스 문화에 관한 글이 실린 선교잡지 『코리아콜링(*Korea Calling*)』과 도시 산업 선교위원회에서 발행한 도시산업 선교에 관한 공청회 자료를 아카이빙하였다.

〈표 3〉 프랜시스 킨슬러 가족 컬렉션 - 아츠 킨슬러 문헌자료 아카이브 목록

문헌명	저자	연도	발행사항
Rev. T. Dwight Linton, "Christmas in Korea in the Thirties," *KOREA CALLING*, VOL. X. No. 11, DECEMBER, 1971.	Rev. T. Dwight Linton	1971.12	The Christian Literature Society of Korea
THE PCK SPONSORS A PUBLIC DEBATE ABOUT URBAN-INDUSTRIAL MISSION, URBAN-INDUSTRIAL MISSION, NEWS LETTER, MARCH 1983	도시 산업선교위원회	1983	대한 예수고 장로회총회 전도부

- Rev. T. Dwight Linton, "Christmas in Korea in the Thirties," KOREA CALLING, VOL. X. No. 11, DECEMBER, 1971.

이 자료는 킨슬러 가족 컬렉션에 소장된 『코리아콜링(*Korea Calling*)』 1971년 12월호에 게재된 글로, 저자는 토마스 드와이트 린튼 목사(Rev. T. Dwight Linton)이다. 이 잡지는 영어로 발행되었으며, 편집장은 호러스 G. 언더우드 부인(Mrs. Horace G. Underwood), 곽안전 목사(Rev. Allen D. Clark)가 동역하였다. 『코리아콜링(*Korea Calling*)』 1971년 12월호에는 "한국의 크리스마스"에 관한 두 편의 글이 실려 있다. 첫 번째 면에는 캐나다 연합교회 선교사 이안 S. 롭(Ian S. Robb)이 쓴 「한국의 크리스마스(KOREAN CHRISTMAS)」가, 두 번째 면에는 미국 남장로교 한국선교회 선교사인 토마스 드와이트 린튼 목사(Rev. T. Dwight Linton)가 쓴 「1930년대 한국의 크리스마스(Christmas in Korea in the Thirties)」가 게재되어 있다.

토마스 D. 린튼(Thomas Dwight Linton, 인도아, 1927~2010) 목사는 유진 벨 선교사의 사위인 윌리엄 린튼의 넷째 아들이다. 토마스 D. 린튼은 1927년 전라북노 전주에서 태어나 군산에서 유아기를 보냈으며, 평양에서 성장하였다. 그는 미국 콜럼비아 신학대학원에서 수학했고, 한국 전쟁에 참전한 후 1955년 선교사로 한국에 다시 돌아왔다. 이후 20년 이상 한국에서 의료봉사 활동을 펼쳤고, 1973년부터 1978년까지 5년간 호남신학대 학장을 역임하였다.

「1930년대 한국의 크리스마스(Christmas in Korea in the Thirties)」라는 제목의 글은 토마스 D. 린턴이 1930년대 평양에서 자란 어린 시절의 크리스마스를 회고하고 있는데, 1970년대의 남한과 1930년대 평양의 크리스마스를 비교하여 한국 사회의 변화를 잘 설명해주고 있다. 그는 1930년대 평양의 선교사 집에서 보낸 크리스마스를 크리스마스트리와 눈으로 기억하고 있다. 이 글을 썼던 1971년 당시 남한에서는 눈을 보기 힘들어 크리스마스트리는 미국에서 인공 트리를 구매해야 했다. 반면, 1930년대 평양에서는 선교사 마을 뒷산에 나무가 풍부해 관리인에게 부탁하여 크리스마스트리 나무를 베어오는 것은 큰 문제가 되지 않았다. 또 다른 기억으로는 겨울 크리스마스에 평양의 기숙학교에 다니는 형들이 집으로 돌아오면 함께 산에서 야간에 멧돼지 사냥을 하였고, 오후에는 꿩사냥을 즐겼다는 것이다.

1930년대의 한국은 일본 제국의 일부였기 때문에 일본에서 수입된 귤이 풍부하여, 크리스마스트리에 걸어놓은 스타킹에 귤이 들어있었고 장난감은 대부분 일본산이었다. 한국교회의 크리스마스 축하 방식도 변화하였다. 한국교회는 예배를 통해 크리스마스를 기념하지만, 선물 교환은 서구 사회처럼 강조되지 않았다. 이러한 관습은 1930년대와 오늘날에도 유사하다. 현저한 변화는 한국의 교회는 크리스마스트리를 더 많이 사용하고 크리스마스 카드 교환이 늘어난 점이다. 린튼은 이러한 행위가 존경과 인사를 표시하는 한국 문화에 적합하다고 보았다. 그는 크리스마스 카드 교환 문화가 한국 사회 전반으로 퍼져 새해 연하장으로 이어진 것이라고 추측했다. 그러나 그는 한국의 크리스마스가 미국처럼 세속화될 것인지에 대한 질문을 던졌다.

• THE PCK SPONSORS A PUBLIC DEBATE ABOUT URBAN-INDUSTRIAL MISSION, URBAN-INDUSTRIAL MISSION, NEWS LETTER, MARCH 1983.

이 자료는 대한예수교장로회 총회 전도부에서 1983년 3월에 발행한 뉴스레터로, 영어로 발행되었다. 내용은 1983년 2월 28일 PCK 전도부 도시산업선교위원회가 주최한 도시산업선교 정책에 관한 공청회 관련 기사이다. "교회와 산업선교의 방향"이라는 주제로 열린 이 공청회는 교회가 노동자 편을 드는 사회적 행동에 참여하지 말라는 사업주의 주장에 대해서 정부의 입장과 이에 대한 교회의 대응 방안에 관해서 총회 차원에서 열린 공개토론이다. 이 공청회에는 약 400명이 참석하였다.

공개토론에서는 양측의 입장이 대립하였다. PCK의 영등포 도시산업선교(UIM) 센터가 대표하는 입장과 사업주들의 입장을 대변하는 견해가 팽팽히 맞섰다. 소망교회 유치문 장로는 도시산업선교에 반대하며 사업주들이 자주 내세우는 견해를 대변하였고, 도시산업 선교의 개념이 사회주의와 공산주의로 이어진다고 주장하며 해방신학의 영향을 거부해야 한다고 강조했다. 그리고 도시산업선교의 신학과 방법을 모두 폐기해야 하며, 교회의 사명은 교회 출석과 가난한 사람들을 위한 기부로 제한되어야 한다고 주장했다. 노동자들 또한 권위를 추구하지 말고 소용히 일해야 한다고 덧붙였다. 안디옥 교회의 구행모 전도사도 유 장로와 같은 입장을 취하며, 도시산업선교가 교회의 이미지를 해치고 폭력을 사용하며 의심스러운 노래를 부른다고 비판하였다. 그는 산업선교는 개인 구원에 기초해야 하며, 교회는 정치와 노동 운동에 개입하지 말아야 한다고 주장했다.

그 반면, 경동제일교회 이기경 목사와 영등포산업선교회 센터의 인명진 목사는 교회가 모든 생명에게 복음을 전파해야 하며, 도시와 산업사회에서 억압받는 사람들(민중) 편에 서야 한다고 강조하였다. 그들은 교회가 산업 도시를 목회의 관심의 대상으로 삼고 관련된 사역자들에게 교단의 지원을 제공해야 하며 그들이 효과적으로 사역할 수 있도록 해야 한다고 주장했다. 이 자료는 한국교회와 도시산업선교 연구에 관한 유용한 문서이다.

IV. 맺음말

평양 출신의 아츠 선교사는 유년기까지 평양에서 생활했으며, 태평양전쟁이 발발한 1940년 11월에 내한선교사들이 한국을 철수함에 따라 미국으로 돌아갔다가 다시 한국으로 귀국했다. 그는 1972년 미국 남장로교 선교사로 정식 파송되어 한국에서 선교 활동을 시작하였으며, 아츠-수 킨슬러 선교사 부부는 2011년 은퇴할 때까지 다양한 활동을 펼쳤다. 아츠 선교사는 부모 세대와는 달리 한국의 산업화와 민주화 시기에 산업선교, 성경구락부 운동, 캠퍼스 선교, 영어예배 도입, 교육 등 여러 분야에서 참으로 다양하게 활동하였다.

그의 활동의 흔적들을 추적하면서 아츠-수 선교사의 수집자료는 한국의 산업화와 민주화의 시기에 한국사회의 변동 속에서 내한선교사들이 한국 사회의 동시대적 요구에 어떻게 부응하고 어떤 역할을 했는지 알 수 있다.

아츠 선교사의 공식 보고서에서는 오늘날 한국의 대형교회로 성장한 교회들의 사례가 소개되고 있다. 이 교회들이 초기 소형교회 단계에서 어떤 과정을 거쳐 대형교회로 발전했는지를 추론할 수 있다. 특히 1980년대 중후반에 개최된 86아시안게임과 88올림픽은 한국이 국제화로 도약하는 중요한 계기였다. 동시대에 한국교회 역시 발빠르게 국제화를 추진하며 영어예배와 경배와 찬양 같은 새로운 예배 방식을 도입하였다. 특히 아츠 선교사가 온누리교회 영어예배를 담당하면서 한국교회에 일어난 변화는 매우 컸다. 영어예배는 다문화 신자들을 위한 활동으로 시작되었지만, 이후 내국인들에게도 큰 관심과 반향을 일으키며 한국교회의 양적 성장에 기여하였다. 이와 함께, 디아스포라 다문화인들이 한국 사회와 한국교회에서 어떻게 받아들여지고 함께 살아갈 수 있는지를 처음으로 본보기를 제시한 시도로 평가할 수 있다.

'장애인의 어머니'라는 별칭을 지닌 수 킨슬러 선교사는 평생 장애인 돌봄과 복지사업에 헌신해왔다. 남한의 장애인을 위한 복지활동뿐만 아니라, 북한의 장애아동들을 위한 대북사업도 지속적으로 추진하고 있다. 그녀는 북한 사회복지 활동에 대해 이런 심정을 전했다.

> "저는 힘들게 일하며 살아가는 북한 사람들에게 무엇이 필요한지 잘 알고 있고, 그들이 저에게 고마움을 느끼고 위로와 보호막이 되어줄 수 있는 사람이라고 믿습니다. 그들의 마음이 저를 붙잡고 있습니다. 통일이 오는 날까지 그들을 위로하고 필요를 도우며, 자유와 사랑에 목마른 영혼들에게 생수를 공급하는 심정으로 일하고 있습니다."

수 킨슬러는 지난 26년간의 활동을 통해 남북한 간의 신뢰와 민족애가 쌓여 통일을 이루기를 바라며, 상호 이해와 희망의 끈이 강하게 이어져야 한다고 강조했다.

아츠 – 수 선교사의 활동은 한반도의 남북 관계에서 '빗장을 여는 역할'을 수행했다고 평가할 수 있다. 이 두 선교사는 70년이 넘는 세월 동안 서로 적대적인 관계를 지속해온 두 나라 간의 긴장을 완화하고 화해의 다리를 놓기 위해 헌신해 왔다. 한국을 누구보다 사랑하며,

함께 살아온 두 선교사 부부는 단 두 시간의 기차 여행으로도 갈 수 있는 그날이 속히 오기를 간절히 염원하고 있다.

참고문헌

『기독신문』
『한국기독공보』
KINSLER FOUNDATION
KOREA CALLING
URBAN-INDUSTRIAL MISSION, NEWS LETTER
GENERAL ASSEMBLY MISSION BOARD PRESBYTERIAN CHURCH(U.S.A)
Missionary Correspondence Program, Mission Yearbook
The Francis Kinsler Family Collection
권오덕, 「프랜시스 킨슬러와 숭실대학」, 『한국기독교문화연구』 10, 2018, 165~
　　204쪽.
채승희 옮김, 대한예수교장로회 대구제일교회 편찬, 『안의와 선교사 자료집』,
　　CLC, 2024.
한미경, 『내한선교사 편지(1884~1942)와 디지털 아카이브』, 보고사, 2020.

아츠 선교사를 추모하며

-「62년만에 만난 스승 킨슬러 선생님」-

아츠 선교사는 서울에 위치한 장로교 미션스쿨에서 2년간 영어 교사로 재직하였다.[1] 그의 제자인 문정일은 2024년 4월 20일 아츠 선교사의 90회 생일 축하연에서 축사를 맡았다. 이 자리에서 고등학교 시절 아츠 선교사와의 기억을 회상하는 내용이 매우 인상적이었다. 문정일의 회고담은 참석자들에게 깊은 감동을 주었고, 당시의 일화를 담은 그의 글을 찾아 전문을 그대로 실어보았다.[2] 이 글을 통해 독자들은 아츠 선교사의 교육자로서의 면모를 더욱 깊이 이해할 수 있을 것이다.

---

1 Francis Kinsler, "Dear Friends:-," Presbyterian Mission, APO 301; San Francisco, July 13, 1959.

2 문정일, "62년 만에 만난 스승 킨슬러 선생님," 『한국장로신문』 1667호, 2019.12.7.

62년 만에 만난 스승 킨슬러 선생님

문정일 장로
《대전성지교회
·목원대 명예교수》

1955년 2월, 고향인 경기도 광주에서 중학교과정을 마쳤으나 가정 형편상 고등학교에 바로 진학하지 못하고 만 이태동안 산에 가서 땔나무를 하면서 농사지으시는 선친을 돕다가 어느 은인의 도움으로 조금 늦게나마 진학의 기회가 주어져 1957년 서울 용산 해방촌에 있던 숭실고등학교에 입학하게 된 것은 실로 하나님께서 베푸신 크신 은총이었다. 촌구석에 있던 초동(樵童) 소년에게 배움의 길이 열렸기 때문이다.

숭실대학에 교수로 계시던 킨슬러(Francis Kinsler, 한국명: 권세열) 박사의 아드님으로 20대 중반의 킨슬러 2세(Arthur Kinsler, 1934~ 한국명: 권오덕) 선생님이 오셔서 우리에게 영어성경과 영어찬송을 가르쳐주셨는데 그분은 내 평생에 처음으로 만난 미국인 스승이셨다. 후에 알게 된 것이지만 당시 선생님께서는 서울시내 미션스쿨인 경신고, 대광고, 숭실고 등 세 학교에 출강하셨다 한다.

선생님께서는 1년간 우리를 가르치시고 나서 공부하기 위해 다시 도미한다는 말씀과 함께 칠판에 주소를 남겨놓고 떠나셨다. 내가 고등학교 3학년 때로 기억되는데 작은 엽서에 영한사전과 한영사전을 총동원하여 어설프게 영작문을 해서 선생님께 편지를 보

냈더니 얼마 후, 선생님으로부터 타이프라이터로 단정하게 영문을 써내려간 엽서가 도착하였다.

60여 년 전의 일이지만 선생님의 엽서에는 내가 아직도 선명하게 기억하고 있는 영어문장이 들어 있었다. "I am very proud that I was your teacher(내가 당신의 스승이었다는 사실이 매우 자랑스럽습니다)."라는 글이었다. 이 문장은 오랜 세월동안 나에게 추억과 향수가 깃든 문장이었고 동시에 나에게 가슴 벅찬 격려의 메시지였다.

지난 9월인가, 갑자기 선생님 생각이 나서 인터넷에 들어가 "숭실대학교 권세열 박사"를 검색해 보았더니 숭실대학이 2017년 10월, 개교 120주년을 기념하여 '국제학술대회'를 개최한 기록이 나온다. 그 학술대회에서 나의 스승 권오덕(Arthur Kinsler) 선생님께서 선친을 회고하며 《프랜시스 킨슬러와 숭실대학》이라는 주제로 기조연설을 한 기사가 발견되었고 단체사진 속에 선생님 가족(사모님, 아드님)의 모습이 들어 있었다.

당시 학술대회를 주관한 숭실대학 郭 某 교수를 수소문하여 킨슬러 3세 권요한(John Kinsler) 서울여대 교수의 연락처를 입수하게 되었다. 내가 권요한 교수에게 연락을 하고 그가 미국의 부모님께 전화를 걸어 어머니 신영순(Sue Kinsler) 사모님이 미국에서 전화를 주셔서 몽매에도 그리던 킨슬러(권오덕) 선생님과 62년 만에 통화가 이뤄졌으니 그때의 감동은 이루 헤아릴 수가 없다. 선생님과 전화 통화하면서 62년 전에 있었던 몇 가지 일화를 말씀드렸더니 이내 기억하시고

크게 웃으셨다. "나는 지금 시애틀에 있어요. 시애틀에 한 번 놀러 와요." "선생님, 당장 달려가고 싶습니다. 기회를 엿보도록 하겠습니다."

그런데 지난 10월 중순, 시애틀에 계신 사모님이 반가운 소식을 전해주셨다. 킨슬러 선생님 내외분이 11월 초순경에 한국에 오셔서 약 2주간 머무실 예정이라는 빅뉴스였다. 이윽고 내외분은 서울에 오셨고 지난 11월 18일 12시에 서울역사 4층 「서울역 그릴」에서 내외분을 만나 뵙고 식사하며 대화하며 나로서는 다시없는 감격의 시간을 가질 수 있었다.

선생님께서는 서울명성교회와 온누리교회 초창기 영어예배를 도우셨으며 특히 내외분께서 지난 1998년부터 금년 21년째, 북한선교에 헌신하셨는데 평양과 사리원의 고아들을 돌보기 위해서 킨슬러 선생님은 4회, 사모님은 130여회에 걸쳐서 북한에 다녀오셨다고 했다. 북쪽에서는 사모님에게 《조선 장애자의 어머니》라는 칭호를 붙여주었다고 한다.

한편, 선생님께서는 대전신학교 학장을 역임하시고 현재 아틀란타에 계신 이 디모데 목사님과 프린스턴 신학교에서 동문수학하신 가까운 친구이시며 신영순(Sue Kinsler) 사모님은 나의 아우 문정선(Victor Moon) 목사와 미장로교단(PCUSA) 행사에서 자주 회동했던 동역자였다는 사실을 확인하면서 "참으로 세상이 좁구나!" 하는 생각을 갖게 되었다. 모쪼록 선생님 내외분 위에 하나님의 평강의 은총이 늘 함께 하시기 간절히 기도한다.

제5장
결론

일찍이 내한선교사들은 한국인들에게 계몽과 문명화의 사명을 수행하였으며, 그 주요 매개체는 서양 종교, 즉 기독교였다. 그러나 이들은 단순히 종교적 차원에 그치지 않았다. 서양 선교사들은 한국인들과의 접촉과 만남을 통해 서양 문화를 한국 사회에 전파하는 중요한 역할을 수행하였다.

한국의 근대전환기에 내한선교사들은 누구였으며, 이들은 한국 사회에서 어떤 활동을 수행하였는지, 그리고 궁극적으로 근현대 한국 사회와 문화의 변화에 어떤 역할을 했는지를 밝히는 것은 중요한 연구 주제이다. 아주 최근의 연구에 의하면, 아직도 발굴되지 않은 내한선교사를 포함하면 내한선교사 수는 3천 명이 넘는 것으로 추정된다.

이 책은 내한선교사 가문 중 킨슬러 가문과 그 가족에 대해 다루고 있다. 킨슬러 가문은 내한선교사로서 상당한 위상을 지니고 있다. 이 가문이 한국 사회에 끼친 역할과 영향력을 고려할 때, 킨슬러 가문에 대한 연구는 앞으로도 지속적으로 필요할 것으로 보인다.

본서는 킨슬러 가족이 보관해온 미간행 자료를 바탕으로 연구를 수행하였다. 제1부에서는 킨슬러 가족의 한국에서의 삶을 조명하였다. 제1장에서는 '킨슬러 가족의 수집 자료'를 중심으로 내한선교사들이 보존해온 선교자료의 역사적 가치와 의미를 분석하였다. 그리고 내한선교사 자료를 소장하고 있는 국내외 문서보관소의 현황을 검토하였고, 현재 나타나고 있는 문제점을 파악하여 기독교 디지털 아카이브 구축의 필요성을 고찰하였다.

기독교 디지털 아카이브는 기독교 관련 자료를 디지털화하여 보존 및 관리하고 연구자 및 대중이 접근할 수 있도록 하는 전반적인 활동을 의미한다. 이러한 개념을 바탕으로 본 연구에서 킨슬러 가족이 수집한 기록물의 데이터베이스(DB) 구축 방안을 모색하였고 《한국 근대와 메타모포시스 아카이브》 내에 〈프랜시스 킨슬러 가족 컬렉션〉을 실제로 구축한 사례를 소개하였다. 〈프랜시스 킨슬러 가족 컬렉션〉은 킨슬러 가족이 한 세기에 걸쳐 한국과 관련된 자료를 직접 생산하고 수집·보관해 온 기록물로 사료적 가치를 지닌다. 또한, 「킨슬러(Francis Kinsler), 평양을 담다—평양 선교 기록(1928~1941)」에서는 킨슬러가 수집한 자료 가운데 1920~1930년대를 중심으로 한 문헌자료 및 사진 자료를 분석하여 당시 평양지역의 선교활동과 역사적 현장을 고찰했다.

제2장에서는 프랜시스 킨슬러의 생애와 활동을 조망하여, 그의 주요 업적을 개괄적으로 검토하였다. 「한국전쟁 전후 성경구락부 운동」에서는 한국전쟁을 전후한 성경구락부 운동의 전개 과정을 분석하고, 전쟁기 프랜시스 킨슬러의 활동을 고찰했다. 그리고 한국전쟁 이전과 이후 성경구락부의 변화 양상을 추적하여 그 역사적 흐름을 규명하고자 하였다.

성경구락부는 평양과 남한에서 모두 빈곤아동을 대상으로 한 선교 및 교육사업을 수행했다는 공통점을 지니고 있다. 다만, 시대적 배경에 따라 그 운영 방식과 전개 양상이 조금씩 달라진다. 특히 한국전쟁기에는 피난민들과 함께 이동하며 피난지에서 학교를 설립하는 '이동식 학교'의 형태로 운영되었다. 비록 임시 교육기관이었으나 사회복지적 기능까지 수행하며 전쟁 속에서도 교육의 끈을 놓지 않았다. 전쟁 이전 성경구락부가 빈곤아동을 보호하고 교육하는 데 집중했다면, 전쟁기에는 피난민 자녀와 전쟁미망인의 자녀들을 위한 새로운 교육 프로그램을 마련하는 등 보다 확장된 사회복지 역할을 수행하였다. 이와 같이 지속적인 운영이 가능했던 것은 전쟁 구호자금 및 구호품 지원이 뒷받침되었기 때문이고, 그 결과 성경구락부는 한국전쟁을 계기로 폭발적으로 성장하게 되었다.

「한국의 성경구락부 형성과정에서 권세열의 역할」에서는 남한으로 이전한 성경구락부가 1960~1970년대까지 어떻게 발전해 나갔는지를 추적하였다. '무산 어린이의 아버지', '불우 청소년의 아버지', '한국 청소년의 횃불'이라는 수식어는 한국 성경구락부의 창설자인 권세열(Francis Kinsler)에게 부여된 명칭이다. 본 연구에서는 몇 가지 핵심적인 측면을 집중 조명하였다. 먼저, 권세열이 평양에서 선교적 비전을 발견하고 이를 실천해 나간 과정과 기존에 평양에서 운영되고 있었던 기독교 교육 모델을 비교하면서 성경구락부의 창립 정신을 고찰하였다. 이후, 성경구락부 운동이 전국적으로 확산되고 성공할 수 있었던 다양한 요인을 분석하고 성경구락부의 이념과 프로그램 변화 과정을 면밀히 살펴보았다. 그리고 성경구락부 확산과 조직화 과정에서 핵심적 매체였던지도자 훈련의 기관지 『지도자』를 분석하였고 성경구락부의 재정적 기반을 구축하는 방식도 함께 검토하였다.

결론적으로, 성경구락부 형성과 발전 과정에서 중추적인 역할을 수행한 권세열은 급변하는 근대 한국 사회에서 보편적인 기독교적 가치와 시민적 가치를 실현한 기독교 시민사회의 형성을 위한 방향을 제시한 인물이었다고 평가할 수 있다.

제3장에서는 도로시 킨슬러의 생애와 활동을 조명하였다. 아직까지 도로시 킨슬러에 대한 연구는 전무한 상태이다. 그녀의 미간행 자료들을 통해 내한선교사이자 여선교사로서의 활동은 주로 어떤 영역에 주력했는지 살펴보았다.

「냉전과 태평양 횡단 기독교 네트워크―전후 전쟁고아와 미국 선교사」에서는 도로시 킨슬러의 활동 중 가장 많은 자료가 남아있는 전쟁고아 문제를 중심으로 연구를 진행하였다. 한국전쟁 이후 가장 심각한 사회문제로 대두된 것 중 하나가 전쟁고아 문제였다. 1953년 휴전협정 후 본격적으로 전쟁고아 보호 및 입양을 주도한 기관으로는 미국의 복음주의 단체인 월드비전(World Vision), 기독교아동복리회(Christian Children's Fund: CCF), 그리고 홀트 입양 프로그램(Holt Adoption Program) 등이 있었다. 이 기관들은 미국의 본부를 중심으로 국제적 네트워크를 구축하며 협력하였다. 그 과정에서 한국 내 전쟁고아를 직접 보살핀 미군과 선교사들이 중추적인 역할을 담당하였다. 특히, 미국 선교사들은 복음주의적 신념을 실천하며 개인적인 헌신과 희생을 아끼지 않았다. 그러나 이들의 활동은 냉전이라는 국제적 정치 환경 속에서 한미동맹 강화라는 시대적 흐름과도 맞물려 있었다. 미국 선교사들의 활동은 한국개신교의 성장에도 지대한 영향을 미쳤다. 한경직 목사를 중심으로 한국개신교가 미국을 비롯한 유럽의 국가들과 국제적인 네트워크를 구축하여 더욱 긴밀히 연결되는 계기를 마련하였다.

한편, 「기독교 부녀구원상의소와 권도희」에서는 도로시 킨슬러의 요보호 여성 대상 사회복지 활동을 조명하였고, 1963년 그녀가 설립한 기독교 부녀구원상의소의 설립 과정과 운영을 살펴보았다. 부녀구원상의소는 경제적 어려움이나 다양한 이유로 서울역 및 길거리를 방황하는 어린 소녀들을 전도하고, 윤락의 위험에 처한 여성들을 보호하며 자립을 돕는 것을 목적으로 설립되었다. 본 연구에서는 기독교 부녀구원상의소가 설립될 수밖에 없었던 1960~1970년대 한국사회의 구조적 문제와 개발국가의 상황, 이 기관의 설립 과정과 운영 방식, 활동의 성과를 면밀히 고찰하였다. 특히, 부녀구원상의소는 당시 불우한 여성들의 인권 문제를 공론화하여 국가와 사회가 이들을 보호하기 위한 정책을 수립하는 데 중요한 역할을 하였다. 이를 통해 도로시 킨슬러의 사회복지적 접근이 단순한 구제 활동을 넘어서 한국 사회에서 여성의 인권과 복지 증진에 기여한 점을 밝히고자 하였다. 이 기관은 민간 및 종교 기관의 성격을 동시에 지니며, 사회복지와 선교 활동을 병행하는 역할을 수행하였다.

제4장은 킨슬러 가문의 2세대인 아츠(Art Kinsler)와 수 킨슬러(Sue Kinsler) 부부의 생애와 활동을 중심으로 구성하였다. 본 장에서는 아츠-수 선교사 부부가 수집한 자료를 면밀히 검토하며, 그들의 삶과 사역을 조망하고자 하였다. 특히 이들이 보관해 온 기록들은 1970~1990년대 한국 사회의 변화상을 생생하게 담고 있으며, 산업화와 민주화, 산업선교, 캠퍼스 선교, 남북관계 및 대북사업, 그리고 1988년 서울올림픽 이후 교회 예배방식의 변화(영어예배 및 경배와 찬양), 장애인 복지사업 등 다양한 영역에서의 활동을 반영하고 있다. 이 자료들은 아츠-수 선교사 부부가 한국의 산업화와 민주화 시기에

내한 선교사로서 마주한 현실과 그에 대한 통찰을 담고 있다. 이를 통해 그들이 어떠한 사명을 인식하였으며, 이에 따라 어떠한 역할을 수행했는지를 살펴볼 수 있으며, 나아가 그들의 깊은 고민과 실천의 흔적을 엿볼 수 있다.

결론적으로, 프랜시스 킨슬러(Francis Kinsler)는 다양한 활동을 전개했으나, 그중에서도 한국 성경구락부의 창시자로서 한국 근대 교육에 기여한 공적이 특히 두드러진다. 그는 평양의 빈민 아동들에게 교육과 복음을 전한 '씨 뿌리는 자'였다. 도로시 킨슬러(Dorothy Kinsler)는 한국전쟁기에 사회문제로 대두한 장애 혼혈 아동들의 보호자이자, 고아원과 모자원, 그리고 부녀구원상의소를 설립한 인물로서 여성과 아동을 위한 근대적 사회복지 시설의 초석을 다졌다.

킨슬러 2세대인 아츠-수 킨슬러 부부는 선교활동 전반에 걸쳐 민주화, 분단과 통일의 문제를 중심 과제로 삼았다. 그들의 사역은 단순한 복음 전도를 넘어, 남북 관계 속에서 화해와 협력의 기반을 조성하는 데 주력했다는 점에서 '빗장을 여는 자'로 평가될 수 있을 것이다.

제2부

부록

킨슬러 가족의 수집자료

킨슬러 부부, 평양

프린스턴 신학교 농구부(뒷줄 맨 왼쪽이 킨슬러), 1928년

윌슨대학시절의 도로시

도로시와 어머니, 1930년 6월 21일

프랜시스 킨슬러 동료 선교사들과 함께, 선천, 1933년

문화훈장 국민장 수훈, 1965년 2월 19일(교육과 구호사역)

킨슬러 문화훈장 수여

아들 권오덕 선교사와 함께

정년 은퇴 환송연, 1970년 9월 11일

말년의 도로시 킨슬러(권도희)

1926년 프린스턴신학교 입학동기인 한경직 목사와 함께

1970년 9월 은퇴, 귀국 후 필라델피아에서 가족들과 함께.
왼쪽부터 권도희, 권신라, 권수라, 권세열, 신영순, 권요한

킨슬러, 어머니 버사(Bertha Cambell),
큰누나 메리언(Marian Kinsler, 권수라)과 함께(1928?)

Party with Marian and [Korean] language teachers

Trip to Manchuria + Mongolia 1928~1930

Trip to Manchuria + Mongolia 1928~1930

성경구락부 활동사진

평양 성경구락부 지도자들

평양 성경구락부 지도자들

평양창광산소년성경학교, 1932.10.1.

朝鮮예수敎 長老會 南新里 禮拜堂, 1934

웃어라한숨이물러간다, 1937.3.10.

소년소녀성경구락부데八회졸업긔렴, 1939년 3월

경창, 죵낮, 죵밤, 서신리 네구락부련합원족기렴 1938년 4월 25일

평양 성경구락부 체조활동

서울 용산구락부 초창기 수업 모습

서울 용산구락부의 레크레이션 장면

1954년 부산지부 구락부 대회에서 꽃다발 받는 권세열 목사님

"공부에 열중하는 구락부들" 인천중앙구락부

천막구락부에서 구락부 전통의 도수체조 하는 광경

경북지역 연합체육대회(1954) 입장식 광경

구락부 연합행사에서
통역하시는
권세열 목사님과 강사님

일제고사 출제를 위하여 수고하시는 지도자들, 1954.7.10.

천막으로 된 구락부를 돌아보고 계신 권세열 목사님

공부에 열중하고 있는 초등 구락부 어린이들

경안지부 지도자들(권세열 목사 내외분과 우열성 지부장님이 모임)

김득렬 목사님과 어린이

서울지구 성경구락부 졸업연합예배기념 1957.2.28.

창립 30주년을 기념하여 예배를 드리고 있는 경동지부 부원들

구락부 본부의 중추적 지도자들

수련회에 참석한 지도자들(감의도, 이장봉, 김동수, 정인권, 윤병석, 임재수, 최찬영, 김찬호, 김수영)

대한청소년성경구락부 40주년 기념 전국지도자 강습회 (1969.8.12.~15 서울숭실대학)

체육대회 모습

닭장 건물에서 시작한 염광구락부 모습

범일구락부 예배 광경

철거당했던 구락부의 모습

용문구락부 학생과 지도자들

현재 9,000여 명의 학생들 가진 염광구락부의 초창기 닭장에서 시작할 때 모습

정능구락부 초창기 모습

서울지역 연합졸업식 광경

3대 마애린 본부장

1982년도 신설구락부 교장교목 훈련

서울 소년 감별소 구락부에서 매주 가지는 범죄청소년 대상 작정의 시간에서 작정하여 선 청소년들

Bible Club
Graduation Exercises

In Seoul and Pusan

In Taegu and Kyungju

In Country Villages

THE BIBLE CLUBS OF KOREA

2. PURPOSE

The purpose of the Bible Club Movement in Korea is to give the Gospel of Christ to the children of Korea, and to bring them up into a well-rounded Christian Faith and Life.

The pattern of the Bible Club Educational Work is taken from the Life of the Boy Jesus as it is described in the Gospel of Luke (2:52) with the four sides of the child's Life: The Intellectual – "JESUS INCREASED IN WISDOM"; The Physical – "AND IN STATURE"; The Spiritual – "AND IN FAVOR WITH GOD"; The Social – "AND MAN".

This Christian Education is offered to all Korean boys and girls in the free, Christian atmosphere of the child-centered program presented in every Bible Club, especially for the children without the financial means to attend other schools.

Thousands of Korean children have already grown up having received their only education in these Bible Clubs and are serving their Church and their Country as fine, Christian men and women, and many thousands more enter the Clubs each year as the work continues. You are invited to share in this work with your Christian interest and prayers.

Rev. and Mrs. Francis Kinsler
Presbyterian Mission
APO 301
San Francisco, California

September, 1957

THE BIBLE CLUBS OF KOREA

1. THE PLAN

For the past twenty-eight years the Bible Clubs of Korea have been giving a Christian Education to boys and girls of Korea who have had no other opportunity to go to school.

There are today 700 Bible Clubs with an enrollment of over 50,000 children operating under the direction of Christian Churches in all parts of South Korea.

These Bible Clubs all meet from three to six hours daily for classes in Korean, Arithmetic, Geography, History, Bible, Physical Training, Worship; and the students receive the equivalent of a grade school education. There are also many Bible Clubs on the Junior High School level.

But the program includes much more than a general education. It is a program of truly Christian training. The most distinctive feature is the weekly Club Day Program, when the children themselves conduct programs with worship, songs, games, exercises, business meetings, outings, for training in a wholesome Christian, democratic way of life.

The following pages tell the story of the Bible Club studies, district rallies, games, worship, and other Christian activities.

Bible Club Daily Classes
In a Church Basement
In Refugee Tents
In a Suburban Church
Bible Club
Games and Activities
A Bible Club Rally in Seoul
Thousands of Children
Hymns and Bible Verses and Prayers
Club Choir and Christian Message

Anniversary Rally

One day this Fall 12,000 Junior High Church School (Bible Club) students gathered in the Hyo Chang Stadium in the City of Seoul to celebrate the Fortieth Anniversary of the founding of the Bible Movement in Korea. A grand 'march-in' began the day with banners flying, band playing, and much cheering. One student presided, others led the singing, offered sentence prayers, recited Bible verses, and 12,000 youthful voices filled the air in repeating the Bible Club motto: "You shall love the Lord your God with all your heart, and soul, and strength, and mind, and your neighbor as yourself." A day-long program of games, races, and group activities followed in this spirit.

Teacher Convention

Last summer 400 Korean young men and women from all parts of South Korea met together in a National Bible Club Teachers' Convention on the campus of Union Christian College in observance of this movement. The hours and days were spent in the study of the Bible Club principles and methods of Christian education. Many of these teachers are graduates of Korean universities' Christian colleges, Theological Seminaries and are giving their lives to the training of boys and girls from underprivileged homes to live the Christian life. Some have served sacrifically for five, ten, and even fifteen years, and two Central Committee members were honored for their twenty years' work.

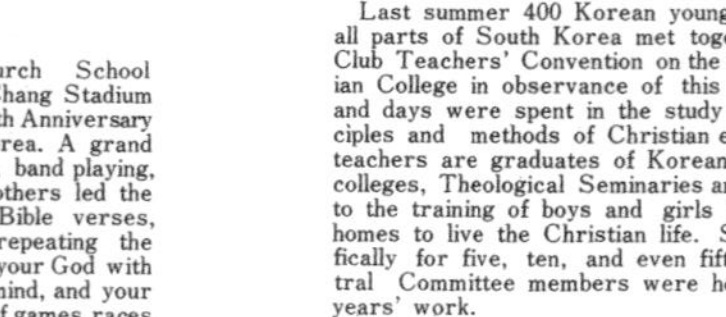

1933 Activities

The Bible Club Movement began in the City of Pyeng yang (now the capital of communist North Korea) on a cold winter night forty years ago. Six beggar boys were brought in from the street to sleep in a loft over the Christian Book Store on Main Street. They came back each evening and were soon learning to sing, to read, to write, to pray, and to live the Christian life. By Springtime the room was filled each evening with boys sharing the activities of the Bible Club program. Soon other Bible Clubs were organized in Mission and Church buildings in the city and surrounding towns and villages. In spite of the then occupying Japanese government, the second world war, communist invasion, and the Korean war this movement has grown and continues down to the present day.

Leadership Training

Each year now for many years some 40 Presbyterian Theological Seminary students have had a course in Bible Club Christian Education principles and methods and have gone out in the evenings to work in Church Bible Clubs in and around the City of Seoul. This project gives these students (1) an opportunity for Christian service while pursuing their theological studies; (2) an opportunity to learn about this work for all their years of Christian ministry; (3) an opportunit: to earn their own living expenses during their years of preparation. Many of these young men have gone out to conduct Bible Club schools in their parishes. Many pastors have reported that the Bible Club Movement has proved to be the most effective way for winning boys and girls and their families to a faith in Christ and life in His Church.

Bible Clubs

There are today 300 Bible Club Church Schools in Korea with some 50,000 boys and girls from underprivileged homes in city slums and country villages in daily attendance. Many of these Bible Clubs now have government charters as 'Folk Schools' and teach the required courses of general education — and much more. Daily prayers, Bible study, 'Club Day' activities are included. The 'Club Day' program each week has (1) the student — conducted worship ceremonial; (2) the music period; (3) the class business meeting; (4) physical training and athletic activities; (5) the weekly program which may be an Election Day, a Debate, a Bible Memory Contest, a Hike or one of many other programs for the developing of youthful life after the pattern of the Boy Jesus Who 'increased in wisdom and in stature, and in favor with God and man.' (Luke 2: 52).

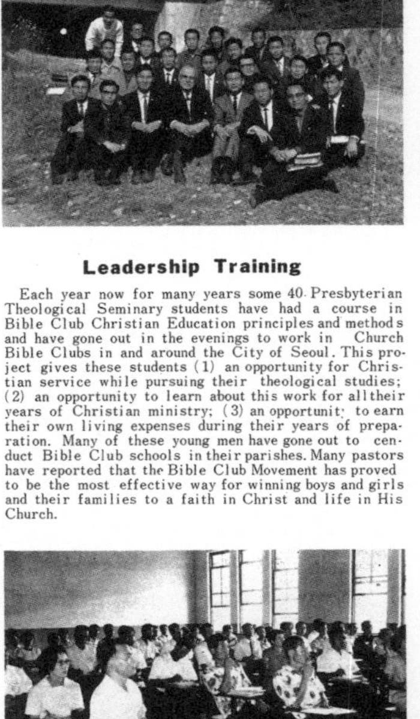

THE FORTIETH ANNIVERSARY
OF THE
BIBLE CLUB MOVEMENT IN KOREA

Rev. and Mrs. Francis Kinsler
Presbyterian Mission
Box 1125 I.P.O.
Seoul, Korea

Mass Rally

A New Club

Christian Education

A SERVICE OF THE CHURCH

Since the beginning of this work thirty-nine years ago Bible Clubs have been organized in the Churches in Korea, and now many Churches have their own Bible Club Church School buildings and playgrounds. The teachers are dedicated Korean young men and women who give their services to this work very often without receiving adequate remuneration. Although eighty percent of the students come from poor, non-Christian homes they and their families respond gratefully to this work done for them in the name of Christ. Thousands of these boys and girls have graduated to become life-long Christians, many of them as deacons, and elders, and even pastors in the Churches.

A WITNESS IN SOCIETY

To-day Korea feels the excitement of entering the modern world of industry, technrology, productivity. But the poorest classes of people, in the slums and in the rural areas, including countless refugees, face the desperate need of providing an education for their children lest they fail in the world of tomorrow. The most precious and useful gift the Church can offer these people is an adequate and Christian training for life for their future. During its history the Bible Club movement in Korea has provided at least some such education for life to over 500,000 boys and girls, and the work goes on.

"BIBLE CLUBS"

A SYSTEM OF CHURCH SCHOOLS

IN KOREA

Rev. and Mrs. Francis Kinsler
Presbyterian Mission
Box 1125, I. P. O.
Seoul, Korea

Christian Witness

A New Task

Teacher Training

Teacher Training

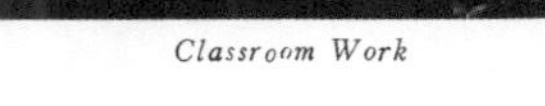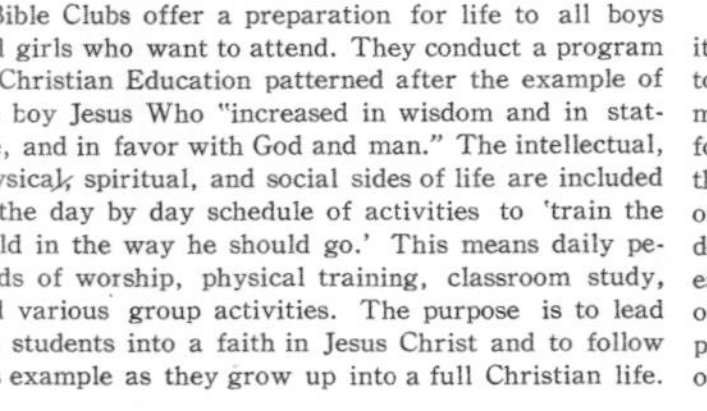

Classroom Work

Country Club

A DEVELOPMENT OF SCHOOLS

'Bible Club' has come to mean a lot of things to a lot of people in Korea. Many Bible Clubs are growing into permanent Church Schools, as these statistics show:

211 Bible Club Church Schools have over 100 students
 93 Bible Club Church Schools have over 200 students
 45 Bible Club Church Schools have over 300 students
 14 Bible Club Church Schools have over 500 students
  3 Bible Club Church Schools have over 1000 students

But the majority of Bible Clubs are still small in numbers and poor in resources.

A PREPARATION FOR LIFE

Bible Clubs offer a preparation for life to all boys and girls who want to attend. They conduct a program of Christian Education patterned after the example of the boy Jesus Who "increased in wisdom and in stature, and in favor with God and man." The intellectual, physical, spiritual, and social sides of life are included in the day by day schedule of activities to 'train the child in the way he should go.' This means daily periods of worship, physical training, classroom study, and various group activities. The purpose is to lead the students into a faith in Jesus Christ and to follow His example as they grow up into a full Christian life.

AN OPPORTUNITY FOR YOUTH

In the past many children in Korea had no opportunity to get an education and Bible Clubs were formed to offer them this training for life. Now that Korea is moving rapidly into the modern industrial age the need for education is more urgent than ever. For tens of thousands of boys and girls the Bible Clubs hold their only chance of getting this much needed and greatly desired preparation for life to-day and to-morrow. The eager response of these youth to this whole program of training in the fourfold Christian life holds great promise for the future in their lives and in the work of the Bible Club movement.

Student Worship

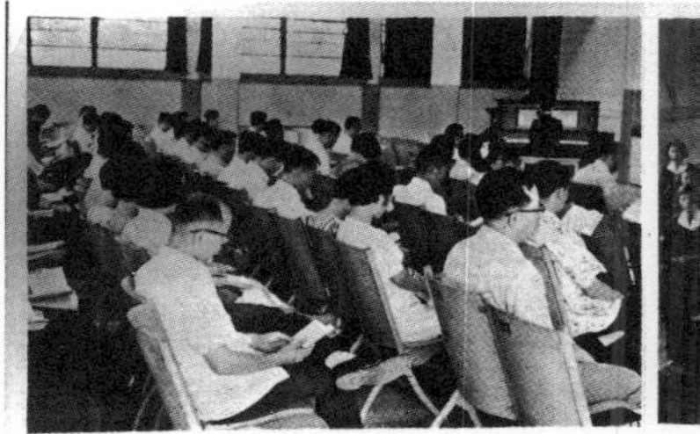

Nature Study

City Club

APO San Francisco 96301
Presbyterian Mission
March, 1965

Dear Friends:

We must tell you about our 'Hangop'. It is the birthday marking the end of one and the beginning of another cycle of sixty years in the Korean calendar. Oriental reverence for years - plus the fact that people rarely lived this long in old Korea - inspires family and friends to make this birthday the biggest day in a person's life. Our Korean friends swept all our faults and failures under the rug and went all out to make our Hangop a great occasion for us here in Seoul, Korea.

We just wanted you to know how wonderfully generous our Korean friends are to us your missionaries in this land. We realized what Jesus meant when He said that no one would leave family for His sake who would not receive a hundredfold. God bless you all.

Sincerely yours,

Fran & Dorothy Kinsler

The Theological Seminary and the Bible Club Organization laid the plans and got the backing of the National Christian Council, The Chaplains' Commission, the Bible Society, three City Churches, Soongsill University, six Presbyterian Academies, Widows' Homes and Orphanages to lend dignity to the affair.

The celebration began with a 'congratulatory' worship service in the Young Nak Presbyterian Church Educational Building. The Seminary President presided, former Moderators of the General Assembly read the Scripture and offered the prayer, eighty year old famous Professor Philkun Chae preached the sermon, and famous Dr. Kyung Chic Han offered amusing remarks, even mentioning student days together at Princeton Seminary, all in the most gracious Korean style.

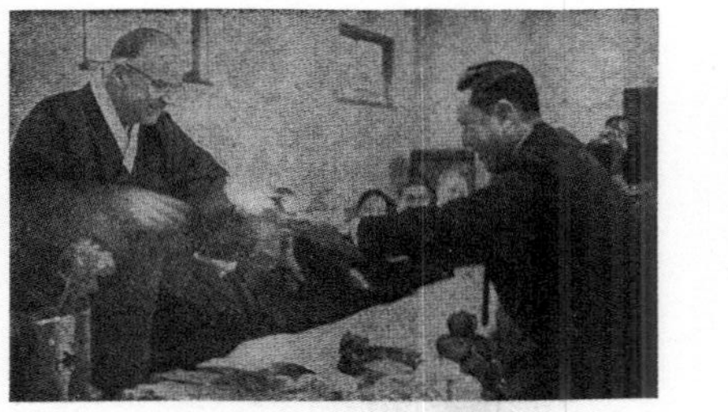

Then some 400 people sat down to a full course dinner. There was much feasting and much ceremony. A pastor famous for his oratory presided and the birthday couple sat at a central table loaded with delicacies, and a large tub holding chrysanthemums and carnations was placed in front of it. Usually members of one's family come up one by one, bow low, pluck a single flower stem from the tub and offer it to the cuple, who place it in a large vase on the table. Friends representing the Seminary, Bible Clubs, Schools, Widows' Homes came up one by one and performed this ceremony.

The generosity of these friends was also expressed in many gifts: vases, pictures, tables, gold rings, and especially in beginning a Scholarship Fund for Bible Club graduates wanting to go to Seminary to prepare for the Christian ministry.

성경구락부 안내서

사단법인 대한청소년 성경구락부 본부

현황과 미래 전망

구락부 본부 산하에는 16개지부 200개 구락부에 52,000명의 학생과 4,000명의 훈련받은 지도자가 일하고 있다. 매년 1만명의 졸업생과 신입생이 초, 중, 고등구락부에서 학업과 신앙지도를 받고 있으며 대학진학이나 사회의 각 분야로 진출하여 그리스도의 정신을 구현하는 학생들이 수 없이 많다.

본부는 성경구락부 운동이 활발이 전개되도록 각 지부별로 지도자수련회, 체육대회, 학생간부훈련, 봉사활동, 성경 경시대회 등의 구락부 날을 실시케 하고 있다. 현재 전국 구락부 안에는 교육법에 의해 인가를 받은 정규학교, 전수학교, 고등공민학교, 기술학교가 구락부 정신을 실현하고 있다. 성경구락부는 한국교회에서 출발 지금도 교회의 안과 밖에서 밀접한 관계를 가지고 있다.

성경구락부 사업의 미래 전망은 밝고 분명하다. 전국의 소외된 저변층 지역에서는 구락부 설립을 요청하고 있으며 계속 공부하겠다는 청소년이 찾아 오고 있다. 도시와 농어촌의 불우한 청소년들에게 배움의 기회를 제공하며 복음을 전파하는 저희 사업이야말로 교회의 선교적, 교육적, 봉사적 사업인 것이다. 저희 구락부사업은 불우청소년들의 참 인간 형성을 위한 전인교육, 인간해방의 교육인 것이다.

조 직

이 사 회

이사장 감의도
이 사 이기혁 김찬호
　　　 김동수 성갑식
　　　 이창로 김정열
　　　 최용찬 김득열
감 사 김성수 차중은

본부 및 지부임원

명예본부장 권세열
본 부 장 감의도
총 무 김찬호
간 사 주선동 이종국
사 무 원 조옥자

지부	지부장	총무	지부	지부장	총무
서울	김찬호	주선동	경동	김수영	김조만
강동	전병흥	겸무	부산	김소영	유상학
충북	임재수	정진동	진주	장선경	김옥봉
충남	권기수	임재호	경남	김경장	공석구
대전	이상구	김병연	전북	이장정	송기철
경북	신후식	정재근	천주	김정남	겸무
경서	임병길	박경순	목포	명남식	정요세
경안	조문기	김경환	제주	박은석	이영화

성경구락부의 발자취

1929. 권세열 박사가 거지 소년 6명을 평양 광문서림 2
       층에 모아 가르친데서 출발

1929. 평양 연화동 교회에서 개척 구락부라는 명칭으로 청
       소년구락부 발족

1931. 평양시내에 7개 구락부 설립되고 학생은 1,500명

1933. 개척구락부라는 명칭이 불순하다는 일본 총독부의
       반대로 성경 구락부로 개명

1938. 학생수가 5,000명에 달했으나 총독부의 신사참배
       강요로 전 구락부가 폐쇄, 권세열박사 귀국

1949. 해방이 되자 권세열 박사 내한, 서울에서 성경구락
       부운동 재개(피어선, 해방, 창신, 영락, 상도, 서
       대문, 충무, 동광, 효자, 도원동교회 등)

1950. 6·25 동란과 함께 구락부운동 전국파급, 피난중 제
       주도, 부산, 거제도 등지에 구락부 설립

1954. 전국 17개 지부에 671구락부 70,000명의 부원이 공
       부

1959. 초등부에 역점을 두었으나 국민학교 의무교육실시
       령으로 중·고등부에 주력

1970. 문교부로부터 사단법인 인가 받음 제 2대 본부장에
       감의도 박사 취임

1975. 현재 전국 16개지부 산하에 200구락부 52,000명의 학
       생이 교육받고 있음

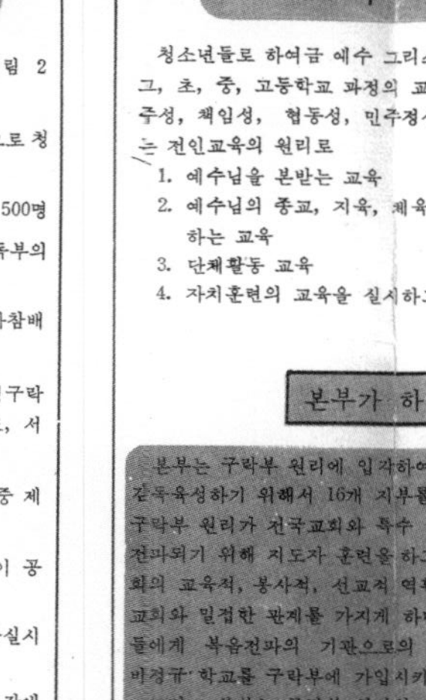

교 육 원 리

청소년들로 하여금 예수 그리스도의 원만한 인격을 본받
고, 초, 중, 고등학교 과정의 교육을 받아 기독교적인 자
주성, 책임성, 협동성, 민주정신을 발휘하여 살아가게 하
는 전인교육의 원리로

1. 예수님을 본받는 교육
2. 예수님의 종교, 지육, 체육, 봉사의 사대생활을 실천
   하는 교육
3. 단체활동 교육
4. 자치훈련의 교육을 실시하고 있다.

본부가 하는 일

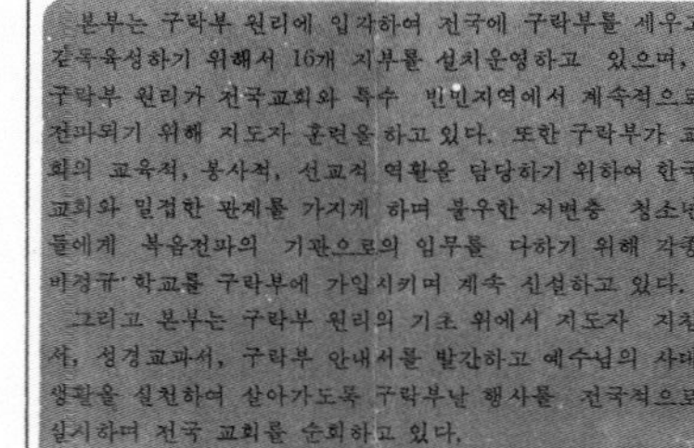

본부는 구락부 원리에 입각하여 전국에 구락부를 세우고
감독육성하기 위해서 16개 지부를 설치운영하고 있으며,
구락부 원리가 전국교회와 특수 빈민지역에서 계속적으로
전파되기 위해 지도자 훈련을 하고 있다. 또한 구락부가 교
회의 교육적, 봉사적, 선교적 역할을 담당하기 위하여 한국
교회와 밀접한 관계를 가지게 하며 불우한 저변층 청소년
들에게 복음전파의 기관으로의 임무를 다하기 위해 각종
비정규 학교를 구락부에 가입시키며 계속 신설하고 있다.
그리고 본부는 구락부 원리의 기초 위에서 지도자 지침
서, 성경교과서, 구락부 안내서를 발간하고 예수님의 사대
생활을 실천하여 살아가도록 구락부날 행사를 전국적으로
실시하며 전국 교회를 순회하고 있다.

교회와 사회에 이룩한 공헌

1 훌륭한 신앙인 배출

46년 동안 구락부를 통해 40만 이상의 청소년들에게 복
음을 전파하여 교회와 사회가 요청한 훌륭한 신앙의 인재
를 배출 전국에서 일하고 있다.

2 이상적인 기독교 교육과 학교 승격

예수모방과 그리스도의 사대생활 실천을 교육의 슬로간
으로 내세워 온 구락부는 교회 교육의 새 영역을 개척하였
고, 40여 구락부를 정규 기독교 학교로 200여 구락부학교
를 특수기술학교로 승격, 학원 선교의 선구자적 역할을 담
당하였다.

3 사회교육과 그리스도의 봉사정신 구현

일제시대에는 민족문화의 전달자로서 문맹퇴치 운동을 벌
여 왔으며, 6·25 동란 중에는 자선과 구제사업을, 오늘에는
불우한 저변층 청소년들에게 배움의 기회를 제공하면서 참
인간성 개발에 앞장 서고 있다.

구락부사업은 정신적으로 불안하고 억눌린 저변층 청소
년들에게 참 인간의 가치를 찾아주는 인간 해방의 교육과
그리스도의 제자직 교육을 실시해 오고 있다.

Worth
Saving

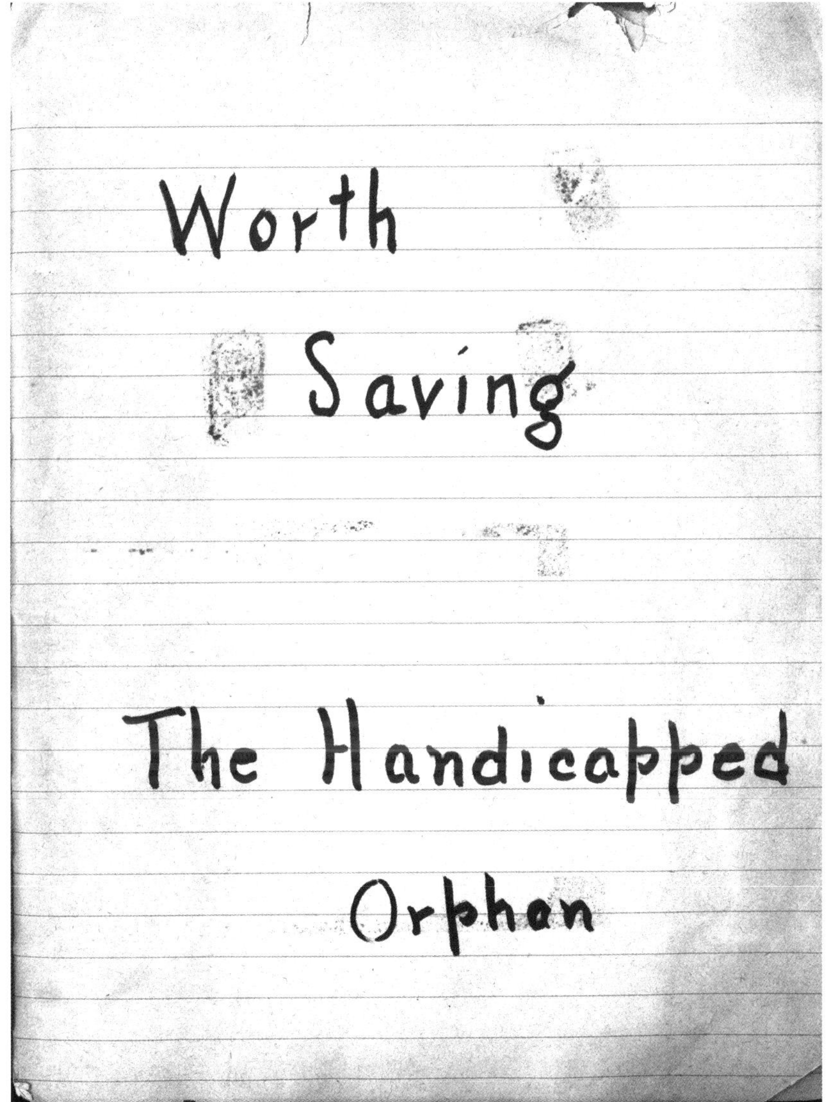
Worth
Saving
The Handicapped
Orphan

Debby

Bobby (Chung Chinoo)　Spring 1964

Orphan
living in
hospital
until he
came to
live in our
home

Lee Park
Koorie
5
Now living
in America
"Robby"

1964

in our home
on way to T.B. Hospital
Helen - deaf
Helen at 2 was found on the garbage dump
eating frozen cabbage leaves. She became a most loving &
responsive child with us 2years even tho deaf + dumb

Kim's Ministries
P. O. BOX 1370
WEST MEMPHIS, AR 72301
Kim is available for Christian concerts
PHONE (501) 735-4295
Helen (Becky)
Her first word " Puppy "
Jean Wicks, blind, is
now entering Wheaton
College
Jean   Helen

Helen (Becky)
1956-'57
Helen   Sammy

Became "Becky" in her new home in S. Dakota

Entered school
christmas ↑ '1959
Philip
Becky
Mark
Joan
barbara
with her family
new
Becky's mother
+ father both had
taught in a school
for the deaf.

Harry Holt Family with their own 8. orphan

Debby + Play mate

Debby and Teacher

Debby — Her beautiful mother had several children
by several fathers

Now in California
Debby went to the same home as
her sister Kathy
Kathy
Debby
David
Rohn
Debby

David Debby Kathy Rohn

Walked with a sailor's roll because of bi-lateral hip dislocation

The Protestant Men of the chapel - Taegu paid for Ann's first operation

in frog leg - body cast.

still in cast — December 1962

3 more operations + casts will be neccessary
but she will walk and play as other childrens some day

Ann has gone to loving parents in U.S.A There are 3
other children still unable to get on their feet because
of hip dislocation — waiting for expensive operations like Ann's

Michael

Miss Cho
Miss Huh

Ann
Michael + friends

Michael's
braces + shoes
cost only $50 +
he now walks
+ runs norma[l]
Others still
wait for this
help

Michael — walked with difficulty — club foot
Medical expenses paid by US family who gave only small Christmas presen[ts]
to each other

Sally 5
a happy
child.

1965 Now Da
she hikes
knits writes
+ can make
apple pie !

in TB Hospital

Sally steps out into the world for the first time
Limb made
free by CWS
amputee project
Hopes for
an arm soon.
in need
of love
and
encourage
ment.
Sally

STill waiting

for Help.
After G.I.s make
or pay for crutches
But with crutches like this

Lame foot
4 Needles in her brain.

Outcast - His hair is red

Spastics help each other

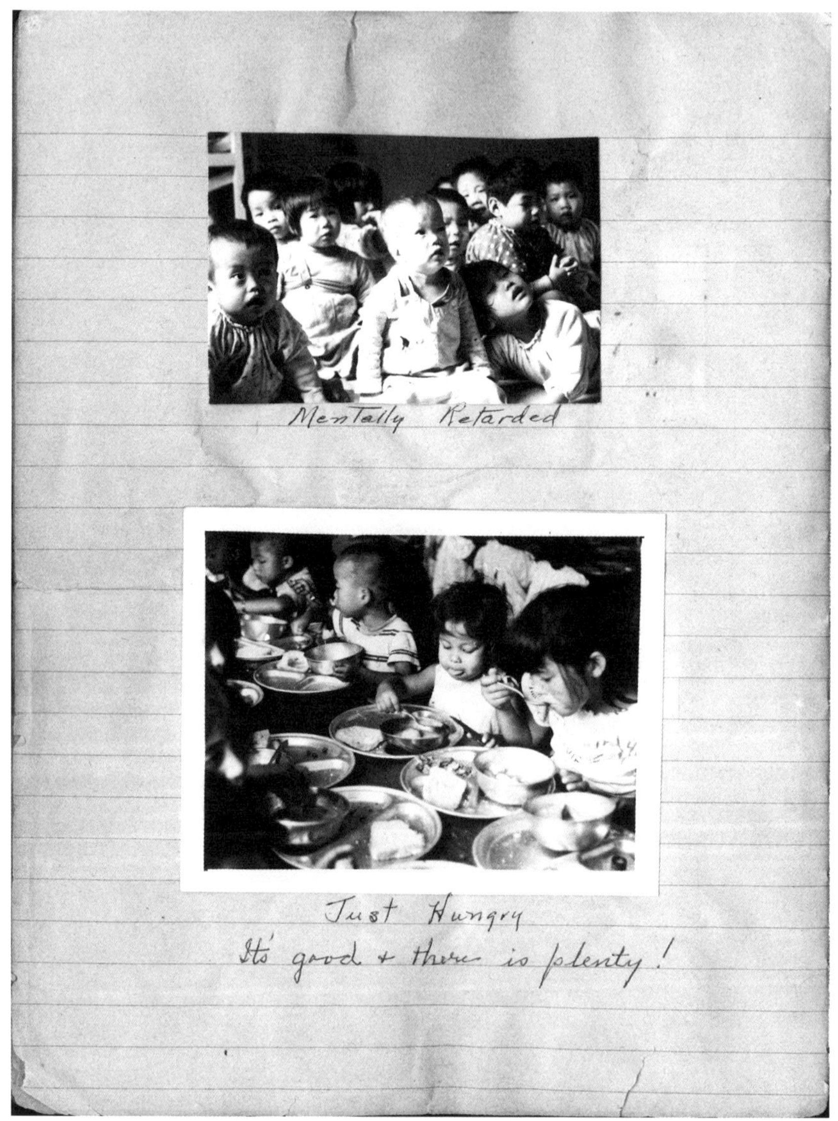

Mentally Retarded

Just Hungry
Its good + there is plenty!

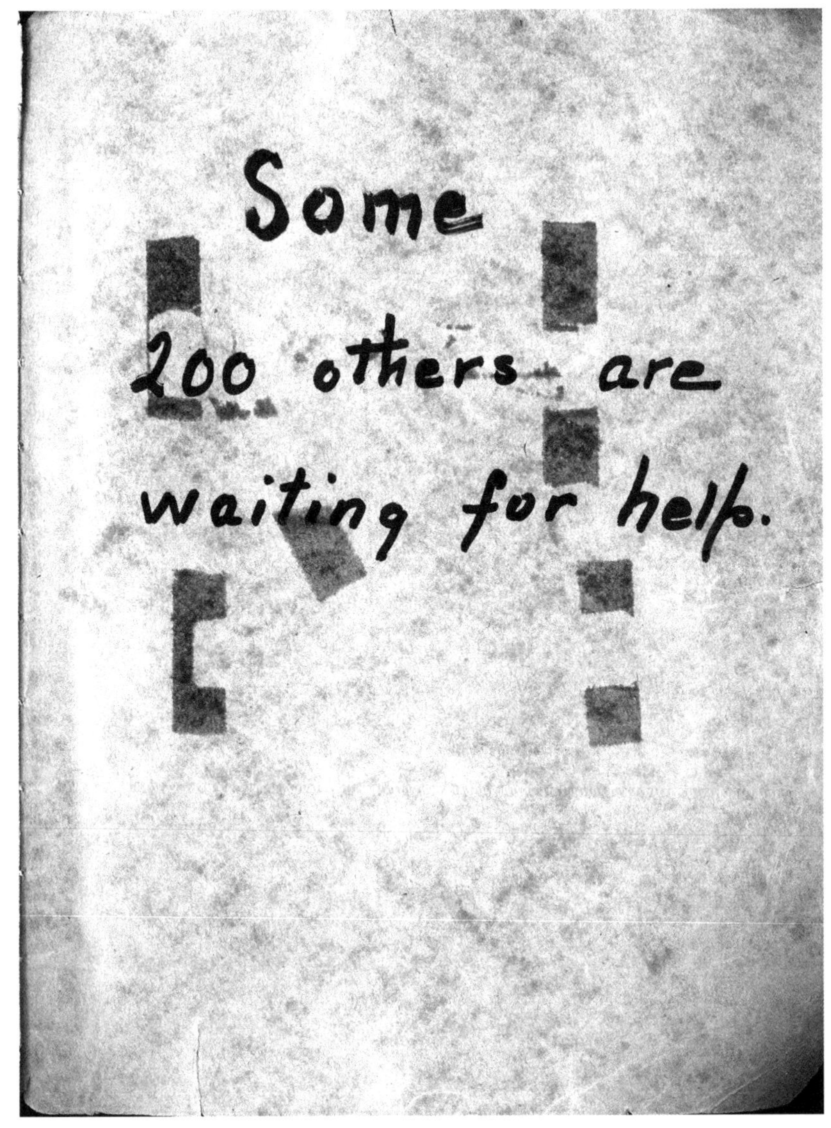
Some
200 others are
waiting for help.

도로시 킨슬러 기도수첩

Standard
B & P.
No. S 128
STOLL B. B. & STATY. CO.
20-22 E. STATE ST.
TRENTON,   NEW JERSEY

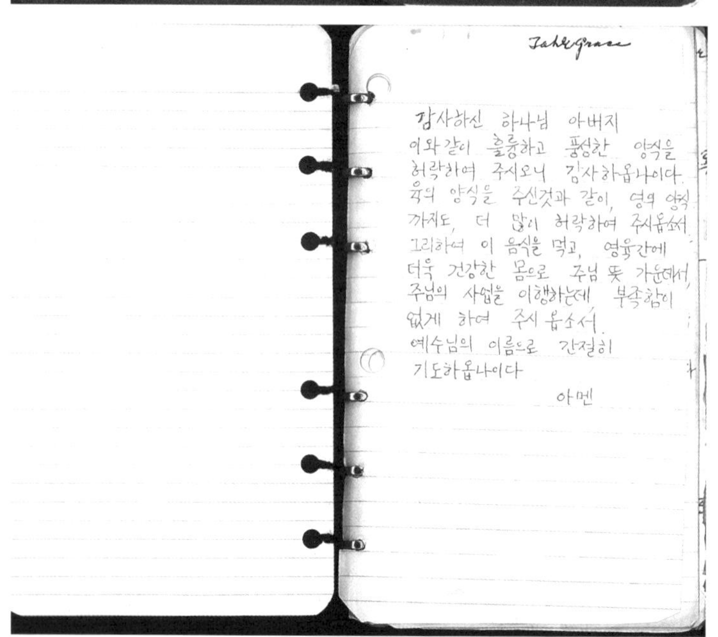

Jahr Grace
감사하신 하나님 아버지
이와같이 훌륭하고 풍성한 양식을
허락하여 주시오니 감사하옵나이다.
육의 양식을 주신것과 같이, 영의 양식
까지도, 더 많이 허락하여 주시옵소서
그리하여 이 음식을 먹고, 영육간에
더욱 건강한 몸으로 주님 뜻 가운데서,
주님의 사업을 이행하는데 부족함이
없게 하여 주시옵소서.
예수님의 이름으로 간절히
기도하옵나이다
아멘

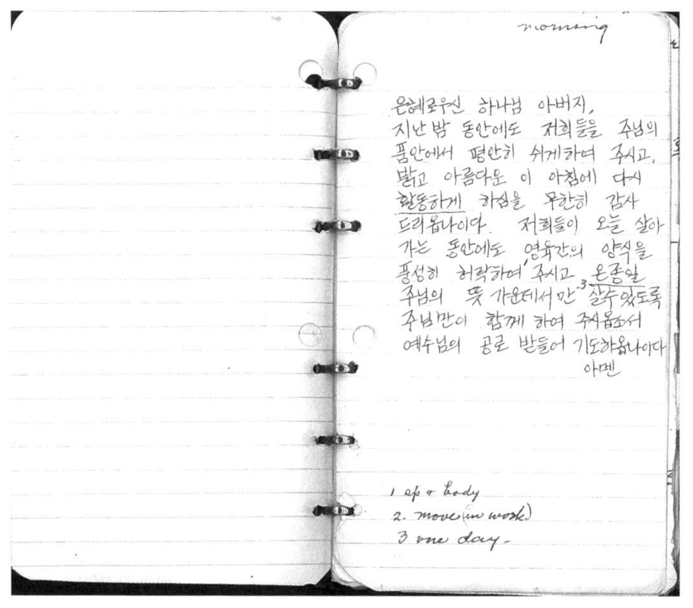

morning

은혜로우신 하나님 아버지,
지난 밤 동안에도 저희들을 주님의
품안에서 평안히 쉬게하여 주시고,
밝고 아름다운 이 아침에 다시
활동하게 하심을 무한히 감사
드리옵나이다. 저희들이 오늘 살아
가는 동안에도 영육간의 양식을
풍성히 허락하여 주시고, 온종일
주님의 뜻 가운데서만 살수 있도록
주님만이 함께 하여 주시옵소서
예수님의 공로 받들어 기도하옵나이다
아멘

1 ap a body
2. move (in work)
3 one day.

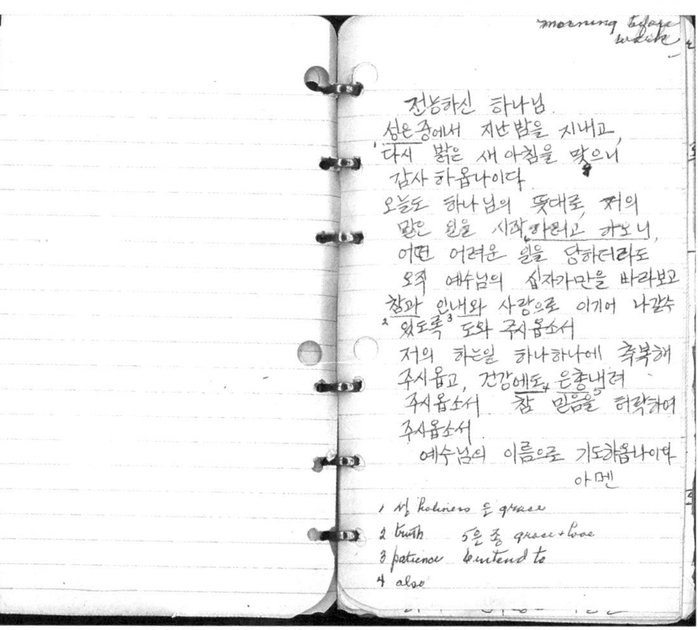

morning before
walk

전능하신 하나님
성은중에서 지난 밤을 지내고,
다시 밝은 새 아침을 맞으니
감사 하옵나이다
오늘도 하나님의 뜻대로, 저의
많은 일을 시작하려고 하오니,
어떤 어려운 일을 당하더라도
오직 예수님의 십자가만을 바라보고
참과 인내와 사랑으로 이기어 나갈수
있도록 도와 주시옵소서
저의 하는일 하나하나에 축복해
주시옵고, 건강에도 은총내려
주시옵소서 참 믿음을 허락하여
주시옵소서.
예수님의 이름으로 기도하옵나이다
아멘

1 holiness 은 grace
2 truth   5은 종 grace + love
3 patience intend to
4 also

Individ

사랑이 많으신 하나님 아버지
아버지의 사랑과 그리스도의 은혜를
항상 감사하옵나이다.
말로는 감사치지만, 저희들의 생활은
아버지 앞에 부끄러운것 뿐입니다,
하나님께서 함께 하여 주시고,
인도하여 주시옵소서
하나님의 말씀을 잘 배울수 있는
지혜와 총명을 주시사, 날마다
말씀 안에서 풍성하게 하여
주시옵소서 / 우리의 언행심사를
주관하사 진실하고, 허물없이
행하게 하여 주시옵소서
어디서 무슨일을 하던지 의와 사랑과
봉사로 행하여, 그리스도사랑의
증거와 향기가 되게 하여
주시옵소서 우리의 일상생활을
통해서 날마다 하나님의 복음을
전파할수 있는 능력을 주시옵소서
믿는자들과 서로 사랑으로 교통
하며 믿지 않는 자들을

아버지께로 인도할수 있게 하여
주시옵소서
예수님의 이름으로 기도하옵나이다
아멘

1 words
2 knowledge
3 abound
4 used dead heart mind
5 fault
6 fragrance
7 daily life ordinary
8 fellowship
9 wisdom

Individ from Bit Emmanul

사랑하시고 은혜로우신 하나님,
예수님을 이 세상에 보내주셔서,
우리로 어두움 가운데서 빛을
바라볼수 있게 하신 은혜를
감사 하옵나이다.

간구하옵기는 주님의 말씀을
깨달아, 그 말씀대로 따라 갈 수
있는 은혜를 주시옵소서

주님 말씀대로 나를 대적하는
사람을 용서하고, 또 위해서
기도 할수 있는 은혜를 주시옵소서

주는 것이 받는 것보다 복이 있다고
하셨으니, 우리도 남에게서 받지만
말고, 남에게 주는 사람이 되게
하여 주시고, 남을 도와 줄수있게
하시옵소서

오른손이 하는 것을 왼손이 모르게
하라고 하신 것 처럼, 우리도
남을 도와 줄때, 나의 영광을 위해
서가 아니라, 주님의 이름을 위해서
할수 있게 도와 주시옵소서

좁은문으로 들어가라고 하신 주님,
은혜를 주셔서, 좁은 길로 행하여
우리의 맡은 일을 다 할수 있게
하여 주시옵소서.

남을 판단하지 말라고 주님께서
말씀 하셨습니다. 형제를 비판하기
전에, 나의 잘못부터 뉘게 하게
하시옵소서

세상의 모든 것을 얻어도, 우리 영혼
이 죽으면, 아무 유익이 없다고
하셨습니다.

주여, 내 가진 것 다 바쳐서,
내 영혼이 은혜를 입고, 승리할
수 있는 은혜를 주시옵소서

사랑이 많으신 하나님 아버지
은혜를 항상 감사하옵나이다
죄인이 이 시간, 선하시고 의로
우시며 참되신 주님 앞에,
머리 숙여 간구하옵나이다.

우리를 구원하신 주님, 성령께서
항상 우리 마음에 충만히
계시옵시고, 뜨겁게 역사하여
주시옵소서

우리가 구원 받은 성도라고 하나,
아직도 부족한 것이 많고,
우리를 홀로 두시면, 세상의
유혹과 악에 기울어 지기 쉽습니다

주님, 제 마음에 혹시 (하나님
몰래) 악한 생각을 품지 않았
읍니까? 주여, 악한 생각
좋은 것 있으면, 제거하여
주시옵소서

저의 하는 일이 주님의 영광을 나타
내고 있읍니까?
저의 맡은 일을 통해서 주님 영광을
증거할수 있게 하여 주시고, 또
축복을 받을수 있게 도와 주시옵소서

제 영혼이 주님 앞에서, 순결함을
얻을수 있게 하여 주시옵소서

우리 마음속의 시기심과 분냄과 악한
생각을 없애 주시고, 가족과 이웃을
사랑하게 하여 주시옵시고,
그리스도의 마음을 주시사, 원수까지
사랑할수 있는 은혜를 베풀어
주시옵소서.

주님의 나라와 일을 위해서, 내 가진
시간과 생명을 바쳐서, 헌신할수
있게 하여 주시옵소서

성령께서 도와 주셔서, 내 마음에
주님 모시고, 내 뜻과 정성 바쳐서,
주님을 봉사하고, 이 세상의 생각과
유혹을 물리치게 하여 주시옵소서.

사랑과 은혜가 풍성하신 하나님
주님의 은혜와 사랑을 찬양하옵나
이다.

오늘도 우리에게 건강을 주셔서
우리의 맡은 일을 할수 있게 해
주시오니 감사하옵나이다.

우리의 없는 것과 우리에게 있어야
할것을 미리 아시고, 다 허락해
주심을 감사 하옵나이다.

주님께서 주신 생명과 시간과
재물을 가지고, 주님을 위해서 쓸
수 있도록 도와 주시옵소서

이, 혼잡하고 죄악 많은 세상에서
살때, 빛과 소금의 직분을 감당
할수 있도록, 우리의 말과 행동과
생각을 지켜 주시고 주장하여 주
시옵소서
우리를 항상 성령으로 인도하셔서

어디서 무엇을 하든지, 오직 주님의
향기와 증거가 될수 있도록,
은혜와 축복을 내려 주시옵소서
예수님의 이름으로 기도하옵나이다.

자비로우신 하나님 아버지.
이 시간에 특별히 하나님의 딸…를
위해서, 기도하게 하여 주신 은혜를,
감사 하옵나이다
이 세상에서는, 외로운 사람이지만,
하나님께서 이 따님을 사랑해
주셔서 이와같이 주님의 은혜가운데서
살게 하심을, 감사 하옵나이다
이 어지럽고, 죄 많은 세상을
살아 갈때, 주님만 믿고, 의지하며
살수있게 하옵소서.
이 따님의 가족에게도 영육간의
풍성한 은혜를 내려주시고
여러가지 어려운 일을 당할때에도
주님의 권능으로 인도해 주시옵소서
이 따님의 형편과 처지를 살피시고
은혜 내려 주시기를 예수님의
이름으로 기도하옵나이다
　　　　　아멘

항상 계시고 .무소 부재 하나님,
새 해를 맞이 하면서, 죄인이
아버지앞에 머리 숙였나이다.
　　지난 일년 동안도, 저희를
사랑 하사, 여러가지 고난 중에서
보호 하신 것을, 감사 하옵나이다.
올해도, 아버지 께서, 이 자식
위에 늘 함께 하여주시옵소서.
　　아버지의 자녀라고 하지만,
이세상에서 살때에, 우리는
얼마나 많은 죄를 지는지
알수 없아옵나이다.
　　아버지 께서 함께 하여
주시지 아니 하면, 우리는
죄 밖에 아무것도 행할수가
없아옵나이다.
　　이 자식을 붙잡아 주시옵시고

어디서 무엇을 하든지, 늘
보호 하시고, 인도 하시고
주장 하여 주시옵소서
믿음 믿음을 강건케 하여
주시옵시고 올 해는 더,낫고
보람 있게 살면서, 아버지의
말씀을 순종 하고 전파 하는데
부족 함이 없게 하여주시옵소서
교회 와 내 이웃을 더욱 봉사
하는 이해가 되게 하여 주시
기를 바라옵고, 예수님의
이름으로 기도 하옵나이다.

this new year
fruitfully.

사랑 과 은혜)가 충만
하신 하나님.

죄 많은 이세상에서 주님의
구원의 은혜에 참예 할수있도록
이 재녀 먹게,믿음을 주시옵소서.

지금 우리들이 이 방안에서
모인것을 보시고 함께 게시고
인도 하여 주시옵소서.
하나님께서 보시는 것을
세상 사람이 보는 것 갓지안
사오니. 하바지께서 우리
마음 속을 볼수 있읍니다.
이 시간에 이 사랑 하는
제녀 하나님 앞에 왔아오니
어제 한던 일 과 이제녀의
마음을 아시겠하오니.
아버지요 사랑 하는 마음으로
우리 죄를 고백 한 다음에,
오시 ... 주시오소서. 주예수

확신을 가질수 있게
하여 주시고, 날로
주님의 말씀을 잘 배워서,
하나님의 뜻 대로 사는
귀 한 주님의 종이,되게
하여 주시 옵소서.

Sun. a. m.

하늘에 계신 하나님 아버지
오늘 거룩한 주일날 주님께
예배 드리게 하여 주신 은혜를
참 으로 감사 합니다.

지난, 한 주일 동안에도
하나님 께서 주시는 은혜를
저 버리고, 세상 과 벗 하여
살아온 죄인 들 입니다.

이 시간 먼저, 주님의
흐리신 십자가의 보혈로
저희들의 죄 와 허물을
정결케 하여 주십자오시옵소서

그리고 신령과 진리로
예배 드리므로, 아버지 께

영광을 돌리게 해주시고,
주님의 흡족 한 은혜를
내려 주십시요.

이시간 말씀을 전하시는
주님의 종 에게 성령께서
같이하여 주시고, 예배 시종을
홀로 주관 하여 주십시오 (시옵소서)

죄인이 예수님의 이름으로
기도 합니다. 아멘.

1 throw away
2 befriend
3 blood
4 fault blame
5 정결 케-cleanse-purify
6 spirit
7 sufficient

찬송 과 영광을 받으시기에
합당 하신, 하늘에 계신
하나님. 아버지.

지난 한 주일 동안
저희들을 여러가지 형편을
따라 보호 하셨다가,

오늘 이 거룩 한 주일에
성전에 다 같이 모여, 예배
드리게 하심을 감사 합니다.

우리가, 말로는, 항상
아버지 앞에서 기도 하지 만,
죄 많은 사람 이기 때문에,
어지러운 세상에서 사느라고
많은 죄를 지었읍니다. (때문에)

잘못 된것을 용서 하시고
긍휼을 베푸시여, 깨끗 한

생활로 인도 하시옵소서.

그리고 이 사간에,
여러가지 사정으로, 이 자리에
나오지 못한 형제 들에게도,
그 처지와 형편을 살피시고
저희와 같은 은혜를 주시옵고
다음시간에는 다 같이 나올수
있게 하여주시옵소서

이시간 마음 과 뜻을 다
바쳐서, 예배 할수있게 하여주시고
성령님께서 인도 하셔서, 마음
가운데 풍성 한 은혜를 받고
돌아갈수 있게 하시옵소서 (주여주시옵소서)

말씀을 전하는 주님의 종
에게도, 능력으로, 함께하시고
마치는 시간 까지, 주님 홀로 (only)
주장 하시고 영광 받으시옵소서
예수... 아무 공로 없는 죄인이

사랑이 많으신 하나님

지난 한 주일 동안 아버지의
품에 안아주시고 보호하시사, 이시간
도 저희들이 아버지의 거룩 한 성전에
모여서, 예배 드릴수 있아오니, 진심으로
감사 합니다.

그 동안도 저희들이 알고 짓고,
모르고 지은 죄가, 얼마나 많은지
알수 없읍니다. 이웃을 시기하고
미워하고 원 망하여, 사랑하지못
하였읍니다.

우리의 믿음이 약 하여서,
세상과 벗 하여, 아버지를 잊고
주님을 팔았읍니다. // 주님은 우리를
위하여 피와 살 까지 주셨아오나
우리는, 우리 형제를 사랑 하지못
하였읍니다. // 형제를 위 하여
봉사 하지 않았고, 교회를 위하여
충성 하지못 하였읍니다.

주님이시여, 이. 모든 죄를 용서
하여 주시옵소서

이시간 여기 모인 성도들 위에,
성신이 역사 하시여, 우리의 마음
문을 열어놓고, 진리의 말씀
에서 흡족한 은혜를 받고,
도라 갈수 있게 하시옵소서.
이 은혜에서 힘을 얻어
세상의 유혹 과 죄악을
물리쳐 이길수 있게 하시옵소서.
나오지 못 한 형제에게 함께
하시옵시고, 말씀을 증거 하는 종
에게도 양떼를 뽁이는 데, 부족
함이 없게 하시옵소서
이 시간 아버지 앞에 꿇어
엎드린 모든 형제들 위에
한결 같은 은혜를 내려주시옵고,
단위에 세우신 (모든) 주님의 종들
위에 함께 하시옵소서

이시간 드리는 예배가
주님 앞에 상달 되여, 아바지께
영광 돌리는 예배가 될수 있게
하시옵소서
마치는 시간 까지 성삼위
께서 주창 하시옵소서
예수님의 이름으로
기도 하옵나이다

1. defeat, drive refuse 부락, 청, 해달아고
2. sheep herd
3. always
4. pulpit
5. sufficient
6. reach.

사랑하시는 하나님 아버지,
오늘 이 거룩한 주일에, 하나님의
성전에 이렇게 모두 합께 모여
예배드릴수 있는 귀한 시간을 허락
하여 주심을, 전심으로 감사하옵나이다
꺼져가는 등불도 끄지 아니하시는
하나님 아버지.
이제 썩을데로 썩어서 멸망할수밖에
없는 이 민족과 이 나라를, 그래도
버리지 아니하시고, 다시한번 살수있는
기회를 마련해 주심을 감사드리옵나
이다. 이 민족이 참으로 살수있는 길이
어디에 있읍니까? 지금 이 어려운
때를 당하여, 우리 성도들의 할일은
무엇입니까?
"너희는 세상의 빛과 소금이 되라,고
하신 말씀을 저희가 기억하고 있아
옵나이다. 특별히 그 직분을 다
하여야 할때가 바로 지금인줄
압니다. 저희들 하나하나가 작은
등불이 되어 민족의 앞길에 빛이

되여, 어두움이 없는 밝은 길로 나아
갈수 있게, 이 민족을 돕고, 모든 약한
것을, 또 썩은것을 고치고 없애려는데,
소금이 되게 하여 주시옵소서.
여기 모인 성도들 위에, 성신님의
감화 감동하심이 있게하여 주시고
단위에 세운 주님의 종에게도
말씀을 전할때, 능력을 허락
하여 주시옵소서
이 한시간 온전히 주장하시옵고
영광 받으시옵소서
주님 공로 받들어 기도하옵나이다
아멘

1 attar pulpit
2. inspiration
3 influence

...try Ch worker

농촌교회 교역자를 위해서
거룩하시고 은혜로우신 하나님 아버지,
죄 많은 사람들을 구원하여, 주시기 위하
여 주님의 복음을 전하시는 일꾼을 세워
주신 은혜를 감사드리옵나이다.
특별히 어려운 농촌교회에서 주님의
복음을 전하기에 수고하는 주님의
종들을 위해서 기도 하옵나이다.
눈물과, 가시밭길을 걸어 가면서,
주님의 복음을 전하는 주님의 종들
위에 성령의 충만함으로, 많은
사명을 충성되게 감당하게 하여
주시옵소서. 지금 한국의 농촌 교회
들은 심히 약해서, 어려움 가운데서
주님의 종들이 고생하고 있읍니다.
주님의 사업을 수행하는데 어려움을
당하지 않도록 인도해 주시고,
수백배의 결실을 얻도록 인도하여
주시옵소서. 주님의 능력의 종들이
되도록 축복해 주시옵소서
예수님의 이름으로 기도하옵나이다
아멘

---

1 difficult road loyal
2 enthusiastically (serve)
3 cope, be equal to
4 receive work & carryout
5 fruit

N. Church

사랑의 지혜와 지방만을 가지고는
아무것도 할수 없아옵나이다.

성삼위께서 함께 하시어, 위에서
내려 주시는 은혜와 인도 하심을 받아,
기계로만 사용되게 하시옵소서.

이 세나라는 말은 통치자 들과,
믿지 않는 백성들 앞에 나아가서
주님을 증거할때, 빛과 소금의 직분을
온전히 행할수 있는 능력을 주시옵소서.

그리하여 우리 한국 교회가
아버지께로 부터 받은바 큰
사명을 부족함 없이 행할수 있게
하셔서, 아버지께 온전히 영광
돌릴수 있게 하여 주시옵소서

우리를 구원 하신 예수 이름 받들어
기도 하옵나이다.

① mission
② rulers

(Crippled Orphans)

자비 하시고 사랑하시는 하나님
독생자를 보내사. 인간의 죄를
대속 하신 아버지의 사랑을
감사 하옵나이다.

이시간 불구고아들을 위하여
기도 하옵나이다.

이 아이들은 세상에서 제일 불쌍한
가운데 있아오니. 특별히 하나님
께서 사랑하시고. 보호 하시고.

인도 하시 옵소서
그들에게 아버지를 알게 하여 주시고.
그마음을 하나님의 진리의 말씀-
=으로 비쳐 주시옵소서.

그래서. 슬픔과 괴로움 많은
이세상에서 살아 갈때. 이아버지의
크신 사랑으로 위로 받고. 아버지의

(Worker of church)

우리의 구세주이신 주님.

우리들 죄인을 위해서 몸까지
주신 주님 은혜 갚을길 없어서,
부르심에 의해서. 몸바쳐 일하는
하나님의 종들을 위해서 기도
하옵나이다.

이 종들을 택하여 세우셔서.
이땅에도 복음이 전파 될수 있게
하신 은혜를 감사 하옵나이다.

늘 함께 하시고 뜻대로 쓰시사
큰 영광과 찬송을 받으시 옵소서.

이들도 사람이기 때문에. 하나님의
사업을 이행할때. 세상 모든
어려움에 닥치겠고. 사랑의 지혜로
해결하려 고 할때도 있겠으며. 사랑의 뜻대로
행 할때도 있기 쉽겠사오나.
주님이시여. 늘 인도하시고
붙잡아. 주장하여 주시 옵소서

실패할때 낙심 하지 않고. 하나님
만 바라 보고. 더 힘있게 일어설수
있게 하시옵소서
주님의 성품과 주님의 지혜로
입혀 주시 옵소서
매 맡은 성령과 지각으로 혼잡한
세상에 하늘의 진리와 복음을
전할때. 힘과 능력을 주시옵소서
그 생활에도 축복하시사. 가는
일마다 주님 사랑의 증거와 향기가
되게 하시며. 그 발길을 아름답게
하시옵소서.
가족에게도;함께 하시 옵소서
예수님의 이름으로 기도하옵나이다

① use   ↗ wherever he goes
② meet
③ fail (4 제 이하)
④ rise and stand
⑤ character (god) 성령 (byan)
⑥ confused disorder

Country Church

농촌 교회를 위하여
하늘에 계신 하나님 아버지,
지금 농촌교회는 심히 어려운 형편에
있으며. 고생을 당하는 주님의 종들이
많이 있아옵나이다. 주님의 복음을
전하기 위해서. 헐 벗고 굶주리는
교역자들과 형제들이 있음을 살펴
주시옵소서. 모든 사정을 주님께서
더욱 확실하게 아실줄 믿습니다
하나님의 영광을 위한. 주님의
사업을 하는데. 필요한 모든 것을
허락해 주시옵소서. 어려운 가운데서
주님의 일을 하시는 종들의 가정의
모든 생활과 건강을 축복해 주시고
특별히 이 농촌교회에서 수고하시는
종들의 자녀교육을 살펴 주시고
축복해 주시 옵소서
예수 그리스도의 이름으로 기도하옵
나이다   아멘

Beginners in faith

처음 믿는자를 위하여.
사랑과 은혜가, 충만하신
하나님 아버지
죄 많은 이 세상에서, 주님의
구원의 은혜에 참여 할수 있도록
사랑하는 형제들에게 믿음을
주시오니, 진심으로 감사하옵나이다
이 처음 예수를 믿은 형제들을
성령께서 감동감화시켜 주셔서,
구원의 확신을 가질수 있게 하여
주시고, 날로 주님의 말씀을 잘
배워서, 하나님의 뜻대로 사는
귀한 주님의 백성으로 영원히
축복하여 주시옵소서.
유혹 많고 어려움 많은 이 세상에서
오직 믿음으로 승리의 생활을
할수 있도록, 인도해 주시고, 보호하여
주셔서, 날로 거룩해지는 성도들이
되게 하여 주시옵소서
주 예수님의 이름으로 기도하옵나이다
아멘

1 abundant
2 becoming holy

non believers

믿지않는 사람들을 위하여.
천지 만물을 지으시고, 다스리시는
하나님 아버지
이 세상에는 주님을 알지 못하는
백성이 아직도 많이 있아옵나이다
죄악에서 죽어가는 영혼들이 너무나도
많습니다, 이 불쌍한 사람들이
죄를 회개하고, 구원받는 자리에
나올수 있도록, 성령께서 저들의
심령을 감동감화시켜 주시옵소서.
주님의 백성들이 주님의 십자가의
구원의 도리를 저들에게 전할때,
십자가 앞으로 돌아올수 있도록
저들의 마음을 감동시켜
주시옵소서
말세에 처한 성도들에게, 이
불쌍한 영혼들을 주님 앞으로
인도할수 있는 능력을 주시고,
세계 동포들이 십자가의 사랑과
구원 가운데서 한 형제가 되어,
주님께 영광돌리게 하옵소서.
예수님의 이름으로 기도하옵나이다

Widows Home.

사랑 과 은혜가 충만 하신
하나님 아 버지, 죄 많고 어려운
세상 가운데서, 하나님의 자비
하심 과 은혜로, 이 모자원 의
형제들을 , 오늘 까지 보호 해
주신 은혜를 진실로 감사
드리옵나이다.
　어려움이 많은 이 땅에서
사는동안 , 오직 '하나님
한분 만을 소망 하고 믿음으로
살수 있는 형제들이 되게 하여
주시고. 피로울 때나, 슬플때나,
즐거울 때나, 어느때 던지,
주님의 십자가를 생각하고

---

1 administer
2 (emphasis)
3 inspire
4 influence
5 "
6 end of time
7 people 백성들이

주님의 위로 하심을 받게
해주시 옵소서
　특별히 , 헐벗고 굶주리지
아니 하도록, 하나님께서
자비와 긍휼을 베풀어
주시기를 예수님의 이름으로
기도 합니다 (하옵나이다)

1 clad in rags
2 famine starve hunger

가까스로

N. Korea

이북에 있는 형제들을 위하여
자비롭고 은혜로우신 하나님
이 시간에 주님의 십자가의 보혈로
같은 형제된 북한에 남아있는
형제들을 위해서, 기도하게 해주심을
감사 드리옵나이다.
오늘도 북쪽에서는 자유로이
예배 드리지 못하고, 토굴속 에서
골방에서 눈물의 제사를 드리는
형제가 많이 있을줄 믿습니다.
자비로우신 주님
저들을 자유로운 곳에서 예배할수
있도록 축복해 주시고, 하루속히
남북이 통일되어 말할수 없는
한국의 북국이 끝날수 있게 하여
주시옵소서. 지금도 주님앞에
눈물로 기도하는 형제들 위에
소망과 구원의 자비로우신
손길을 펴주시고 위로하여 주시옵소서
하루속히 그들에게 신앙의 자유를
주시고 우리들과 같은 자리에서
예배드릴수 있게 하여 주시옵소서

예수님의 이름으로 기도하옵나이다
                      아멘

1 cave
2 dark room
3 tragedy   또는 comedy

(예배소서 4의 -13)   (hee one new)

만물을 주관하시며. 홀로 하나
이신 하나님.

우리 죄인을 사랑하사. 독생성자
를 이세상에 보내시사, 우리에게
구원의 소망가운데 있게 하심을
감사 하옵나이다.

하나님께서는, 우리에게 영생의
구원을 주셨지만, 우리의 행한
것을 돌아볼때. 아버지의 말씀
에 합당치 않은것이 얼마나
많은지 알수 없아 하나이다

다시 한번 용서 하여 주시옵소서
저희들은, 한아버지의 사랑과,
우리 주 예수그리스도의 ~~한가~~
한가지 은혜와, 한 가지
성령을 받은 자들입니다.

주님이시여, 그러나 우리는 갈
라져서 서로 싸웠읍니다.

먼저 우리는 하나가 되어야 겠나이다
우리의 입술과, 하나님을 아는①지식이
하나 되게 하여 주시옵소서
서로 용서 하고 사랑 하여서
한 십자가 밑에서' 하나로
뭉치게 하여, 주시옵소서
(그래서) 서로 사랑하고 봉사하여,
하나님께서 우리에게 주신바,
예수 그리스도를 전파하는②사명을
다 하기에, 부족함이 없게
하여 주시옵소서.

우리의 하나됨을③보여서 믿지
않는 이들에게 복음을 전할때,
보다 힘있게 전할수 있게
하여 주시옵소서.
예수님의 이름으로 기도하옵나이다

① acknowlege.
② mission
③ show

---

consecration
(헌신예배)

우리의 구세주이신 주님.

우리가 아직 죄인이 었을때, 우리를
대속하시려고 십자가에 달리신
주님 은혜를 감사 하옵고,
이시간 또한 하나님 앞에 ⑨제단
쌓을수 있는 은혜를 주시니, 감사
하옵나이다
이 시간 성령이 임하시여 우리의
처음으로⑩가득찬 마음에 역사
하여 주시옵소서
저희들이 이런 헌신예배를⑪수없이
가졌었지만, 우리의 신앙은.
아직까지도 뜨뜻 미지근 합니다
앞으로는. 하나님을 부르지만. 우리
마음은 세상에 있읍니다
우리가 복받기는 원하지만,
복주시는 하나님께 우리 자신을
완전히 맡기지 못하였읍니다

이시간, 이 모든 죄악을 성령의 불로
태워 주시고, 새롭게 만들어 주셔서,
새 생명을 주시옵소서.
하나님께서 주시는 진리의 말씀으로,
거듭날수 있게 하시고, 이 시간④이야말로
주의 제단 앞에, 하나님이 기쁘시게
받으실 제사를 드릴수 있께 하시옵소서
모든 성도들이 마음에 큰 감동을 받고,
이후부터는 몸과 마음와 성품을
다하여 주님을 섬길수 ⑥있게
하여 주시옵소서
이웃에게 예수를 증거하고
교회를 봉사하여 하나님께 몸
바치게 하시옵소서
이 한시간 주님⑤홀로 영광 받으시옵소서.
① alter
② filled
③ without no,
④ indeed. truly
⑤ only
(scripture character)

Back

하나님.
우리는 죄인 입니다.
여기 죄인이 있나이다
죄인을 사랑하신 주님. 죄에 빠진
자를 버리지 마옵소서
참 빛이고, 진리고, 생명의 길을
떠나서. 마음대로 세상에, 침을
껴서 ④방탕하나이다.
인간의 지혜와 생각대로 행하고,
목자를 버리나이다.
빛이 없어질 것에, 소망을 걸고,
하늘의 영광을 버리나이다.
하나님의 사랑와 주님의②은혜를
저버렸나이다.
잃은양을 찾으시는 주님이시여.
떠난자를 불러 주시옵소서
회개하는 마음을 주시옵소서.
아버지의 사랑의 힘으로 붙잡아
주시옵소서

아버지께 다시 돌아오게 하여주시고,
굳은 믿음을 주시사. 다시는
그 믿음이 흔들리지 않게
도와 주시옵소서.
주님을 늘 마음에 모실수 있게
하여 주시옵소서
성령으로 인도하시사. 다시①항상 아버지
앞에 영광와 잔송을 돌리는
위한②자녀가 되게 하여 주시옵소서
예수님의 이름으로 기도하옵나이다

(다시 세상 죄에 돌아간자)

1 drawn into sweep away
2 betray
3 child children daughter
4 waste.

Womens Missy Society.

영광과 찬송을 받으시기에 합당하신
하나님 아버지
이 시간 저희들이 부인회로 한
자리에 모여서 아버지 앞에
예배드리며 기도할수 있음을
감사하옵나이다. 아버지께서는
독생성자를 주시기까지, 저희들을
사랑하시지만, 저희들은 아버지를
위해서, 아무것도 한것이 없아옵
나이다. 미약한 저희들을. 불쌍히
보시여서, 힘을 주시옵소서.
저희 여전도회가 하나님의 말씀
으로 날로, 성장할수있게하여주옵써
아버지의 일을 더욱 열심히 할수
있게 하여 주시옵소서
교회와 형제를 위해서, 더욱 봉사
할수있고, 기도 많이 하게 하여
주시옵소서. 교회의 다른 기관에
모범이 되게 하여 주시옵소서
우리의③언행심사가 예수님의 증거가
되게 하시여서 믿겨 삼는 이들을

아버지 앞으로 더 많이 인도할수
있는 능력을 주시옵소서
오늘 순서 순서 마다, 아버지께서
주장하시여서 선한 길로 인도하여
주시옵소서. 마치는 시간까지 함께
하여 주시옵소서
예수님의 이름으로 기도하옵나이다
아멘

1 grow
2 work action heart mind

Womens Meeting

은혜로우신 하나님 아버지
이 거룩한 기도회를 허락하여 주심을
감사 하옵나이다 (진목희)
이 기도회를 통하여, 풍성한 은혜를
받게 하여 주시옵소서.
우리 부인회는, 미약하지만, 하나님이
함께하여 주셔서 저희들이 하나님의
사업을 이행할때, 권능을 베풀어
주시옵소서. 어지럽고, 사랑이 부족한
한국교회 모든 성도들에게, 모범이
되게 하시옵고, 할일 많은 한국교회를
위하여, 열심히 일해서, 하나님의
복음을, 모든 사람들에게, 전파할수
있게 하시옵소서. 세상에서 살아
갈때도, 오직 주님 말씀을 쫓게
하여 주시옵고, 조금도 막히가
틀리지 않게 하여 주시옵소서
세상 끝날까지, 오직 주님만
바라보게 하시옵소서. 이 기도회를
처음부터 끝까지 인도하여 주시기를
예수님의 이름으로 기도하옵나이다

1 weak
진옥회 social meeting
2 pattern
3 follow
4 enter

Sickness

능력이신 하나님 아버지
이 시간 육신의 병으로 심한
고생 가운데 있는, 형제를 위하여
기도 하옵나이다.
그 동안 아버지께 순종하고, 아버
지께 영광돌리고자 애쓰던
이 형제가, 이제 병으로 자리에
누워서 많은 고통가운데 있읍니다.
아버지의 능력있으신 손으로
이 형제의 쇠약하여진 육신을
안찰하사사 그 몸의 피로움을
걷어 주시옵소서.
또한 이 시간에도, 오직 아버지를
의지하고, 간구하는 믿음을
잃지 않도록 저의 신앙을
붙잡아 주시옵소서
1 take away 3 hold fast
2 only

지금 저희들은, 세상의 무엇으로도
저를 기쁘게 할수 없아오나,
주님께서 (저에게) 힘을 주시고
위로하여 주시옵소서

이 어려움 가운데서, 더 강한
믿음으로 향할수 있게 하여
주시옵소서.

죄인 예수님의 이름으로
간구하옵고 기도하옵나이다.

1
2
3. look toward face
   direction
   당하다 = meet.

평안중에서.

은혜가 풍성하신 하나님.
주님 은혜를 항상 감사하옵나이다.

주님, 이시간에는 어려운 문제를
주님앞에 가지고 나왔습니다.

주님의 도우심이 아니면, 이 어려움을
도저히 이겨나갈수가 없습니다.
저희 인간의 힘으로는 아무것도
할수가 없습니다.

지금까지 빛과 사랑으로 인도하여
주신 주님, 주님만 의지하오니,
붙잡아 주시고, 은혜 베풀어 주시옵소서

힘과 능력을 주시고, 이 역경을
뚫고 나갈수 있는 믿음 허락하여
주시옵소서.
지혜와 총명을 주사, 마땅히 할

3 make a way   4 ought
1 at all 2 adversity 양숙정
  misfortune

길을 가르쳐 주시옵소서.
불쌍히 보시사, 갈길을 보여 주시
옵소서.
주의 사랑으로 위로 받게 하시고,
마음의 편안을 주시옵소서.

주의 사랑과 은혜로, 이 역경에서
우리를 보호하여 주시고, 인도하여
주시옵소서.
주를 찬양하는 우리의 찬송이
쉬지 않게 해 주시옵소서

예수님의 이름으로 기도 하옵나이다
adversity

유가족   Family of the Deceased
사랑하시는 아버지 하나님.
주님 은혜 생각할때마다,
찬송과 감사를 드리옵나이다.

이시간 당신의 사랑하시는 ○○
유가족을 위해서 기도하옵나이다
그 동안도 이 가정을 통해서 많은
영광 받으신줄 믿습니다.
먼저 불러가신 (형제) 자애도 아버지
앞에 간줄 믿습니다.
지금 남은 유족들, 육신이 서로
이별하게 됨으로, 슬픔이 큰줄압니다

아버지
우리는 아무말로도 위로할수 없아
오니, 친히 그 마음을 위로하여
주시옵소서.

과거에도 모든 일에 인도하신
아버지께서, 지금도 함께 계시는

1 Family of deceased
2 leave a person for good

아버지께서, 앞으로도 늘
동행하시고, 보호하여 주시옵소서

힘주시고 능력 주셔서, 이 세상
살아갈때, 조금도 피곤치 않게
하여 주시옵시고, 아버지께서
직접 이집의 <u>할구</u>가 되어 주시옵소서

온 가족이 기쁠때나 슬플때나,
오직 주님의 사랑만 의지하고
살게 하여 주시옵소서.

모든것 우리 주님 아시오니,
기도하지 못한것 까지 이루워
주시옵소서

이 가정통께서 늘 영광받으시
옵소서

예수님의 이름으로 기도하옵나이다.

1 go with
2 head of family

---

missionaries in K

선교사들을 위하여
전지 전능하신 하나님 아버지
이 땅에 많은 선교사들을 보내 주시옵고
그들을 통해서 주님의 복음을 전하고
주님의 사랑을 전해 주시는 은혜를
진실로 감사 하옵나이다
모두 아름다운 선교사의, 사명을
감당하는 사랑과, 능력과, 복음의고
종들로 주님의 영광을 나타내게
하여 주시옵소서
모든 관습과 언어가 같지 못한
이 곳에서도 하나님의 사랑으로
주님의 사업을 다 할수 있도록
성령의 충만하심과 건강을
허락하여 주시옵소서
오직 하나님의 영광을 위해서
이 나라의 습관과 언어에
잘 적응될수 있도록 은혜를 주시옵
모든 가족들에게도 넘치는 은혜를
베풀어 주시옵소서
예수님의 이름으로 기도하옵나이다
아멘

---

1 mission
2 equal to competent for

4 customs
5 language
6 adapt to

---

missionaries in K

선교사들을 위하여
거룩하시고 은혜로우신 하나님 아버지)
이 땅에 그리스도의 복음을 전하기
위해서 많은 선교사들을 보내주시옵고
주님의 사업을 할수 있게 하여 주신
은혜를 감사 하옵나이다
이곳에서 주님의 복음을 전하는
종들위에 성령의 충만함을 주시옵고
능력의 종들이 되게하여 주시옵소서
각자 맡은바 일 자리에서, 하나님의
복음과 사랑을 증거하여, 주님의
영광을 나타내며, 이 민족을
주님 앞으로 인도하여, 구원을 받게
하여 주시옵소서 주님의 이름으로
이 민족을 참으로 사랑하는
종들로써 일할수 있게 하여
주시옵고, 축복해 주시옵소서
예수님의 이름으로 기도하옵나이다.
아멘

---

soldiers

한 없이 사랑이 많으신 하나님,
죄인이 이 시간 하나님 앞에 엎드려
한국에 있는 군인들을 위하여
기도 하옵나이다.
이 젊은 군인들은 따뜻한 가정을
떠나 있고, 또, 가지각색의
사람들이 한데 모였기 때문에,
그 가운데는 나쁜 유혹도 많이
있겠읍니다.
주님께서 저들와 함께 하셔서,
나쁜 유혹에 빠지지 않게 하여
주시옵소서.

그중 믿는 이들과 함께 하셔서,
군대에 있을 동안에도 믿음을
잃는 자 없게 도와 주시옵시고,
힘과 능력을 주시사, 믿지 않는이
에게 예수님을 증거하고, 복음을

1 all kinds of, * without limit

전파하게 하시옵소서.
나라와 민족을 위하여 군인이 된
저들이, 한 걸음 더 나가서,
십자가 군병도 되게 하시옵소서,
믿지 않는 젊은 이들을 불쌍히
여기사, 이 기간에 죽병을 얻고
돌아가게 하시옵소서,
특히 외국에서 온 군인들에게
건강과 믿음을 주시고,
저들이 비록 가정과 고국을
떠나 있을지라도, 어디를 가든
지 주님께서 함께 하시는 것을
알아서, 위로 받게 하시옵소서,
하나님께서 늘 때와 지켜
주시옵소서.
죄인은 빌만한 공로 없으나,
오직 주 예수의 공로 의지하여 비옵나이다.

1 during

Blind

오직 빛가운데 거하여. 참 소망과
넘치는 기쁨을 맛보게 하시옵소서
세상에서는 작해주는 사람이 없지만,
더 높으신 하나님이 작해서 #배 자꼐
영광 돌릴수 있게 하시옵소서.

눈이 있어도 보지 못하고, 귀가 있어도
듣지 못하는 불신자 이웃에게,
예수를 증거하여, 사랑의
산 본이 되게 하여 주시옵소서
육신과 봉사하는이 영적으로 부족한
이들을 돕는, 하나님의 크신 역사가
이루어 지기를 바랍니다

믿지 않는 이들과 한 교실에서 공부
하는 동안도 이들을 붙잡아 주시옵소서
예수님의 이름으로 기도 하옵나이다.

① be looked down　⑤ living
② hopelessness 절망　　pattern
③ even though　　6 become
④ even through　　　friends

(K. Ch)

사랑하시고 감사하신 하나님.

한국 교회를 위해서 기도하옵니다

이 세상을 사랑하신 아버지께서

우리 한국에도 교회를 세워 주신

것을 감사 하옵니다

지금 온 나라 안에도, 어느곳에 가든지

아버지의 성전을 볼수 있어합니다.

아버지께서 은총과 축복으로 함께

하시여, 많은 성도들이 아버지앞에

나와서 영광 돌리며, 주를

따르려고 애쓰고 있는것을

볼때, 아버지여 감사 하옵니다

온 교회가 하나로 연합하게

도와 주시옵시고, 성신께서

교회에 역사 하시여, 불같은

신앙을 주시옵소서.

하나님의 종들에게도 능력을

주시옵소서

Blind Students giving program at
Air Force Hospital

사랑이 많으신 하나님,

저희들이 이와같이 한자리에 모여서

아버지께 기도하며 영광과 찬송을

돌릴수 있는 귀한시간을 허락하여

주시니 무한히 감사하옵나이다

이 시간을 통해서 우리 학생들과

이 ×× 들이 그리스도의 사랑을

체험할수 있게 하시옵소서.

따뜻한 가정을 떠나왔고, 육신의

괴로움 까지 당하는 이 젊은 군인

들에게 함께 하시사, 위로하여

주시고, 친구가 되어 주시옵소서

아버지의 능력의 손으로 상처를

만져 주시사 하루속히 나음을

받을수 있게 하시옵소서.

어디서 무슨 일을 하던지 늘 보호하시고

인도하시고, 권유하여 주시옵소서

병원에 있는 동안, 이 어려운 경험을

통해서, 아버지를 의지하고, 진리의

빛을 향할수 있는 귀한 기회가

되게 하여 주시옵소서. 고향에

있는 군인들의 부모와, 전쟁에

나온 모든 군인들 위에 한결같은

은총을 주시옵소서.

이 한시간 온전히 영광

받으시고 인도해 주시옵소서.

예수님의 이름으로 기도하옵나이다

아멘

1

2

3

4

Brides

사랑이 한없이 많으신 하나님

주님 은혜와 하나님의 사랑을

늘 감사합니다. 이시간에 하나

님 앞에 나와서, 이제 새가정을

이루려는 이분들을 위해서,

기도 할수 있게 하여 주신것을

감사 하옵나이다.

이 세상을 주관하시고,

모든 것을 아시는 하나님. 이분

들의 형편도 주님이 아실줄압니다

남편을 따라서 가지만, 낯선곳

으로 가니까, 또 사랑하는

부모나 친구들을 떠나게 되었으

니, 우리 주님께서 함께 계시고.

위로 하여 주시옵소서

아직 예수를 모르는 분이

있으면, 주님 그 마음문을

strange

열어서, 신앙을 주시옵소서.
주님의 사랑을 알고, 힘과 능력을
얻고. 또 위로 받아서,
앞날에 기쁜 마음으로 행복하게
살수 있도록 도와 주시옵소서.
주님. 이 새가정을 통해서도
영광과 찬양을 받으시옵소서.

　　남편되는 이들과 친척될분
들에게도 사랑을 주시고,
그리스도의 기쁨과 사랑이 그곳
에 넘치게 도와 주시옵소서.

　　구원의 확신을 가지기 까지
주님 인도하시옵소서
어디를 가든지 주님 함께
계시옵소서
예수님의 이름으로 기도하옵나이다.

1. confidence

사랑이 한없이 많으신 하나님,
주님 은혜와 하나님의 사랑을
늘 감사하옵나이다.
이 시간에 하나님 앞에 나와서,
이제 새 가정을 이루려는 이분들과
같이 기도할수 있게 하여 주신
것을 감사하옵나이다.
이 세상을 주관하시고, 모든 것을
아시는 주님, 이분들의 형편도
주님이 아실줄 압니다.
남편을 따라서 가지만, 낯 선
곳으로 가니까, 또 사랑하는 부모와
친구들을 떠나게 되었으니, 우리
주님께서 함께 계시고, 위로하여
주시옵소서
아직 예수를 모르는 분이 있으면,
주님 그 마음문을 열어서 신앙을
주시옵소서

주님의 사랑을 알고, 힘과 능력을
얻고, 또 위로를 받아서, 앞날에
기쁜 마음으로 행복하게 살수 있도록
도와 주시옵소서.
주님, 이 새가정을 통해서도 영
광과 찬양을 받으시옵소서.
남편되는 이들과 친척될분들에게도
사랑을 주시고, 그리스도의 기쁨과
사랑이 그곳에 넘치게 도와주시옵소서

구원의 확신을 가지기 까지
주님 인도 하시옵소서
어디를 가든지 주님 함께 계시옵소서
예수님의 이름으로 기도하옵나이다.

---

at meeting for Brides

사랑이 많으신 하나님:
주님의 크신 사랑을 항상 감사
하옵나이다.
오늘은 또 저희들이 한 곳에
모일수 있게 하여 주시오니
감사 하옵나이다.
하나님께서 이곳에 함께 계셔서
도와 주시옵소서.
저희들은, 이 여러분의 어려움을
같이 의논하고 무엇 좀 도와드
릴까 해서 왔읍니다.

그러나 이분들의 사정과 형편을
잘 모르니, 무엇을 어떻게
도와야 할지도 잘 모릅니다

하나님께서는 우리의 형편과
어려움을 낱낱이 아시오니,

i+all

orphan.

우리에게 지혜를 주시사
이 시간에 저희들이 조그만
도움이라도, 끼쳐서, 하나님의
사랑을 증거할수 있게
도와 주시옵소서.

우리가 서로 마음문을 열어놓고
의논할수 있도록 도와 주시옵소서.

예수님의 이름으로 기도하옵나이다

give

전지 전능하신 하나님 아버지,
세상에는 고생과 유혹이 많지만,
하나님께서 항상 사랑으로 인도하시고
보호해 주셔서, 오늘까지 저희들이
주님의 은총가운데서 살게 하심을
진심으로 감사하옵나이다.
요사이 저희 고아원에는, 여러가지
어려운일 가운데 있어서, 저희들은
어찌 할바를 모르고 있사옵나이다
주님께서는, 저희들의 사정을 하나
다 잘 아시겠아오니, 아무힘도 없는
저희들에게만 맡겨 두지 마시고, 친히,
살펴주시옵소서, 저희들이 아무리
어려운 일을 당하더라도, 세상의
유혹에 빠지지 않고, 오직 예수님의
십자가 만을 바라보고, 강자의 말은
책임과 열을 주님의 뜻가운데서,
온전히 행할수있도록 인도해주시옵소서
특별히 이번 기회에, 신앙이 약해지는
사람이 없게하여 주시고, 더욱
예수님의 사랑과 은혜를 믿고 잘

바른길로 나아갈수 있도록 도와 주시
옵소서 굳은 믿음을 변함없이
지키게 하여 주시옵소서
예수님의 이름으로 기도하옵나이다
                아멘

1 Personally.
2 watch over.
3 straight
4 change.
5 protect guard keep.

orphan.

고아들을 위하여
자비롭고 은혜로우신 하나님 아버지
어지럽고 괴로운 세상에서, 부모없는
이 고아들을, 오늘까지, 보호해 주신
은혜를 감사 하옵나이다
철 모르는 고아들이 그의 아버지와
어머니가 보고 싶을때, 하나님
아버지를 부를수있게 하여 주시옵소서
자비로우신 아버지.
저들이 주님을 부를때, 저들의
간구를 들어 주시옵고, 저들을 인도해
주시옵소서
        예수님의 이름으로 기도하옵나이다

사랑의 하나님
부모를 잃고 고독해 하는 이 고아들을
아버지께서 먹여 주시고, 입혀 주시고,
가르쳐 주시옵소서 그리고, 믿음으로
주님과 동행하는 귀여운 어린애들이
되게 하여 주시옵고, 하나님의 인도
하심 가운데서, 잘 자라서, 아버지의
훌륭한 일꾼들이 되게 하여 주시옵소서

자비로우신 주님
저들이 부모를 그리워 할때,
주님의 사랑의 품안에 저들을
품어 주시고 위로하여 주시옵소서
예수님의 이름으로 기도하옵나이다
아멘

1 protect
2 lonely
3 go together
4 long to see
5

orphanage workers

은혜와 자비가 풍성하신 하나님 아버지
우리죄를 대속하시기 위해서, 십자가에
달리신 예수그리스도의 은혜를 감사
하옵나이다. 이 시간에 고아원에서
일하는 분들을 위해서 기도할수 있게
하심을 먼저 감사하옵나이다
많은 아이들을, 돌볼때, 여러가지
어려운 일이 있을줄 압니다 아버지께
서 함께하여 주시옵소서
지혜와 총명을 주시사, 아이들을
바른길로 인도할수있게 하여 주시옵서
날마다 가르칠때, 하나님의 말씀과
예수그리스도의 사랑을 가지고
가르칠수 있게 하여 주시옵소서
날마다 돌볼때, 그몸이 피곤하지
않도록 건강을 허락하여 주시옵서
실망하고 낙심할때도 있겠아오니
그때마다 위로하고 격려해주시고
힘을 주시옵소서   아버지께서
친히 함께 하시사, 늘 보호하시고
인도하시고 주장하셔서 크신

축복을 주시옵기만을 간절히
원하옵나이다
공로 없는 죄인이 예수님의 이름으로
기도하옵나이다
아멘

1 watch over
2 discouraged
3 " in faith
4 encourage

urban comm

전능 하신 하나님
성은 중에서 지난 밤을 지내고
다시 밝은 새 아침을 맞으니
감사 하옵나이다
from here ↓
오늘도 하나님의 뜻대로,
저희들이 맡은 일을 시작 하려고
하오니 하나님 앞에 기도하옵나이다

저희들이 토의 하는 시간에도
주님 함께 계시옵소서. 그리 하여
저희들이 참 바른 마음과 사랑을
가지고, 문제를 하나 하나를
해결 하게 하시고, 지혜 와
총명을 주시사 모든 것을
섬 하게 해결 할수잇게
하여 주시옵소서.

지금 고아들 위 하여 기도 합니다
세상 에는 고생 과 유혹이
많지 만, 하나님께서 항상
사랑으로 인도 하시고 보호 해
주셔서, 오늘 까지 (조희들이)
이 고아들이 주님의 은총 가운데서

살게 하심을 , 진심으로
감사 하옵나이다
　　지금 고아원을 떠나게
되여서, 여러 까지 어려운일
가운데 있어서, 저희들은
어찌 할바를 모르고 있아옵나이
주님께서, 저희들의 사정을
하나 하나(를) 다 잘 아시겠아오니
아무 힘도 없는 저희들에
게 만 맡겨두지 마시고
진히 살펴 주시옵소서.
　　이 아이들이 어려운 일을
당 하더라도　세상의 유혹에
빠지지 않고, 오직 예수님의
십자가 만을 바라 보고, 의지해서
이겨 날 갈수록　도와 주시옵소서

진지 전능 하나님 아버지
　세상에는 고생과 유혹이
많지만, 하나님께서 항상
사랑으로 인도 하시고, 보호 해
주셔서.
　오늘 까지, 저 희들이, 주님의
은총 가운데서 살게 하심을
감사 하옵나이다.
　이 세상에 의지 할곳 없아오나,
우리 고아 들이, 오늘도, 행복
하게 살수 있는 것을 볼때,
한 번 더, 그 은혜를 감사
합니다.
　요새 저희 고아원 에는
여러가지 어려운일 가운데
있어서, 저희들은 어찌할바를
모르고 있읍니다.
　주님 께서는 저희들의 사정을

하나 하나 다 잘 아시겠아오니,
아무 힘도 없는, 저희들에게
만, 맡겨 두지 마시고; 친히
살펴주시옵소서
　　저희들이 아무리 어려운
일을 당 하더라도, 세상의 유혹에
빠지지 않고, 오직 예수님의
십자가 만을, 바라 보고.
각자의 맡은 책임과 일을
주님의 뜻 가운데서, 온전히
행 할수있도록　인도 하여주
시옵소서.
　　특별히, 우리 아이들은
신앙이 약 해지는 사람이
없게 하여주시고, 더옥 예수님의
사랑과 은혜를 믿고,
참 바른길로 나아 갈수있도록
도와주시옵소서. 굳은 믿음을
변함 없이 치게 하여주시옵소서
　　예수 님의 이름으로 기도

　불구 고아를 위하여
생명의 근원이 되시는 예수님
불우한 육신을 가지고서도 하나님을 믿고
구원을 받게 해 주신 은총을
감사하옵나이다　육신의 불우한
어두움의 생활에, 광명한 빛을
주시옵고 오직 주님을 영화롭게 하는
삶의 보람을 가질수 있게 하여
주시옵소서. 주님께서 친히 이 형제
들의 친구가 되시고, 기쁨과 소망을
주시고. 주님의 보혈 가운데서 날로
새로워지게 하여 주시옵소서
성령의 손으로 안찰하사 주님의
영광을 위해서. 육체의 괴로움과
고통이 없게 하여 주시고, 특별하신
긍휼과 자비를 베풀어 주셔서
위로하여 주시기를　예수님의
이름으로 기도하옵나이다
　　　아멘

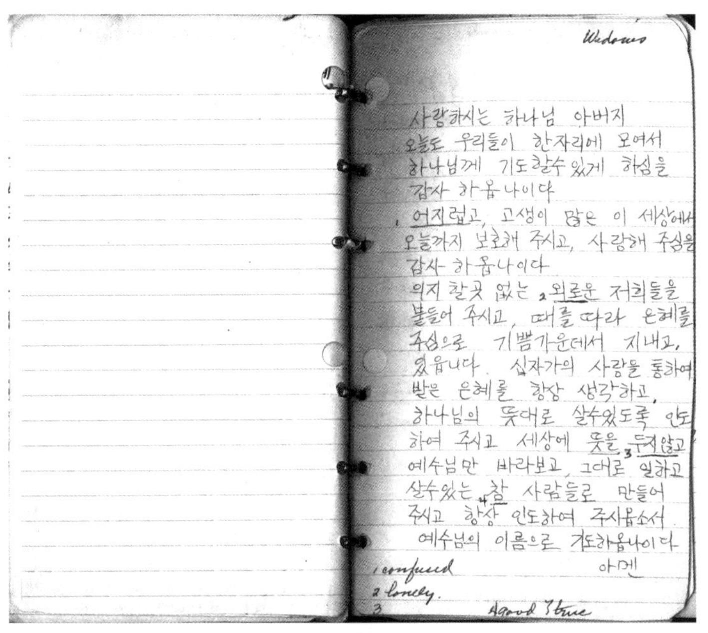

사랑하시는 하나님 아버지
오늘도 우리들이 한자리에 모여서
하나님께 기도할수 있게 하심을
감사 하옵나이다
어지럽고, 고생이 많은 이 세상에서
오늘까지 보호해 주시고, 사랑해 주심을
감사 하옵나이다
의지 할곳 없는 외로운 저희들을
붙들어 주시고, 때를 따라 은혜를
주심으로 기쁨가운데서 지내고,
있읍니다. 십자가의 사랑을 통하여
받은 은혜를 항상 생각하고,
하나님의 뜻대로 살수있도록 인도
하여 주시고 세상에 뜻을 두지않고
예수님만 바라보고, 그대로 일하고
살수있는 참 사람들로 만들어
주시고 항상 인도하여 주시옵소서
예수님의 이름으로 기도하옵나이다
아멘

그리고 특별히 하나님의
어린 자녀들도 사랑 하여 주셔서,
주님 만 믿고, 참 바른 길로
갈수 있게 인도 하여주시 옵소서

사람들의 생사 화복을
주관 하시는 하나님 아버지.
주님의 사랑 과 은혜를
진심료 감사 하옵나이다.
죄로 죽을수 밖에 없는
저희들을, 사랑 해 주시고
구원의 길로 인도 하여 주신
것을 감사.드리옵나이다.
특별히 이 모자원에 게시는
형제들에게, 모신 축복을
주시고, 믿음으로 항상 주님 과
동행 하게 해주시고, 주님의
뜻 대로. 살게 해 주시옵소서
어려운 세상에 물질
적으로도 필요 한 것이 있을 줄
압니다. 저들에게 주님의

자비의 손길을 펴 주시고,
어려움을 당하지 않게
하여 주시고, 오직 주님의 영광을
위 해서, 모든 것을 간구 하게
하여 주시옵소서. 외로운 저희들을
함께 해주시옵소서, 예수님의
이름으로 기도 드리옵나이다—

1 life + death
2 accompany
3 stretched hand
4 materially
5 lonely

For Paris
하나님
자비 하신 하나님 께서 대를 대로
은혜 를 주시고, 우리를 지금 까지
보호 하시고, 인도 하셨아오니,
감사 합니다

이 즈음, 이땅에 비가 내리지
않아서, 고생이 많습니다. 갈물어
매 말은 땅에 비를 주시사, 초목에
생명을 주시옵소서.

땅 도 마르고, 경제 생활도
마르고, 영혼 까지 매 말랐습니다
이 민족을 불쌍히 보시사, 매
말은 심령에 성령을 주시옵소서.
성령을 충족히 받아서, 우리
성도들의 마음 속에서 사랑의
샘 물이 섭처 흐르게 하시옵소서.
매 말은 세상에 생명수를
주시옵소서. 이 어려움을 경험
할 때 절대자 하나님의 능력과
사랑과 은혜를 깨닫고 그 심령

highest, suff
1 these days, 2 draught, 3 grass + trees

속에 하나님을 외치는 믿음이
생기게 하시옵소서.

만물 주관 하시는
하나님 께서 비를 내려주시기를
비올때 예수님의 이름으로
기도 합니다.

폭풍 storm
자비하신 하나님 아버지
우리를 위해서 구원의 길을
열어주신 주님의 은혜를
항상 감사 하옵나이다.
이 시간에 특별히 폭풍우로
말미 않아 피해를 입은 사람들을
위해서 기도 하옵나이다.
지금 재산과 생명과 가족을
잃고, 절망 가운데 빠진 사람
들이 얼마나 많은지 알수 없읍
니다.
하나님 께서 저들의 슬픈 마음을
위로 하시고, 어루 만져 주시옵소서
이렇게 어려움을 당할때마다
주님이시여. 저들의 마음이
영원한 소망이신 예수 그리스도를
바라 보게 하여 주시옵소서

수해
홍수
화재
천재변

잠깐 있다가 없어지는 것을
믿지 말고, 살아계신 주님을
믿고, 사는 사람들로 만들어
주시옵소서.

지금 당하고 있는 모든 문제를
주님께서 유익하고 선한 길로
인도하여 주시옵소서

예수님의 이름으로 기도 하옵나이다

① storm
② harm. damage.
③ hopelessness
   실망 discouraged

만유의 주가 되시는 하나님
아버지.

우리 구주 예수 그리스도의
은혜를 항상 감사 하옵나이다.

특별히 우리 전북를 위해서
기도하지 않을수 없아옵나이다

오늘 이 나라는 경제적으로, 정
치적으로 심한 혼란에 빠져
있고, 모든 사람들이 죄에
빠지기 쉬운 형편에 있아옵나이다

이 민족을 불쌍히 보시옵소서

먼저 이 나라 지도자들에게
주님을 바라 볼수 있는 믿음을
넣어 주시옵소서.

이 세상은 죄인인 인간의 힘으로
통치 되는 것이 아니라, 만유의
주가 되시는 하나님 께서

과학적
도덕적
군사적
정치적
사회적
종교적
경제적
문화적
발전
progress
발달 is advanced

통치 하시고 주장하신다는 것을
알게 하여 주시옵소서.

먼저 지도자 자신들의 죄와
무력함을 하나님께 고백하고,
자신들을 하나님께 맡기고,
하나님께서 지혜와 능력 주시
기를 구할수 있게 하여 주시옵소서

우리의 살길은, 지도자와 모든
백성이 하나님께로 나아가는
길밖에 없는줄 믿습니다

주여 이 민족에 모세와 같은
지도자를 보내 주시옵소서

예수님의 이름으로 기도합니다

① economically.
② political
③ confusedness, confusion
④ of all thing rule
⑤ of all things
⑥ lead
⑦ powerlessness

인내 하시는 하나님 아버지
이 백성을 긍휼히 보사여,
몇 번이나 살길을 열어주심을
진심으로 감사 합니다.

이 민족이 이제 재판 작업에
모든 힘을 기울이고 있습니다.

죄 많은 저희들 감히 아버지의
축복을 바랄수도 없아오나,
하나님께서 용서 하시고, 사랑으로
인도 하시옵소서.

정권을 맡은 사람들에게
하나님을 알게 하여주시고,
온 백성에게도. 하나님의 진리를
배울수 있게 하시옵소서.

또한 저희 민족의 소원인
남북통일 주시옵고, 이북의
무너진 제단을 다시 일개수

있는
은혜 주시옵소서.
특별히 주님의 종들에게,
아버지 앞에 온전히 충성된
마음을 가질수 있게 하시옵고,
싸움 하지 않고, 반 민족을
위 하여 빛과 소금의 직분을
감당 하게 하시옵소서.
저희 믿는 자들에게도, 민족
앞에서 예수님 사랑의 산 증거
와 향기가 될수 있게 하시옵소서.
이 백성이, 하나님의 부르심을
받아, 아버지께 축복 받는
민족이 되게 하시옵소서.
예수님의 이름으로
기도 합니다. 35.

1 Patient   7 desire
2 in mercy   8 union
3 reconstruction 9 attend
4 give support   10 loyal
5 dare   11 carry out
6 power of gov't 12 fragrance

만유의 주가 되시는 하나님 아버지여
우리 구주 예수 그리스도의 은혜를
항상 감사 하옵나이다.
특별히 우리 정부를 위 해서
기도 하지 않을수 없읍니다
오늘 이 나라는 경제적으로
정치적으로 심한 혼란에
빠지고 있고, 모든 사람이
죄에 빠지기 쉬운 형편에
있읍니다
이 민족을 불쌍히 보시옵
소서. 먼저 이 나라 지도자들에게
주님을 바라 볼수 있는 믿음을
주시옵소서.
이세상은 죄인인 인간의
힘으로 통치 되는 것이 아니라.
만유의 주가 되시는 (것을 알게
하여 주시옵소서) 하나 님 께서

통치 하시고 주장 하신다는것을
알게 하여 주 시옵소서
먼저 지도자 자신들의 죄와
무력 함을 하나님께 고백
하고 자신들을 하나 님께
맡기고, 하나님 께서 지혜 와
능력을 주시기를 구할수 있
게 하여 주시옵소서.
우리의 살 길은 지도자 와
모든 백성이 하나님 께로
나아 가는 길 밖에 없는줄
믿습니다.
주여. 이 민족에
모세 와 같은 지도자 를
보내 주시 옵소서.
예수님 이름으로
기도 합니다

은혜 오우신 하나님
아버지의 은혜를 항상 감사
하옵나이다.
오늘 특별히 이 자매들을
이곳으로 인도 하시고, 함께
앉아서, 아버지께 기도 할수있게
하여 주신 것을 더욱 감사 하옵
이 세상 에는 죄악 과 유혹
이 많아서, 우리는 죄악에
빠지기 쉽지 만은, 오늘도 이와
같이 보호하시고 인도 하여
주셨아오니, 진실로 감사 하옵나이다
살기가 어렵게 되여서,
지금 살 길을 찾아서, 이곳
서울 까지 올라온 이 자매들에게
하나 님께 서 그 갈 길을 보여주

주시고, 지시하여 주시옵소서
저희들은 어느길이 선한
길인지, 잘 알수 없사오나,
하나님께서는 잘 아시게사오니,
아버지께서 친히 이끌어 주시옵소서
기쁨과 소망과 삶이
있는 길로 이끌어 주실줄
믿습니다. 주님이시여, 이 기회에
이 자대의 마음 가운데 예수님을
모실수 있는 기회가 될수있도록,
저희들에게 그리스도를 참 증거
할수있는 능력을 주시옵소서.
빛과 진리와 생명의 길로
인도 할수 있게 하여 주시옵소서
실망하고 낙심 할때도 잇겠아외
격려 하여주시고 힘을 주시옵소서

girls Work.
사랑하시고 자비하신
하나님 아버지, 우리 죄인들 대속
하시고자 십자가에서 죽기까지
한 우리 주님의 은혜를, 항상 감사
하옵나이다.
이시간 머리숙여, 우리
부녀구원회를 위해서 기도
하옵나이다
그동안도, 저희 구원회 위에
함께 하시사, 사랑하시고, 인도하여
주셔서, 지금까지. 발전하게 하여
주신것을, 하나님 앞에 감사
하옵나이다
8 계중에는 직업과 학업을
얻고, 다시 빛을 찾은 이들도
있나이다. 이들 위에 함께
하시어서, 그 마음에 우리 주님을

redeem 2 develops 8 among

모시고, 나머지 여생을, 주님 위하
하여. 또 주님의 자녀로서, 부족함이
없게 삶수 있도록, 주님 지켜 주시
옵소서. 올 일년동안도 아무것도
모르는, 순진한 자녀들이 엄마나
이 죄의 길에 빠지게될지 모르
게나이다. 주님은, 그들의 모든
형편을 낱낱이 아시겠아으니,
선한 길로, 빛의 길로 인도하여
주시옵소서
이 일을 위하여 수고를
아끼지 않는 ── 위에 함께
하여 주시사, 일이 어려워, 낙담
하고, 실망 할때, 힘을 주시옵시고
늘 건강으로 축복하시사, 피곤
하지 않게 붙잡아 주시옵소서.

3 nawe 4 bqi 5 discearaged 6 despair redhus

girls Work cont.
주님이시여, 몸으로 수고하지
못하나, 그 가진 재물을 바쳐
이 일을 돕고 있는 자녀들에게도
더 많은 물질로 축복하여 주시옵
소서
함께 하여 주시사, 바치는
손길 위에 더 많은 물질로
축복 하여 주시옵소서.
올해도 주님께서 이구원
회를 보호 인도 하시사, 모든것을
계획 할때, 주님 위해서만
하게 하여 주시옵소서. 이─회가
이 어지러운 세상에, 빛과
소금의 역활을 하게 도와주시
옵소서
예수의 이름으로 기도 하옵나이다

11 offering hand 12 role

(Blind)

자비 하시고 사랑이 많으신 하나님
이 시간 우리 맹아들을 위하여
기도 하옵나이다.
아무도 짝하여 주지 않고.
세상에서 놀림과 비웃음과.
① 천대를 받고, 슬픔과 ② 절망
가운데 빠질수 밖에 없는
우리 맹아 들입니다.
그러나 하나님께서는 이들
역시 사랑하시사. 아버지의
귀여운 자녀로 삼아주셨아오니.
하나님의 크신 사랑은 ③ 감당할길
없읍니다.

택하여 주신 이 자녀들이, ④비록
육신의 눈은 어두울지라도. 영의
눈을 떠서 진리를 알게 하여 주시옵소서

Easter.

자비로우신 하나님 아버지,
저희들의 죄를 위하여. 대신
십자가에 달리사, 대속하여 주신
주님의 은혜를 감사 하옵나이다.

사망의 권세를 이기신 예수님,
이시간 부활의 날은 맞이하여
주님의 능력을 믿사옵나이다.
부활이시며. 생명이 되시는 예수님,
저희들도 부활의 능력에서, 오늘
다시 한번 거듭날수 있게 하여
주시 옵소서.
부활 절을 맞이 하는 당신의
성도들이, 부활의 능력 가운데서
빛과 소금으로 거듭나게 하여
주시옵소서

이 시간 불신의 형제들이,

죄악의 죽음에서 부활하게
하여 주시옵소서
주님의 부활에서 새 생명과
새 빛을 얻나이다.

공로 없는 죄인이 주님의 이름
으로 간구하옵나이다.

성 탄 절
부 활 절
추수 감사절

Christmas

우리의 구주이시며, 만왕의 왕
예수님. 오늘 우리구주 예수님께
찬송과 영광을 돌리옵나이다.
우리 죄인들을 구원하시고자,
보좌를 버리시고, 낮고 천한 이
오신, 예수님의 사랑을 감사하옵
저희들도 예수님의 사랑과 겸손
따를수 있게 하시옵소서
남을 봉사할수 있는 마음을 주
이 분을 뜻깊이 보낼수 있게 하
주시옵소서. 오늘 저희로 어
가장 귀한 보배를 예수님께
있는 은혜를 주시옵소서.
우리의 몸과 마음와, 정성을 예수님께
② 옳어 바칠수 있게 하여 주시옵소서.
③ 아니! 우리의 ④ 전 생애를 예수님께
바치는 오늘이 되게 하여 주시옵소서
오늘 이 땅위에 시작된 예수님의
평화를 온 세상에 전파하는
6 사명을 다 할수있는 저희들이

죄악의 죽음에서 부활 하게
하여 주시옵소서
주님의 부활에서 새 생명과
새힘을 얻나이다.

공로 없는 죄인이 주님의 이름
으로 간주하옵나이다.

성 탄 절
부 활 절
추수 감사절

christmas

우리의 구주이시며, 만왕의 왕이신
예수님. 오늘 우리구주 예수님께 찬
찬송과 영광을 돌려옵나이다.
우리 죄인들을 구원하시고자, 높고높은
보좌를 버리고, 낮고 천한 이땅위에
오신, 예수님의 사랑을 감사하옵나이다.
저희들도 예수님의 사랑과 겸손을
따를수 있게 하여옵소서
남을 봉사할수 있는 마음을 주시옵소서
이 분을 뜻깊이 보낼수 있게 해
주시옵소서. 오늘 저희로 이 세상에서
가장 귀한 보배를 예수님께 드릴수
있는 은혜를 주시옵소서.
우리의 몸과 마음와 , 정성을 예수님께
2 모아 바칠수 있게 하여 주시옵소서
3 아니! 우리의 4전 5생애를 예수님께
바치는 오늘이 되게 하여 주시옵소서
오늘 이땅위에 시작된 예수님의
평화를 온 세상에 전파하는
6 사명을 다 할수있는 저희들이

되게 하여 주시옵소서
구주 예수의 이름으로 기도하나이다
1 열성 (enthusiasm)
2 tie
3 not only so !
4 all
5 life

witness.   부녀 구원 회

의 생활 속에서 주님의 권능 과
주님이 주시는 기쁨을 증거 하게
하시옵 소서.
    grants
우리가 날마다. 그리스도 안에서
신앙이 자라고 성령의 풍성한
은혜를 받을수 있게 하여주시옵소서
    9 guard.
우리 의 말 과 행동과 생각과
일 하는 모든 것을. 주님께서
직접 주시고 주장 하여 주시옵소서

New term

항상 계시고 무소 부재 하신 하나님,
새 학기를 맞이 하면서
저히들이 아버지 앞에 머리
숙였나 이다.

지난 일년 동안에 도,
저히를 사랑 하사, 여러 가지
고난 중에서 보호 하신 것을
감사 하옵나이다.

저히들이 토의 하는
이 시간에 도, 주님 함께
계시옵 소서. 그리하여 저희들이
참 바른 마음 과 사랑을 가지고
문제를 하나 하나를 해결
하게 하시고, 지혜 와 총명을
주시사, 모든 것을 신 하게
해결 할수 있게 하여 주시옵
소서.

Christmas

사랑하시고 감사하신 하나님
오늘 저히 죄 많은 인간 세상에
하나님의 귀하신 독생자를 보내
주셨아오니, 그 사랑을 생각할때
무한히 감사하옵나이다.
이 기쁘고 거룩한날, 즐거운 마음
으로 우리 주님 맞이하여, 그
앞에 경배받수 있게 하시옵소서.
멀리 동방에서 황금과 유향과
몰약을 가지고, 구유에 누우신
아기 예수를 찾아온 동방박사들
처럼, 우리도 우리의 가장
귀한 선물을 주님께 연수 있는
사람들 되게 하여 주시옵소서.
악하고 거짓이 없고, 서로 미워
하고 찬없이 더러러운 이 세상에
서 사는 저희들의 마음의, 오늘
주님 오심여서, 빛을주시옵소서

저희 속에 있던 나쁜 마음을 다
없이 하시고, 오직 예수님의 마음,
평화의 마음을 가질수 있게 하시옵소서
우리 마음에 찾아 오시는 우리
주님 되시고, 겸손 한 마음으로,
주님이 인도하시는 대로, 늘
주님과 함께 동행할수 있게
하시옵소서.

예수님의 이름으로 기도 하옵나이다

Cupfiled Crypty

자비자신 품안에 안키우게 하여
주시옵소서.

세상들은 ①비록 이 아이들을
②비웃고. 버릴지라도. 우리주님께서는
늘 함께 가시는것을, 저들로
깨닫게 하여 주시고,
저들이 그리스도의 사랑에 ③녹아져
기쁨과 소망을 가지고, 이 세상을
이기여 나가게 하시옵소서.

우리 믿는 형제들에게도. 이 아이
들을위해서 기도하고. 도울수 있는
은혜를 주시옵소서.

예수 공로의지하여 기도하옵나이다

① even though
② laugh at
③ be melt.

(New year)

감사하시고 은혜로주신
하나님!

저희를 사랑하시사. 보호하여
주시고. 인도하여 주셔서.

지난 일년 동안도 아버지의
은혜가운데서 살게하여 주신
것을 진심으로 감사 하옵나이다

우리
이시간 제 자신을 돌아볼때.
참으로 아버지 앞에 부끄러운
것 뿐입니다

새해를 맞어 가면서. 제마음가운데
예수님의 뜻대로 살겠다는
결심과 믿음을 가질수 있도록
도와 주시옵소서.

오는 새해 부터는, 사람의 성격과

지혜를 버리고. 자신을 주님께
완전히 맡기는 신앙을 가지고,
①오로지 주님의 영광만을 위하여
살수 있게 하여 주시옵소서

성령께서 인도하여 주시고. 불같은
신앙과 능력을 주셔서. 아직도
믿지 않은 사람들을 아버지께로
오도 할수 있게 도와 주시옵소서

세상에서 여러가지로 어려움을
당하는 이들도 도와 줄수 있게
하여 주시옵소서

늘보호하시는 아버지께 감사하
옵고. 예수님의 이름으로
기도하옵나이다

② only

HDSB Meeting Schl. B2
사랑 하시는 하나님
오늘 저희들이 여러가지
문제를 토의하기 위해서
한 자리에 모였읍니다.

그동안 우리회 에 함께
하여 주시사, 오늘에 이르게
하여주신 은혜를 감사 하옵
나이다.

문제를 가지고 의논
할때에도, 저희 인간들에게만
맡기지 마시옵시고, 아버지께서
친히 함께 하여주시옵소서.

지혜 와 총명을 주시사
모든것을 선 하게 해결
할수있게 하여주시옵소서.

모든것을 하나님께
더 큰 영광을 돌릴수있는

길로 해결 할수 있도록
인도 하여 주시옵소서.

그동안 이 ─── 을 위 해서
애 쓰신 여러분 위에 축복을
함께 하여 주시옵시 고
이 학교 가 앞으로도 잘, 발전
할수 있도록 늘 지켜 주시고
인도 하여 주시옵소서

지금 처음 시간이 오니
마치는 시간 까지 홀로
주 장 하여 주시옵소서

예수 님의 이름으로 기도
하옵나이다
, make progress
발달 develope.

사랑 하시는 하나님 아버지

오늘 저희들은 학교를 위한
여러가지 문제를 토의 하기 위해서,
이와같이 모엿읍니다-

먼저 저희들에게 이런 모임을
허락 하신 하나님께 감사 합니다.

지금 까지 이정신 학교를
하나님께서 특별 히 사랑 하여
주셔서, 이학교 가 이렇게 훌륭하게
발전 한것을 다시 감사 드립니다.

저희들이 토의 하는 이시간에도
주님 함께 계시옵소서, 그리하여
저희들의 참 바른 마음 과 사랑을
가지고 문제 하나 하나를 해결
하게 하시고 지혜 와 총명을 더
하여 주시옵소서

그동안 학교를 위 하여
여러가지로

a person who helps
a child to climb
a mountain reaches
the top, himself.

Confidence
Faith
Hope
Fellow
ship of
Love
growing
strength
faith
Vision
Joy.

Summer Vacat
Opportunity
to practice Love
Find + help needy
to experience faith
Pray for
win Soul to JC.

Result:
Growth
Fellowship
Joy

separation.

사랑 하시고 은혜로우신 아버지
은혜를 항상 감사 하옵나이다.

지난 몇해 동안도 맡으바 일을
사회 마치게 하여 주시고
또 쉬는 기간을 주심을 감사 하
옵나이다

쉬는 기간에 영육이 더욱 강건
하여 져서, 지난 날 보다 더큰
영광을 주님께 돌리고, 더욱
힘있게 증거 할수 있도록 도와
주시옵소서.

이곳에 (남아서) 일을 계속하는
동공들과 목사님들, 그리고 우리
평신도들 위에 그동안도 함께
하여 주시고, 그리스도를 위해서
일을 할때에, 힘을 주시고,
위로 하여주시고 항상 보호
인도 하여 주시옵소서.

separation contin

이 나라 신자들이, 이책에 목표
하여 나가는 상전만 복음
운동에 죽복 하여 주시사,
않은 사람이 그리스도 앞으로
인도되어, 믿게 하여 주시옵소서.

우리 여러 고아원, 모자 원에도
찬결같은 은혜를 주시옵시고,
위하여 수고하는 여러분들의
건강을 지켜 주시옵소서.

성경 구락부를 지켜 주시고,
배우는 사람과 가르치는 이들이
모두 힘을 합하여, 성경을 아는
지식과, 말문을 아는 지식,
그리고 믿음에서, 날로 성장
하고 발전하게 도와 주시옵소서.

지금 일일이 말씀 드리지 못한
모든 사랑 하는 형제 들을
보호 하시고, 인도 하시고.

주장 하여 주시옵소서.
우리가, 피차 떠나 있지만,
각각 있는 곳에서, 한가지로
주님께 영광 돌리게 하여 주시고,
서로 위하여 기도하게 도와
주시옵소서.
예수님의 이름으로 기도하옵나이다

I am
① layman.
② evangelize campaign
③ the same. just like
④ grow (자라다) 자라나다
⑤ l say.
⑥ improvement

(Prostitutes)

자비로우신 하나님 아버지.
저희들은 ○교회 아버지 앞에
○설수 조차도 없는 죄인이오나
아버지께 기도하오니. 공서하여
주시옵소서. ○○○시선을
위하여 기도하옵나이다.
지금까지. 이들은. 하나님을 알지
못하고, 찾지도 못하고, 부르심에
응하지도. 못하였습니다.

살았다고 하나, 그직 썩어질
육신만을 위하여 살아 왔기
때문에 죽은것과도 다름이
없었습니다

이제 모든 죄를 회개하고.
새 사람이 되려고 하오니,
죄인 보다도 죄인을 부르시고.
○○○ 한마디말을 했으시려고

지국이 선하시고, 전지 전능 하신 하나님
(은혜가 풍성하신 하나님) *Comm. Meeting*

주님 은혜를 한상 감사 하옵나이다

주님, 이 시간에는, 어려운 문제를
주님 앞에 가지고 나왔습니다,

주님의 도우심이 아니면 이 어려움을
도저히 이겨나갈수가 없습니다
저희 인간의. 힘으로는
아무것도 할수가 없습니다.

지금 까지 빛과 사랑으로
인도 하여 주신 주님, 주님 만
의지 하오니, 붙잡아 주시고
은혜 베풀어 주시옵소서

이 아침에 주님 앞에
한국은 고아원 원장들 위하여
기도 하옵나이다. 이 세상에
의지 할 곳 없는 아이들을

희생적으로 먹이고 입이고
신앙으로 인도 하셨으니, 죽복중
지금 세상에 갈 시간이
되었습니다. 이 고아들을 9. 인도, 주장

우리 위원에게 귀한
돈을 맡겨 주신 것을 감
사 하옵나이다. 이 돈을 난와
주는 지금 문제을 가지고
의논 할때에도, 저희 인간들에게
만 맡기지 마시옵시고, 아버지
께서 친히 함께 하여주시옵소서

앞으로 이 아이들의
말 과 행동 과 생각과
일 하는 모든것을 주님께서
지켜 주시고 주장 하여주시옵소서

직업 과 학업을 얻고
생활을 통해서 주님의 권능 과
주님의 주시는 기쁨을 증거 하게

World Day of Prayer

영원 부터 영원 까지 계시는
하나님 아버지 —— 오늘 세계
기도일 당 했서, 아버지 앞에
무릎 끓어 기도 할수 있음을
감사 합니다.

우리 죄인들을 위 해서
독생 성자를 주신 하나님의 사랑
과, 십자가에서 피 흘리신
예수님 의 은혜를, 감사 하옵고
감사 하옵나이다.

그렇지만 오늘 이 세상은
말 할수 없는 죄에 빠져 있습니다
서로 싸우고, 잡아 죽이기 까지
하고, 하나님을 모르는

희생적으로 맞이고 일이고
신앙으로 인도 하셨으니, 죽복장
지금 세상에 갈 시간이
되었읍니다. 이고아들을 9.인도,주장
  우리 위원에게 귀한
돈을 맡겨 주신 것을 감
사 하옵나이다. 이돈을 난와
주는 현자금 문제을 가지고
의논 할때에도, 저희 인간들에게
만 맡기지 마시옵시고, 아버지
께서 친히 함께 하여주시옵소서
  앞으로 이 아이들의
맘과 행동과 생각과
일 하는 모든것을 주님께서
직접 주시고 주장 하여주시옵서
  직업과 학업을 얻고
생활을 통해서 주님의 권능과
주님의 주시는 기쁨을 증거 하게

World Day of Prayer

영원 부터 영원 까지 게시는
하나님 아버지—— 오늘 세계
기도일 당 했어, 아버지 앞에
무릎 꿇어 기도 할수 있음을
감사 합니다.
  우리 죄인들을 위 해서
독생 성자를 주신 하나님의 사랑
과, 십자가에서 피 흘리신
예수님의 은혜를, 감사 하옵고
감사 하옵나이다.
  그렇지만 오늘 이세상은
많 할수없는 죄에 빠져 있읍니다
서로 싸우고, 잡아 죽이기 까지
하고, 하나님을 모르는
,위정자들이 날뛰고,
하나님을 두려워 할줄
모르는 무리들이, 우리 성도들의
1 statesmen 2 act recklessly

World Day of Prayer

신앙을 3 위협 하고 있읍니다.
저희 믿는 성도들에게 힘을
주시사, 이때에 성도의 직분을
다 할수있게 하여 주시옵서
  우리 성도들의 신앙이 날로
강 하여지게 하여 주시옵시고,
우리의 생활이 예수님을
증거 하고, 예수님의 사랑의
향기 가 되게 하여 주시옵서
  어떠한 형편 에서도,
신앙이 약 하여 지지 않게 하여
주시옵시고, 하늘에 소망을
두고 살게만 하여 주시옵소서
  믿지 않는 이들에게,
도움 힘 있게 예수를 예수를
증거 해서 땅끝 까지 내 증인이

되라,고 하신 말씀을
따를 수 있게 하여 주시옵소서
  주님이시여, 이 악한 세상
을 궁휼히 보시사, 보이지
마옵시고, 자비 와 은혜를
베풀어 주시옵소서
  믿지 않는 사람들이,
하루 속히 회게 하고
하나님 앞으로 돌아 와서,
영원한 구원에 참에
할수 있게 하여 주시옵소서
  정쟁으로 4 불안 해진
심령들에게 참 평화를
4 insecure 5 souls

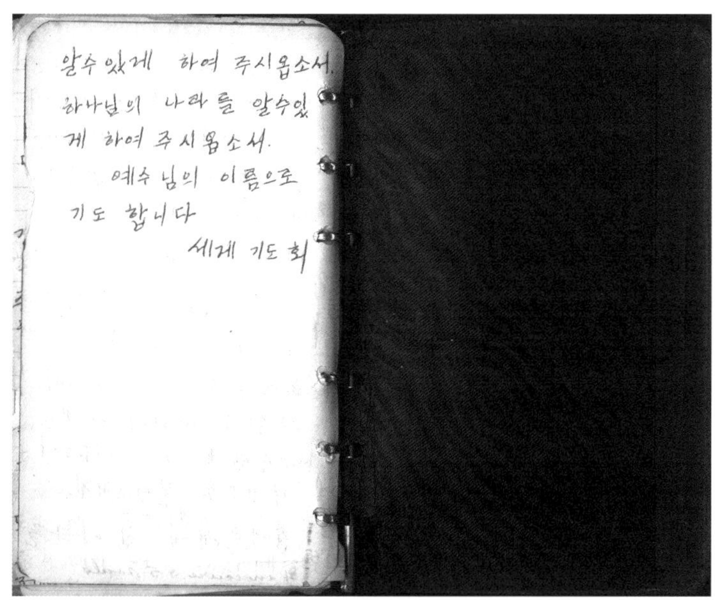
알수 있게 하여 주시옵소서.
하나님의 나라를 알수있
게 하여 주시옵소서.
예수 님의 이름으로
기도 합니다
세게 기도 회

현　　황

Report of The women's christian Counselling Service

1975 년　12개월 분　　　　총 원　1,599　명
Year　Month　　　　　　　Total

처리 Action Taken	귀향 Home	친족인계 Relatives	보호소 City Home	양녀 Adopted	공장 Factory	제품집 Sew	가정부 maid	기술교도 School Trade	출가 Marriage	기타 Others
인원별 Number	478	489	88	1	134	74	96	211	2	26

학력 Education	무지 None	한글해득 Literate	소 Primary	소졸 Primary Grad	중 Jr High	중졸 Jr High Grad	고 High Sch'l	고졸 High Sch'Grad	대 College	대졸 College Grad
인원별 Number	263	264	443	490	111	77	31	16	3	1

환경 Circumstance	생활고 Poverty	허영심 Vanity	유혹 Deceved	의부 Step Father	계모 Step Mother	고아 Orphan	가정불화 Quarrel	무단가출 Runaway	남자동반 MaleEscort	기타 Others
인원별 Number	447	291	183	64	113	78	231	186	2	4

년령 Age	14세 까지 Below 14	15—16	17	18	19	20—22	23—25	26—28	29—30	기타 Others
인원별 Number	104	278	473	489	162	47	22	9	9	6

도별 Province	전남 Jun Nam	전북 Jun Buk	충남 Choog Nam	충북 Choong Buk	경남 Kyung Nam	경북 Kyung Buk	강원도 Kang won	경기도 Kyung Kee	제주도 Je Zoo	기타 Others
인원별 Number	400	371	150	125	117	129	083	113		11

처리 Action Taken	성경통신과수료 Bible Study	가정전도 Family Visits	개인전도 Indiv. Counselling	단체전도 Groups Counselling	기술수료 Finished Training	심방 Visits	위로 Office Meetings	유숙 Housed	수세 Be Baptized
인원별 Number	200	36	54000	1	232	138	136	1,142	25

기독교 부녀 구원 상의소
Women's christian Counselling Service

○ 가난한 자를 불쌍히 여기는 것은 여호와께 꾸미는 것이니 그 선행을 갚아 주시리라。　잠언 19..17

○ 너회가 짐을 서로지라 그리하여 그리스

○ 사람이 무엇으로 심든지 그대로 거두리　갈 6..2

기독교 부녀구원상의소 현황

현   황

Report of The women's christian Counselling Service

(1976)년 1~6월 분 　　　　총 원 (786) 명 6mos
Year　　Month　　　　　　　　Total

처 리 Action Taken	귀 향 Home	친족인계 Relatives	보호소 City Home	양 녀 Adopted	공 장 Factory	제품집 Sew	가정부 maid	기술교도 School Trade	출 가 Marriage	기 타 Others
인원별 Number	190	228	42	1	61	53	42	149		20

간호보조원 및 잡일

학 력 Education	무 지 None	한글해득 Literate	소 퇴 Primary	소 졸 Primary Grad	중 퇴 Jr High	중 졸 Jr High Grad	고 퇴 High Sch'l	고 졸 High Sch'Grad	대 퇴 College	대 졸 College Grad
인원별 Number	105	137	204	215	40	52	18	15	.	

환 경 Circumstance	생활고 Poverty	허영심 Vanity	유 혹 Deceived	의 부 Step Father	계 모 Step Mother	고아아 Orphan	가정불화 Quarrel	무단가출 Runaway	남자동반 MaleEscort	기 타 Others
인원별 Number	231	122	93	43	65	63	87	69	5	13

환자 및 미혼모

년 령 Age	14세 까지 Below 14	15—16	17	18	19	20—22	23—25	26—28	29—30	기 타 Others
인원별 Number	67	116	220	212	113	24	16	6	5	7

나이를 모르는자

도 별 Province	전 남 Jun Nam	전 북 Jun Buk	충 남 Choog Nam	충 북 Choong Buk	경 남 Kyung Nam	경 북 Kyung Buk	강 원 도 Kang won	경 기 도 Kyung Kee	제 주 도 Je Zoo	기 타 Others
인원별 Number	177	169	121	74	60	57	61	65	.	2

본적을 모르는자

처 리 Action Taken	성경통신과수료 Bible Study	가정전도 Family V.sits	개인전도 Indiv. Counselling	단체전도 Groups Counselling	기술수료 Finished Training	심 방 Visits	위 로 Office Meetings	유 숙 Housed	수 세 Be Baptized
인원별 Number	수료자 : 200명 수료중 : 200명	32세대	15,883		수료자 : 200명 수료중 : 200명	88	572	529	학습 100명 세례 150명

기 독 교 부 녀 구 원 상 의 소

Women's christian Counselling Service

○ 너희가 짐을 서로지라 그리하여 그리스도의 법을 성취하라. 갈 6 : 2

○ 사람이 무엇으로 심든지 그대로 거두리라. 갈 6 : 7

○ 가난한 자를 불쌍히 여기는 것은 여호와께 꾸미는 것이니 그 선행을 갚아 주시리라. 잠언 19 : 17

현　황

Report of The women's christian Counselling Service

1976 년 1~12월 분 / Year Month　　　총원 2,184 명 / Total

<간호보조원및 점원>

처리 Action Taken	귀향 Home	친족인계 Relatives	보호소 City Home	양녀 Adopted	공장 Factory	제품집 Sew	가정부 maid	기술교도 School Trade	출가 Marriage	기타 Others
인원별 Number	671	144	181	4	179	147	129	295	3	31

학력 Education	무지 None	한글해득 Literate	소퇴 Primary	소졸 Primary Grad	중퇴 Jr High	중졸 Jr High Grad	고퇴 High Sch'l	고졸 High Sch'Grad	대퇴 College	대졸 College Grad
인원별 Number	288	406	506	639	120	131	57	31		3

<환자 및 미혼모>

환경 Circumstance	생활고 Poverty	허영심 Vanity	유혹 Deceived	의부 Step Father	계모 Step Mother	고아 Orphan	가정불화 Quarrel	무단가출 Runaway	남자동반 MaleEscort	기타 Others
인원별 Number	691	344	235	131	184	159	198	171	22	46

<4이숫 모르는거>

년령 Age	14세 까지 Below 14	15—16	17	18	19	20—22	23—25	26—28	29—30	기타 Others
인원별 Number	254	423	127	492	278	88	46	15	25	33

<고향을 모르는가>

도별 Province	전남 Jun Nam	전북 Jun Buk	충남 Choog Nam	충북 Choong Buk	경남 Kyung Nam	경북 Kyung Buk	강원도 Kang won	경기도 Kyung Kee	제주도 Je Zoo	기타 Others
인원별 Number	344	326	296	297	162	212	310	212	1	2

<메버인원>

처리 Action Taken	성경통신과수료 Bible Study	가정전도 Family Visits	개인전도 Indiv. Counselling	단체전도 Groups Counselling	기술수료 Finished Training	심방 Visits	위로 Office Meetings	유숙 Housed	수세 Be Baptized
인원별 Number	600	55	41,549		400	177	1,249	1,205	[illegible]

기독교 부녀 구원 상의소

Women's christian Counselling Service

○ 너희가 짐을 서로 지라 그리하여 그리스도의 법을 성취하라. 갈 6..2

○ 사람이 무엇으로 심든지 그대로 거두리라. 갈 6..7

○ 가난한 자를 불쌍히 여기는 것은 여호와께 꾸미는 것이니 그 선행을 갚아 주시리라. 잠언 19..17

현 황

Report of The women's christian Counselling Service

1977 년 1-12월 분
Year Month

총원 2,361 명
Total

〈점천 및 간호보소〉

처리 Action Taken	귀향 Home	친족인계 Relatives	보호소 City Home	양녀 Adopted	공장 Factory	제품집 Sew	가정부 maid	기술교도 School Trade	출가 Marriage	기타 Others
인원별 Number	715	541	163	29	194	148	180	298	17	76

학력 Education	무지 None	한글해득 Literate	소 Primary	소졸 Primary Grad	중 Jr High	중졸 Jr High Grad	고 High Sch'l	고졸 High Sch'Grad	대 College	대졸 College Grad
인원별 Number	327	419	504	630	199	123	72	53	21	13

〈환가 및 의론모〉

환경 Circumstance	생활고 Poverty	허영심 Vanity	유혹 Deceived	의부 Step Father	계모 Step Mother	고아 Orphan	가정불화 Quarrel	무단가출 Runaway	남자동반 MaleEscort	기타 Others
인원별 Number	761	343	236	151	194	181	207	171	42	75

〈나이를 모르는자〉

년령 Age	14세까지 Below 14	15-16	17	18	19	20-22	23-25	26-28	29-30	기타 Others
인원별 Number	285	505	533	464	333	94	65	27	10	45

〈고향을 모르는자〉

도별 Province	전남 Jun Nam	전북 Jun Buk	충남 Choog Nam	충북 Choong Buk	경남 Kyung Nam	경북 Kyung Buk	강원도 Kang won	경기도 Kyung Kee	제주도 Je Zoo	기타 Others
인원별 Number	400	376	318	317	178	239	293	166	16	58

〈예배 인원〉

처리 Action Taken	성경통신파수료 Bible Study	가정전도 Family Visits	개인전도 Indiv. Counselling	단체전도 Groups Counselling	기술수료 Finished Training	심방 Visits	위로 Office Meetings	유숙 Housed	수세 Be Baptized
인원별 Number	430	99	28,514	5,120	360	193	2,776	1,343	학습 200 / 세례 140

기독교 부녀 구원 상의소

Women's christian Counselling Service

○ 가난한 자를 불쌍히 여기는 것은 여호와께 꾸미는 것이니 그 선행을 갚아 주시리라. 잠언 19:17

○ 너희가 짐을 서로지라 그리하여 그리스도의 법을 성취하라. 갈 6:2
○ 사람이 무엇으로 심든지 그대로 거두리라. 갈 6:7

현 황

Report of The women's christian Counselling Service

1979 년 1~12월 분 총 원 1,576 명
Year　　Month　　　　Total

처 리 Action Taken	귀향 Home	친족인계 Relatives	보호소 City Home	양녀 Adopted	공장 Factory	제품집 Sew	가정부 maid	기술교도 School Trade	출가 Marriage	기타 Others
인원별 Number	394	236	149	16	190	168	123	221	11	68

학력 Education	무지 None	한글해득 Literate	소퇴 Primary	소졸 Primary Grad	중퇴 Jr High	중졸 Jr High Grad	고퇴 High Sch'l	고졸 High Sch'Grad	대퇴 College	대졸 College Grad
인원별 Number	152	301	315	318	206	159	71	40	11	3

환경 Circumstance	생활고 Poverty	허영심 Vanity	유혹 Deceived	의부 Step Father	계모 Step Mother	고아아 Orphan	가정불화 Quarrel	무단가출 Runaway	남자동반 MaleEscort	기타 Others
인원별 Number	352	267	193	108	145	95	184	138	48	86

년령 Age	14세 까지 Below 14	15—16	17	18	19	20—22	23—25	26—28	29—30	기타 Others
인원별 Number	294	365	326	237	100	97	42	24	38	33

도별 Province	전남 Jun Nam	전북 Jun Buk	충남 Choog Nam	충북 Choong Buk	경남 Kyung Nam	경북 Kyung Buk	강원도 Kang won	경기도 Kyung Kee	제주도 Je Zoo	기타 Others
인원별 Number	310	250	173	154	126	158	228	159	3	17

전 도 사 항

처 리 Action Taken	성경통신과수료 Bible Study	가정전도 Family Visits	개인전도 Indiv. Counselling	단체전도 Groups Counselling	기술수료 Finished Training	심방 Visits	위로 Office Meetings	유숙 Housed	수세 Be Baptized
인원별 Number	220	32	12,680	2개처	260	60	818	256	89

기독교 부녀 구원 상의소

Women's christian Counselling Service

현   황

Report of The women's christian Counselling Service

1 9 7 9 년 1~12월 분 　　　총 원 1,576 명
Year　　Month　　　　　　Total

처 리 Action Taken	귀 향 Home	친족인계 Relatives	보 호 소 City Home	양 녀 Adopted	공 장 Factory	제 품 집 Sew	가 정 부 maid	기술교도 School Trade	출 가 Marriage	기 타 Others
인원별 Number	394	236	149	16	190	168	123	221	11	68

학 력 Education	무 지 None	한글해득 Literate	소 퇴 Primary	소 졸 Primary Grad	중 퇴 Jr High	중 졸 Jr High Grad	고 퇴 High Sch'l	고 졸 High Sch'Grad	대 퇴 College	대 졸 College Grad
인원별 Number	152	301	315	318	206	159	11	40	11	3

환 경 Circumstance	생 활 고 Poverty	허 영 심 Vanity	유 혹 Deceived	의 부 Step Father	계 모 Step Mother	고 아 아 Orphan	가정불화 Quarrel	무단가출 Runaway	남자동반 MaleEscort	기 타 Others
인원별 Number	352	267	193	108	[illegible]	95	184	138	48	86

년 령 Age	14세 까지 Below 14	15—16	17	18	19	20—22	23—25	26—28	29—30	기 타 Others
인원별 Number	294	345	326	237	140	97	42	24	38	33

도 별 Province	전 남 Jun Nam	전 북 Jun Buk	충 남 Choog Nam	충 북 Choong Buk	경 남 Kyung Nam	경 북 Kyung Buk	강 원 도 Kang won	경 기 도 Kyung Kee	제 주 도 Je Zoo	기 타 Others
인원별 Number	310	250	173	154	124	158	228	154	3	17

전   도   사   항

처 리 Action Taken	성경통신과수료 Bible Study	가정전도 Family Visits	개 인 전 도 Indiv. Counselling	단 체 전 도 Groups Counselling	기 술 수 료 Finished Training	심 방 Visits	위 로 Office Meetings	유 숙 Housed	수 세 Be Baptized
인원별 Number	220	32	12,680	2개처	260	40	914	246	학습104 세례89

기 독 교   부 녀   구 원   상 의 소
Women's christian Counselling Service

○ 너회가 짐을 서로지라 그리하여 그리스도의 법을 성취하라。 갈6··2

○ 사람이 무엇으로 심든지 그대로 거두리라。 갈6··7

○ 가난한 자를 불쌍히 여기는 것은 여호와께 꾸미는 것이니 그 선행을 갚아 주시리라。 잠언19··17

현 황

Report of The women's christian Counselling Service

1980년 1-4월 분
Year Month

총원 460 명
Total

처리 Action Taken	귀향 Home	친족인계 Relatives	보호소 City Home	양녀 Adopted	공장 Factory	제품집 Sew	가정부 maid	기술교도 School Trade	출가 Marriage	기타 Others
인원별 Number	84	85	50	8	35	40	21	78	7	50

학력 Education	무지 None	한글해득 Literate	소퇴 Primary	소졸 Primary Grad	중퇴 Jr High	중졸 Jr High Grad	고퇴 High Sch'l	고졸 High Sch'Grad	대퇴 College	대졸 College Grad
인원별 Number	57	74	87	78	62	44	34	19	9	6

환경 Circumstance	생활고 Poverty	허영심 Vanity	유혹 Deceived	의부 Step Father	계모 Step Mother	고아 Orphan	가정불화 Quarrel	무단가출 Runaway	남자동반 MaleEscort	기타 Others
인원별 Number	109	67	82	42	36	20	26	21	15	31

년령 Age	14세 까지 Below 14	15—16	17	18	19	20—22	23—25	26—28	29—30	기타 Others
인원별 Number	61	102	101	60	43	21	12	6	7	30

도별 Province	전남 Jun Nam	전북 Jun Buk	충남 Choog Nam	충북 Choong Buk	경남 Kyung Nam	경북 Kyung Buk	강원도 Kang won	경기도 Kyung Kee	제주도 Je Zoo	기타 Others
인원별 Number	95	79	47	34	28	24	71	59	3	22

전 도 사 항 (예비 인원)

처리 Action Taken	성경통신과수료 Bible Study	가정전도 Family Visits	개인전도 Indiv. Counselling	단체전도 Groups Counselling	기술수료 Finished Training	심방 Visits	위로 Office Meetings	유숙 Housed	수세 Be Baptized
인원별 Number	120	20여매	3150	2개처	120	22	470	312	

기독교 부녀 구원 상의소

Women's christian Counselling Service

○ 너회가 짐을 서로지라 그리하여 그리스도의 법을 성취하라. 갈 6..2
○ 사람이 무엇으로 심든지 그대로 거두리라. 갈 6..7

○ 가난한 자를 불쌍히 여기는 것은 여호와께 꾸미는 것이니 그 선행을 갚아 주시리라. 잠언 19..17

현 황
Report of The women's christian Counselling Service

1984 년 1−12월 분 Year Month 총 원 1,606 명 Total

처리 / Action Taken

귀향 Home	친족인계 Relatives	보호소 City Home	양녀 Adopted	공장 Factory	제품집 Sew	가정부 maid	기술교도 School Trade	출가 Marriage	기타 Others
307	282	166	42	137	142	86	257	19	168

(기타 Others 위: 간호보조및잡원)

학력 / Education

무지 None	한글해득 Literate	소퇴 Primary	소졸 Primary Grad	중퇴 Jr High	중졸 Jr High Grad	고퇴 High Sch'l	고졸 High Sch'Grad	대퇴 College	대졸 College Grad
199	266	278	296	214	157	115	77	16	10

(대졸 College Grad 위: 출가자및미혼녀)

환경 / Circumstance

생활고 Poverty	허영심 Vanity	유혹 Deceived	의부 Step Father	계모 Step Mother	고아 Orphan	가정불화 Quarrel	무단가출 Runaway	남자동반 MaleEscort	기타 Others
374	259	220	147	135	100	129	107	39	96

(기타 Others 위: 환자및…)

년령 / Age

14세 까지 Below 14	15−16	17	18	19	20−22	23−25	26−28	29−30	기타 Others
224	319	340	258	166	91	50	28	29	104

(기타 Others 위: 나이모르는자)

도별 / Province

전남 Jun Nam	전북 Jun Buk	충남 Choog Nam	충북 Choong Buk	경남 Kyung Nam	경북 Kyung Buk	강원도 Kang won	경기도 Kyung Kee	제주도 Je Zoo	기타 Others
328	316	209	152	119	98	194	130	6	58

(기타 Others 위: 고향모르는자)

처리 / Action Taken — 처리사항 · 예배인원

성경통신과수료 Bible Study	가정전도 Family Visits	개인전도 Indiv. Counselling	단체전도 Groups Counselling	기술수료 Finished Training	심방 Visits	위로 Office Meetings	유숙 Housed	수세 Be Baptized
240	55세대	11,712	29개처	240	61개처	1,328	918	학습 61 세례 52

기 독 교 부 녀 구 원 상 의 소
Women's christian Counselling Service

○ 가난한 자를 불쌍히 여기는 것은 여호와께 꾸미는 것이니 그 선행을 갚아 주시리라. 잠언 19..17

○ 너회가 짐을 서로 지라 그리하여 그리스도의 법을 성취하라. 갈 6..2

○ 사람이 무엇으로 심든지 그대로 거두리라. 갈 6..7

부녀구원상의소 수입지출결산서(1975)

1975년도 수입 지출 결산서

수 입 부		지 출 부	
내 역	금 액	내 역	금 액
전년도 이월금	21.103 원	귀 향 비	66.720 원
위원회 보조비	980.000 "	급 식 비	596.326
단 체 보조비	1.119.500 "	교 통 비	97.480 "
일 반 보조비	496.220 "	사 무 비	17.890 "
특 별 보조비	978.000 "	통 신 비	29.885 "
합 계	3.594.823 "	전 화 비	39.388 "
		수 전 비	41.599 "
		열 료 비	129.500 "
		섭 외 비	100.130 "
		소 모 비	26.780 "
		응급 치료비	24.190 "
		인 쇄 비	57.000 "
		위 안 비	31.650 "
		전 도 비	1307.000 "
		겸 론 비	9.000 "
		신 입 조	260.000 "
		비 품 비	248.68[illegible]
		분소 축비	450.000
		재 산 세	5.783
		잡 비	47.690
		계	3.586.691
		잔류 원 금	8.132 "
		합 계	3.594.823 "

기독교 부녀 구원 상의소

1976년도 결산 및 (77)년도 예산

수 입 부

결산액	내역	예산액
8,132	이 월 금	11,018
	후원회	
1,171,868	보조비	2,188,982
1,498,300	단체보조비	2,000,000
550,000	일반보조비	1,000,000
500,000	특별기금	800,000
144,000	선고사 권도화	
241,500	누씨부인	
10,000	연동교회 여전도회	
14,600	박재훈	
48,300	김독열목사 고회 여전도회	
4,186,700	합 계	6,000,000

지 출 부

결산액	내역	예산액
420,000	심임조	600,000
67,800	귀향비	128,000
122,880	고통비	170,000
926,443	급식비	1,720,000
54,360	통신비	75,000
35,800	사무비	50,000
90,674	전화비	180,000
42,760	수전비	92,000
37,945	소모비	50,000
25,900	융금치료비	40,000
107,180	설화비	150,000
140,800	설도비	260,000
1,440,000	전도비	1,880,000
51,340	위안비	65,000
75,000	경조비	150,000
500,000	특별적금	
36,800	잡비	80,000
	예비비	60,000
	인쇄비	100,000
	비품비	150,000
11,018	이월금	
4,186,700	합 계	6,000,000

기독고부녀구원상의소

1979년도 결산 및 80년도 예산

수 입 부			지 출 부		
결 산 액	내 역	예 산 액	결 산 액	내 역	예 산 액
5,000	이 월 금	4,800	550,000	십 일 조	600,000
2,254,000	단체 보조	2,600,000	170,000	귀 향 비	170,000
2,519,000	일반 보조	2,763,400	148,200	고 통 비	200,000
240,500	누 부 인	240,500	1,000,000	급 식 비	1,000,000
144,300	권 부 인	144,300	70,000	통 신 비	50,000
120,000	특별 보조	150,000	50,000	서 무 비	50,000
97,000	디트로이트 (여전도회)	97,000	48,000	전 화 비	72,000
			52,000	수 전 비	60,000
			120,000	섭° 외 비	120,000
			180,000	출 가 비	200,000
			50,000	치 료 비	60,000
			300,000	연 료 비	400,000
			100,000	수 리 비	100,000
			200,000	위 안 비	120,000
			40,000	인 쇄 비	50,000
			1,920,000	전 도 비	2,200,000
			130,000	경 조 비	150,000
			30,000	사무실 입주 비	
			50,000	회 의 비	180,000
			30,000	청량리 위원5 분수상비	
			76,800	년1회 조찬 기 도 회	80,000
			60,000	잡 비	77,000
				예 비 비	60,000
			4,800	이 월 금	
5,379,800	합 계	6,000,000	5,379,800	합 계	6,000,000

부녀구원상의소 편지

나의 사랑하시는 믿음에 어머님 전상서

주님의 은총이 어머님의 가정위에 항상 함께 하시옵기를 예수님 이름으로 기도 합니다

사랑 많으신 어머님 그리고 존경하는 권목사님 계속 하시며 성업에 얼마나 수가 많으신지요?

두분의 건강을 위해서 항상 기도 합니다 그리고 어머님의 자녀 들로, 어느곳에, 게신지, 솔라 등, 모든 식구들의 평안을 위허서 기도 합니다

사랑과 인정이 많으신 어머님께서 79. 12월에로 김덩으로 보내주신 300% 송금하여주신것 환국돈 144.300 원이 였읍니다 참으로 매년 감사 합니다 직원 4명, 식사 만드는 사람 1명, 저까지, 6명이, 고맙게로 잘 나누어 썼읍니다 였지안으시고 보조해주시여되 대단히감사 합니다

섭々한 일은 누박사 부인 께서 묵은 병으로 감자기 가시였는지요. 주님의 부르심을 받 엄다는 말슴에 깜짝놀라낮읍대 79.년 5월에로 600% 송금해 주시여디 79. 1-5월까지에 현황 통계 보고를 드리고 갔사 편지를 들렸읍대다 꿈에 누박사 사모님께서 저게 오시여서 급히 받 찾것이 있어디오덧다구 하시면서 알르나는 멀리가지만, 우리누박사는갓가이 있으니까, 누박사 님께, 말하라고, 하시고는 급히 사라 젓읍대다

저는 꿈에 생각에는 아직 한국은 안떠 나시고 누사 모님 만 먼 ~~~~~ 떠러 나시게되역서 누박사 님 께 되는 한국에서 계속 일하시기 때문

No.

에 갓가히 계신다 구하 셧나? 생각 하면서, 의? 누막사
사온 노께 말슴 해 주시지? 저에께 말슴 하라고 하시나?
하며 꿈에는 좀 섭섭한 마음을 가지고 잠 이께 그나니 꿈 이엿
음니다 참으로 섭섭한 일을 당하엿음니다. 저희 기관에
매년 5 월이면 보조 허 주시은 누사본님, 참, 고 마우신 분 이 엿음
니다 꿀 가는 올라가고, 5월 부터는 좀 많이 오는때 (아이들) 마튼때 큰
도움이 되엿음니다 11, 27, 만에 꿈을 깨나니 여러가지로 궁금
하지만 제가 사무실이 청량리에도 잇으니까, 좀 만 부고 12월
들어니 는 너무 멀어서 편지 올 자이가 없엇음니다 그때여
가 12월 까지 현황 통계 보고와, 회계 보고를 할때, 꿈에 본건을
말슴 드이려고 했는데 누막사 노께 12월에 소식에 누
사본님을 주님의 부르심을 받엇다구 하시어 그때에, 제 꿈
이 해몽을 하엿음니다 한국은 눈이 많이 왓고 지금은 참
추운날 입니다.

사랑 많으신 어머님 께서 앞으로 기도 많이 해 주실 것을 빌음니다
주안에서 오래도록 께시여서 건강 하 시옵기를 원하여 기도 함니다.
앞으로 누막사님 계속 도와 주실 것을 빌고 기도 함니다
길히 길히 주님의 은총 속에서 평안 하 시옵기를 빔니다
옥부인, 곽부인, 두 분 가정도 안녕 하 시지요, 미안 하오나
분안 둘여 주세요, 감사 함니다 ─ 오늘은 이만 줄이겟음니다
79년 현황 회계 보고 를 동봉 함니다
근래에 300명이 적계 없음
니다   1980, 1, 7,

서울에 딸   명희 올림

청원 ask for assistance
현황 Present Condition
부송 send forward 권유
성업 completion of ones work mobile
가능한 일 possible
죄송 ... apologize

보고 싶은 어머님 귀하 죄송 ... apologize

주님의 은총이 어머님의 가정위에 항상 함께 하
시옵기를 예수님 이름으로 기도 드립니다
그 동안 사랑 많으신 어머님 천목사님 성업에 얼
마나 수고를 많이 하십니까?
두분의 건강을 위하여 우리주님께 부탁 드립니다
아드님, 따님, 귀여운, 손자들, 평안 하시겠지요?
매년 5월이면 어머님의 지극하신 사랑으로 루박사님
사모님에게 500 ＄ 보조하게 해주신일 진심으로 감사
하였읍니다. 그가 아버지의 부족신을 받은후, 아무
런 소식이 아직 없어서 루박사님께 편지로 문안드리려
주사모님 계실 때는 매년 5 월이면 청소년의 달에 500＄
정성스럽게 보조 해주시였음을 감사한 마음으로 인사말
슴드리고 가능하신 일이면 죄송하나 루박사님께 더
계속 보조 해주시기를 청원 하였읍니다. 그리고
영문으로된 우리기관 안내장과 79년 1~12까지 현황
통계와 80년 1~4 까지 현황 통계를 부송하였읍니다
미안하오나 어머님 께서도 루박사님께 전송하여주시기를 부탁
합니다 80년 1월부터 4월까지 현황통계 부송 합니다
길히 길히 우리주님 보호 하여 주실것을 믿고 다시만날수있는날
를 고대 합니다 하나님 허락 하시면 미국에 어머님 뵈올
기회도 주실줄 믿읍니다   미안 한말슴은 옥부인, 곽부인, 만나
시면 문안 전하여 주시기를 부탁 합니다   그럼 안녕 하세요
또다시 드리기로,

1980. 5. 21.   딸 김영희 올림

Flower Leaf
© BAKUNSON CO. LTD.

도로시 킨슬러-전쟁고아-*KOREA CALLING* 기사

Little Orphans and How They Grew

One of the most satisfying privileges of these post-war years has been that of sharing our home with one orphan child after another. They have left us secure and happy, understanding that an even greater love awaited them in their new home-to-be. This has been no one-sided blessing, for the love of an orphan child is a most precious gift, to be remembered always.

These children were on their way toward their new homes in the States, into which they were being adopted. Ours has been only a half-way house for them and ours the privilege of loving and being loved for a time, until the new parents whom God had provided for them took over.

These children, with one exception, were in process of adoption through the Holt Adoption, an organization which has been instrumental in arranging the adoption for some 6,000 children since the time when Mr. Harry Holt first came to Korea, in 1955, to find the first six children, whom he adopted into his own family.

How did we get started on this? There was a child who needed special care and love, as well as medical attention, in preparation for the big adventure of the expected move to the new home in the States. So we took this one in and others followed. They were with us for varying periods of time, from one week to a year, according to the need. In only one case did I go with one of them on an orphan flight clear to the States. This was with Ann, whose physical disability was such that the airline stewardesses could not give the time that would be needed to care for her.

Ours, of course, was not the only help given to these children. Aside from the Holt office, which cleared the governmental red tape involved for each, Sally was given training in walking, through Church World Service, at the Amputee Rehabilitation Center at Severance Hospital; Ann was helped by the Christian Officers' Union of the U. S. Army. Others were helped by World Vision and others. The loan of our home was our part, and for this we were richly repaid. God bless all those who shared in this experience. And now, here are the children.

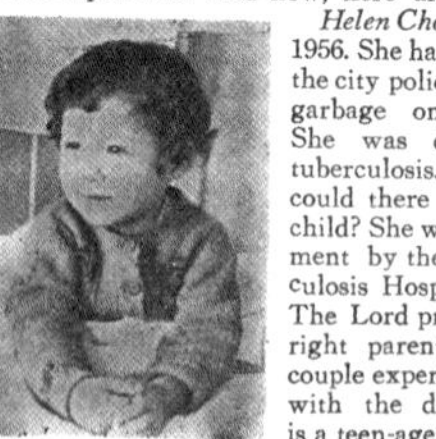

Helen Choi

Helen Choi came to us in 1956. She had been found by the city police eating frozen garbage on the street. She was deaf and had tuberculosis. What hope could there be for such a child? She was given treatment by the Mapo Tuberculosis Hospital, in Seoul. The Lord provided just the right parents for her, a couple experienced in work with the deaf. Now she is a teen-ager, cheer-leader, interested in hair styles, sports and all high school activities.

Lee Paik-Koon

Paik Koon was a polio victim who had known no home but the hospital where he had been treated. He was with us for three months, while waiting to go to his new family. He had been cared for at the World Vision's Hospital in Seoul. At the airport, in California, he fell in love at once with his new doctor father and the big brother who met him there (the brother also a polio victim, on crutches).

Sally- Arm-leg amputee

Sally was with us for four months. She was a double amputee (one arm and one leg gone, at the shoulder and hip). She received her new leg and training in walking on it through Church World Service, in Seoul, at Severance Hospital. Now she lives in Oregon. She is 11 years old, walks to school, sews, writes, crochets, hikes, makes an apple pie and loves the life and the family that God has given her.

Ann in frog cast

Ann, who is shown here in her frog-leg cast, from hip to toe, was with us for a year. She had been born with defective hip joints on both sides, unable to walk. She had surgery through the help of the U.S. Army Christian Officers' Union, and spent most of that year relatively immobile, on a board, while the operation took effect. Later, her new parents were responsible for two more operations. But today, she is a normal school girl, in New Jersey.

DECEMBER. 1 9 7 0   KOREA

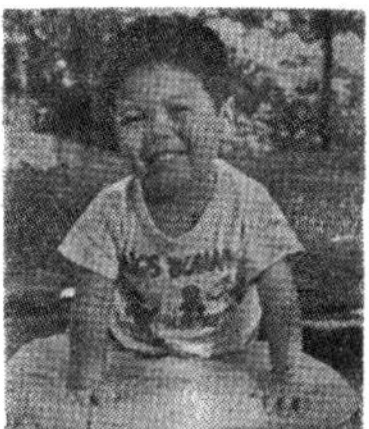

Bobby was with us for two months, during his post-operative care. He had been unable to walk because of two club feet, in casts after surgery. The operation was paid for by the young people of the Presbyterian Church in Sparta, New Jersey. His new home is now in California.

Bobby in a cast

Jean was a blind girl who was with us for only a week. She was from the Blind School in Chungju. She had a talent for music and has since studied at Wheaton College and has been chosen as an exchange student to go to Germany. Here she is with her new sister Helen, imitating Jean, whom she led on and off the plane.

Blind Jean with new sister Helen

More recently, the Oct 2, 1970 issue of the *Korea Times* carried pictures of Jean and her new family, under the caption, "Blind Voice Major Begins Ph. D. Studies." She is enrolled at Indiana University, with a major in voice and minor in piano.

(Editor's note:

Dr. and Mrs. Kinsler have just left Korea for retirement. She brought us this article, with the modest note, "It may well be that this is not usable." Well, what do *you* think? Isn't it amazing what a little love and willingness can accomplish? Six children helped on their way to Christian homes that were waiting for them.)

Mrs. *Dorothy Kinsler*
United Presbyterian Mission

마은지

숭실대학교 사학과 박사(서양사)

숭실대학교 기독교학과 박사수료(기독교 역사학 및 문화학)

Visiting Lecturer, Politics and International Relations, University of Kent, UK

현재 숭실대학교 한국기독교문화연구원 HK+연구교수

주요 저서로 『킨슬러 선교사의 사진 자료집-성경구락부 활동』, 『Cultural Meta-morphosis of Korea and Hungary at the Turn of the Twentieth Century』(공저), 『프랑스를 만든 나날, 역사와 기억 2』(공저), 『전쟁과 프랑스 사회의 변동』(공저), 『민족주의의 재발견: 바레스의 민족주의』, 『프랑스 민족주의: 1789 이후의 계급과 민족』(공역)이 있고, 주요 논문으로 「냉전과 태평양 횡단 기독교 네트워크-전후 전쟁고아와 미국선교사」, 「한국의 성경구락부 형성과정에서 권세열의 역할」, 「한국전쟁과 성경구락부 운동」, 「킨슬러(Francis Kinsler), 평양을 담다-평양 선교 기록(1928~1941): 프랜시스 킨슬러 가족 컬렉션의 선정과 구축」, 「옥호열 선교사의 한국의 기억-기록 고찰」, 「한말 기독교의 성경번역과 성경 민족주의에 관한 고찰」 등이 있다.

숭실대HK+ 메타모포시스 인문학총서 18

내한선교사 킨슬러 가족의 한국에서의 삶

2025년 3월 28일 1판 1쇄 펴냄

지은이 마은지
발행인 김흥국
발행처 보고사

책임편집 이경민
표지디자인 김규범

등록 1990년 12월 13일 제6-0429호
주소 경기도 파주시 회동길 337-15 보고사
전화 031-955-9797(대표), 02-922-5120~1(편집), 02-922-2246(영업)
팩스 02-922-6990
메일 kanapub3@naver.com / bogosabooks@naver.com
http://www.bogosabooks.co.kr

ISBN 979-11-6587-816-0   94300
　　　979-11-6587-140-6   (세트)
ⓒ 마은지, 2025

정가 32,000원
사전 동의 없는 무단 전재 및 복제를 금합니다.
잘못 만들어진 책은 바꾸어 드립니다.

이 저서는 2018년 대한민국 교육부와 한국연구재단의 지원을 받아
수행된 연구임(KRF-2018S1A6A3A01042723)